오쇼, 삶의 기록

Diamond Days With Osho

Copyright © 2004 by Osho International Foundation, Switzerland. www.osho.com
OSHO is a registered trademark of Osho International Foundation,
used under license.
Korea Translation Copyright © 2013 by Sodam&Taeil Publishing Co., Ltd.
This Korean edition was published by arrangement with Osho International Foundation,
Switzerland through Best Literary & Rights Agency, Korea.
All rights reserved.

이 책의 한국어 저작권은 베스트 에이전시를 통한
원저작자와 독점 계약으로 (주)태일소담에서 소유합니다.
신저작권법에 의하여 한국 내에서 보호를 받는 저작물이므로 무단전재와 무단복제를 금합니다.

위대한 스승은 수많은 사람들의 삶을 변형시킨다

오쇼, 삶의 기록
Diamond Days With OSHO

마 프렘 순요 지음 | 손민규 옮김

태일출판사

옮긴이 **손민규**(Swami Prem Yojan, 쁘렘 요잔)

오쇼의 제자로 입문한 후 20여 년 동안 인도를 오가며 여러 스승들을 만나 교류했다. 영혼의 테러리스트로 알려진 유지 크리슈나무르티를 만나 큰 감화를 받았고, 오쇼의 법맥을 이은 끼란지와 12년 동안 친교를 나누며 깊은 가르침을 받았다. 명상 서적 전문 번역가로 일하면서 50여 종의 책을 한국에 번역, 소개했다. 현재 오쇼와 끼란지의 가르침에 대해 공부하는 오쇼코리아(oshokorea.com)를 이끌고 있다.

21세기를 사는 지혜의 서 23

위대한 스승은 수많은 사람들의 삶을 변형시킨다

오쇼, 삶의 기록
Diamond Days With OSHO

펴낸날 | 2013년 7월 10일 중판 1쇄

지은이 | 마 프렘 순요
옮긴이 | 손민규
펴낸이 | 이태권
펴낸곳 | (주)태일소담
　　　　서울시 성북구 성북동 178-2 (우)136-020
　　　　전화 | 745-8566~7　팩스 | 747-3238
　　　　e-mail | sodam@dreamsodam.co.kr
　　　　등록번호 | 제2-42호(1979년 11월 14일)
　　　　홈페이지 | www.dreamsodam.co.kr

ISBN 978-89-8151-196-8　04150
　　　978-89-8151-170-8(세트)

● 책값은 뒤표지에 있습니다.
● 잘못된 책은 구입하신 곳에서 교환해드립니다.

위대한 스승은 수많은 사람들의 삶을 변형시킨다.

옮긴이의 말

한 명의 성자는 불과 몇십 년을 살다 가지만 그의 가르침은 인류의 역사를 관통하며 영원히 살아남는다. 그래서 우리는 아직도 붓다와 예수를 기억한다.

오쇼! 근래에 들어 한국에 그보다 유명한 성자가 또 있을까? 우리나라에 출판된 책의 양으로 보더라도 오쇼의 유명함은 타의 추종을 불허한다. 그러나 막상 그의 삶에 대해서는 거의 알려진 바가 없다. 그런 면에서 이 책은 오쇼라는 한 성자가 세계적으로 유명해진 후 걸어간 삶의 여정을 소개하는 최초의 책이 될 것이다. 깨달은 자의 삶은 그가 우리에게 전하는 가장 소중한 가르침이다.

이 책은 측근에서 직접 오쇼를 대하며 헌신의 삶을 산 한 여성 구도자의 기록이다. 스승을 향한 헌신과 사랑, 그리고 명상적인 삶에 대한 열정은 눈물겹도록 감동적이다.

역자는 이 책을 번역하면서 몇 번이나 뜨거운 눈물을 흘렸다. 그러나 그것은 슬픔의 눈물이 아니었다. 깨달은 삶에서 비롯되는 의연함과 유머감각, 그리고 세상의 몰이해 속에서 구도의 길을 걷는 오쇼의 산야신들은 저마다 소중한 명상의 체험에 몰입한다. 그래서 그 눈물은 슬픔이 아니라 기쁨의 눈물이다. 역자는 이 책의 저자인 순요를 만나 "당신의 책을 읽으면서 몇 번이나 울고 웃었다"고 말했다. 그녀는 환하게 웃으며 농담처럼 "바로 그것이 이 책을 쓴 목적이다"라고 말했다. 역자는 "당신의 목적은 달성되었다"고 답해주었다.

순요가 이 책의 서문에서 "오쇼의 가르침은 그의 제자들 속에 살아 있다"고 말했듯이, 역자 또한 순요의 눈 속에, 15년 이상을 스승의 옷을 세탁한 손에, 그리고 어린아이처럼 즐거운 그녀의 미소 속에 스승이 살아 있음을 감지할 수 있었다. 그녀는 지금 푸나의 오쇼 아쉬람에서 출판 일을 맡고 있다.

  순요가 이 책을 가리켜 "오쇼가 내게 준 위대한 선물"이라고 말했듯이 이 책은 또한 순요가 역자에게 준 훌륭한 선물이다. 아마 그것은 이 책을 읽는 독자들에게도 예외가 아닐 것이다. 위대한 성자의 드라마틱한 삶과 헌신자의 사랑이 넘치는 삶을 대하면서 독자들은 깊은 감동을 체험할 것이다. 어떤 독자들은 역자가 그랬듯이 때로는 웃고, 때로는 울 것이다. 그렇게 우리는 다시 태어난다.

  단 한 명의 위대한 스승은 수많은 사람들의 삶을 변형시킨다. 그리고 변형의 체험을 맛본 사람들은 스승 앞에 엎드려 그저 눈물을 흘릴 뿐이다. 그보다 소중한 눈물이 어디 있겠는가? 스승의 사랑, 그리고 스승에 대한 제자의 사랑…….

손민규

저자의 말: 한국의 독자들에게

 이 책은 오쇼가 내게 준 선물로, 이제 나는 여러분에게 그 선물을 되돌려준다. 이 책에는 1975년 한 명의 제자로서 오쇼를 만나고, 그 후 그의 세탁부이자 시중을 드는 사람으로 보낸 나의 삶이 함께 기록되어 있다.

 이 책은 서양의 구도자들이 함께 일한 이야기에서부터 시작된다. 그 당시 오쇼는 소규모 그룹을 통해 제자들을 만났는데 그는 우리를 다른 차원으로 인도하는 변형의 에너지를 선사하곤 했다. 이 신비하기 그지없는 시절부터 시작하여 이 책은 미국을 향한 항해로 여러분을 안내한다. 미국에서 우리의 삶은 더욱더 세상에 뿌리를 내리게 되었다. 우리는 오레곤의 황무지를 개척하여 2만 명이 살 수 있는 공동체를 만들었다. 이 책에는 레이건 행정부의 광신적인 기독교인들에 의해 우리의 공동체가 파괴된 경위, 그리고 오쇼가 경미한 이민법 위반 혐의로 어떻게 체포되고 투옥되었는지에 대한 이야기가 실려 있다. 투옥 기간 중 오쇼는 탈륨(Thallium)이라는 독극물에 중독되었다. 나 또한 오쇼와 함께 체포되었다. 그 시절에 대해 쓰는 것은 내게 무척 힘든 일이었다. 그러기 위해서는 그 시절을 다시 회상해야 했기 때문이다. 그 후 미국 정부는 전 세계를 통해 오쇼와 그의 제자(열두 명 가량의 제자들이 오쇼와 동행하고 있었다)들을 박해했다. 21개국이 오쇼의 입국을 거절했는데 그 당시에는 마치 지구를 돌아다니며 착륙할 땅을 찾는 데 우리의 나머지 인생 모두가 허비될 것처럼 보였다.

 이 기간은 그리스에서의 폭력적인 공격과 체포, 영국·우루과이·포르투갈에서의 편견과 정의롭지 못한 대우, 자마이카에 잠시 체류하는 하루 동안의 소름 끼치는 사건들로 점철되어 있다. 그러나 이 기간에 대한 기록이 아름다움과 웃음으로 가득 차 있는 것에 여러분은 깜짝 놀랄 것이다. 그 당시 오쇼는 날마다 몇 시간 동안 우리의 질문에 답하며 이야기했다. 그의 말에는 지혜와 유머가 흘러넘쳤다.

몇 달 동안 전 세계를 여행한 끝에 오쇼는 결국 인도로 돌아왔으며, 곧 우리의 공동체는 오쇼를 중심으로 다시 부활하기 시작했다. 이 기간 동안 오쇼의 말은 선(禪)의 가르침으로 가득 찼다. 그러나 무엇보다도 중요한 것은 그가 세상의 거짓된 모든 것에 반대해서 말하고 있었으며, 그의 마지막 비밀을 우리에게 나누어주고 있었다는 점이다.

그즈음, 오쇼는 내게 책을 쓰라고 하면서 『Diamond Days with Osho(오쇼와 함께 지낸 소중한 날들)』라는 제목을 정해주었다. 이 책은 내게 엄청난 사랑과 기쁨을 안겨주었다. 그러나 당시 나는 그가 얼마나 값진 선물을 주었는지 미처 깨닫지 못했으며, 오쇼가 돌아가실 때까지 책을 쓰려는 시작조차 하지 않았다.

이 책을 통해 나는 오쇼의 마지막 시기에 대해 말한다. 그 당시 그는 독극물의 중독 현상으로 인해 극심한 고통을 겪고 있었는데, 그의 주치의인 암리또, 비서인 아난도, 그리고 내가 그분을 돌보았다. 또한 나는 오쇼께서 자신의 '사마디(묘소)'를 어떻게 디자인하고 어떻게 관심을 보였는지에 대해 독자들에게 이야기한다. 오쇼의 묘소는 그분이 원하는 대로 지어졌다. 우리는 그분이 돌아가신다는 것을 상상할 수도 없었다. 그래서 이 거대한 사원이 그분의 새로운 침실이 될 것이라는 오쇼의 설명을 그대로 받아들였다.

우리는 그분이 생애 마지막 몇 달 동안 하루에 한 시간 이상은 침대 밖으로 나올 수도 없을 정도로 허약해지고 계신다는 것을 알고 있었다. 그럼에도 불구하고 그분의 죽음은 엄청난 충격이었다. 이 책을 읽으면서 당신은 가슴속 깊이 울고 있는 자신을 발견할 것이다. 그럼에도 불구하고 이 책이 슬프지 않은 것은 이상한 일이다. 오쇼의 공동체는 매년 방문객의 수가 60퍼센트 이상 증가하는 추세를 보이고 있다.

'블랙 피라미드'라는 새 건물, 수영장, 테니스 코트, 2백여 개가 넘는 테라피와 명상 그룹, 무예 코스 등 날로 규모가 커지고 있다. 이렇게 외적인 면뿐만 아니라 오쇼의 제자들 또한 엄청난 의식의 성장을 이루었다. 오쇼의 가르침은 그분의 제자들 속에 살아 있다. 그리고 우리는 그분이 우리에게 준 위대한 선물과 그분을 축복하고 즐기며 살아간다.

인도에서 마 프렘 순요

차례

옮긴이의 말 · 6
저자의 말 · 8

인도를 향해 떠나다 · 13
빛나는 어둠 · 28
사랑은 신비로운 것 · 45
에너지 다르샨 · 65
미국, 뉴저지의 성에서 · 81
오레곤 주의 라즈니쉬푸람 · 95
라즈니쉬푸람은 계속되리라 · 110
미국의 감옥에서 · 149
다시 인도 땅을 밟다 · 168
델리를 떠나 쿠루로 · 177
네팔 · 192
그리스 · 210
조용한 기다림 · 227
우루과이 · 239
자마이카와 포르투갈 · 258
다시, 인도에서 · 274
자, 이제 만 명의 붓다를 축하할 수 있는가? · 293
마지막 강의 · 307
섹스와 죽음 · 319
스승은 영원히 살아있다! · 340

인도를 향해 떠나다

「하고 싶은 말이 있는가?」
 그러자 나의 내면에서 외치는 소리가 들린다.
「제가 여기에 왔습니다! 지금 여기에 있어요.」
 하지만 정작 나는 벙어리처럼 입을 열지 못한다. 스승의 눈, 그 눈이 모든 역사를 보고 있다. 제자의 과거, 현재, 미래, 모든 것을 꿰뚫어 보고 있다. 스승 앞에서 제자의 모든 것이 고스란히 드러난다. 그리고 스승은 제자 안에서 아직 깨어나지 않은 붓다, 꽃 피지 않은 붓다를 본다. 나는 그저 가만히 앉아 그를 받아들일 수밖에 없다. 그것이 내면의 다이아몬드를 발견하는 유일한 길이기 때문이다. 그는 내가 무의식 안에 숨기고 싶었던 두려움을 보았을 것이다. 하지만 그는 그저 커다란 사랑으로 나를 바라보고 있었다. 나는 단지 '예스'라고 말할 수밖에 없었다. 때때로 그의 시선은 폭발하는 황홀감의 극치, 밀려오는 기쁨의 에너지만을 남겼을 뿐, 어떤 흔적도 남기지 않았다.

이것이 오쇼와의 첫 대면이었다. 1976년 봄, 인도의 뿌나에서 있었던 일이다. 그보다 1년 전, 나는 런던의 깔끔한 아파트 부엌에 서서 나의 생활, 또는 지금까지 살아온 방식이 끝났음을 느끼고 있었다. 그것은 뼛속까지 사무치는 강렬한 느낌이었다. 하지만 그 이유는 분명치 않았다.

「도대체 왜 그래?」

친구들은 이렇게 묻곤 했다. 하지만 내가 무슨 대답을 할 수 있었겠는가? 백조들이 여름마다 히말라야의 만사로바(Mansarovar) 호수로 날아가는 이유는 무엇인가? 그들은 어떻게 길을 아는 것일까?

나는 내가 원하던 모든 것을 얻었다. 그런데 모든 게 끝이라는 느낌이 나를 지배하기 시작한 것이다. 나의 삶은 순조로웠다. 나는 행복했다. 좋은 친구들과 훌륭한 남자 친구가 있었으며 원하는 직업을 갖고 있었다.

나는 생각했다.

「바로 이거야. 이제는 더 이상 바랄 게 없어.」

그런데 바로 그 순간부터 나는 변화의 바람이 불어옴을 느꼈다. 그것이 어떤 변화인지는 알 수 없었지만.

나는 한 서점에서 우연히 브하그완 쉬리 라즈니쉬(Bhagwan Shree Rajneesh)의 『침묵의 폭발 : The Silent Explosion』이라는 책을 접하게 되었다. 그 책에서는 향내음이 풍겼다.

그 당시 나는 몇 년 동안 행운의 절정기를 맞고 있었다. 그런데 그 삶의 수레바퀴가 방향을 바꾸려 하는 것이 감지되었다. 나는 그 준비를 하고 싶었다. 그래서 남자 친구인 로렌스(Lawrence)가 이

비자(Ibiza)[1] 섬으로 떠날 때 동행했다. 그는 큰 키에 거무스름한 피부의 미남이었으며 신비주의에 몰두하고 있었다. 그는 어디에서나 존재계의 마술을 볼 수 있는 능력이 있었으며, 그것을 영상 매체와 저술을 통해 언어화할 수 있는 재능을 갖고 있었다. 그때 그는 첫번째 저서인 『비전의 리듬 : Rhythms of Vision』을 막 탈고한 직후였다.

이비자 공항에 도착했을 때, 나는 로렌스의 어머니인 리디아(Lydia)를 처음으로 만났다. 그녀는 우리를 환영하기 위해 두 팔을 치켜든 채 손을 흔들고 있었다. 나는 아직도 그 첫 만남의 장면을 지울 수 없다. 그것은 바로 어제 일어났던 일처럼 생생하다. 리디아는 나의 영적인 어머니와 다름없었다. 그녀와의 관계는 아주 깊고도 오래된 느낌을 주었다. 그녀는 인도네시아에서 영적인 그룹과 오랫동안 함께 생활했으며, 구제프(Gurdjieff)의 맥을 잇는 사람들과 같이 공부한 적도 있는 구도자였다.

그녀의 아름답고 고풍스런 집에서 우리는 솔방울로 불을 지피고 『침묵의 폭발』에 대해 토론했다. 나는 그 책이 '안전한' 것인지 그녀의 의견을 물었다. 그녀는 그 책은 안전하다고 말하면서 직접 명상 기법을 행해 보라고 권했다. 나는 그 책에 대해 하나의 의문을 갖고 있었다. 그것은 책 뒷면의 라즈니쉬 약력에, 7백 년 전의 티벳에서 환생한 인물이라고 씌여 있었기 때문이었다. 그것은 사실로 받아들이기에는 너무나 환상적인 이야기였다. 하지만 내가 다음과 같이 말했을 때 로렌스의 눈썹이 어떻게 움직였는지 나는 아직도 기억한다.

「어쨌든 나는 완벽한 영적 스승을 기대하지는 않아요. 나는 내가 무엇을 추구하는지조차도 모르는데 그런 내 눈에 그가 어떻게 완벽

---

[1] 지중해 서부, 발레아레스 제도 서남부에 있는 스페인의 섬.

한 인물로 보일 수 있겠어요.」

이비자를 가 본 사람은 그 섬이 얼마나 강렬한 느낌을 불러일으키는 곳인지 알 것이다. 그 섬은 여성의 수호신인 타아넷(Thanet) 여신이 지배하는 곳인데, 타아넷은 점성학에서 전갈좌에 해당한다. 이비자에는 깊이와 강렬함, 어둠과 신비가 있다. 어쨌든 나는 그저 휴가를 즐기는 중이었으므로 특별히 불가사의한 경험을 찾아다니지는 않았다. 하루 종일 리디아의 정원을 돌보는 것만으로도 행복했다. 대지와 연결된 느낌이었으며 해변이나 관광지에는 가고 싶지 않았다.

이곳에서 나는 난생 처음으로 명상을 경험했다. 그것은 순간적으로 내부에 존재하는 경험이었다. 그 일은 우연히 일어났다.

로렌스와 나는 몇몇 친구와 함께 피크닉을 갔다. 나는 무리에서 떨어져 리디아에게 갖다 줄 꽃을 찾아다녔다. 그녀는 몸이 좋지 않아 우리와 함께 올 수 없었다. 우연히도 나는 내 키만한 관목더미를 발견했다. 그 나무들에는 분홍과 흰색의 꽃이 어우러져 아름답게 피어 있었다. 손을 뻗어 꽃을 꺾으려 했지만 쉽지 않았다. 그래서 억지로 가지를 꺾다 보니 나무가 아주 볼품없게 되어 버렸다. 상처를 입은 가지에서는 하얀 수액이 흘러 나오고 있었다. 마치 피를 흘리고 있는 것 같아 기분이 좋지 않았다. 나는 그 나무에게 말했다.

「내가 이렇게 너를 찢어 놓았으니 상처를 핥아 주기라도 해야 맘이 편하겠구나.」

그래서 나는 수액이 흐르는 부위를 혀로 핥아주었다. 그리곤 꽃을 들고 친구들에게 돌아갔다. 그런데 혀와 목 뒤가 점점 **뻣뻣해지며** 감각이 없어지기 시작했다. 마치 치과 의사들이 쓰는 마취 주사를 맞은 것 같았다.

친구들에게 다가가자, 한 여자가 내 손에 들린 꽃을 보고 기겁을 하며 말했다.

「어서 꽃을 버리고 손을 씻어요! 그 꽃에는 치명적인 독이 있어요!」
 그러나 그 하얀 수액은 이미 내 몸 안에 있었다. 만일 내가 한 일을 친구들에게 말한다면 그들은 놀라서 펄쩍 뛸 것이다. 그리고 그들이 난리를 치면 나도 안절부절 못하게 될 것이고 그렇게 되면 진짜로 아프게 될 것이다. 나는 마음속으로 생각했다.
 '여기는 병원도 없다. 그러니 무엇을 할 수 있겠는가? 차라리 내 몸 안의 이 독을 거부하지 말고 받아들여서 나의 일부가 되도록 하는 편이 더 낫겠다.'
 그래서 나는 아무에게도 내가 한 일을 말하지 않았다.
 차를 타고 집으로 돌아가는 길은 꽤 길었다. 나는 아무 말도 않고 가만히 앉아 있었다. 친구들은 그 꽃으로 인해 죽은 사람들 이야기를 하고 있었다. 불과 몇 달 전에도 그 나뭇가지로 불을 피워 바비큐를 해 먹은 일가족 모두가 죽었다는 것이다.
 차 안은 몹시 덥고 비좁았다. 의자가 모자라서 나는 로렌스의 무릎 위에 앉아 있었다. 창 밖을 내다보고 있으니 목에 감각이 없어지는 것이 느껴졌다. 나는 긴장을 풀고 그 독을 받아들이면 아무 일도 없을 것이라고 스스로 위로했다. 그리고 언젠가 내 자신이 나를 중독시키기 전까지는 내 몸 안에 잠복해 있기만 한 채, 나를 해치지는 말아달라고 꽃의 독성에게 조용히 타일렀다. 나는 이 말이 무슨 뜻이었는지 몰랐다. 하지만 나는 마음속으로 그렇게 말하고 있었다.
 우리는 리디아의 집에 도착했다. 이른 저녁이었으며 아몬드 나무 위로 해가 지고 있었다. 우리는 저녁을 준비해 먹었다. 그 동안에 나는 한 마디도 하지 않았다. 나는 지금과 여기(here and now) 속을 움직이고 있었다. 왜냐하면 한 순간 한 순간이 나의 마지막 순간이 될 수도 있었기 때문이다. 나는 약간 어지러운 상태였지만 의식은 뚜렷하게 살아 있었다. 내가 하는 모든 행동이 의미 깊고 강렬하게 느껴졌다. 나는 어느 때보다도 주변의 모든 것을 강하게 의식했다. 나 자신이 분명하게 인식되었다. 내 몸, 심장의 박동, 세세한 움직임 하나까지 분명하게 의식되었다. 나는 몸을 움직이고 싶다는 생각이 들었다. 그래서 물로 부엌을 청소했다. 리디아와 로렌스는 무슨 부엌 청소를 그렇게 오래 하느냐고 물었다.

나는 고요를 느꼈다. 아무 것도 생각할 수 없었다. 그날 밤 잠자리에 들면서 나는 내일 아침 깨어날 수 있을까 의심스러웠다. 그날 밤 마지막으로 방을 둘러보던 기억이 난다. 그것은 아직도 지워지지 않는 인상으로 남아있다. 어쨌든 다음날 아침 나는 아무 탈없이 자리에서 일어났다. 후에 나는 백과사전에서 그 꽃을 찾아 보았다. 거기에는 이렇게 쐬여 있었다.

〈올린더(Oleander) : …… 그리고 독성이 있는 우유빛 수액을 갖고 있다. 일반적으로 가장 잘 알려진 올린더는 흔히 로즈베이(rosebay)라고 불린다. 로즈베이는 지중해 지역이 원산지인 키 큰 관목으로, 모여서 서식한다.〉

그리스의 플리니(Pliny)는 로즈베이에 대해 잘 설명했는데, 그는 장미꽃 같은 모양과 그 독성에 대해 언급했다.

그러나 올린더가 어떤 특성을 갖고 있든 그것은 중요한 문제가 아니다. 중요한 것은 내가 처음으로 순간 안에 사는 느낌을 경험했다는 것이다. 나는 매순간을 의식하고 깨어있을 수 있었다. 나는 명상의 길로 한걸음 내딛었던 것이다.

완벽한 휴가였다. 그 이후 몇 주 동안 나는 아무도 보지 못하는 영혼의 얼굴을 볼 수 있었다. 어떤 때는 노래하는 목소리도 들었다. 나는 런던에 돌아가는 즉시 라즈니쉬 명상 센터를 찾아가 명상을 시작하기로 마음먹었다. 나의 삶에는 뭔가 풀리지 않은 매듭이 있다고 느꼈기 때문이다.

나는 어떤 종교 집단이나 스승에게도 가본 적이 없었다. 여기 저기서 선(禪)에 대한 책을 읽고 크리슈나무르티(Krishnamurti)의 책을 읽기도 했지만, 나 자신을 구도자로 생각한 적은 없었다. 구도자가 된다는 것은 무슨 뜻인가? 내게 있어서, 그것은 보통 사람들이 경험하는 것 이상의 어떤 것이 존재한다는 것을 아는 것이다.

무엇인지 모르지만 당신의 한 부분으로 살아 움직이는 것이 있으며, 당신은 그런 사실을 안다. 하지만 그것과 총체적으로 접촉하지는 못한다. 어느 순간, 당신은 지금까지 살아온 삶만으로는 충분치 않으며 그 이상의 무엇이 있음을 알게 된다. 그래서 당신은 그것을 찾기 시작한다. 바야흐로 구도의 길에 들어서는 것이다.

나의 한 부분이 마치 긴 잠에서 깨어나듯이 꿈틀대고 있었다. 아마 나는 멀리서 고대의 구도자가 부르는 소리를 듣고 있었는지도 모른다.

나는 다음과 같은 오쇼의 말을 이해한다.

「그대들은 그대들 자신이 나를 찾아내었다고 생각할지 모르지만 사실은 그렇지 않다. 내가 그대들을 부르고 있었던 것이다.」

나는 사물을 있는 그대로 보고 있지 않았다는 것을 깨달았다. 인도로 가기 위해 고향인 콘월(Cornwall)을 떠날 때가 기억난다. 나는 어린 시절 많은 시간을 보냈던 절벽과 작은 만(灣)에 작별 인사를 하러 갔다. 나는 절벽과 바위를 올려다보며 말했다.

「나는 너희들을 진정으로 볼 수 있을 때까지는 돌아오지 않을 거야.」

나는 내가 진정으로 그들을 보지 못한다는 것을 알고 있었다.

처음으로 명상 센터를 방문했을 때에는 늦은 시각이어서 막 명상이 끝난 뒤였다. 명상 센터는 런던의 벨 스트리트(Bell Street)에 자리한 한 건물의 지하실에 있었다. 건물 밖에는 채소 시장이 있었기 때문에 거리는 매우 복잡했다. 나는 흰색 페인트를 칠한 복도를 걸어 들어갔다. 그 복도는 길게 이어진 동굴 같았다. 복도 양쪽으로는 방석이 놓여 있었다. 말하자면 산야신들이 차를 마시거나 잡담을 하는 거실 같은 곳이었다. 터널을 따라 들어가다가 마침 명상을 끝내고 나오는 사람과 마주쳤다. 그들은 남녀가 섞여 있었는데, 모두 벌거벗은데다 땀으로 범벅이 되어 있었다! 나는 마음속으로 생각했다.

「세상에! 이것은 명상이 아니다!」

주변을 둘러보니 벽에는 오쇼로 추정되는 사람의 사진이 잔뜩 붙어 있었다. 굉장히 많은 사진들, 그리고 그의 발 밑에 앉아 있는 사람들! 나는 스스로 자문했다.

「도대체 그들은 이 사람이 누구라고 생각하는 것일까? 이 사람은 영화배우 같잖아?」

이곳은 분명히 내게 맞지 않는 장소였다. 나는 무섭게 화가 나서 발을 쿵쿵 구르며 집으로 돌아왔다. 불같이 화가 나서 버스나 택시를 탈 기분도 아니었다. 나는 화를 삭이며 먼 길을 걸었다.

그날 밤, 나는 꿈을 꾸었다. 그것은 눈에 보이는 영상보다는 느낌에 의해 더 잘 전달되는 꿈이었다. 꿈속에서 나는 틀에 박힌 태도로 일하고 있었으며, 2년 동안 일한 뒤에는 선물을 받기로 되어 있었다. 그 선물을 주기로 되어 있는 사람은 몇 년 동안 알고 지내며 사랑을 나누었던 친구였다. 그는 그 당시 산야스[2]를 받고 '리쉬(Rishi)'로 이름을 바꾼 친구였다. 나는 두 손을 벌려 선물을 받았지만 내 손은 텅 비어 있었다. 어디선가 목소리가 들려왔다.

「너는 그것을 위해 2년 동안 열심히 일해 왔으면서도 무엇을 얻었는지조차 모르는구나. 그것을 볼 수도 없으니 말야!」

---

2) 구도의 길에 입문하는 것, 산야신(구도자)이 되기 위해 계를 받는 절차.

하지만 나는 개의치 않았다. 나는 다시 2년 동안 열심히 일해야 한다는 것을 알고 있었다. 그리고 다시 2년, 그리고 또 2년…… 그런 식으로 계속 일해야 한다는 것을 나는 알고 있었다. 그때 등 뒤에서 강한 바람이 불어와 모든 것을 쓸어갔다. 나는 지평선을 바라보고 있었다. 마치 영원을 바라보고 있는 느낌이었다.

그 꿈은 너무나 강하게 나를 일깨웠다. 나는 명상 센터 때문에 그런 꿈을 꾼 것이라고 생각했다. 나는 다시 명상 센터에 가기로 했다. 바로 다음날, 나는 센터로 가서 다이나믹 명상(Dynamic Meditation)을 시작했다.

다이나믹 명상을 하면서 나의 삶은 변화하기 시작했다. 모든 사람이 옷을 벗고 명상했다. 그러나 나는 거기에 어떤 성적인 요소도 없다는 것을 깨달았다. 어느 누구도 내 몸에 관심이 없었다.

다이나믹 명상의 첫번째 단계는 배경 음악에 맞추어 혼란된 호흡을 하는 것이다. 두 번째 단계는 억압된 감정을 풀어버리는 카타르시스 단계이다. 처음에 나는 내겐 억압된 감정도 소리지를 것도 없다고 생각했었다. 그래서 카타르시스 단계에서도 그냥 부드럽게 춤추기만 했다. 명상을 시작한 지 며칠째 되는 어느 날, 나는 깜짝 놀랐다. 이 두 번째 단계에서 내가 언덕 위에 서 있는 장신의 아마존 여인으로 느껴졌던 것이다. 깊은 곳에서 원시적인 절규가 터져나왔다. 그 엄청난 절규는 온 우주를 가득 채웠다. 나는 어둠 속에서 절규했다. 그것은 온 인류의 과거에 대한 슬픔과 고통의 표출이었다. 하지만 나는 그 절규로부터 분리되어 있음을 느꼈다. 나는 마치 다른 사람이 소리지르는 것을 보듯이 멀리 떨어져 있었다.

카타르시스는 명상이 일어날 수 있도록 준비하는 정화의 과정이다. 나는 내가 가만히 앉아 명상이 저절로 일어나도록 할 수 있는 사람이 아니라는 것을 깨달았다. 그러기에는 나의 마음이 너무나 바쁘게 움직이고 있었다.

그 당시 나는 '나는 곧 나의 마음이다'라고 생각하고 있었다. 머리 속에서 끊임없이 움직이는 생각들과 나의 존재 사이에는 어떤 분리도 없었다. 나는 '의식(consciousness)'에 대해 전혀 아는 바가 없었다. 내가 아는 것이라곤 나의 생각들 뿐이었다. 그러나 이런 경험을 한 후에, 생각 이상의 것이 존재한다는 것을 이해하기 시작했다.

며칠 후, 나는 이 카타르시스의 단계에서 또 다른 경험을 했다. 나의 몸이 내가 아닌 것처럼 느껴졌다. 나의 몸은 꼽추가 되었다. 얼굴이 변하고 입은 크게 벌어졌으며 눈은 호기심에 차서 양쪽을 두리번거리고 있었다. 나의 왼쪽 부분이 완전히 붕괴되는 느낌이었으며 입에서는 알 수 없는 소리가 새어나왔다. 나는 구석에 가서 웅크리고 앉았다. 뭔가 오해받은 느낌이었다. 하지만 가장 강력한 감정은 사랑이었다. 나의 육체라는 이 '피조물'을 사랑의 감정이 감싸고 있었다. 나는 남성을 느꼈다. 이 형체없는 남성은 커다란 사랑과 부드러움, 상냥함으로 가득 차 있었다. 그것은 감동적인 경험이었다. 그리고 다시 한 번 내 자신이 분리되어 바라보는 경험을 했을 때, 나는 그에 대한 어떤 설명도 필요치 않았다. 아무런 두려움도 없었다. 이상하게도 그것은 아주 자연스럽게 느껴졌다. 몇 년이 지나도록 나는 누구에게도 이런 이야기를 하지 않았다. 미쳤다고 오해될 것 같았기 때문이다.

다이나믹 명상의 세 번째 단계는 팔을 위로 올리고 '후! 후!' 소리치며 10분간 쿵쿵 뛰는 것이다. 그런 다음에 '스톱!' 소리가 울리면 움직이던 동작 그대로 멈춘다. 네 번째 단계에서는 명상이 저절로 일어난다. 아무 것도 할 필요가 없다. 마지막 단계는 축제를 즐기듯이 춤추는 것이다. 이 춤 또한 저절로 일어난다.

나는 여섯 달 동안 매일 저녁마다 다이나믹 명상을 했다. 처음 몇 번을 해보고 다이나믹 명상에 빠져 버린 것이다. 나는 더할 나위없는 지복감에 충만하여 명상 센터를 나오곤 했다. 마치 마약을 한 사람 같았다.

벨 스트리트는 런던에서 가장 지독한 곳 중의 하나이다. 그야말로 교통 지옥이다. 가까운 곳에는 패딩톤(Paddington) 역이 있으며, 낡고 더러운 붉은 벽돌 건물이 늘어서 있다. 하지만 나는 이 끔찍하도록 혼란스러운 거리를 걸으면서

「모든 것이 너무나 아름다워!」
라고 말하곤 했다.

내 인생에서 시간을 정확하게 지킨 것은 그때가 처음이었다. 나는 매일 저녁 버스에 앉아 정확하게 6시에 패딩톤 역을 지나면서 자신에게 묻곤 했었다.

「내게 무슨 일이 생긴 것이지? 나는 미쳤나 봐. 전에는 학교나, 직장이나, 어떤 약속도 정시에 지킨 적이 없는데.」

그 당시, 산야스에는 세 가지 작은 규칙이 있었다. 하나는 '말라(mala)'를 목에 거는 것이었다. 말라는 108개의 작은 나무 구슬로 만들어진 목걸이이다. 말라에는 플라스틱 속에 든 오쇼의 사진이 매달려 있다.

산야스를 받은 사람은 항상 오렌지 색 옷을 입었으며, 산스크리트 어 이름이 주어졌다. 산야스 네임(sannyas name)[3]은 옛이름과 그것에 연관된 모든 것으로부터 완전한 탈바꿈을 의미했다.

내가 센터에서 만난 산야신들은 개성있는 사람들로 보여지지 않았다. 예를 들어, 나는 센터에서 화장한 여자를 본 적이 없다. 모두가 하얀 얼굴에 여린 피부, 그리고 특별한 형태가 없는 생머리 그대로였다. 남자들도 매우 여성적으로 보였다. 그들은 집으로 초대하

---

3) 산야스를 받으면 법명이 주어진다. 남성 구도자에게는 '스와미(Swami)', 여성 구도자에게는 '마(Ma)'라는 호칭이 붙는다.

거나 친구에게 소개시켜주고 싶은 타입의 사람들이 아니었다. 하지만 이상하게도 나는 그들에게 끌렸으며, 센터에서 보내는 시간이 점점 더 많아졌다. 그리고 친구들과의 모임에는 점점 더 불참하게 되었다.

나는 매일 밤 센터에서 한 여자를 보았는데, 그녀는 여러 가지 색깔이 섞인 토속적 무늬의 스카프를 두르고 있었다. 그때 내가 듣기로 그녀는 산야신이 아니었다. 그녀는 성공한 변호사이자 사업가였다. 하지만 젊고 매력적인 미모, 아프가니스탄 스타일의 옷과 티벳풍의 신발이 그런 사실을 숨겨주고 있었다. 그녀의 이름은 수 애플톤(Sue Appleton)이었는데, 곧 산야스를 받고 나서 아난도로 바뀌었다. 그때 나는 그녀와 나의 인생이 그 민속풍의 스카프 색깔만큼이나 파란만장해질 줄은 꿈에도 생각하지 못했다.

그곳에서 만난 또 한 명의 여자는 수잔(Susan)이다. 그녀는 후에 사비타(Savita)로 이름이 바뀌었다. 그녀는 회계사였는데, 평범한 모습이어서 눈에 잘 띄는 인물이 아니었다. 나중에 그녀는 많은 사람들의 삶을 파괴하고 황폐화시키는 데 주역을 담당하게 된다.[4] 그녀의 회계 능력이 수백만 달러의 돈에 접근할 기회를 줌과 동시에 그녀를 범죄자로 만든 것이다.

사비타와 나는 서포크(Suffolk)의 시골집에서 함께 명상 그룹에 참여한 적이 있다. 그룹이 진행되는 동안 우리는 전혀 접촉이 없었다. 그런데 그룹이 끝나갈 무렵, 참가자들은 어둠 속에서 옷을 벗어 구석으로 던지라는 지시를 받았다. 그리고 나서 우리는 옷더미 속에서 아무 옷이나 손에 잡히는 대로 주워 입었다. 불이 다시 켜졌을 때 보니 나는 그녀의 옷을, 그녀는 나의 옷을 입고 있었다. 우리는 경계하는 눈빛으로 서로를 바라보았다. 이상하게도 바라지 않던 혈

---

4) 사비타는 오레곤의 라즈니쉬푸람에서 쉴라의 심복으로 일하게 된다.

연 관계가 된 기분이었다. 그다지 명예롭지 못한 그런 관계가.

명상을 하면서 커다란 기쁨만을 얻은 것은 아니었다. 내가 알던 모든 것들이 점점 의미를 잃어가고 있었다. 예전에는 친구와 파티에 가는 것이 즐거웠으나, 이제는 한껏 멋을 부린 그들이 공허하게 보이기 시작했다. 생명이 없는 사람들 같았다. 부자들조차 아무 것도 가지지 못한 사람들로 보였다.

모든 것이 거짓으로 보였다. 나는 오쇼에게 편지로 묻고 또 물었다.

「왜 아무 것도 진짜가 아닙니까?」

하지만 나는 편지를 부치지 않았다. 그 당시 나는 몹시 흔들리고 있었다. 왜냐하면 처음으로 내 삶과 주변의 사람들을 관찰하기 시작했기 때문이다. 그것은 힘든 과정이었다. 나는 정말 놀라운 것들을 보았다. 명상가로서 처음 이 몇 달 동안은 계속해서 베일이 벗겨져 나갔다. 다이나믹 명상은 생명력을 일깨워 구도자의 눈에 선명함을 준다.

그 당시 나는 일주일에 두 번씩 사진 작가와 그의 동료들을 위해 비서로 일하고 있었다. 그는 언제나 푸른 옷을 입고, 푸른 옷을 입은 부인과 자식들을 데리고 푸른 집에서 푸른 카펫, 푸른색 가구와 그림, 푸른색 벽에 둘러싸여 살고 있었다. 내가 오렌지 색 옷만 입기 시작하자, 그는 나를 미쳤다고 생각했다. 그는 동료들에게 전화를 걸어 나에 대해 의논했다. 그들은 내가 명상을 해서 미쳤다고 걱정했다. 그들은 내게 명상을 할 필요가 없다고 말했다.

어떤 사람들은 나를 한쪽 구석으로 데려가 심각한 표정으로 혹시 마약을 심하게 하는 것은 아니냐고 물었다.

내가 말했다.

「아뇨, 나는 명상을 하고 있어요.」

나는 일주일에 한 번 어떤 영화 배우를 위해 일해주고 있었다. 그는 '조력자'라고 표현했지만, 실제로 내가 하는 일의 대부분은 그의 말을 관심있게 들어주는 역할 뿐이었다. 그는 굉장히 잘 생기고 돈이 많은 젊은이였으나 주벽이 심했다. 그는 술을 마시고 맨손으로 유리창과 가구들을 부셔서 피를 흘리곤 했다. 그는 나에게 명상으로 인생을 낭비한다고 말하면서 더 이상 내게 돈을 지불하지 않겠다고 했다.

나는 이런 명상을 개발해냄으로써 내 인생을 바꾸어 놓은 그 사람을 만나고 싶었다. 그리고 더 이상 기다릴 필요없이 산야스를 받았다. 나는 런던에서 시얌 싱가(Shyam Singha)라는 사람에게 산야스를 받았는데, 그는 호랑이 눈처럼 불타는 황록색 눈을 가진 사람이었다. 그에게는 카리스마와 지혜가 있었으며 나에게 많은 도움을 주었다. 하지만 우리의 길은 서로 달랐다. 그는 오쇼가 자필로 '마 다르마 체타나(Ma Dharma Chetana)'라고 이름을 쓴 종이를 주었다. 나는 오쇼에게 편지를 썼다(나는 그를 '보름달의 주인'이라고 불렀는데, 그것은 라즈니쉬라는 이름의 의미였다). 도에 대한 그의 말을 듣고 나서 어느 길을 가야할지 갈피를 잡을 수 없게 되었다는 내용이었다. 그의 답장은 이러했다.
「오라, 그저 오라. 그대의 발이든 아니든.」
매우 낭만적이고 유머가 반짝이는 글이었다.
나는 인도로 떠날 날짜를 잡았다. 미리 날짜를 정해놓긴 했지만 막상 그날 표를 구할지 못 구할지는 확실치 않았다. 나는 다신 돌아오지 않을 것처럼 짐을 쌌다. 내가 키우던 두 마리의 고양이는 시골의 아주머니에게 보냈는데, 그녀는 고양이를 이백 마리나 기르고 있었다. 나는 나의 개를 데리고 콘월에 있는 부모님에게로 갔다. 그들은 나의 '오래 지속되지 않을 새로운 취향'을 쉽게 받아들였다.

어머니는 내가 이른 아침 해변으로 다이나믹 명상을 하러 갈 때에 동행하기도 했다. 나를 데리고 시내로 쇼핑을 나갔을 때에는 이웃 사람들에게 자랑스러운 목소리로 '우리 산드라는 요즘 명상을 하고 있어요.' 하고 말했다. 그러나 며칠 후에는 너무 자주 명상을 하면 미쳐버리거나 수녀원에서 인생을 마감하게 될 것이라며 걱정했다. 어머니의 아름다움은 그녀의 순진무구함에 있었다. 그리고 아버지는 유머 감각이 뛰어난 분이었다. 나는 할머니와 형제 자매에게 작별 인사를 했다. 부모님에게 작별을 고할 때에는 훌쩍거리며 울었다. 나는 다시 그들을 만날 수 없을 것이라고 생각했다.

로렌스는 나를 런던 공항까지 바래다 주었다. 내면 세계로 탐험을 떠나는 친구를 배웅하기 위해서였다. 그는 외부 세계로의 탐험을 막 시작하려던 참이었다— 할리우드로부터 뉴 기니아의 원시족에 이르기까지.

우리는 언제 다시 만나게 될지 기약할 수 없었다. 내가 눈물을 흘리며 물었다.

「내가 인도에 가면 뭔가 배울 수 있을까?」

그는 팔로 나를 감싸 안으며 말했다.

「물론, 당신은 많은 것을 배우게 될 거야.」

빛나는 어둠

인도의 뿌나에서 하룻밤을 보내고 난 뒤, 나는 진리를 구하는 일 따위는 그만두기로 했다. 인도의 공항과 기차역에서의 첫경험은 나를 지치고 떨리게 만들었다. 역은 사람들로 가득 차 있었다. 한 가족 모두가 초라한 짐보따리를 베고 플랫폼 한가운데 누워 있었으며, 승객들은 그 위를 넘어 다녔다. 마치 빈민 구호소 같았다. 불구자와 굶주린 사람들이 나의 옷소매를 끌어당기며 구걸했으며, 잡아먹을 듯이 뚫어지게 쳐다보기도 했다. 짐꾼과 택시 운전사들은 서로 손님을 끌다가 고함을 지르고 주먹질을 하면서 땅바닥에 뒹굴기가 예사였다.

엄청나게 많은 사람들이 북적대고 있었다. 말 그대로 인구 폭발이었다!

내가 묵은 호텔은 겉으로 보기에는 멀쩡했다. 하지만 방에 들어서니 징그러운 벌레들이 벽에 붙어 있었다. 그것은 길이가 3인치나 되는 바퀴벌레였다. 그 벌레는 내 얼굴로 날아오기도 했다. 나는 기절초풍하여 비명을 질렀다. 비명 소리를 듣고 사람들이 달려왔다.

그러나 내가 바퀴벌레 때문에 소동을 벌였다는 것을 알고는 어이없는 표정을 지었다. 뭘 그까짓 것을 가지고 호들갑을 떠느냐는 얼굴이었다.

세면대의 수도꼭지를 틀어보니 물이 곧바로 발등 위로 떨어졌다. 누런 녹물이었다. 밑을 살펴보니 세면대와 하수구를 연결시키는 파이프가 없었다. 나는 프론트로 내려가 지배인을 불렀다. 그를 욕실로 데려와 파이프 없는 세면대를 보여 주었다. 그러나 그는 무엇이 문제인지 납득할 수 없다는 표정이었다. 나는 다른 방을 요구했으나 빈 방이 없다고 했다.

쇠로 만들어진 철제 침대는 원래 파란 색으로 칠해진 것 같았지만 칠이 벗겨져 여기저기 녹이 슬어 있었다. 매트리스는 얼마나 얇은지 스프링이 뚫고 올라올 것 같았으며, 시트는 오랫동안 갈지 않은 것이 틀림없었다. 가장 견딜 수 없는 것은 벽에 핏빛으로 그려진 만(卍)자였다. 그때, 나는 그것이 무슨 흑마술의 표식인 줄 알았었다. 만(卍)자가 인도에서는 행운의 상징으로 여겨진다는 것을 몰랐던 것이다. 그것의 방향을 뒤집어 악의 상징으로 사용한 것은 히틀러였다. 나중에 안 사실이지만 그것은 피가 아니라, 씹으면 붉은색 액체가 나오는 식물로 그려진 것이었다. 그것은 담배와 비슷한 효과가 있어서 인도인들은 그 식물을 씹어서 아무데나 뱉곤한다.

그런 방에서 지내야 한다는 것이 기가 막혔지만 이미 밤이 깊었으므로 미치광이 소굴같은 거리로는 나갈 엄두가 나지 않았다. 그래서 나는 옷을 입은 채 침대에 걸터 앉았다. 감히 누울 생각조차 할 수 없었다. 나는 침대에 걸터앉아 엉엉 울었다.

사람들의 고함소리와 라디오의 시끄러운 음악소리에 잠이 깼을 때, 나는 인도에서 일광욕이나 하며 짧은 휴가를 보낸 후 곧 런던으로 돌아가야겠다고 마음먹었다. 나에게는 오쇼의 도서관에 전해줄 몇 권의 책이 있었다. 그래서 나는 릭샤(rickshaw)를 타고 아쉬람에 갔다가 바로 해변으로 떠나기로 했다. 아쉬람 앞에서 릭샤를 내리자마자 나는 리쉬와 마주쳤다. 그는 내 꿈속에서 2년간 일한 대가로 선물을 주던 바로 그 사람이었다. 그는 나를 자기 집으로 데려가 침대에서 쉬게 했다. 나는 그 집에서 일주일을 보내고 난 뒤에 가까스로 기운을 차릴 수 있었다.

나는 오쇼의 힌두어 강의에 참석하기 시작했다. 오쇼는 매일 아침 강의를 했는데, 한 달은 힌두어로, 한 달은 영어로 강의를 했다. 그 달은 힌두어 강의가 있는 달이었다. 처음에 나는 오쇼의 우아함과 아름다움을 볼만한 안목이 없었다. 하지만 뭔가 특별한 느낌을 받았다.

무슨 말인지 전혀 알아듣지도 못하는 힌두어 강의를 들으면서 차가운 대리석 바닥에 두 시간 동안이나 앉아 있는 것은 어쩌면 미친 짓처럼 보일 것이다. 하지만 굉장히 높은 기둥이 지붕을 떠받치고 있으며, 사면이 정원을 향해 트여있는 '장자홀'은 너무나 이국적이고 특별한 장소였다. 힌두어로 말하는 오쇼의 목소리는 내가 들은 어떤 음악보다도 아름답게 들렸다. 나는 힌두어 강의를 한번도 빠지지 않았다. 나는 힌두어 강의를 영어 강의보다 더 좋아했다.

그때는 우기였으므로 아쉬람에는 사람이 많지 않았다. 강의에는 백 명도 안되는 사람들이 참석할 때도 많았다. 정원에 내리는 빗소리와 더불어 음악처럼 울려퍼지는 오쇼의 음성을 듣노라면 저절로 명상 속으로 미끄러져 들어가는 듯했다. 명상이 무엇인지 제대로 알지도 못하면서 말이다. 오쇼는「아즈 이트나 히(Aj Itna Hee)」라는 힌두어로 강의를 끝마쳤다. 그 말은「오늘은 이제 그만」이라는 뜻이다. 그 말을 들을 때마다 나는「벌써? 지금 막 앉았는데.」하고 생각하곤 했다. 오쇼의 강의를 듣고 있노라면 나는 야생마처럼 갈기를 휘날리며 홀 안을 뛰어다니고 있는 것 같았다. 엄청난 에너지가 솟아오르는 느낌이었다. 자리를 잡고 조용히 앉을 때쯤이면 벌써 오쇼의 마지막 말이 들리고 있었다.
　오쇼와 함께 앉아 있을 때 시간은 아무 의미도 없었다. 두 시간이 2분처럼 느껴지기도 했다.
　나는 충만한 생명력을 느끼고 있었다. 오쇼가 나에게 생명을 준 것처럼 느껴졌다. 전에도 나의 육체는 살아있었지만 이젠 뭔가 질적으로 다른 느낌이었다.
　강의에 참석하기 시작한 처음 며칠 동안은 이상한 일이 일어났다. 나는 강의가 끝난 뒤 밖으로 나오자마자 화장실로 달려가 토하곤 했다. 그런 후 낮 동안에는 아무렇지도 않았다. 그러나 다음날 아침이 되면 똑같은 일이 일어났다. 그래도 나는 어쩔 도리가 없었다. 강의를 빠지고 싶지는 않았다. 강의를 너무나 좋아했기 때문이다. 그렇다고 오쇼에게 '스승님, 당신의 강의가 나를 토하게 합니다.' 라고 편지를 쓸 수도 없지 않은가. 그래서 나는 매일 강의에 참석하고 토하는 것을 계속했다.
　얼마쯤 지나 가까스로 구토가 멈추자 이번에는 울음이 시작되었다. 나는 아침마다 '장자 홀'을 빠져 나와서는 숲속으로 들어갔다. 수풀로 가려진 그 비밀 장소를 엉금엉금 기어다니며 탈진하도록 엉엉 울었다. 어떤 때는 점심때가 되도록 울 때도 있었다. 이런 현상은 한 달 가량 계속되었다. 내가 왜 우는지 이해할 수 없었다. 그것은 슬픔이라기보다는 경외심에 가까운 것이었다.
　명상의 초기 단계에 육체는 강력한 반작용을 일으킬 수도 있다. 강도 높은 명상 캠프에 참석하거나 그룹 명상을 하는 동안에는 병에 걸리기도 한다. 그러나 닷새 정도는 의사에게 보이지 말고 기다려 보아야 한다. 이런 병은 약 없이도 저절로 낫는다. 기본적으로 마음에 의해 생기는 병이기 때문이다. 육체와 마음이 밀접한 관계를 맺고 있다는 것은 이제 분명한 사실로 드러나고 있다. 그러므로 육체와 마음의 관계를 이해할 수 있다면 우리는 많은 병을 피할 수도 있을 것이다.

한 달이 지나면서 힌두어 강의는 영어 강의로 바뀌었다. 나는 여전히 뿌나에 있다는 것이 놀라웠다. 비록 처음 올 때에는 영원히 머무르기 위해 온 것이긴 했지만, 어떻게 그런 일이 일어날 수 있는지 신기하기만 했다.

매일 밤, 오쇼는 정원이 내다보이는 현관에서 열두 명 내지 열다섯 명의 제자들과 만남을 가졌다. 그것은 '다르샨(darshan)'이라고 불려졌는데, 문자 그대로 옮긴다면 '본다'는 의미이다. 이 친밀한 분위기 속에서 오쇼는 새로운 제자들을 만났으며 명상에 어려움을 겪는 이들에게 도움을 주었다. 또는 서양인들에게 많이 나타나는 '인간 관계'의 문제점에 대해 가르침을 주곤했다.

나는 오쇼의 비서인 락시미(Laxmi) — 그녀는 작은 키의 인도 여인이다 — 옆에 앉아 나의 이름이 호명되길 기다렸다. 나는 오쇼가 언제 걸어들어 왔는지 기억할 수 없다. 서늘한 안개처럼 주변을 감싸는 그의 에너지에 압도당하여 나는 정신을 차릴 수 없었던 것이다. 오쇼의 눈에는 남 다른 빛이 있었으며, 그의 몸짓은 우아하기 그지없었다. 다르샨에 앉아 있으면 그에게서 힘찬 부드러움을 느낄 수 있었다. 그것은 아침 강의에 앉아 있을 때에는 느낄 수 없던 것이었다.

오쇼는 앞에 앉아 있는 나의 이마 위에 불빛을 비춰보고는 명상 테크닉을 가르쳐 주었다. 그는 매일 밤 그 명상 테크닉을 수행하고 2주일 후 다시 와서 결과를 보고하라고 말했다. 그는 많은 일이 일어날 것이라고 했다. 2주일 동안 나는 극적이고 영적인 현상이 일어나는 것을 관찰했다. 내가 발견한 것은 물밀듯 밀려오는 행복감이었다. 그런 경험에 대해 말하자 오쇼는 이렇게 대답했다.

「더 많은 행복이 밀려 올 것이다. 일단 행복의 문을 열면 그것은 끝이 없기 때문이다. 행복은 계속해서 성장한다. 하지만 불행을 향해 네 자신의 문을 열어놓으면 그때엔 불행이 성장할 것이다. 그것은 라디오 다이얼을 특정 주파수에 맞춰 놓으면 한 방송국의 방송만을 들을 수 있는 것과 같다. 그대가 다이얼을 어디에 맞추느냐에 따라 행복이 오기도 하고 불행이 오기도 한다.

만일 행복을 향해 다이얼을 맞추면 그대는 세상이 제공하는 모든 행복의 전파를 수신하게 될 것이다. 그 행복은 무궁무진하다. 아무도 그 행복을 고갈시킬 수 없다. 그 행복은 바다와 같다. 계속해서 밀려올 뿐 시작과 끝이 없다. 불행에 대해서도 똑같은 말을 할 수 있다. 불행 또한 끝이 없다.

일단 행복에 주파수를 맞추는 법을 알게 되면 그 다음에는 불행이 존재한다는 사실을 잊고 행복 속으로 더 깊이 들어갈 수 있다고 오쇼는 말했다.

내 생각으로는 명상을 할 때도 허니문(honeymoon)과 같은 어떤 것이 일어나는 것 같다. 처음으로 오쇼를 만났을 때, 나는 이상한 경험을 많이 했다. 그것은 내가 비의적인 것에 대한 기대가 없었기 때문일 것이다.

어느 날 아침, 나는 그렇게 앞쪽은 아니었지만 오쇼의 눈과 마주치기에는 충분한 거리에 앉아 있었다. 나는 에너지가 솟구쳐오름을 느꼈다. 몸 안에서 핵폭탄같은 버섯구름이 피어올라 가슴 근처에서 폭발하는 것이었다. 그 후 몇 년 동안 나의 '가슴 센터'는 가장 활발히 활동하는 센터가 되었다.

처음으로 오쇼가 '깨어있음(awareness)'에 대해 이야기하는 것을 들었을 때, 나는 무슨 말인지 이해할 수 없었다. 깨어있으려고 노력할 때마다 나는 숨이 멈추었다. 숨 쉬는 것과 깨어있는 것을 동시에 할 수 없었다. 나는 너무 의도적으로 시도함으로써 긴장하고 있었던 것이다.

오쇼는 컴퓨터처럼 프로그래밍된 마음에 대해 이야기하기 시작했다. 나는 오쇼의 말을 이해하기 시작했다. 세뇌(conditioning)는 사회와 부모, 선생님, 텔레비전, 그리고 내 경우엔 팝송에 의해서였다. 나는 그 전에는 그런 것에 대해 생각조차 한 적이 없었다. 하지만 이제 나 자신, 상황에 대응하는 방식, 내가 가진 견해들 속에서 세뇌의 영향을 발견하기 시작했다. 선생님은 이런 식으로 가르쳤고, 할머니는 저렇게 말했고, 이것은 아버지의 믿음이고…… 나는 스스로에게 물었다. 이 모든 것들 속에 과연 나는 어디에 있단 말인가?

내게 명상은 자연스러운 것이 되었다. 강의에 앉아서 오쇼의 음성을 듣노라면 말과 말 사이의 짧은 침묵들 속에서 저절로 명상이 일어났다. 명상을 하려고 애쓰기보다는 그저 가만히 앉아서 리듬에 몸을 맡기는 것으로 충분했다.

강의 시간이 얼마나 중요한 것이었는지 나는 한밤중에도 몇 번씩 벌떡 일어나 강의에 나갈 준비를 하곤 했다. 숲속에서 통곡하는 감정적 폭발이 가라앉은 이후, 오쇼의 강의는 나의 하루를 여는 원동력이자 활력소가 되었다.

나는 오쇼의 움직임이 이제껏 내가 보아온 사람들과 얼마나 다른 것인지 깨닫기 시작했다. 때로는 강의중에 손의 움직임만을 관찰한 적도 있었다. 움직임 하나하나가 너무나 우아하고 시적이었다. 그러면서도 오쇼에게는 생기와 힘이 넘쳤다. 그가 말하는 방식은 우리를 명상의 길로 유혹하기에 충분했다. 오쇼는 두 손을 내밀고 어서 오라고 손짓하고 있었다. 처음 걸음마를 배우는 아기를 유혹하듯이 그는 우리를 앞으로 이끌었다.

그는 언제나 우리와 함께 농담을 즐기며 웃기를 좋아했다. 그는 결코 심각해지지 말라고 말했다. 심각함은 일종의 질병이며 삶은 놀이와 같은 것이라는 것이다. 그의 시선을 대할 때마다 우리는 그의 신뢰와 사랑을 느낄 수 있었다. 나는 여기서 '우리'라는 단어를 쓰고 있다. 왜냐하면 오쇼는 누구에게나 똑같은 모습이었기 때문이다. 그는 모든 사람을 똑같이 사랑했다. 오쇼는 마치 사랑 그 자체인 것 같았다.

나는 오쇼를 만나기 전에는 그런 자비를 경험하지 못했다. 어떤 상황에서도 남들을 돕기 위해, 자신의 평판을 개의치 않고 진실을 말하는 사람은 오쇼 외에는 만나지 못했다.

한 번은 오쇼에게 나의 꿈 이야기를 써서 보낸 적이 있다. 그것은 아름답고 찬란한 꿈이었다. 그러나 오쇼로부터 다음과 같은 대답이 보내져 왔다.

「꿈은 그저 꿈일 뿐이다. 꿈은 아무 의미도 없다.」

나는 화가 났다. 결국, 내가 뿌나에 오게 된 것도 이 중요한 꿈 때문이 아니었던가? 나는 몇 년 동안 꿈을 기록해오고 있었으며, 그 꿈들이 중요한 의미를 지닌다고 생각하고 있었다. 그래서 나는 다시 오쇼에게 질문을 써서 보냈다.

「꿈이 아무 의미도 없다고요? 그런 식으로 말씀하시는 이유가 무엇입니까?」

내가 받은 대답의 일부는 다음과 같았다.

「나는 꿈만을 꿈이라고 말하는 게 아니다. 그대가 깨어있다고 생각할 때 보는 모든 것도 꿈이다. 눈을 감고 잘 때에 보는 것도 꿈이며, 소위 깨어있다고 하는 상태에서 눈을 뜨고 보는 것도 꿈이다. 그리고 두 꿈 모두 아무 의미도 없다……」

어느 날 저녁, 물라 나스루딘이 길을 걷다가 길 위에 소똥이 잔뜩 쌓여있는 것을 보았다. 그는 허리를 굽히고 조심스럽게 그것을 관찰하기 시작했다.

'꼭 그것처럼 생겼군.'

그는 얼굴을 가까이 대고 냄새를 맡았다.

'영락없이 그 냄새인데.'

그는 조심스럽게 손가락으로 찍어서 맛을 보았다.

'틀림없어, 바로 그 맛이야. 하마터면 밟을 뻔했군!'

「분석을 조심하라!」

오쇼는 이렇게 말했다.

오쇼의 말은 내게 상처를 입혔다. 그는 내 삶 자체가 의미가 없는데 꿈이 도대체 무슨 의미를 가질 수 있겠느냐고 질타한 것이다. 그러나 그가 무슨 근거로 그렇게 말한단 말인가? 그는 왜 나의 질문에 친절하게 대답해주지 않는가? 내가 이런 푸대접을 받아야될 만큼 터무니없는 질문을 했단 말인가?

나는 그의 불같은 호령에 다소 실망했다. 하지만 오쇼가 말하는 존재의 방식, 즉 존재계와 조화를 이루는 삶의 방식에 내가 아직 미치지 못하고 있음은 이해할 수 있었다. 오쇼는 완벽한 만족과 지복(至福)안에 존재하는 것처럼 보였지만 나는 그렇지 못했다. 나는 인생이 의미있는 것이라고 스스로를 속여왔던 것이다. 나는 오쇼 안에 더 깊은 차원의 다른 실체가 있음을 볼 수 있었지만, 나 자신 속에서는 그것을 발견할 수 없었다. 다만 그의 눈, 그가 행동하는 방식에서만 그것을 볼 뿐이었다.

내가 나 자신에 대해 가지고 있던 그릇된 관념들, 오쇼는 그 거짓 관념들을 빼앗아갔다. 그리고 실체를 탐험하도록 나를 막막한 우주 공간에 던져 버렸다.

그 당시 나는 오쇼의 오래된 책 중의 하나인 「신비 체험 : The Mystic Experience」에 몰두하고 있었다. 그 책은 오래 전 봄베이에서 강의한 특이한 내용을 담고 있었다. 그 책에는 비의적인 내용들, 즉 유령, 차크라(chakra), 일곱 가지 신체 등에 대한 설명이 들어 있었다.

하지만 그 당시 오쇼는 초자연적인 것이나 마술적인 것에 대한 질문에는 일체 응답하지 않고 있었다. 삼십 년 동안 강의를 하면서 오쇼는 청중이 누구냐에 따라 강의의 스타일을 완전히 바꾸곤 했다. 오쇼의 설명에 따르면, 그것은 잡으려는 물고기의 종류에 따라 다른 그물을 던지는 것과 같았다. 오쇼가 초기에 좋게 말했던 한 종교적인 인물에 대해 비판적인 입장을 취하기 시작하자, 많은 제자들이 오쇼에게 등을 돌리고 떠나 버렸다. 그러나 오쇼의 메시지를 진정으로 받아들인 소수의 사람들은 그대로 남아 오쇼의 가르침에 귀를 기울였다.

몇 달이 지나자, 빛과 사랑으로 넘치는 그곳도 조금씩 지루해지기 시작했다. 나는 발리섬 같은 곳으로 가서 흑마술이나 배워볼까 하고 생각했다. 어린 시절부터 나는 악마에 매료되어 있었다. 나는 밤늦게 교회에 가서 예수에게 시비를 걸곤 했었다. 그러나 별다른 보복은 없었다. 한 번은 「예수여, 모습을 보여라!」하고 소리친 후 불빛을 본 적이 있다. 그런데 악마를 부르는 일은 훨씬 더 재미있었다. 가구가 덜컹거리고 유리창이 깨졌으며, 친구들은 까무러치기 일쑤였다. 확실히 인생의 어두운 면은 더 실제적이고 생생한 것 같았다.

나는 오쇼에게 다음과 같은 질문을 했다.

「당신은 불을 켜면 어둠은 사라진다고 말했습니다. 당신은 빛입니다. 그렇다면 어둠은 어디로 간 것일까요? 그리고 나는 왜 어둠 또한 갈망하는 것입니까?」

그가 응답해준 첫 문장만으로도 내게는 충분한 대답이었다.

「불을 켜면 어둠이 사라진다고 말할 때 내가 의미하는 바는 이런 것이다—불을 켜라. 그러면 어둠은 빛나게 된다.」

빛나는 어둠! 빛나는 어둠을 찾으라! 나는 오쇼의 대답에 감격했다. 그후로 나는 그 밖의 다른 것을 찾아 나서기를 꿈꾸지 않았다. 빛나는 어둠, 그것은 내가 동경하던 삶의 절정을 시적으로 표현한 말이었다.

나는 런던에서 산야스를 받았다. 하지만 처음으로 오쇼의 발을 만졌을 때가 진정한 산야스를 받은 순간인 것 같다. 사람들은 오쇼가 강당을 떠나려할 때 앞으로 달려나가 그의 발에 머리가 닿도록 절하곤 했다. 그것은 충격적인 장면이었다. 서양인인 나로서는 그런 헌신의 표시를 본 적이 없었다.

그런데 내게도 그런 날이 찾아왔다. 그날은 '구루 푸르니마(Guru Purnima)' 축제일이었다. 이날은 칠월의 보름날로 인도의 모든 종교적 지도자와 스승들을 경배하고 축제를 벌이는 날이다.

그날, 오쇼는 의자에 앉아 있었다. 그리고 자기가 하고 싶은 대로 노래를 부르거나 웃거나 춤을 추며 돌아다니는 사람들과 연주자들이 오쇼의 주변을 둘러싸고 있었다. 그 뒤로는 스승의 발을 만지려는 사람들이 줄을 서서 기다리고 있었다. 그 줄은 정원을 가로질러 정문 밖에까지 길게 이어졌다. 나는 줄의 맨 끝에 가서 섰다. 앞에 서 있는 사람들을 통해, 내가 할 수 있는 일이란 스승의 발을 만지는 것이 전부라는 것을 알 수 있었다. 정원을 지나 강당으로 들어서면서 나는 아무 생각도 할 수 없었다. 축제의 고양된 분위기가 나를 사로잡았던 것이다.

문득 정신을 차려보니 오쇼의 바로 앞에 서 있었다. 나는 오쇼의 앞에 무릎을 꿇고 엎드렸다. 그러나 그 다음에 무슨 일이 있었는지 나는 기억할 수 없다. 그 다음에 일어서서 달려나간 것은 기억이 난다. 볼에는 눈물이 흐르고 있었다. 나는 울면서 뛰고 또 뛰었다. 한 친구가 무슨 이상이 생긴 줄 알고 나를 제지하며 진정시키려 했다.

그러나 나는 그 친구를 밀치고 마구 내달렸다. 내가 할 일이란 그저 앞으로 달리는 것 뿐이었다. 세상 끝까지 달려야할 것 같았다.

그 달에 나는 몇 가지 테라피 그룹(therapy group)을 시작했다. 테라피 그룹은 의식의 각성을 이루려는 초기 단계에 큰 도움이 된다는 것을 알았다. 감정과 자신을 동일시하지 않고 분리시켜 경험하는 것은 매우 값진 체험이었다. 나는 난생 처음으로 부정적인 감정들을 자유롭게 표현하고 받아들일 수 있게 되었다. 온몸이 분노로 떨리는 것을 느끼는 것, 누군가를 주먹으로 때리거나 하지 않고 그저 분노를 느끼기만 하는 것은 멋진 경험이었다.

여러 명의 사람이 오직 '자기 자신을 발견하려는' 한 가지 목적으로 같이 앉아 있을 때에는 강력한 에너지가 충만했다.

의식적인 마음은 빙산의 일각에 불과하다고 오쇼는 지적했다. 무의식 속에는 억압된 두려움과 욕망으로 가득 차 있다는 것이다. 정상적인 사회에서는 이런 감정들을 자연스럽게 표출하여 정화시키는 대신에 계속 억압을 강요함으로써 불안을 가중시킨다. 특히 민감하고 재능있는 예술가, 음악가, 작가들이 그토록 잘 미쳐버리는 까닭은 무엇인가? 동양에서는 그런 일이 드물었다. 그것은 명상의 전통과 관계있다. 『사랑하는 사람 : The Beloved』의 강의에서 오쇼는 이렇게 말했다.

'광기에는 두 가지가 있다. 하나는 정상 이하로 떨어지는 광기이며 다른 하나는 정상을 초월하는 광기이다. 정상 이하로 떨어진다면 그것은 질병이다. 그때 그대는 정상으로 돌아오기 위해 정신병 치료를 받아야 할 것이다. 그러나 정상을 초월한 광기는 질병이 아니다. 그때, 그대는 처음으로 건강해진 것이다. 그대는 완전한 존재가 된다. 그러니 두려워 말라. 그대의 광기가 온전한 삶을 가져다 주었다면 그것은 두려워할 일이 아니다.

그리고 정상 이하의 광기는 언제나 무의식중에 일어난다는 것을 기억하라. 정상 이하의 광기는 그대가 일으키는 것이 아니다. 그것은 그대의 통제권 밖에 있다. 그대는 그 안으로 끌려들어 가는 것이다. 그러나 정상을 초월한 광기는 그대 스스로 일으키는 것이다. 그대는 그 광기를 자유롭게 다룬다. 그대는 그 순간에 머물 수도 있고 더 멀리 나아갈 수도 있다. 어쨌든 그대는 자신이 자유롭게 통제할 수 있는 곳에 머문다.

이것은 보통의 광기와는 전혀 다르다. 정상을 초월한 광기 속에서 그대는 자신만의 길을 간다. 그대 자신의 길을 갈 때 신경증에 걸릴 염려는 없다. 왜냐하면 모든 광기가 해방되기 때문이다. 그러나 평상시에 우리는 광기를 억압하며 살아간다.'

각각의 그룹이 끝난 후에는 그룹 다르샨이 열렸다. 이것은 사람들이, 자신들에게서 좀처럼 사라지지 않는 문제점에 대해 말하고 오쇼가 도움을 주는 모임이었다.

나는 다르샨에 참석해서 나의 분노를 보았다고 자랑스럽게 말했다. 나는 온몸으로 분노를 느꼈으며, 그것은 아주 순수한 에너지로서 거의 오르가슴에 가까운 것이었다고 말했다. 오쇼는 나를 보며 말했다.

「그대는 가지를 보았을 뿐이다. 이제 그 뿌리를 찾도록 하라.」

나는 화가 났다! 나는 오쇼에게 인카운터 그룹(encounter group)[1]을 한번 더 하려 한다고 말했다. 오쇼는 한숨을 내쉬며 어떤 사람들에게는 한번으로 충분치 않다고 말했다. 그것은 사실이었다. 왜냐하면 나는 마음속에 일어나는 모든 감정을 표현하기에 급급했던 것이다.

나는 삼 일 동안 계속해서 자신에게 「나는 누구인가?」하고 질문

---

1) 문제 상황을 재현하고 감정을 표출함으로써 스스로 문제의 뿌리를 이해하는 심리 요법의 일종.

을 던지는 그룹을 했다. 이 그룹은 정말이지 많은 도움을 주었다. 마음이 작용을 멈추었다. 오직 '나'만이 거기에 있었으며, 현재는 순간마다 완전히 충만했다. 그때까지 나는 오쇼의 강의에서 '무심(無心)'에 대한 말을 자주 들어오고 있었다. 그러나 이 경우에 '무심'이라는 말이 나를 그 세계로 이끈 것은 아니었다. 충만된 세계에 대해 듣는 것과 그 세계를 직접 경험하는 것은 완전히 다른 것이다. 이 엄청난 경험은 여섯 시간 정도 지속되었으며, 그 동안 나는 환희의 절정에 있었다.

다르산에서 나는 오쇼와 공동체를 위해서 뭔가 도움이 되는 일을 하고 있지 않기 때문에 걱정이라고 말했다. 또 오쇼에 대한 신뢰도 충분치 않은 것 같다고 말했다. 오쇼는 내게 설명하기를, 자신의 사랑은 무한하기 때문에 그저 주기만 할 뿐 아무에게도 보답을 기대하지 않는다고 말했다. 내가 뭔가 가치있는 일을 해야 하는 것은 아니며, 나의 존재만으로도 충분하다는 것이었다. 그는 나의 모든 한계를 그대로 인정하면서 나를 사랑한다고 말했다.

「나의 사랑을 받기 위해 그에 걸맞는 사람이 되려고 할 필요는 없다. 그대의 존재만으로도 충분하다. 그대는 어떤 일을 하기 위해 존재하는 것이 아니며, 그 일을 가치있는 것으로 만들기 위해 존재하는 것도 아니다. 그런 생각은 모두 넌센스이다. 그런데 지금까지 사람들은 그런 생각으로 인해 착취당하고 파괴되어 왔다.

그대는 이미 그대가 될 수 있는 바로 그 모습이다. 더 이상은 필요없다. 그러니 긴장을 풀고 나를 받아들이라. 보답에 대해 생각하지 말라. 그렇지 않으면 그대는 긴장 상태에서 벗어날 수 없을 것이다.

'나는 기대에 미치지 못하며, 이런 일 저런 일을 하고 있지 않다.'는 생각, 그것이 그대의 문제이다. 그대는 쓸데없이 문제를 만들어내고 있는 것이다.
　나는 그대의 모든 한계를 있는 그대로 받아들인다. 나는 그대의 모든 한계와 더불어 그대를 사랑한다. 나는 어느 누구에게도 죄책감을 심어주고 싶지 않다.
　그렇지 않다면 이 모든 것은 속임수에 불과하다. 그대는 나를 전적으로 신뢰하지 못하며, 그에 대해 죄책감을 느낀다. 그때, 나는 그대를 지배하게 된다. 그대는 사랑을 받을 자격이 없으며, 이런 일 저런 일을 하고 있지 않다. 따라서 나는 그대에 대한 사랑을 철회한다. 그때 사랑은 장사가 된다. 그러나 나의 사랑은 장사가 아니다. 나는 그대를 사랑한다. 왜냐하면 나는 곧 사랑이기 때문이다.」

　일년이 지났다. 나는 여전히 아쉬람에 머물고 있었다. 인도에 도착한 첫날부터 회의를 느꼈던 나에게 그것은 작은 기적이었다. 나는 아쉬람에서 일을 하기로 결심했다. 그래서 여러 차례 사무실을 찾아갔지만 자리가 없다는 대답뿐이었다. 예를 들면 〈오늘 영국에서 도착한 회계사(그녀는 나와 함께 산야스를 받은 사비타였다)〉와 같은 일을 할 수 없다면 불가능하다는 것이었다. 나는 내가 전에 십년 동안이나 성직자, 정신분석학자, 신문사, 병원, 수의사, 카지노에서 비서로 일했다는 사실을 누구에게도 알리고 싶지 않았다. 사무실의 생활은 별로 매력이 없었다. 그래서 나는 정원사 일을 맡았으며, 하루의 대부분을 정원에 물을 주는 일로 보냈다. 하지만 정원에 물을 주는 일은 일이라기 보다는 사치스러운 소일거리로 생각되었다.
　마침내, 나는 적당한 일거리를 맡게 되었는데, 그것은 책의 겉표지를 만드는 일이었다. 하지만 나는 그 분야의 최고가 되겠다는 생각으로 너무 심각하게 일을 대하고 있었다. 어느 날, 인쇄 필름을 가져오기 위해 시내를 걷다가 길거리에 누워있는 시체를 보았다.

그 시체를 보며 나는 자신에 대해 생각했다.

「내가 스승을 만나러 온 것은 최고의 표지 디자이너가 되기 위한 것은 아니지 않는가!」

아쉬람에서 일을 시작한 첫날, 쉴라(Sheela)[2] — 그녀는 락시미의 비서 중 한 명으로 막 일을 시작한 상태였다 — 가 내게 접근해 와서 물었다. 나와 같이 일하는 사람들이 잘하고 있는지, 담배를 피우기 위해 쉬는 시간은 얼마나 되는지 날마다 사무실에 찾아와 알려 달라는 것이었다. 나는 그들은 나의 친구들이기 때문에 그런 일은 할 수 없다고 말했다. 그러나 쉴라는 내가 그 일을 해야한다고 반박했다. 왜냐하면 그 일은 그들의 영적인 성장을 위한 것이기 때문이라는 것이다.

「만일 그들이 게으르다면 어떻게 성장할 수 있겠어요? 그리고 누군가 지적해주지 않는다면 그들이 어떻게 자신의 게으름에 대해 각성할 수 있겠어요?」

이것이 쉴라의 이유였다. 나는 그녀의 말에 반박할 수 없었다. 그래서 그녀의 부탁을 들어주겠다고 말했다. 그러나 나는 그녀에게 보고하기 위해 사무실로 찾아가지는 않았다. 그녀가 나를 찾아와 사람들이 어떻게 일하고 있는지 물을 때마다 나는 능청스럽게 거짓말을 했다.

「담배 피는 시간이라고요? 천만에! 그들은 잠시도 쉬지 않아요. 그들은 정시에 나와서 하루 종일 열심히 일해요.」

돌이켜보면, 쉴라는 처음부터 믿음직한 스파이를 고용하는 일에 열심이었던 것 같다. 이것은 그녀가 큰 야망과 권력에 대한 탐욕을 갖고 있었음을 보여준다. 나중에 그 야망은 한껏 부풀어 오르게 되

---

2) 쉴라는 미국의 오레곤 주에 공동체를 결성하는 데 많은 공헌을 하지만 나중에 오쇼를 배신하고 돈을 빼돌려 도망친다. 그것이 공동체의 몰락을 부채질하는 결정적인 계기가 되었다.

지만.

 며칠 후, 오쇼를 보살피는 비베크가 나를 찾아와 다른 일을 하고 싶지 않느냐고 물었다. 오쇼의 빨래를 해줄 사람이 필요하다는 것이었다.
 삼 주일 후, 나는 오쇼의 집으로 이사했다. 그리고 나의 새로운 일을 시작했다.

사랑은 신비로운 것

오쇼의 거처인 '노자 하우스(Lao Tzu House)'는 한때 마하라자(Maharaja)[1]의 소유였다. 그곳이 오쇼의 거처로 선택된 이유는 집 전체를 덮고 서 있는 거대한 아몬드 나무 때문이었다. 그 아몬드 나무는 붉은색, 오렌지색, 노란색에서 초록색에 이르기까지 카멜레온처럼 색깔을 바꾸었다. 몇 주일마다 한 차례씩 나무의 색깔이 바뀌었지만 나는 이파리가 다 떨어진 가지를 본 적이 없다. 하나의 이파리가 떨어지면 마치 기다리고 있었다는 듯 파릇파릇한 새 잎이 그 자리를 대신하곤 했다. 나무 아래에는 작은 인공 폭포와 암석으로 꾸며진 정원이 있었다. 그 정원은 열광적인 이탈리아인에 의해 만들어졌는데 그는 정원을 만든 후로 모습을 감추었다.

해가 지나면서, 오쇼의 손길은 정원을 정글로 바꾸었다. 대나무가 자라고, 백조가 노는 연못, 그리고 하얀 대리석으로 만들어진 인공 폭포는 밤이면 푸른 색으로 빛난다. 물이 흘러드는 작은 연못은

---

1) 지방의 영주.

황금색 빛을 뿌리며 찬란한 색채를 자랑한다. 라자스탄(Rajasthan)의 황무지 일대 광산에서 가져온 거대한 바위들은 햇빛 속에 우뚝 서서 반짝반짝 빛난다. 그 모습은 도서관 측면의 외벽을 감싸고 있는 검은 색 화강암과 좋은 대조를 이룬다. 그리고 일본풍의 다리와 수로(水路)가 있다. 계절에 관계없이 사시사철 장미꽃이 만발한 정원은 밤이 되면 아름다운 조명이 켜진다. 그래서 장미꽃들은 초현실주의적인 어릿광대처럼 현란한 색채를 자랑하며 오쇼가 식사하는 식당을 들여다 본다.

숲속으로 나있는 산책로는 공상 과학 소설에 나오는 것처럼 경이롭다. 그 길은 투명 유리로 덮어 씌워져 있으며 냉방 장치가 되어 있다. 그 길은 오쇼가 인도의 습하고 뜨거운 기후에 영향받지 않고도 정원을 걸을 수 있도록 만들어졌다. 투명 유리로 만들어진 산책로는 이 이상한 정원의 신비함을 더해준다. 화려한 춤으로 서로 애정을 표시하는 하얀 공작새와 푸른 공작새들, 백조, 황금색의 꿩, 앵무새, 극락조 등 오쇼의 제자들이 세계 곳곳에서 데리고 온 온갖 종류의 새들이 정원에서 노닐고 있다. 봄베이 세관을 통과하는 여행객이 "아, 나는 항상 이 애완용 백조와 함께 여행합니다!"하고 말하는 것을 상상해 보라.

정원에는 또한 여러 종류의 인도새들이 날아와 오쇼의 식당 유리창에 몸을 비춰보며 부리로 털을 다듬는다. 물론 그들은 살아 있는 붓다가 유리창 너머에서 그들을 지켜보고 있는 것을 모를 것이다. 오쇼의 식당은 아담하고 단출하게 꾸며져 있다. 오쇼는 정원을 내다볼 수 있도록 유리벽을 마주 대하고 앉는다.

제일 먼저 아침을 알리는 새는 뻐꾸기이다. 그후 삼십여 분쯤 지나면 나머지 새들이 오케스트라처럼 아름다운 소리로 지저귀며 아침을 밝힌다. 그중에서도 가장 압권은 수탉의 울음소리이다. 수탉은 확성기 소리처럼 요란하게 매시간 정확히 '꼬끼오' 소리를 낸다.

이에 대해 오쇼는
「모든 사람들에게 그들이 아직도 잠들어 있다는 것을 상기시키기 위하여!」
라고 말했다.

오쇼는 살아있는 생명체 모두를 엄청난 사랑과 존중으로 대했다. 나는 건물을 짓기 위하여 잘려질 위기에 놓인 나무에 대해 오쇼가 이렇게 말하는 것을 들었다.

「나무는 살아 있지만 건물은 죽어 있다. 그러므로 나무를 우선 고려해야 한다. 그대들은 나무 주변에 건물을 세우도록 하라.」

오쇼의 집 내부는 대부분의 공간을 도서관이 차지한다. 대리석이 깔린 복도 옆에는 투명 유리로 차단된 책장들이 길게 늘어서 있다. 나는 어느 날엔가 큰 트렁크를 들고 가다가 책장의 유리와 세게 부딪친 기억이 난다. 놀랍게도 아무것도 깨지지 않았다. 그날 이후 오늘까지도 나는 복도의 그 지점을 지날 때마다 그때 일이 생각난다.

오쇼의 세탁일을 시작했을 때, 나는 상당한 충격을 받았다. 나는 그 충격적인 느낌이 없어지기를 기다렸지만, 결코 없어지지 않았다. 나는 '무슨 일을 하든지 절대로 눈을 감아서는 안돼!'하고 다짐해야 했다. 눈을 감으면 죽음 너머의 세계로 사라져 버릴 것만 같았다.

모든 빨래는 손으로 행해졌다. 그리고 세탁이 끝난 옷은 지붕 위의 빨랫줄에 널었다. 나는 바닷가에서 노는 어린아이처럼 마구 물을 튕기며 빨래를 하곤 했는데, 빨래가 끝날 무렵이면 머리에서 발끝까지 흠뻑 젖어 있었다. 나는 술취한 사람처럼 물 묻은 대리석 바닥에 미끄러지곤 했는데, 그때마다 아무데도 다치지 않고 벌떡 일어나곤 했다. 그 당시 나는 오쇼의 옷을 세탁하는 일에 완전히 빠져 있었다. 마치 오쇼가 세탁실 안에 있는 것처럼 느껴질 때도 있었다. 한번은 다림질을 하다가 이상한 분위기에 완전히 압도되어서 이마를 테이블 위에 대고 무릎을 꿇었다. 오쇼가 거기에 있었다. 맹세컨대 오쇼가 분명히 거기에 있었다!

시대가 바뀌어서 미국에 가게 된 뒤로는 세탁기를 이용하게 되었다. 손이 물에 젖는 일도 드물게 되었다. 손빨래를 할 때에도 고무장갑을 사용했다. 세탁량은 항상 내가 일하는 시간에 따라 기적적으로 바뀌었다. 나는 한 사람의 빨랫감이 어떻게 하루 종일 일해야 할만큼 넘쳐나는지 이해할 수 없었다. 그러나 그것은 실제로 일어나고 있는 일이었다. 나의 어머니는 내가 인도에 머물면서 오쇼의 세탁부로 일한다는 소리를 듣고 편지에 이렇게 썼다.

〈나는 네가 한 사람의 빨래를 하기 위해 그렇게 떠난 이유를 이해할 수 없구나. 네 아버지는 집으로 돌아와 자기 빨래나 하라고 성화를 한다.〉

물론, 나는 빨래나 하려고 인도에 온 것은 아니다. 하지만 빨래를 하며 전세계를 돌아다녔다. 내가 처음으로 빨래를 시작한 뿌나의 세탁실은 아주 위생적이었다. 그러나 후에 나의 세탁실은 여러 곳으로 바뀌었다. 뉴 저지(New Jersey)의 성에서는 지하실이었으며, 오레곤의 황무지에서는 트레일러를 세탁실로 사용했다. 북인도에서는 돌로 만든 움막을 세탁실로 사용했는데, 그곳에서는 양동이에 눈을 퍼다가 녹여서 사용해야 했다. 카트만두(Kathmandu)에서는 호텔의 지하실을 이용했는데, 그곳에서는 오십여 명의 네팔인들과 함께 일해야 했다. 그리스에서는 화장실을 이용했고, 우루과이에서는 부엌을 개조해서 이용했다. 포르투갈의 숲속에 있는 집에서는 침실을 이용했으며, 마침내 내가 처음으로 빨래를 시작했던 뿌나로 돌아오게 되었다. 내게 세탁실은 자궁처럼 느껴졌다. 세탁실은 오쇼의 방 바로 맞은편에 있었다. 오쇼가 사는 집은 출입이 통제되어 있었고 따라서 나의 세탁실에도 찾아 오는 사람이 없었다. 나는 완전히 홀로 있었다. 때로는 하루 내내 비베크(Vivek) 외에 다른 사람을 보지 못한 때도 있었다.

　가끔씩 사람들은 몇 년 동안 똑같은 일을 하는 게 지겹지 않느냐고 물었다. 그러나 나는 한번도 지겹다고 느낀 적이 없다. 나의 삶은 너무 단조로웠기 때문에 많은 생각이 필요 없었다. 물론 생각이 있긴 했지만 그 생각들은 살이 붙지 않은 마른 뼈 같은 것이었다. 오쇼와 함께 지내게 된 이후로 나의 삶에는 상상조차 할 수 없었던 변화가 일어났다. 나는 오쇼의 빨래를 하는 일이 너무나 행복했고 만족스러웠다. 그것은 오쇼에 대한 감사의 표현이었다. 흥미있는 일은, 오쇼의 옷을 더 많은 사랑으로 조심스럽게 대할수록 더 많은 만족감을 느끼게 된다는 것이었다. 그것은 원을 그리는 순환하는 에너지처럼 나에게 돌아왔다.

　인도에서 맞는 첫번째 우기 동안, 나는 오쇼에게 곰팡이 냄새나는 수건을 보냈지만 오쇼는 아무 불평도 하지 않았으며, 빨래를 다시 돌려 보낸 적도 없었다. 인도에서 우기를 보내 본 사람이라면 축축한 옷에 어떤 일이 일어나는지 알 것이다. 수건을 사용하기 전까지는 곰팡이 냄새가 나는 것을 알 수 없다. 물론, 나는 그것을 알지 못했다. 비베크가 수건에서 곰팡이 냄새가 난다고 말했을 때 나는 약간 놀라는 정도에 그쳤다. 하지만 그녀가 일주일 전부터 그런 일이 있다고 지적했을 때는 정말로 충격이었다. 나는

「왜 오쇼는 즉시 내게 말하지 않았을까요?」
하고 물었다. 오쇼는 아무 불평없이 내 스스로 깨닫기를 기다리고 있었던 것이다.

　가끔씩 나는 사랑의 느낌에 압도되어 일을 멈추고 조용히 앉아 있곤 했다. 그러나 사랑의 대상으로서 떠오르는 얼굴은 없었다. 마음속에 어느 누구의 얼굴도 그릴 수 없었다. 그것은 이상한 경험이

었다. 주변에 있는 누군가가 사랑의 감정을 자극하지도 않았는데 나는 사랑에 의해 완전히 압도당하는 것을 느끼곤 했다. 나는 완전히 술에 취한 것 같은 느낌을 받았다. 비록 그 취함은 미묘하고 정화된 것이긴 했지만. 나는 그런 느낌에 대해 시를 써서 오쇼에게 보냈다.

당신의 얼굴을 떠올릴 수 없어요,
사랑은 그렇게 얼굴 없이 오는 것.
내 안의 낯선 부분,
그것이 당신을 사랑합니다.
내 안의 그녀는 이름도 없이 왔다가 사라집니다.
그녀가 사라질 때, 나는 눈물이 흐르는 뺨을 훔치지요.
그녀가 신비를 간직할 수 있도록.

오쇼는 이렇게 응답했다.
「사랑은 신비이다. 사랑은 가장 큰 신비이다. 그대는 사랑으로 가득 찬 삶을 살 수는 있지만 사랑을 알 수는 없다. 그대는 사랑을 맛보고 경험할 수 있다. 그러나 사랑을 이해할 수는 없다. 사랑은 이해를 초월한다. 사랑은 이해 너머의 세계에 있다. 그러므로 마음은 사랑에 주의를 기울일 수 없다. 사랑은 결코 기억이라는 그릇에 담기지 않는다. 기억은 마음에 각인된 것이다. 기억은 마음 안에 남겨진 흔적이며 발자국이다. 그러나 사랑은 몸이 없다. 사랑은 아무 발자국도 남기지 않는다.」
사랑이 기도처럼 느껴질 때, 어떠한 형상에 의해서도 오염되지 않고 순수한 사랑 그 자체로 느껴질 때, 그것은 초의식(superconscious)에 의해 느껴지는 사랑이라고 오쇼는 설명했다. 그것이 내가 그 당시 사랑을 낯설게 느끼고 있었던 이유이다. 나는 초의식에 대한 이해가 전혀 없었던 것이다. 나는 오쇼의 말 중에 이해할 수 없는 부분이 많았다. 하지만 그것은 내가 나 자신을 더 많이 경험하게 됨에 따라 서서히 이해되기 시작했다.

「……마음에는 세 단계가 있다. 무의식, 의식, 초의식이 그것이다.

그대의 사랑이 성장할수록 그대는 자신의 존재 안에서 알려지지 않았던 많은 부분을 이해하게 될 것이다. 사랑은 그대 내면의 더 고차원적인 영역을 자극하여 활동하게 한다. 그때, 그대는 자신이 매우 낯설게 느껴질 것이다. 그대의 사랑은 기도의 세계로 들어가는 중이다. 그것은 엄청난 의미를 지닌다. 왜냐하면 기도 너머엔 오로지 신만이 존재하기 때문이다. 기도는 사랑이라는 사닥다리의 마지막 칸이다. 그 칸을 넘어서면 열반의 세계가 있다. 영원한 자유의 세계가 있다.」

오쇼가 의식의 자각과 깨달음에 대해 말하는 것을 들을 때, 나는 그것이 완전히 마술과 같은 것으로 느껴졌다. 오쇼의 말은 내게 엄청난 영감을 주었다. 때로는 전율과 흥분에 들뜬 나머지 비명을 지르고 싶을 때도 있었다. 한번은 오쇼에게 그의 강의가 비명을 지르고 싶을 정도로 나를 자극한다고 말한 적이 있다. 그에 대해 오쇼는 수수께끼같은 말을 했다.

「비명이라고? 내가 말하는 동안에?」

오쇼의 가까이에서 일한다는 것은 커다란 축복이다. 그를 위해 옷을 짓거나, 그의 에어콘을 청소하거나, 그가 아침에 찬물로 샤워할 수 있도록 밤새도록 배관 공사를 하거나, 또는 제자들이 하기 좋아하는 수많은 자잘한 일들 모두가 커다란 축복이다. 이 축복은 일을 하는 당사자의 각성과 사랑에서 오는 것이다. 돈을 위해 일하는 사람들, 자신의 일에 만족하지 못하는 사람들은 이것을 이해하기 힘들 것이다. 그들의 하루는 둘로 나누어진다. 사장이나 회사에 속하는 시간이 있고, 그 다음에는 자유 시간이 있다. 그러나 아쉬람(ashram)에서는 하루 내내 자유 시간이다. 그 시간을 어떻게 유효적절하게 이용하여 나를 발전시키느냐 하는 것은 전적으로 내가 할 탓이다. 나는 오쇼를 위해 일을 할 때 힘이 넘치고 활발하게 살아 있음을 느낀다. 왜냐하면 그의 깨어있는 의식은 나의 의식에 각성의 불을 당기기 때문이다. 각성된 의식으로 일을 하면 어떤 일을 하든지 훨씬 더 신이 난다.

나는 오쇼 주변의 사람들이 일하는 방식을 보고는 항상 감동한다. 나는 그들이 즐거운 마음으로 일하는 이유를 이해할 수 있다. 만일 어떤 사람이 오쇼를 위해 밤새도록 일한다면, 그가 일하는 방식 자체가 커다란 기쁨을 창조할 것이다. 보답은 단지 그것 뿐이다. ―커다란 기쁨. 당신을 기쁘게 만드는 사람 곁에 있다면 고맙다고 말하는 것 외에 무엇을 할 수 있겠는가? 당신이 아무리 사소한 일을 한다해도 말이다.

오쇼를 사랑하는 것은 너무나 쉽다. 왜냐하면 그의 사랑은 무조건적이기 때문이다. 그는 아무 것도 요구하지 않는다. 나는 오쇼의 눈에 '나쁜 짓'으로 비치는 일을 할 수 없다는 것을 안다. 이것은 경험을 통한 앎이다. 나는 무의식적으로 행동할 수도 있고 실수를 저지를 수도 있다. 하지만 나의 무의식에 의해 고통받는 것은 항상 나이다. 오쇼는 그것을 안다. 그때, 그의 자비심은 한결 더해지는 것 같다. 그가 우리에게 요구하는 것은 실수를 통해 배우고 명상하는 것 뿐이다.

나는 오쇼가 영원불멸하는 지복의 경지에 있는 것을 보아왔다. 나는 어떤 일로도 그의 평정과 중심이 흔들리는 것을 본 적이 없다. 그는 욕망과 야망이 없다. 그는 어느 누구에 대한 요구도 없다. 그러므로 착취의 문제는 있을 수 없다. 그는 내게 무엇을 하라거나,

그것을 어떻게 하라고 말한 적이 없다. 기껏해야 나의 문제에 대해 자신의 의견을 제안했을 뿐이다. 그의 제안을 받아들이느냐 받아들이지 않느냐는 전적으로 나의 의지에 달렸다. 나는 그의 제안을 받아들이지 않은 때도 있었다. 때로는 내 방식대로 일을 처리하기를 원했다. 하지만 그는 한번도 그것을 비난하지 않았다. 그는 내가 선택한 방식을 인정했다. 하지만 내가 선택한 길은 어려운 길이었다! 언제나 그가 옳았음이 판명되었다. 그가 이 세상에 존재하는 단 하나의 목적은, 우리로 하여금 자신의 개체성을 발견하고 의식의 각성을 이루도록 돕기 위한 것이라는 사실을 나는 점점 더 분명하게 알게 되었다.

앞에서 말했듯이, 나는 명상을 시작하기 전에는 마음과 나 자신을 같은 것으로 생각했다. 끊임없이 머리 속을 질주하는 생각들, 그것이 내가 아는 전부였다. 하지만 이제 나는 감정조차도 나에게 속한 것이 아니며, 감정적인 반응은 나의 인격(personality)을 구성하는 조건들에게서 비롯된다는 것을 이해하기 시작했다. 스승에게는 에고와 인격이 없다. 그는 자신의 본질적인 '자기(self)'를 깨달았으며, 그 깨달음 안에서 인격은 자취를 감추었다. 에고와 인격은 어린 시절 우리에게 인상을 남긴 사람들과 사회에 의해 만들어진다. 나는 나 자신에게서도 그런 경향을 보게 되는데, 가끔씩 내가 상황에 반응하는 방식은 '기독교'적이다. 그런데 나는 기독교인으로 양육되지 않았다. 나는 교회에 나가지 않았으며 우리 집에는 성경책도 없었다. 그런데도 나는 나의 기독교적인 세뇌화를 발견할 때마다 깜짝 놀란다. 내가 추측할 수 있는 것이 있다면 그것은 우리가 숨쉬는 공기 자체에 기독교가 들어 있다는 것이다.

사람들이 생각하고 행동하는 방식 어디에서도 기독교의 영향을 쉽게 발견할 수 있다. 하지만 이제 기독교를 종교라 할 수 있는가? 남아있는 것이라곤 도덕률과 시대에 뒤떨어진 관념들 뿐이다.

출신 국가가 다른 사람들이 상이한 행동 패턴을 보인다는 것은 누구든지 쉽게 알 수 있다. 그런데 우리 모두는 똑같은 살과 뼈로 만들어진 인간이다. 그렇다면 조건화(conditioning)가 우리의 본질적인 부분은 아니라는 것이 명백해진다. 나의 모든 조건화를 깨닫기 위해서는 명상을 하는 것이 급선무이다. 왜냐하면 명상 안에서 나는 불변의 침묵으로 현존하기 때문이다.

나는 방 안에서 라티한(latihan)[2]을 수행하곤 했다. 라티한을 수행할 때 명상가는 조용히 서서 존재계에 모든 것을 맡긴다. 서서히 에너지가 나를 통해 흐르기 시작한다. 그 에너지는 춤, 노래, 웃음, 울음 등 여러 가지 형태로 나타난다. 하지만 무슨 일이 일어나도 그것은 저절로 일어나는 것이지 나의 행위가 아니다. 나는 그것을 안다.

나는 이런 경험을 대단히 즐겼다. 그것은 내가 사라지는 느낌을 주었고, 나를 고무시켰다. 나는 날마다 똑같은 장소에 서 있곤 했다. 내가 병들은 것을 느끼기 시작할 때까지 이것은 몇 주 동안 계속되었다. 나는 무슨 특별한 병에 걸린 것은 아니었다. 하지만 나의 에너지는 아주 저조한 상태였고 툭하면 울음이 터져나왔다. 나는 너무 자주 에너지가 나를 소유하도록 맡겼기 때문에 그것이 나를 아프게 하는 것은 아닌가하고 걱정되었다. 어느 날, 내가 울고 있을 때 비베크가 와서 무슨 일이냐고 물었다. 나는 라티한 명상을 너무 많이 해서 병이 난 것 같다고 말했다. 그녀는 오쇼에게 나에 관한 이야기를 전했다. 오쇼는 다르샨(darshan)에 참석하여 라티한을 일으켜보라는 전갈을 보냈다.

나는 다르샨에 참석했다. 오쇼는 자신의 의자 옆에 와서 무릎 꿇고 앉으라고 내게 손짓했다. 그 다음에 그는 라티한을 일으켜 보라

---

[2] 모든 것을 자연적인 흐름에 맡기고 관찰자로서 주시하는 명상법의 하나.

고 말했다. 나는 눈을 감았다. 곧 라티한의 느낌이 일었다. 하지만 그렇게 강하지는 않았다. 마치 키가 아주 큰 어떤 사람이 내 뒤에 서 있는 것 같았다. 곧 그 사람의 존재는 내 안으로 들어와 나를 통해 흐르기 시작했다. 나는 팽창되는 것을 느꼈고, 실내에 꽉 찬듯한 나를 볼 수 있었다. 몇 분 후, 오쇼는 나를 불러 깨우고는 모든 게 좋다고 말했다. 그날의 다르샨 이후로 알 수 없는 에너지에 소유당하고 싶은 욕망은 사라졌다. 나는 다시는 그에 대해 생각하지도 않게 되었다.

내가 라티한을 수행하던 방은 나중에 오쇼의 치과룸으로 개조되었다. 그리고 다른 환경이긴 하지만 똑같은 장소에서 다시 한 번 라티한에 소유된 것은 7년 후의 일이다.

그 당시, 비베크는 오쇼의 보호자로 7년 동안 일하고 있었다. 그녀와 오쇼의 관계는 전생으로 거슬러 올라간다. 오쇼는 강의 중에 그 관계에 대해 말한 적이 있으며, 비베크도 그것을 기억한다. 그녀는 커다랗고 파란 눈을 가진 여성으로 어린아이처럼 해맑다. 그녀에게는 물고기좌의 특성이 잘 나타난다. 그녀는 단 하루도 오쇼와 떨어진 적이 없었다. 그래서 그녀가 몇 주 동안 영국에 가 있을 예정이니 오쇼를 돌봐줄 수 있겠냐고 내게 물었을 때, 나는 현기증이 나는 것처럼 아찔했다. 나는 마음속으로 혼잣말을 하면서 정신을 차리려고 애썼다.

「이건 현실이 아니야. 냉정을 유지해야 해.」

어떻게 내가 오쇼의 방에 들어갈 만큼 깨끗해질 수 있겠는가? 나는 다르샨이 있는 날이면 준비가 되었다고 생각될 때까지 거의 하루 종일 샤워를 하곤 했었다. 나는 거의 피부를 벗겨낼 듯이 몸을 씻었다.

내가 오쇼를 위해 처음으로 한 일은 그에게 차를 갖다주는 것이었다. 차갑게 식은 차를! 나는 차를 만들어 그의 방으로 들어갔지만 그는 욕실에서 목욕을 하고 있었다. 나는 무엇을 해야할지 몰라 차가운 대리석 바닥에 앉아서 찻쟁반을 내려다보고 있었다. 내가 다시 차를 끓이기 위해 방을 나간다면 그 동안에 오쇼가 욕실을 나와 차를 찾을지도 모를 일이었다. 그래서 나는 오쇼가 욕실에서 나오기만을 기다렸다. 오쇼의 방은 매우 추웠다. 작년까지만 해도 오쇼는 섭씨 12도 정도의 온도를 좋아했다. 나는 오쇼가 움직일 때마다 미묘한 캠퍼(camphor)향이나 민트향 냄새를 맡는다. 그날도 그의 방에서는 그런 향기가 감돌고 있었다.

　오쇼가 갑자기 나타났다! 그는 의자를 향해 방을 가로질러 걸어오고 있었다. 그는 빙그레 웃으며 '안녕!'하고 말했다. 그때, 나는 차가 식었다는 것을 까맣게 잊고 그에게 차를 내밀었다. 그는 지금까지 마신 것 중에서 최고의 차를 마시듯이 천천히 차를 마셨다. 그가 자신이 욕실에서 나온 후에 차를 따르라고 말한 것은 내가 오쇼에게 몇 번이나 식은 차를 마시게 한 후의 일이다.

　나는 그의 지적에 깜짝 놀랐다.

　그는「음? 차가 식었지 않은가? 가서 다른 차를 가져 오라!」고 말할 수도 있었다. 누구든지 그랬을 것이다. 그러나 그는 나를 당황시키지 않도록 일을 처리했다. 사실, 나는 훗날까지도 무슨 일이 일어난 것인지 알지 못했었다.

「선객(禪客)은 어떻게 차를 마십니까?」

오쇼 :
「선객에게는 모든 것이 신성하다. 한 잔의 차를 마시는 것도 그에게는 신성한 행위이다. 그는 무엇을 하든지 신성한 사원에서 하듯이 한다.」

　오쇼는 항상 아침 일곱 시 사십오 분쯤이면 그날 강의에 쓰일 경문과 질문을 전해 받는다. 강의는 여덟 시부터 시작되었다. 내가 질문들을 읽어주면 그는 그중에서 몇 개의 질문을 선택하고 그에 어울리는 농담 몇 개를 챙겼다. 질문과 경문을 읽다가 나는 감동을 받아서 울먹인 적이 한두 번이 아니었다. 한번은 이런 일이 기억난다. 나는 질문을 읽다가 눈물이 볼을 타고 흘러내리고 목이 메어서 말을 이을 수 없었다. 나는 그의 발 아래 앉아 그를 쳐다보고 있었다. 그는 내가 말을 계속하기를 기다렸다. 그러다가 천천히 고개를 딴 데로 돌렸다. 그의 눈을 보지 않게 되자 나는 가까스로 마음을 가라앉힐 수 있었다. 나는 내가 마음이나 육체가 아니라는 것을 배우는 중이었지만, 감정과 나 자신을 동일시하지 않기란 훨씬 더 어려운 일이었다. 눈물이 뺨을 타고 흘러내릴 때 나는 가끔씩 내가 눈물과 분리되어 있음을 느낄 때도 있었다. 하지만 흘러내리는 눈물은 어쩔 수 없었다. 감정의 개입없이 그런 상황에 직면한다는 것은 내게는 항상 커다란 시험이었다. 오쇼는 한때 나를 보고 '울보'라고 말한 적이 있다.

강의에서 오쇼에게 경문과 질문을 읽어주는 역할은 대부분 마니샤(Maneesha)가 맡았다. 그리고 그녀가 할 수 없을 때에는 비말(Vimal)이 그 일을 대신했다. 그런데 마니샤와 비말이 한꺼번에 병에 걸린 적이 몇 번 있었다. 질문을 읽어 줄 사람이 없어 난처한 상황에서도(오쇼는 항상 영국식 발음으로 읽어주는 것을 좋아했다) 오쇼는,

「체타나(Chetana)[3]와 비베크는 안돼. 그들은 항상 운단 말이야.」

하고 말했다.

---

[3] 이 책의 원저자. 후에 그녀는 공(空)을 경험했으며, 오쇼는 그녀의 이름을 '마 프렘 순요'로 바꾼다. '프렘 순요'는 '공에 대한 사랑'을 뜻한다.

나는 오쇼와 비베크가 몇 년 동안 얼마나 가까이 지내왔는지 알고 있었다. 그래서 그녀의 떠남이 오쇼에게 아무 변화도 일으키지 않는 것을 보고는 놀라움을 금치 못했다. 오쇼는 마치 아무 일도 일어나지 않은 것처럼 하던 일을 계속했다. 나는 그처럼 새로운 상황에 의해 영향받지 않는 사람을 본 적이 없다. 그는 결코 변하지 않는 진동과 생기를 가진다. 그에게는 상황에 변하는 마음이 없다. 다만 끊임없이 흐르는 존재의 강이 있을 뿐.

오쇼 앞에서 무슨 일을 할 때는, 걷는 것조차 힘들 정도로 자기에 대한 의식이 강렬해진다. 나는 많은 사람들에게서 그런 일이 일어나는 것을 보아왔다. 그러므로 그것은 나에게만 국한된 일이 아니라는 것을 안다. 그는 너무나 조용하고 아름답게 존재하기 때문에 마치 거울처럼 작용한다. 오쇼는 완전히 릴랙스(relax)되어 있다. 그래서 오쇼의 곁에서 무엇인가 할 때에는 난생 처음 의식적으로 행위하는 자신을 보게 된다.

어느 날, 비베크가 오쇼 곁으로 돌아오는 중이라는 전화를 걸어왔다. 락시미(Laxmi)는 흥분해서 오쇼가 점심식사를 하고 있는 식당으로 달려갔다. 락시미는 오쇼에게 비베크가 돌아오는 중이라고 말했다. 그때, 오쇼는 나와 이야기를 나누고 있었다. 오쇼는 락시미를 돌아보며 고맙다고 말했다. 그리고는 태연하게 나에게 하던 이야기를 계속했다. 나는 깜짝 놀랐다. 그는 감정의 동요를 일으키는 기색이 전혀 없었다. 그는 눈을 깜빡거리지도 않았다. 그는 우리에게 집착 없는 사랑과 순간에 충실한 삶을 이야기해온 터였지만 그 자신이 살아있는 본보기였다.

스승은 우리를 관찰하면서 얼마나 많은 것을 볼 수 있을까? 그는 우리의 오라(aura)를 검사할까? 그는 우리의 마음을 읽는 것일까? 그는 우리의 마음을 읽고 싶어할까? 나는 모른다. 하지만 분명한 것은, 그는 우리가 볼 수 없는 것을 본다는 것이다.

 어느 날 아침, 나는 아침 강의를 위해 오쇼를 모시러 갔다. 여덟 시에 나는 그를 방에서 모시고 나왔다. 나는 그의 뒤에 서서 장자 홀(Chuang Tzu Auditorium)로 가는 복도를 걸어갔다. 그리고 그의 강의가 진행되는 동안 한 시간 가량 장자 홀에 앉아 있었다. 나는 그날따라 강렬한 명상이 일어나는 것을 느끼고 있었다. 한 시간이 순식간에 지나갔고 나는 내면에서 보통 때와는 다른 무엇인가가 일어나고 있음을 느낄 수 있었다. 강의가 끝난 후, 나는 복도를 따라 돌아왔다. 그의 바로 앞에 서서 말이다! 내가 방문을 열자, 그는 안으로 들어가기 위해 내게 다가오며 말했다.

「체타나, 너는 어디에 있었지?」

 나는 속으로 생각했다.

'아, 스승님은 내가 자기를 강의에 데리고 갔었다는 것을 기억하지 못한다. 스승님은 정신이 멍한 상태인가보다.'

 내가 대답했다.

「나는 강의에 참석하고 있었습니다.」

 그는 나를 지나쳐 방으로 들어가며 빙그레 웃었다. 그의 웃음을 보고 돌연 나는 웃음을 터뜨렸다. 나는 내가 어디에 있었는지 알았다. 나는 그의 앞에 서서 성큼성큼 걷고 있었던 것이다!

 강의 중에 오쇼는 자석처럼 강력한 힘으로 우리를 끌어당겼다. 그는 카리스마적인 힘으로 우리를 압도했다. 그의 눈은 불꽃과 같았으며, 몸 동작은 야생의 고양이처럼 우아했다.

 그 뿌나 시절, 오쇼의 하루는 스케줄이 꽉차 있었다. 그는 일 주일에 백여 권의 책을 읽었다. 그리고 자신의 비서인 락시미와 함께 일했다. 아침 여덟 시의 강의와는 별도로 저녁 여덟 시에는 항상 다르샨이 진행되었다. 그 당시, 그는 예수, 수피즘(Sufism), 선

(禪), 노자, 장자, 도가, 요가, 힌두 신비주의, 하시디즘(Hasidism), 그리고 붓다에 대해 이야기했다. 그는 붓다의 경전 전부에 대해 말했는데, 금강경에 대해서 이렇게 말한 것이 생각난다.

「그대들의 눈으로 볼 때 금강경은 불합리하고 정상이 아닌 것처럼 보일 것이다. 금강경은 비합리적이다. 그러나 합리성을 반대하지는 않는다. 금강경은 합리성을 초월한다. 금강경이 전하고자 하는 것을 언어로 나타내기가 그토록 어려운 이유가 그것이다.

〈혜능과 금강경 : Hui Neng and the Diamond Sutra〉」

오쇼는 5년여에 걸쳐 붓다의 모든 경전을 이야기했다. 거기에는 수피즘에 대한 언급과 제자들의 질문에 대한 대답이 곁들여졌다. 몇 주 동안 그는 밖으로 나오지 않은 적이 있었다. 수두(水痘)증세가 있었기 때문이다. 그래서 그를 밖으로 노출시키는 것은 매우 위험한 짓으로 생각되었다. 5월의 보름날, 붓다의 마지막 경문에 대한 강의가 있었다. 오쇼는 이렇게 말했다.

「붓다가 태어난 날과 깨달은 날, 죽은 날은 똑같은 날이었다. 그런데 우연히도 오늘이 바로 그날이다.」

2년 동안 나는 집 밖으로 나가는 일이 드물었다. 빨래를 하고 아침 강의를 듣는 것만으로도 나의 하루는 꽉 차 있었다. 나는 너무나 충만했다. 가끔씩 오쇼는 다르샨에 참가하라는 전갈을 보내왔다. 왜냐하면 그는 다르샨에서 점점 더 말을 줄이는 대신 에너지 다르샨(energy darshan)의 횟수를 늘려가고 있었기 때문이다. 오쇼는 다르샨 중에 어느 누구의 질문에 대해서도 대답했다. 질문을 하는 사람이 누구든 그는 조용히 앉아서 귀를 기울이곤 했다. 마치 질문하는 그 사람만이 유일하게 세상에 존재하는 것처럼 말이다. 그리곤 질문자의 문제에 도움을 주기 위해 오랫동안 이야기하곤 했다. 수많은 사람들이 그들의 문제에 대해 말하지만 사실, 그들만의 문제는 존재하지 않는다. 극소수의 문제만이 존재하고 그 문제들이 계속해서 되풀이될 뿐이다. 사실, 모든 문제는 마음의 문제이다. 마음이 유일한 문제인 것이다. 그러니 한 사람이 몇 년 동안 똑같은 질문을 계속해서 듣는 것은 얼마나 지겨운 일이겠는가? 오쇼의 자비와 인내심은 항상 나를 놀라게 하기에 충분했다.

나의 마지막 '스피킹 다르샨(speaking darshan)'은 내게 가장 강력한 인상을 남겼다. 그후로 많은 세월이 흘렀지만 나는 아직도 그때의 경험이 나를 정화하고 발전시키는 것을 느낀다.

그 당시 나는 내가 빠져있는 문제 상황에 대해 오쇼에게 편지를 썼다. 나는 그 편지의 끝에 도움을 청하며 비명을 지르고 있다고 쓴 기억이 난다. 나는 다르샨에 참석하라는 응답을 받았다. 나는 오쇼의 앞에 앉았다. 그는 묵묵히 나를 바라보더니 물었다.

「무슨 일인가?」

나는 그의 눈을 들여다 보았고 그 순간 모든 문제가 사라졌다.

나는 웃으면서

「아무 일도 없습니다.」

하고 말했다. 그리곤 그의 발을 만졌다. 그가 빙그레 웃으며 말했다.

「좋아!」

그날 이후로 나는 무슨 일로 혼란을 느낄 때마다 정지된 채로 서서 나 자신에게 묻는다.

「무슨 일인가? 실제로 무슨 일이 일어나고 있는가?」

그 순간 모든 것이 사라진다. 절대적인 무(無)만이 남는다. 물론 항상 그런 것은 아니다. 문제를 일으키는 마음의 습관은 아주 뿌리 깊다. 우리는 많은 문제를 일으키고 또 그 문제를 잊는다. 그런 짓을 얼마나 수없이 반복하는지 놀라울 정도이다. 때때로 나는 붓다처럼 자유롭다. 그러나 곧 나는 마음의 노예가 되어 질질 끌려다닌다.

거의 2년 동안 나는 남자에 대해 전혀 관심이 없었다. 그 시기는 내 인생에서 가장 행복하고 평온한 시기였다. 아무 문제도 없었다. 혼자 있는 것만으로도 충분히 행복했다. 때로는 나의 방으로 돌아가는 길에 야릇한 흥분을 느끼곤 했다. 마치 그곳에서 무엇인가가 나를 기다리고 있는 것 같았다. 하지만 그곳에는 아무도 없었다. 나는 단지 혼자 있게 되는 것을 고대했던 것이다. 나는 완벽한 만족감을 느꼈다.

한번은 아침 강의 시간에 오쇼가 구도자의 길을 발견하는 것에 대해 이야기하면서 나를 언급했다. 나는 그 이야기를 듣고 깜짝 놀랐다.

「가장 먼저 판단해야 할 일은 그대가 혼자 있으면서 즐거움을 느끼느냐 아니냐 하는 것이다. 여기 앉아 있는 체타나를 예로 들어보자. 비베크는 항상 나에게 이렇게 묻는다.

'체타나는 항상 혼자 있는데도 너무나 행복하게 보입니다. 그 비결이 무엇입니까?'

비베크는 인간이 전적으로 혼자인 상태에서 살아갈 수 있다는 것을 이해하지 못한다. 체타나가 하는 일은 나의 빨래를 하는 것이다. 그것이 그녀의 명상이다. 그녀는 밖에 나가지 않는다. 심지어는 식사를 위해 식당에 가지도 않는다. 그녀는 음식을 가져다가 자기의 방에서 먹는다……마치 아무에게도 관심이 없다는 듯이.

그대가 이런 홀로 있음을 즐길 수 있다면, 그때 그대의 길은 명상이다. 그러나 다른 사람과 관계를 맺는 것에서 즐거움을 느낀다면, 다른 사람과 함께 있는 것이 더 신나고 활기가 넘친다면, 그때에는 사랑이 그대의 길이다.」

〈스승이 하는 일은 그대가 자신에게 어울리는 길을 발견하도록 돕는 것이다(The Dammapada : 법구경 강의 중에서).〉

이 강의가 끝난 후 몇 주 동안 뿌나에는 수두가 유행하고 있었다. 그래서 많은 청중들 앞에서 이야기하는 것은 오쇼에게 상당히 위험한 일이었다. 그래서 오쇼는 청중들 앞에 나타나지 않았다.

몇 년 만에 처음으로 나는 오쇼를 볼 수 없었다. 나는 오쇼가 그리웠다. 그래서 나는 오쇼의 강의 테이프를 들었다. 그 테이프를 통해 나는 명상과 홀로 있음이 나의 길이라는 것을 분명히 알 수 있었다. 나는 오쇼가 나에 대해 말한 것을 시험해 보고 싶었다. 나는 내가 정말 홀로 있음 안에 중심을 두고 있는지 알고 싶었다. 어느 날, 정문 밖으로 나가고 있는데 타타가트(Tathagat)가 나를 불렀다.

「체타나! 나랑 데이트할 생각 없어?」

그는 내가 전에 알던 사람이었고, 아쉬람에서 질이 안좋은 여성 편력가로 이름이 나 있었다. 나는 좋다고 말했다. 내 눈에 그는 전사(戰士)처럼 보였다. 그는 근육질의 몸에다 전투적인 얼굴을 하고 있었다. 그리고 길고 검은 머리는 등을 거의 절반이나 덮고 있었다. 나는 그와 사랑에 빠졌다. 그 경험은 내가 몇 년 동안 느끼지 못했던 감정의 문을 열어주었다. 하지만 그 사랑은 끝나기로 예정되어 있었다. 질투와 분노가 나를 사로잡았던 것이다.

나는 오쇼가 "세상 안에 살되, 세상에 속하지는 말라."고 말하는 것을 여러 번 들었다. 여기 그런 기회가 열리고 있었다. 사실, 나는 지난 2년 동안 간호사나 다름없는 삶을 살고 있었다. 물론 나는 말할 수 없이 행복하고 즐거웠다. 하지만 너무 안전하고 쉬운 삶이었다. 이제 나는 예전의 드라마를 다시 상영하기를 원했다. 하지만 이제는 날개를 가진 새처럼 그 드라마를 관찰하면서 말이다.

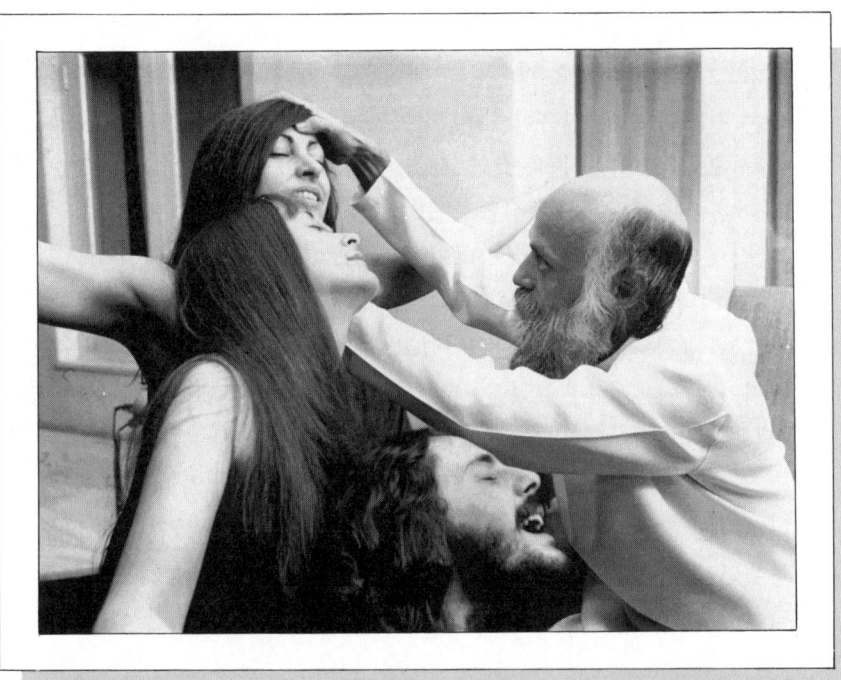

오쇼와 함께 에너지 다르샨을 하고 있는 순요(체타나)와 비베크(니르바노), 1979년.

에너지 다르샨

　오쇼는 1953년 3월 21일 깨달음을 얻었다. 그날 이후 오쇼는 자신을 이해할 수 있는 사람들과, 나름대로 깨달음을 추구하는 사람들을 찾고 있다. 그는 수많은 사람들이 자기 실현의 길을 가도록 도와 주었다.
　나는 그가 이렇게 말하는 것을 들었다.
　「인간의 진리에 대한 탐구는 수많은 생을 거쳐서 이어진다. 인간은 수많은 탄생을 거친 후에 진리에 도달한다. 그런데 진리를 추구하는 사람은 진리를 성취한 뒤에 구원을 경험할 것이라고 생각한다. 그러나 진리를 발견하는 데 성공한 사람은 그것이 새로운 진통의 시작이며 아무 것도 구원되는 것이 없다는 것을 안다. 일단 발견된 진리는 새로운 노력을 낳는다『기적을 찾아서 : In Seach of the Miraculous』.」
　오쇼는 말하기를, 꽃은 향기를 나누어주어야 하며 비구름은 비를 뿌려야 한다고 했다. 그에 걸맞게 오쇼는 이십여 년 동안 제자를 찾아서 인도 전역을 여행했다. 하지만 사람들은 그에게 돌과 신발, 그리고 칼을 던졌다. 그의 건강이 망가지기 시작한 이유는 더럽고 비위생적인 기차 여행이 너무 많았기 때문이다. 어떤 때는 꼬박 48시간 동안이나 기차 여행을 한 때도 있었다. 삼십여 년 동안 그는 거의 사분의 삼을 기차 여행으로 보냈다. 그는 사람들과 대화를 나누며 인도 전역을 여행했다. 그리고 후에는 명상 캠프를 열며 인도 대륙을 누볐다. 캠프 기간 동안 그는 직접 명상을 지도하면서 자신의 가르침을 사람들이 직접 체험하도록 도왔다. 그는 조용하게 앉아 있을 틈도 없을 정도로 바쁘게 움직이는 현대인들의 마음에 어울리는 새로운 명상 기법을 창안했다. 보통 이 명상법에는 침묵하며 앉기 전에 억눌린 감정을 내던지는 카타르시스 단계와 마음속의 광기를 풀어버리는 지베리쉬(gibberish)[1]가 포함된다. 오쇼는 사람들이 광기를 내던지도록 도움을 주었다. 사람들은 울고 소리치고 미친 듯이 껑충껑충 뛰어 올랐다. 그리고 오쇼는 먼지와 더위 속에서 그들과 함께 자리를 지켰다.

1978년에서 1979년 사이 뿌나의 아쉬람에서는 에너지 다르샨(energy darshan)[2]이 시작되었다. 그것은 그의 제자들이 다른 세계, 즉 마술의 세계 – 나는 그 세계를 이렇게밖에 표현할 수 없다 –를 맛볼 수 있는 좋은 기회였다. 다르샨은 장자 홀에서 주기적으로 열렸으며 매일 밤마다 이백여 명의 사람들이 모여들었다. 오쇼는 한쪽 끝의 의자에 앉고, 그의 오른편으로 열두 명의 중개인들(mediums)[3]이 앉았다. 다르샨에 참석한 사람들이 한 사람씩 앞으로 호출되면 오쇼는 중개인들을 그 사람의 주변에 앉게 했다. 일찍이 오쇼는 자신의 중개인을 '다리(橋)'라고 불렀다. 우리는 호출된

---

1) 내면에서 표현하고 싶은 모든 것을 횡설수설하면서 내던지는 명상 기법이다. 아무 의미도 없는 소리로 내면의 모든 것을 표현한다.
2) 보통 미간이라고 말하는 '아즈나 차크라'를 통해 스승과 교류하는 만남이다.
3) 에너지의 매개체로 선택된 사람들을 말한다.

사람의 뒤에 무릎을 꿇고 앉는다. 그리고 한 명의 중개인이 호명된 사람의 팔을 잡고 앉는다. 그리고 대개는 그가 뒤로 쓰러질 것을 대비하여 누군가 그를 받쳐준다.

잠시 동안 조심스런 이동이 있은 후에 침묵이 자리를 잡으면 오쇼의 목소리를 들을 수 있다.

「모두 눈을 감으라. 그리고 내면으로 들어가라.」

음악과 더불어 마술이 시작된다. 홀 안에 있는 모든 사람이 육체를 통해 일어나는 느낌을 허용하며 자연스럽게 몸을 흔든다. 그것은 아주 단호한 자세로 거부하는 '손님'[4]을 방임의 물결 위에 띄워 놓는다.

오쇼는 그의 한손을 중개인의 앞 이마에 있는 에너지 센터(흔히 제 삼의 눈이라고 알려진)에 대고 다른 한손은 다르샨에 참석하고 있는 사람의 제 삼의 눈에 갖다댄다. 그러면 에너지가 전달된다. 제 삼자의 눈에는 마치 전기를 충전하고 있는 것처럼 보였을 것이다. 그 자리에는 다르샨에 참석한 사람이 걸을 수 없을 정도로 충격받을 것에 대비하여 건장한 남자들로 구성된 팀이 대기하고 있었다. 그런 일은 드문 일이 아니었다.

에너지 다르샨이 진행되는 동안에는 아쉬람 전체로 에너지의 파동이 뻗어나갔다. 장자 홀이 아닌 다른 건물의 방에 있는 사람들도 그 파동을 느낄 수 있었다. 아쉬람의 정문 밖에 있거나 정원에 있는 사람들, 그리고 아쉬람에서 반경 6에이커 안에 있는 사람들은 오쇼에게서 발산되는 에너지 파동과 하나로 연결되었다. 음악이 절정에 달할 때까지 에너지의 파동은 계속 뻗어 나갔으며, 사람들의 육체는 춤추고 전율했다. 기쁨의 비명 소리와 웃음이 실내를 가득 메웠다. 그리고 어떤 사람들은 조용히 침묵을 지켰다.

---

[4] 에너지 다르샨을 받는 사람.

오쇼는 자신이 어떻게 중개인의 에너지를 사용하고 있는지에 대해 이렇게 말한 바 있다.

「중개인이 된다는 것은 에너지의 매개체가 된다는 의미이다. 그리고 에너지를 옮길 수 있는 유일한 방법은 그대의 성 에너지를 통해서이다. 그대의 성 에너지는 아직도 우뇌의 부분이다. 그 밖의 다른 것은 모두 좌뇌에 속해 있다.

그러므로 나의 에너지를 흡수하는 동안 그대는 완전히 성적이고 관능적인 느낌을 받을 것이다. 처음에 그것은 매우 성적으로 보일 것이다. 하지만 곧 에너지가 변화하기 시작하는 강렬한 순간이 올 것이다. 에너지는 그대가 이전에는 결코 알지 못했던 어떤 것, 영적이라고 부를 수밖에 없는 어떤 것으로 변화하기 시작한다. 하지만 그것은 나중에 완전히 몰입했을 때에나 가능한 일이다. 만일 그대의 터부(taboos)가 개입되고 그대 스스로 자신을 방해한다면 그것은 성적인 느낌으로 남는다. 그때, 그것은 결코 영적인 것이 될 수 없다.

모든 터부와 금기 조항을 버려야 한다. 그래야만 변형을 일으킬 수 있을 만큼 강렬한 에너지의 전이(轉移)가 일어날 수 있다. 돌연 그대는 좌뇌에서 우뇌로 던져진다. 그리고 우뇌야말로 신비주의자의 세계이다.

가장 먼저 이것을 기억하라. 그 다음에 두 번째로 기억해야할 것이 있다. 그대가 기쁨을 느낄 때면 그대의 에너지가 다른 사람에게로 흘러든다. 하지만 슬픔에 잠겨 있을 때, 그대는 다른 사람에게서 에너지를 빨아들이기 시작한다. 그러니 중개인 노릇을 하고 있는 동안에는 가능한 한 즐거워하라. 환희에 넘칠 만큼 즐거워하라. 그래야만 다르샨에 참석하고 있는 사람이 에너지로 흘러넘칠 수 있다. 즐거움은 전염된다. 그러니 의무감에서 중개인이 되지 말라. 그것은 즐거움에 넘치는 축제가 되어야 한다…….

이것은 손님을 돕기 위한 작은 실험에 그치는 것이 아니다. 이것은 우리 공동체의 에너지 전체를 변형시키기 위한 것이다『그대들은 춤추며 어울릴 수 있는가? : Won't You Join The Dance?』.

그 고압 전류가 흐르는 손끝으로부터 에너지를 받아들이는 것은 짜릿한 경험이었다. 가슴의 센터에서 에너지가 방사되는 것을 알았을 때, 그것은 아주 자연스럽게 느껴졌다. 슈퍼맨 만화에나 나옴직한 그런 현상 말이다. 때로는 재미있게 생각되기도 했다.
어느 날, 릭샤(rickshaw)를 타고 시내를 지나는데 난데없이 '슈퍼맨'의 광선이 발사되어 거리를 지나는 한 남자를 강타했다. 그는 산야신도 아니었으며 자신의 일에 여념이 없는 보통의 인도인이었을 뿐이다. 내가 탄 릭샤는 빠른 속도로 씽씽 달리고 있었기 때문에 내가 그의 얼굴을 볼 수 있기도 전에 에피소드(Episode)는 끝나고 말았다. 나는 그때 무슨 일이 일어나고 있었는지에 대해 질문한 적이 없다. 왜냐하면 그것은 너무나 정상적인 것으로 느껴졌기 때문이다. 나는 아무 것도 하지 않았는데 분명 그런 일이 일어나고 있었다.
몇 년 후, 나는 오쇼의 말을 통해 나의 경험을 확인할 수 있었다. 그것은 전혀 상상하지 못했던 일이었다. 미국의 라즈니쉬푸람(Rajneeshpuram)에서 있었던 일이다. 어느 날, 우리는 명상 홀에서 산야스 모임[5]을 열고 있었다. 그 모임은 일단의 지도 그룹에 의해 개최되었다. 그런데 오쇼는 이날의 모임에서 에너지가 별로 강하지 않다고 말했다. 그러면서 그는 에너지를 돋구기 위해 몇 명의 대리인을 선택하겠노라고 말했다. 오쇼는 대리인의 가슴으로부터 광선이 발사된다고 말했다. 그렇게 말하면서 그는 나를 쳐다보았

---

5) 산야신의 계를 받는 모임.

다. 나는 '맞습니다. 나는 그것을 알고 있습니다.'는 듯이 고개를 끄덕였다. 그러나 더 이상의 말은 없었다.

나의 몸은 매개체처럼 느껴지기도 했다. 나는 다음 순간에 무슨 일이 일어날지 알 수 없었다. 알 수 없는 언어로 노래가 흘러 나오는가 하면 가까운 나무로 날아가는 듯한 느낌이 들었다. 또는 하늘 위로 잡아 당겨지는 느낌도 들었다. 나는 에너지의 다양한 양상과 춤을 느끼면서 그저 그 자리에 앉아 있었다.

나의 몸이 팽창되는 느낌은 - 다르샨이 진행되는 곳 뿐만이 아니라 아쉬람 전체에 내 몸이 가득차는 듯한 - 거의 날마다 일어나고 있었다. 그로부터 한참 세월이 흐른 후, 오쇼는 제자들의 질문에 대답하면서, 하늘을 가득 채울 때까지 몸이 팽창되는 것을 느끼는 탄트라 명상 기법에 대해 설명했다. 그의 말에 의하면, 어린아이들에게는 고대의 명상 기법이 자연스럽게 일어나는 경우가 많다는 것이다. 그것은 전생에 그 기법이 사용되었기 때문이다. 그 기법은 무의식 속에 쌓였다가 우연한 기회에 밖으로 드러난다.

어린 시절, 나는 침대에 누워 종종 그런 경험을 한 적이 있었다. 나의 머리는 방 안에 가득 찰 때까지 팽창되곤 했다. 때로는 집 밖에 있는 것으로 느껴질 만큼 크게 팽창되곤 했다. 나는 그것을 아주 정상적인 현상으로 여겼다. 그래서 모든 사람에게 그런 일이 일어나는 것은 아니라는 것을 알았을 때 나는 깜짝 놀랐다. 다르샨에서도 그것은 아주 즐거운 경험이 되었다.

한 번은 나의 부모가 수표를 부쳐 온 적이 있었다. 그래서 어느 날 아침 나는 아침 강의가 끝나자마자 곧장 은행으로 갔다. 의자에 앉아서 차례를 기다리고 있는데 나의 머리가 은행에 가득찰 정도로 팽창되기 시작했다. 인도의 거리가 그러하듯이 은행 또한 혼잡하고 북적대기는 마찬가지이다. 그러나 나는 완벽한 평온을 느꼈다.

나는 경이로웠다. 하지만 몸을 움직일 수 없었다. 한 여성이 내게 무슨 일이 일어난 것을 감지하고는 내 팔을 부축하며 이 창구 저 창구로 안내했다. 그리곤 내 대신 줄을 서서 돈을 받아다 주었다. 나는 존재계의 알 수 없는 힘에 의해 보호받았던 것이다.

신비적인 경험이 있든 없든 돈은 쓰기 위해 있는 것이다! 나는 은행에서 나오자마자 즉시 쇼핑을 하고 싶었다. 그래서 릭샤를 타고 락시미 로드(Laxmi Road)로 갔다. 락시미 로드는 시내에서도 가장 번잡한 쇼핑 지역이다. 그런데 이상하게도 거리를 걸어가면서 보니 상인들이 급히 가게 문을 닫고 있었다. 여기 저기서 셔터를 내리는 소리가 들렸다. 노점상들은 급히 물건을 챙겨서 거리를 빠져나가고 있었다. 자동차와 릭샤, 우마차의 통행도 완전히 끊겼다. 그것은 마치 서부 영화에서 악당들이 쳐들어 오기 직전의 황량한 거리를 보는 것 같았다.

나는 더 이상 우주 전체로 팽창되는 느낌은 없었다. 하지만 경계심을 갖기에는 정신이 멍할 정도로 황홀한 행복감에 빠져 있었다. 거리에는 나 한 사람밖에 없는데도 말이다.

나는 텅 빈 거리를 걸어갔다. 그런데 뒤를 돌아보니 수백 명의 군중들이 거리를 꽉 메우고는 소리를 지르며 달려오고 있었다. 그것은 폭동이었다! 내가 가는 쪽 방향에서 폭동이 일어난 것이다.

갑자기 어디선가 릭샤 한 대가 달려오더니 내 앞에 멈추었다.

릭샤 운전사가 말했다.

「빨리 타시오! 그리고 모습이 보이지 않게 뒷자리에 납짝 엎드리시오.」

어디로 가자고 말하기도 전에 그는 곧장 나를 아쉬람으로 데려다 주었다.

이상한 일이다. 그 당시에는 그런 모든 일이 일상 생활 만큼이나 정상적이고 자연스럽게 느껴졌다. 그것이 내가 그런 경험들을 결코 두려워하지 않은 이유이다. 나는 어느 누구에게도 그에 대해 이야기 하거나 설명할 필요조차 느끼지 못했다. 왜냐하면 그것은 일상 생활처럼 너무나 자연스러운 일이었기 때문이다.

내가 지금 이런 이야기를 꺼내는 것은 다만 그 당시의 내 삶이 어떠했다는 것을 사실 그대로 말하려는 것이다. 오쇼는 그런 종류의 '신비 체험'이 아무런 영적 가치도 없는 것이며, 내적인 성장에 전혀 도움이 되지 않는다고 말한 바 있다. 오로지 깨어 있음과 명상만이 내적인 성장을 도울 수 있다.

그 당시, 나는 알 수 없는 힘에 의해 잘 보호받는 듯한 느낌을 받았다. 비베크는 오쇼의 심부름으로 종종 나를 찾아와 물었다. 내게 무슨 일이 일어나고 있으며 그것을 어떻게 느끼고 있는가를. 그것은 내가 신비 체험에 빠지는 것을 막고 주의를 기울이는 데 많은 도움이 되었다. 이런 이야기를 하는 것은 나의 에너지가 어디로 움직이고 있는지 알게 되었다는 것을 말하기 위함이다. 이 신중한 자기 관찰은 영화에 나오는 소음 권총처럼 조용하게 행해졌다. 그것은 나중에 무슨 일이 일어나고 있었는지를 깨닫는 데 많은 도움을 주었다.

각 개인에 대한 다르샨이 끝날 때마다 오쇼는 부드러운 음성으로 우리에게 말했다.

「이제 돌아오라. 천천히 돌아오라.」

다르샨 중에 나는 사람들에게서 저마다 다른 느낌을 받았다. 그것은 아주 매혹적인 경험이었다. 나는 눈을 감고도 내 옆에 어떤 중개인이 앉아 있는지 알 수 있었다. 때때로 어떤 남성은 여성처럼 부드러운 에너지를 갖고 있었다. 그리고 노인인데도 아이같은 느낌을 전해주는 사람도 있었다. 그것은 즐겁고 흥겨운 경험이었다.

그러나 마음의 낡은 습관이 기승을 부리며 문제를 일으키는 때도 있었다.

「오쇼는 왜 내가 아니라 저 사람을 중개인으로 이용할까?」

한번은 '왜 그녀가 중개인이 돼야 하지?' 하는 의문이 강렬하게 마음을 사로잡았다. 그때, 오쇼는 동작을 멈추고 나를 뚫어질 듯이 쳐다 보았다. 그 눈길을 대하는 순간, 마음속의 사념이 사라졌다. 그리고 고요한 침묵이 찾아왔다.

  오쇼가 우리에게 에너지를 나누어 준 것은 우리가 삶이라고 알고 있는 것들 너머의 세계를 살짝 맛보게 해주기 위해서만은 아니었다고 나는 생각한다. 오쇼가 에너지를 나누어 준 이유는, 우리 감정의 주인은 우리 자신이라는 것을 배울 수 있는 기회를 주기 위해서였다. 감정을 억누르지 않을 때, 나는 그 감정들을 일목요연하게 볼 수 있었다. 그리고 질투의 차원을 넘어서 그 감정들을 축제와 엑스터시의 세계로 더 높이 끌어올릴 수 있었다. 어두운 감정을 밝은 에너지의 빛으로 바꾸는 것이 가능했다. 내가 할 일이라곤 머리 속에 맴도는 사념의 목소리를 무시하고, 하늘을 향해 두 팔을 치켜드는 것 뿐이었다. 그러면 황금의 비가 내 몸에 뿌려지는 것을 느낄 수 있었다.

  한번은 명상의 '자잘한 기술'을 잃어버렸다고 생각된 적이 있었다. 나는 날마다 날아갈 듯한 행복감을 느끼고 있었는데 어느 날 갑자기 에너지의 파장을 맞출 수 없게 된 것이다. 에너지 다르샨에서도 나는 둔하고 밀폐된 감을 느끼기 시작했다. 나의 모든 것이 가짜로 생각되었으며 이전의 황홀한 행복감을 더 이상 맛볼 수 없었다. 이런 일이 몇 번 있고 나자, 나는 비참한 생각이 들었다. 다시는 명상을 할 수 없을 것 같았다.

  나의 마음이 독수리처럼 기회를 노리다가 있는 힘을 다해 나를 덮쳤던 것이다.

  마음은 커다란 목소리로 이렇게 말했다.
  「거 봐라! 명상은 어차피 상상이라니까.」
  마음은 이렇게 계속 되뇌였다. 나는 신비한 느낌을 일으킬 수 없는 것이 무척 화가 났다. 그 신비한 느낌은 내 것이 아니었던 것 같았다. 나는 속았다는 느낌이 들었다. 그 신비한 느낌을 빼앗겼다는 생각이 들었다. 나는 오쇼가 나를 제외한 다른 사람들에게는 그 신비한 느낌을 주고 있다고 생각했다. 그래서 나는 오쇼에게 도움을 요청하지도 않았다. 나는 죽기로 결심했다.

나는 산에 올라가기로 계획을 세웠다. 그리고 죽을 때까지 그곳에 앉아 있을 작정이었다. 뿌나는 산으로 둘러싸인 고원지대에 자리잡고 있다. 그래서 여름 날 밤에 보면 어디서든지 연분홍색으로 오염된 하늘 저 편으로 검은 산 그림자를 볼 수 있다.

나는 검게 보이는 산 쪽으로 길을 택했다. 그런데 한 시간 반쯤 걷다보니 막다른 길이 나왔다. 그래서 나는 다시 아쉬람을 향해 걸었다. 갈 때와 다른 길을 택해서 걸었는데, 가다보니 공장 정문에 도착해 있었다.

낙심하여 나는 다시 출발했다. 그런데 이번에 택한 길은 바위들이 군락을 이루고 있는 곳에서 끝나 있었다. 그 너머엔 황무지가 펼쳐져 있었고 멀리 마을의 불빛이 보였다. 그리고 마을 너머로 거무스레한 산이 있었다.

나는 '스승은 제자에게서 모든 것을 빼앗아간다'는 오쇼의 말이 생각났다. 그가 자살할 기회마저 주지 않는다는 생각이 뇌리를 강타했다. 그런 생각이 들자 나는 화가 났다.

어둠 속에 서 있자니 아무데로도 갈 곳이 없었다. 무엇을 해야할지 갈피를 잡을 수 없었다. 그 순간, 나는 내 행동거지의 어리석음을 깨달았다. 내 몰골이 우스웠다. 나는 우스꽝스런 결말까지 드라마를 연출했다. 그리고 이제 할 일은 단 하나밖에 없다. 그것은 집에 가서 자는 것이다!

그때 나는 내가 마음을 버렸다고 상상했다. 마치 바위 위에 모자를 벗어 놓듯이 말이다. 머리 속에 생각이 들어올 때마다 나는 바위

있는 데로 돌아가서 그곳에 생각을 두고 왔다. 그리곤 다시 길을 걸었다. 나는 반얀 나무에 매달려 놀기도 하면서 아쉬람으로 돌아오는 동안 내내 춤을 추었다.

2년 동안 나는 매일 밤마다 다르샨에 참석했다. 후에 나는 오쇼가 이렇게 말하는 것을 들었다.
「나는 지금까지 사람들의 제 삼의 눈을 만져왔다. 하지만 이제 그 일을 그만 두어야 한다. 내가 외부에서 제 삼의 눈을 자극할 때 그대가 계속해서 명상하고 주시한다면, 처음에 외부에서 비롯된 경험은 곧 내면적인 경험이 될 것이다. 만일 그렇다면 제 삼의 눈을 자극하는 것은 좋은 일이다. 그러나 인간은 어리석기 그지없어서 내가 제 삼의 눈을 자극하면 그대는 명상을 중단한다. 그리고 더 많은 에너지를 요구하며 계속 나와 만나기를 바란다. 그러면서 그대는 아무 것도 하지 않는다.
또한 나는 사람들마다 외부로부터 받아야할 에너지의 질과 양이 다르다는 것을 알았다. 그것을 판단하기는 매우 힘든 일이다. 어떤 사람은 충격이 너무 강해서 완전히 혼수상태에 빠지기도 한다. 또 어떤 사람은 너무 무디어서 아무 일도 일어나지 않는다『혁명 : The Rebel, 1987』.」

나와 타타가트의 연애는 여전히 신선하고 자극적이었다. 그후로 리쉬(Rishi)가 몇 주 동안 다시 내 인생 안으로 들어왔다. 얼마 동안 나는 매우 행복했다. 나는 두 사람과 사랑에 빠지는 행운을 누렸다. 그것은 나를 기쁨에 들뜨게 만들었다.
어느 날, 낮이 막 밤으로 바뀔 무렵, 나는 지붕 위에 서서 하늘을 바라보고 있었다. 둥지를 찾아 날아가는 왜가리 떼가 보였다. 돌연 알 수 없는 슬픔이 나를 짓눌렀다. 나는 내가 원하는 모든 것을 가졌지만 마음 한구석에서는 '아냐, 이게 아냐. 뭔가 더 있어.'하고 속삭이는 소리가 들렸다.

몇 달이 지나자, 타타가트와 나는 서로가 원하는 것을 줄 수 없었다. 그 당시 나는 내 안에서 놓치고 있는 것을 다른 사람이 대신해 줄 수 없다는 것을 몰랐었다. 내가 동경하는 것은 내 안에 있다. 그것은 나 자신에 대한 앎이다. 다른 사람은 항상 그것을 채워 주지 못한다. 같이 보내는 시간이 많아질수록 나는 그에게 요구하는 것이 많아졌으며 그가 다른 여성을 쳐다볼 때마다 질투를 느꼈다. 나는 이 사람과 함께 지내면서 질투를 극복해 보겠노라고 결심했다. 하지만 나의 머리 속에서는 자기학대라는 테이프가 계속 돌아가고 있었다.

나는 질투를 극복하려고 노력함에도 불구하고 점점 더 불행해질 뿐이라고 오쇼에게 편지를 썼다. 오쇼는 이렇게 답했다.

「그것은 질투를 극복하는 방법이 아니다. 그와 헤어져서 혼자가 되라.」

그래서 나는 그와 헤어졌다. 그리고 매일 밤마다 지붕 위에 앉아서 명상하려고 애썼다. 그러나 나는 명상의 경지에 들 수 없었다. 사토리(satori)[7]를 기대하고 있었기 때문이다.

「자, 이제 나는 남자 친구까지 버렸어. 그런데 보답이 뭐지? 축복이 어디에 있어?」

일주일 후, 비베크가 전갈을 보내왔다. 오쇼가 강의에서 나의 얼굴을 보았는데, 내 표정이 오쇼에게 화가 나 있음이 분명하다는 것이었다. 오쇼는 내게 남자친구에게 돌아가라고 말했다. 그래서 나는 타타가트에게 돌아갔다. 더 확실한 자각을 안고 말이다.

다행스럽게도 비자가 만료되어서 타타가트는 인도를 떠나야 했

---

[7] 깨달음의 세계를 얼핏 엿보는 것. 순간적인 깨달음. 공(空)의 세계에 대한 일별(一瞥)을 말하는 일본 선의 용어이다.

다. 나는 비행기를 타고 봄베이까지 그를 배웅 나갔다. 헤어질 때만이라도 그에게 잘해주고 싶었다.

그때 나는 처음으로 오쇼와 떨어져 있게 되었다. 우리는 별 다섯 개짜리 오베로이(Oberoi)호텔에 투숙했다. 그런데 바로 그날, 엘리베이터 안에서 안내인이 우리의 옷과 말라(mala)[8]를 보더니 조심스럽게 말했다.

「오늘 아침에 어떤 사람이 당신들 구루(guru)를 향해 칼을 던졌다고 하던데!」

우리는 급히 아쉬람으로 전화를 걸었다. 그것은 사실이었다. 아침 강의 중에 오쇼를 살해하려는 시도가 있었다는 것이다. 갑자기 모든 것이 허망하게 보였다.

「내가 지금 봄베이에서 무엇을 하고 있는 거지? 나는 꿈을 쫓아다니고 있는 거야.」

그것은 한 명의 힌두교 광신자가 오쇼를 향해 칼을 던진 사건이었다. 그날 아침 그 자리에는 이십 명의 사복 경찰이 있었다. 암살음모에 대한 정보가 입수되었고, 그래서 오쇼를 보호하기 위해 사복 경찰들이 미리 와 있었다는 것이다. 적어도 그들의 말에 따르면 그랬다. 그러나 그것은 사실과 정반대였음이 드러났다.

그 자리에는 경찰을 포함하여 이백여 명의 목격자가 있었다. 빌라스 투페(Vilas Tupe)라는 이름의 범인은 현장에서 체포되었다. 그러나 그는 곧 무죄 방면되었다. 판사의 말에 의하면, 오쇼가 강의를 계속했기 때문에 암살 시도가 있었다고는 볼 수 없다는 것이다!

자신을 향해 칼이 날아왔음에도 불구하고 오쇼는 강의를 중단하지 않았다. 그것은 오쇼가 얼마나 평온한 상태에 중심을 두고 있는지를 잘 보여준다.

---

8) 오쇼의 제자들이 목에 걸고 다니는 목걸이. 백팔 개의 나무 염주로 엮어져 있으며 끝에는 오쇼의 사진이 달려있다.

한번은 다르샨 도중 오쇼를 가까이에서 관찰한 적이 있다. 오쇼의 발 밑에는 한 사람이 산야스를 받기 위해 앉아 있었다. 그런데 그가 갑자기 벌떡 일어나더니 위협적으로 팔을 흔들며 껑충껑충 날뛰었다. 그러면서 그는 자기가 예수가 보내서 온 사람이라고 고래고래 소리를 질렀다. 그러나 오쇼는 미동도 하지 않았다. 얼굴 근육 하나 움직이지 않았다. 오쇼는 미쳐 날뛰는 그를 바라보며 조용히 앉아있더니 빙그레 웃으며 말했다.
「음, 매우 좋아.」

나는 1980년에 오쇼가 몇 명의 정치가에 대해 말한 것을 기억한다. 오쇼는 그들이 얼마나 파괴적이고 교활한지에 대해 말했다. 그러나 나는 그 말을 믿을 수 없었다. 나는 국가를 다스리는 사람은 누구든지 선한 사람이라고 믿고 있었다. 아마 실수를 저지를 수는 있겠지만 그들은 근본적으로 선한 사람이라고 나는 믿었다. 나는 그렇게 세뇌되어 있었다.

그러나 나는 오쇼의 말이 사실임을 경험을 통해 배우게 되었다. 1985년 11월부터 1990년 1월까지 나는 아무 죄도 없는 한 사람이 미국 정부에 의한 독극물에 중독되어 서서히 죽어가는 것을 옆에서 똑똑히 지켜본 목격자이다. 그리고 나 자신이 수갑을 차고 감옥에 갇혔었다. 얼토당토 않은 죄목으로 말이다.

뛰어난 인물들이 항상 그렇듯이 오쇼는 시대를 앞서 있다. 그가 말하는 것은 소화하기 힘들다. 거기엔 항상 시간이 필요하다. 스승의 인내심은 놀랄 만하다. 사람들이 이해하지 못한다는 것을 뻔히 알면서 어떻게 그렇게 날마다 이야기할 수 있을까? 사람들이 깊은 잠에 빠져 있으며, 말하는 내용의 1퍼센트밖에 이해하지 못한다는 것을 알면서도 오쇼는 계속 무엇인가 전달하려고 애썼다. 오쇼는 그렇게 삼십 년 동안을 이야기했다.

1980년이 거의 끝나고 있을 무렵, 오쇼는 새로운 공동체에 대해 이야기하기 시작했다. 그 당시 우리는 인도의 쿠츠(Kutch) 지방으로 옮겨갈 예정이었다. 그는 별 다섯 개짜리 특급 호텔, 두 개의 호수, 쇼핑 센터, 디스코장, 이만 명의 사람이 묵을 수 있는 숙박 시설이 있는 공동체에 대해 말했다. 우리는 배꼽을 잡고 웃었다. 그것은 너무나 불가능한 일처럼 보였기 때문이다!

〈새로운 공동체에서……〉라는 말이 우리의 캐치 프레이즈(catch phrase)가 되었다. 티셔츠와 야구 모자에까지 그 말이 등장했다. 행복하게도 그것은 말에 그치진 않았다. 후에 그 모든 것이 사실로 이루어졌던 것이다!

70년대 말 뿌나에서 오쇼는 아침마다 강의를 했다. 그리고 그의 강의는 항상 그랬듯이 언제나 즉흥적인 것이었다. 나는 왜 이런 사실에 대해 보도한 기자가 한 명도 없는지 이해할 수 없다. 아침 여덟 시가 되면 그는 오디토리엄(auditorium)에 나가서 한 시간 반이나 두 시간 정도를 강의했다. 그는 자기 자신도 다음 순간에 어떤 말이 나올지 모른다고 했다. 우리가 그의 말을 들으면서 다음 순간에 어떤 말이 나올지 모르는 것처럼 그 자신도 그렇다고 했다. 그의 말은 녹음되어서 그대로 책으로 출판되었다. 지금까지 그의 이름으로 나온 책은 700여 권에 달한다.

1975년에서 1981년까지 나처럼 오쇼와 함께 있던 사람들은 16세의 꽃다운 청춘을 구가하고 있었다. 우리는 긴머리에 느슨하고 편안한 원피스를 입었으며 속옷을 입지 않았다. 세상을 살아 오면서 우리를 물들인 세뇌 작용이 막 부서지기 시작했으며 우리의 의식은 날로 성장했다. 우리는 어떤 천진난만함을 지니고 있었다. 아마 우리는 별로 세상에 연연해 하는 사람이 아니었을 것이다. 우리는 영적인 차원의 새로운 세상에 사는 어린아이들이었다.

1981년 초, 나는 오쇼의 강의를 듣고 있었다. 그런데 이유도 없이 울음이 터져나왔다. 눈물 콧물이 마구 흘러내렸다. 나는 당혹스러웠다. 나는 울음을 참느라 얼굴을 찡그린 채 앉아 있었다. 그렇게 나는 이유도 모르면서 일주일 정도를 울었다. 어떤 일이 일어나기도 전에 인간의 한 부분은 이미 그것을 감지하는가 보다. 나는 어떻게 그것을 감지할 수 있는지 항상 신기하기만 하다.

1981년 초, 오쇼는 척추에 심각한 이상이 발생했다. 영국에서 전문의가 왔지만 오쇼의 병은 나아지지 않았다. 오쇼는 몇 주일 동안 강의와 다르샨을 열 수 없었다. 이 때가 삼년 여 침묵 기간의 시작이었다.

다시 움직일 수 있게 되자, 그는 매일 아침마다 나와서 음악가들이 음악을 연주하는 동안 우리와 함께 앉아 있었다. 침묵을 지키며.

사람들은 그때가 참으로 특별한 때였으며 음악이 아름다웠다고 말한다. 그러나 그런 말은 내게 별로 설득력이 없다. 그 당시 나는 뭔가 끔찍한 일이 일어날 것만 같은 두려움에 시달리고 있었다.

그것은 사실로 드러났다.

오쇼가 미국으로 떠난 것이다.

미국, 뉴저지의 성에서

1981년 6월 1일, 뉴욕.

오쇼는 스무 명의 제자들과 함께 인도를 떠났다. 오쇼의 산야신들은 아쉬람 연도 변에 길게 늘어서서 두 손을 모으고 스승에게 작별을 고했다. 그는 메르세데스 벤츠를 타고 아쉬람을 떠났다. 차 안에는 비베크와 주치의인 데바라지(Devaraj)가 함께 타고 있었다.

어린아이처럼 연약해 보이지만 어떤 상황에서도 통솔력을 발휘하는 강인함이 숨어 있는 비베크, 그리고 큰 키에 우아한 기품, 은백색의 머리를 한 데바라지는 후에 흥미진진한 커플이 되었다.

나는 한 시간 뒤에 떠났다. 나는 그때 처음으로 공동체의 몰락이 일어나고 있다는 것을 느끼고 있었다. 그것은 어느 정도 사실이었다. 왜냐하면 아쉬람은 다시 똑같은 상태로 돌아가지 못했기 때문이다. 우리의 공동체는 하나의 에너지, 하나의 몸처럼 느껴지고 있었다. 우리는 에너지 다르샨과 명상을 통해 하나로 연결되어 있었다. 그런데 지금 전세계로 뿔뿔이 흩어진다고 생각하니 슬프기 그지 않았다. 나의 행로는 느슨한 옷을 입고 명상의 기쁨에 싸여 지내는 것이 전부는 아니었다. 이 세상의 다른 곳에서 무슨 일이 일어나고 있는지 알지도 못하고 관심도 없이 지내는 그런 길은 아니었던 것이다.

팬암기(Pan Am flight)에는 오쇼, 비베크, 데바라지, 오쇼의 요리사, 청소 담당인 니루빠(Nirupa)가 일등 객실인 꼭대기층 전체를 차지하고 있었다. 오쇼가 뿌나에서의 철저하게 소독된 환경에서 벗어난 것은 이때가 처음이었다. 우리는 전에 탔던 승객들이 남기고 간 향수 냄새와 담배 냄새를 없애려고 최선을 다해 객실을 청소했다. 그리고 의자마다 하얀색 커버를 씌웠다.[1]

인도에 있는 친구들과 눈물로 작별을 고하긴 했지만, 오쇼와 함께 비행기를 타고 미국으로 간다는 사실은 마음을 설레게 했다.

그곳엔 쉴라(Sheela)가 타고 있었다. 후에 그녀는 오쇼가 미국에 머무는 동안 비서 역할을 맡았다. 그녀는 남자 승무원 한 명을 모욕했다. 그 다음엔 여자 승무원에게로 모욕의 불길이 옮겨 붙었다. 불과 몇 분 안에 이등 객실의 승무원 전체가 우리의 적이 되었다. 쉴라는 자기가 남자 승무원을 '유태인 양반(Jewboy)'이라고 부른 것은 모욕할 의도가 있었던 것은 아니라고 해명했다. 자기는 유태인 남자와 결혼한 적이 있으며 그녀 자신도 유태인이라고……[2] 그러나 이미 때는 늦었다. 그녀의 거친 입놀림은 이미 효력을 발휘하고 있었다. 내게 있어서 이것은 쉴라의 전형적인 성격과 인격을 보게 된 계기였다. 그녀는 거친 다이아몬드였다. 오쇼가 사람들과 일하는 방식에 대해 내가 이해하는 바에 따르면, 오쇼는 인격 너머의 것을 본다는 것이다. 그는 우리의 잠재력과 불성(佛性)을 본다.

---

1) 오쇼는 냄새에 심한 알레르기 증상을 보이고 있었다.
2) 쉴라는 인도인이다.

그는 우리의 더 높은 능력을 신뢰한다. 나는 오쇼가 이렇게 말하는 것을 들은 적이 있다.

「나는 나의 사랑을 믿는다. 나는 나의 사랑이 그대를 변형시킬 것이라고 믿는다.」

뉴욕 공항에서 우리는 수쉴라(Sushila)의 안내를 받았다. 그녀는 성격과 외모로 인해 '대지의 여신(earth-mother)'이라는 별명을 얻었다. 표면적으로 볼 때, 그녀는 숨김없이 터놓고 말하는 타입이었으며 남자처럼 활달한 면이 있었다. 나로서는 그때 공항에서 그녀를 본 것이 처음이자 마지막이다. 공항에서 그녀는 세관과 수화물부를 모두 책임지고 있는 것 같았다. 짐꾼들 모두가 그녀의 지시에 따라 일하고 있었다. 그리고 세관에 신고할 물건이 들어오는 곳이면 항상 그녀가 그곳에 있었다. 오쇼가 혼잡한 공항에서 움직일 때 우리는 천식을 일으킬지도 모르는 냄새로부터 오쇼를 보호하려고 얼마나 걱정을 했는지 모른다. 나는 뿌나에서 오쇼가 향수 냄새를 조금만 맡아도 천식을 일으키는 것을 알고 있었다. 한 번은 새로 단 커튼 냄새로 인해 천식을 일으킨 적도 있었다. 오쇼는 너무나 민감하고 다치기 쉬운 몸을 가지고 있었다. 더구나 지금은 척추에 이상이 있지 않은가. 만일 세관원이 오쇼를 불러 세우고 그 혼잡한 공항에 서 있게 했다면 우리가 무엇을 할 수 있었을까? 그러나 우리의 염려는 기우에 그쳤다. 오쇼는 똑바로 앞을 보고 천천히 공항을 걸어갔다. 나는 그가 주변 환경이 전혀 영향을 미치지 못할 정도로 완전히 자기 자신에게 집중하고 있었다고 생각한다.

우리는 공항 밖으로 나왔다. 뉴욕! 나는 우리가 뉴욕에 와 있다는 것을 믿을 수 없었다.

뉴저지로 가는 길은 충격적이었다. 거리엔 사람의 그림자도 찾아볼 수 없었다. 개 한 마리 눈에 보이지 않았다. 계속해서 집과 자동

차가 늘어서 있을 뿐, 생명체의 흔적은 어디에도 없었다. 하늘은 구름도 태양도 없이 회색으로 낮게 깔려 있었다. 그것은 인도와 정반대의 풍경이었다. 비록 인구 폭발과 가난으로 시달린다 해도 인도는 넘치는 생명력과 현란한 색채로 가슴을 뭉클하게 하지 않았던가. 나는 뉴저지의 황량한 거리를 바라보았다. 핵폭발이 일어나 모든 사람이 죽어버렸을지도 모른다는 상상이 들자 잠시 동안 정신이 아찔할 만큼 두려움이 밀려왔다.

우리는 소나무 숲으로 구불구불 이어진 언덕길을 올라가 성에 도착했다. 성은 작은 언덕 꼭대기에 서 있었다. 성의 주변에는 잔디밭이 펼쳐져 있었고, 그 너머로 숲이 보였다. 그 성에는 탑과, 손잡이가 달리고 둥근 모양의 스테인드 글라스로 된 창문이 있었다. 성문 바로 앞에는 숲속으로 이어지는 길이 있었는데, 그곳에는 수도원이 자리잡고 있었다. 몇 명의 수도사가 흰색의 수도복을 입고 숲속을 배회하는 것이 보였다. 그것은 마치 전설에 나오는 저승사자의 모습을 연상케했다.

나는 완전히 지치고 놀란 상태였다. 나는 삼십여 명의 산야신들과 함께 잔디밭에 앉아 있었다. 오쇼가 도착하기를 기다리다가 우리는 여기저기 쓰러져 잠이 들었다. 그때 누군가 오쇼가 오고 있다고 소리쳤다. 우리는 몸을 일으켜 세워 두 손을 모으고 합장했다. 돌연 모든 게 너무나 새롭게 느껴졌다. 나는 내가 오쇼와 함께 비행기를 타고 왔다는 사실을 거의 깨닫지 못하고 있었다. 나는 잔디밭에 앉아서 오쇼의 도착을 기다리고 있었던 것이다. 마치 오쇼를 처음보는 사람처럼 말이다.

뿌나에서 우리가 본 오쇼의 모습은 항상 일자로 쭉 뻗은 원피스 차림이었다. 나는 오쇼 옷소매의 주름을 잡느라 몇 시간씩 다림질을 하곤 했었다. 마치 그 부분이 유일하게 신경써야 할 부분인 것처럼 말이다. 그런데 지금 오쇼는 검은 색과 흰색으로 단을 댄 원피스

위에 털실로 짠 스웨터를 걸치고 있었다. 그리고 머리에는 검은 털모자를 쓰고 있었다.

그는 언제나처럼 우리를 큰 눈으로 뚫어질 듯이 바라보았다. 그의 눈에서는 섬광이 빛나는 듯했다. 그는 우리 모두에게 합장으로 인사하며 빙그레 웃었다. 그리곤 입구 쪽으로 나 있는 철계단을 향해 우아한 몸짓으로 걸어갔다. 그는 몇 분 동안 눈을 감고 우리와 함께 잔디밭에 앉아 있었다…… 눈을 감자 미국이건 인도건 나는 항상 똑같은 장소에 있다는 생각이 들었다. 나는 인도의 아쉬람에서 맛본 명상의 침묵을 느꼈다. 장소와 관계없이 그 침묵은 항상 나의 내면에 있다는 느낌이 들었다. 마음이 고요해지자 국가라는 개념이 사라졌다. 세상마저도 사라졌다.

오쇼의 방은 아직도 새로 단장중이었다. 그래서 오쇼는 임시 거처로 성 꼭대기의 작은 방 두 개를 쓰기로 했다. 그곳은 승강기를 타고 올라가야 했다.

나는 뿌나에서 흠잡을 데 없는 세탁실을 갖고 있었다. 그곳은 북적거리는 아쉬람과 완전히 단절된 너무나 조용한 나만의 세계였다. 사실, 어느 누구도 나의 세탁실에 들어오는 것이 허용되지 않았었다. 그런데 지금 뉴저지의 성에서 나의 세탁실을 발견하고는 기절초풍할 듯이 놀랐다. 나의 세탁실은 성의 지하실에 있었던 것이다! 지하실에는 온통 잡다한 폐물들과 거미줄로 가득 차 있었다. 그리고 얼키설키 연결된 파이프에서는 주기적으로 폭발하듯이 수증기와 가스가 터져 나왔다.

양동이조차 없는 것을 알았을 때는 정말 기가 막힐 지경이었다. 그러나 바로 그날 양동이 뿐만 아니라 세탁기까지 도착했을 때에는 정말이지 현대 문명의 기적에 감탄을 금치 못했다.

나는 망루에 빨랫줄을 맸다. 나선형으로 구불구불 이어진 계단을 오르내리면서 나는 몇 번씩이나 파리의 노틀담 사원을 오르는 듯한 기분이 들었다(물론 나는 꼽추가 아니다!). 어떤 때는 머리 속에서 이런 소리가 들렸다.

「이 계단은 영원히 이어진다. 이 계단은 끝이 없을 것이다.」

잠깐씩 나는 그렇게 믿었으며 나의 삶이 앞에 쭉 펼쳐져 있는 것을 볼 수 있었다. 그 돌계단 위에 영원히 내 삶이 펼쳐져 있는 것 같았다. 그러나 마지막 한 구비를 돌면 좁은 계단이 나오고, 나는 육중한 나무문을 걷어차듯이 열고는 망루 위에 선다. 내 밑으로 초원과 집이 펼쳐지고 그 너머로 거대한 안개가 보인다. 그 안개 속에 뉴욕이라고 불리는 행성이 떠 있는 것처럼 보인다. 하늘은 핑크빛 오렌지 색이고 그 뒤로 검은 연기가 피어오른다.

오쇼는 어린애처럼 열광적으로 미국식 생활 양식을 시험했다.

지난 몇 년 동안 오쇼는 항상 똑같은 음식을 먹고 있었다. 밥, 렌즈콩을 넣은 달(dhal), 그리고 세 가지 야채가 오쇼의 주식이었다. 오쇼는 당뇨병이 있었다. 그래서 그의 식사는 항상 정확하게 조절되어 오고 있었다. 데바라지는 부엌에 앉아서 식품의 무게를 재며 칼로리를 계산하곤 했었다. 오쇼의 병약한 건강 상태는 나로서는 이해하기 힘든 것이었다.

런던에 있는 명상 센터의 하얀 색 복도에 앉아 있던 기억이 난다. 나는 그때 오쇼의 손을 찍은 사진을 처음 보았었다. 그 사진을 보고 나는 그가 결코 깨달을 수 없을 것이라고 생각했었다. 왜냐하면 그의 손금에 나타난 생명선이 너무 짧았기 때문이다. 내가 그렇게 생각한 것은 기독교에 세뇌된 탓이었을 것이다. 나는 깨달음이란 게 영원히 죽지 않고 사는 것을 의미한다고 생각했던 것이다.

오쇼가 새로운 음식을 실험하는 것은 우리에게 커다란 부담이었다. 미국식 곡류, 오믈렛(omelettes), 그리고 한번은 스파게티

(spaghetti)를 가져갔더니 오쇼는 인도인들의 기생충처럼 생겼다고 말하면서 손도 대지 않고 돌려 보냈다. 그는 가끔씩 텔레비전을 보고 뉴욕 시내를 여행했다.

오쇼는 탐험하듯이 성 전체를 살피고 다녔다. 그는 밝은 미소를 띠고 전혀 예기치 못한 장소에 불쑥 나타나곤 했다. 그때마다 우리는 놀라서 비명을 지르곤 했다. 왜냐하면 인도에서는 붓다 홀의 의자에 앉아 있는 모습말고는 어디를 가도 그의 모습을 볼 수 없었기 때문이다.

어느 날, 그는 지하실에 있는 나의 세탁실을 찾아왔다. 인기척에 뒤를 돌아보니 오쇼가 문간에 서 있었다. 그때 나는 얼마나 놀랐던지 뜨거운 다리미를 손 위에 올려놓고 말았다.

이태리인인 아나샤(Anasha)는 불운하게도 오쇼가 성을 산책하는 동안에 제대로 오쇼의 모습을 볼 기회가 없었다. 그래서 그녀는 오쇼에게 자기를 피하는 것이냐고 편지를 썼다. 그랬더니 오쇼는 그녀가 청소를 하는 동안에 그녀를 찾아왔다. 그리곤 애정어린 손길로 그녀를 안아주었다.

그전까지 오쇼는 우리와 너무나 동떨어진 존재였다. 그는 항상 연단 위에서 말하는 붓다였으며, 에너지 다르샨에서 우리를 미지의 세계로 인도하는 스승이었다. 그래서 성 안에서 벌어지는 이런 일들은 우리에게는 보통 일이 아니었다. 그는 전혀 예상치 못한 장소에 불쑥 나타나기를 계속했다. 그리고 나는 낮 동안에 점점 더 의식이 깨어있는 시간이 많아지고 있다는 것을 발견했다. 그것은 갑자기 나타나 몽둥이로 제자를 내려치는 선사들의 일화를 연상케 했다. 다른 점이 있다면 오쇼는 몽둥이가 아니라 사랑이 넘치는 미소를 머금고 나타났다는 것이다.

하지만 나는 결코 오쇼를 놀라게 할 수 없었다. 그래서 한번은 오쇼에게 놀란 적이 있냐고 질문을 했다.

오쇼는 이렇게 대답했다.

「나를 놀라게 할 수 있는 사람은 없다.」

어쨌든 나는 환경의 변화에 따르는 충격에서 벗어나지 못하고 있었다. 나는 오쇼와 함께 지내는 행운에도 불구하고 공동체를 그리워하고 있었다. 내게 있어서 미국은 아직 영혼이 없는 태아와 같았다. 반면에 인도는 사람을 끌어 당기는 고대의 신비를 간직하고 있지 않은가.

텔레비전을 시청한 내 경험에 의하면, 그것은 마약처럼 위험하고 습관적이라는 것이다. 처음 며칠 동안 나는 텔레비전을 시청했다. 그런데 나는 밤마다 악몽에 시달리다가 비명을 지르며 깨어나야했다. 한 번은 성 안에 있는 사람들 전부를 깨우는 소동이 벌어졌다. 내가 눈을 떴을 때에는 니루빠(Nirupa)가 내 머리를 쓰다듬으면서 등을 다독거리고 있었다. "괜찮아, 괜찮아." 하고 말하면서. 그 다음부터 나는 텔레비전 시청을 그만두었다. 나는 텔레비전이 온갖 폭력과 쓰레기로 사람들의 마음을 채운다는 사실을 조금도 의심하지 않는다.

나는 성루 위에서 혼자 눈을 감고 앉아 있곤 했다. 하지만 깊은 명상이 이루어지지 않았다.

성 안의 거의 모든 사람이 사랑에 빠져 있었다. 비베크와 나는 동시에 한 남자를 사랑했다. 하지만 싸움이나 질투는 없었다. 실제로 우리는 그런 사실에 대해 웃으며 이야기를 나누곤 했다. 나는 보통 사람들이 이것을 이상하게 여기리라는 것을 안다. 질투가 없다면 그것은 진정으로 사랑하는 게 아니라고 의심하는 것이 일반적인 견해라는 것도 안다. 그러나 그 당시 나는 사실은 그 정반대라는 것을 배우고 있었다. 질투가 있는 곳에는 사랑이 존재하지 않는다.

내가 런던의 명상 센터에서 처음 만났던 아난도(Anando)도 그곳에 와 있었다. 그녀는 오쇼의 주치의인 데바라지와 사랑에 빠졌고, 그 사랑은 꽤 오래 이어졌다.

그때까지 지난 육 년 동안 나는 다른 사람들과 마찬가지로 특별한 형태가 없는 오렌지색 원피스를 입고 있었다. 그런데 이제 새로운 환경에 적응할 때가 온 것이다. 우리가 입고 있는 옷은 여전히 떠오르는 태양빛이고 말라를 걸고 있었지만 지금 우리는 '미국 스타일의 옷'을 입고 있는 것이다. 내 경우에는 무릎과 어깨 그리고 다른 부분이 그대로 드러나는 펑크풍의 옷이었다.

미국은 우리에게 새로운 곳이었다. 우리는 눈에 보이는 것마다 웃고 떠들면서 낯선 땅을 탐색했다. 사람들의 눈에는 우리가 아주 이상한 무리로 보였을 것이다. 실제로 우리는 다른 세상에서 온 사람들이었다.

오쇼는 운전 교습을 시작했다. 어느 날, 쉴라와 그녀의 새 남편인 자야난다(Jayananda)가 지붕을 접을 수 있는 검은 색 롤스로이스를 타고 나타났다. 오쇼는 비베크와 함께 성의 계단을 내려가서 핸들을 잡았다. 차가 언덕 아래로 내려갈 때 자동차 덮개가 위 아래로 덜커덩 거렸다. 우리 구경꾼들은 그가 혼자 힘으로 운전을 하리라고 기대하지 않았기 때문에 매우 놀랐다. 그는 운전대를 잡아본 지가 20년이나 되었고, 그것도 인도의 길가에서 소형 인도 차로 운전했을 텐데. 그런데 이것은 참으로 놀라운 광경이 아닌가!

오쇼는 매일 자기와 비베크 외에 두 사람을 드라이브에 초대했다. 어떤 사람들은 오쇼와 함께 차를 탄 후 안색이 하얗게 질리고 벌벌 떨면서 돌아왔다. 비베크는 드라이브를 나갔다가 성에 돌아와서는 신경을 진정시키기 위해 독한 위스키를 요구하는 경우가 자주 있었다.

오쇼는 빠른 속도로 달리는 것을 좋아했다. 하지만 그는 길 위를 달리는 사람들 중에서 유일하게 '깨어 있는' 사람이었다. 그래서 그는 누구보다도 안전했다. 그러나 승객들은 그런 사실을 잊고 있었으며 빠른 속도로 급커브를 돌 때마다 놀라서 비명을 참느라 전전긍긍했다. 오쇼는 차 안에 두려움이 너무 많다고 말하곤 했다. 한번은 차를 세우더니 만일 사람들이 긴장을 풀지 않는다면 함께 드라이브하는 것을 그만두겠다고 말한 적도 있었다. 또 어떤 사람이

「휴, 큰일날 뻔했어요! 저 차를 간신히 피했잖아요!」
라고 말했을 때 오쇼는 이렇게 말했다.

「그건 자네 판단이야!」

육십 세의 활달한 여성이며 오쇼의 요리사인 니르건(Nirgun)은, 폭풍이 치는 날 밤에 오쇼와 함께 드라이브를 한 것이 자신의 인생에서 가장 짜릿한 순간이었다고 회상했다. 후에 오쇼는 그녀에게 메시지를 보내왔다. 지금까지 함께 드라이브를 한 사람들 중에서 그녀가 '현재'에 존재한 유일한 사람이라는 것이다.

오쇼는 하루에 두 번씩 드라이브를 떠났다. 그때마다 우리는 음악을 연주하며 오쇼를 배웅했다. 그 자리에는 니베다노(Nivedano)[3]가 있었다. 그는 검은 얼굴에 신비한 분위기를 가진 브라질 사람이다. 그 당시, 그는 새로운 산야신이었다. 후에 그는 음악 말고도 다른 재능을 발휘했는데 그것은 인공 폭포를 만드는 재주였다. 고빈다스(Govinddas)는 창백한 안색의 독일인으로 인도 사람만큼이나 시타르(sitar)[4] 연주를 잘했다. 스페인의 집시 여성인 야슈(Ya-shu)는 동시에 두 개의 플루트를 연주하는 재주를 갖고 있었다. 그녀의 세 살짜리 딸인 카비아(Kavia)는 종을 치며 엄마의 피

---

3) 브라질 태생의 뮤지션으로 그룹 산타나에 가담한 바 있다. 오쇼의 선 강의에서 명상을 알리는 북을 친다. 또한 건축에도 일가견이 있어서 그 방면에 큰 일익을 담당한다.
4) 기타와 비슷한 인도의 현악기.

리 연주에 반주를 했다. 타블라(tabla)[5] 연주자인 루페쉬(Rupesh)는 정력적인 에너지의 소유자였다. 나는 그를 볼 때마다 아주 기분이 좋았다. 그가 성에 도착했을 때에는 너무나 기뻐서 그의 몸 위로 펄쩍 뛰어올라 그의 머리를 마구 물어뜯는 시늉을 했었다. 이웃의 수도원에 있는 수도사들은 우리가 연주하는 음악을 듣고는 대경실색했다. 그들은 우리가 흑마술을 하는 집단이며 '희생 의식'을 치루고 있다고 비난했다.

이제 쉴라는 오쇼의 비서로서 확실한 위치를 굳히고 있었다. 인도에서 비서를 맡았던 락시미는 거의 일손을 놓고 있었다. 오쇼는 그녀에게 아무 일도 하지 말고 편히 쉬라고 말했다. 실제로 몇 년 후에 오쇼는 그녀가 그때 자기의 말을 들었더라면 지금쯤 깨달음을 얻었을 것이라고 말한 바 있다.

그녀는 음악가들과 함께 음악을 연주하려고 해보았지만 신통치 않았다. 그래서 그녀는 요리사가 되기로 결심했다. 그러나 그녀는 너무 서툴러서 우리의 점심 준비를 마쳤을 때에는 이미 저녁 때가 다 되어 있었다. 그래서 그녀는 요리마저 할 수 없었다. 불쌍한 락시미! 얼마 후, 그녀는 우리가 그 지역 사람들과 안면을 넓히기 위해 개최한 야외 파티에서 자신의 건재함을 증명해 보이려 했다. 그러나 그녀는 술에 취해 테이블 위에 쓰러지고 말았다.

그후, 그녀는 오쇼를 위한 새로운 공동체를 결성하기 위해 소규모 추종 세력을 모아 분리되어 나갔다.

스승 주변의 상황이 변할 때에는 그 변화와 보조를 맞추는 것 외에는 아무 것도 할 일이 없다. 존재계의 모든 것은 항상 변하기 마련이며, 스승과 함께 있을 때에는 변화를 받아 들이는 자세가 더욱

---

5) 작은 북처럼 생긴 인도의 타악기.

강조되기 때문이다. 뿌나에서 영향력 있는 일을 할 수 있었던 소수의 사람들은 새로운 직책에 적응하기가 어렵다는 것을 알게 되었다. 그래서 일부 사람들은 독자적인 길을 떠나기 시작했으며 스승 주변의 인맥에 큰 변화가 일었다. 마치 돌풍이 죽은 가지를 부러뜨리듯 그렇게 많은 사람들이 떠나갔다.

나는 데바라지의 말을 통해, 쉴라가 오쇼의 비서가 된 것은 편의상의 이유만은 아니라는 것을 알게 되었다. 거기에는 뭔가 이유가 있었다. 그녀는 인도인이었지만 첫번째 결혼을 통해 미국인이 되었고 미국에서 많은 시간을 보냈다.

데바라지는 자신의 책에서 이렇게 썼다.

「쉴라는 적극적이든 소극적이든 우리 모두에게 도움을 줌으로 해서 '보스(boss)'가 되어 갔다. 브하그완이 '그 일을 하기에는 쉴라가 적격이다.'라고 말한 적은 없었다. 그는 다만 그녀가 일을 하고 있다는 사실을 묵인하고 인정했을 뿐이다. 그는 우리에게 얼마든지 다른 선택을 권유할 수도 있었다. 불교적인 입장에서 본다면 이것은 '선택없는 각성(choiceless awareness)'이라고 말할 수 있다.

누군가를 선택한다는 것은 브하그완의 방식에 맞지 않는 것이었다. 자연적인 흐름에 반대하여 자신의 선택을 내린다는 것은 그의 방식이 아니었다. 그는 항상 흐름과 일치했다. 그는 존재계가 제공하는 모든 것을 받아들였으며, 그것이 자신의 일을 돕도록 전적인 지원을 아끼지 않았다. 만일 존재계가 쉴라를 그만한 위치로 끌어 올렸다면 거기에는 뭔가 이유가 있음에 틀림없다. 거기에는 우리가 배울 필요가 있는 뭔가 있음에 틀림없다.

브하그완은 의사에게 생명을 맡기듯이, 자신의 행정 담당자에게 전적인 신뢰로 자신의 일을 맡겼다. 그는 깨닫지 못한 인간의 무의식적이고 추악한 속성을 알고 있었다. 또한 그들의 의식적인 잠재력과 아름다움에 대해서도 알고 있었다. 그는 빛이 어둠을 몰아 내

듯이 시간이 얼마나 걸린다해도 언젠가는 우리 안의 의식이 무의식을 몰아내는 날이 틀림없이 오리라고 믿었다『브하그완, 신에 가장 반대하면서도 가장 신성한 사람 : Bhagwan,The Most Godless yet the Most Godly Man—by Dr.George Meredith』.」

나는 오쇼가 어느 누구도 선택했다고는 생각하지 않는다. 그가 강의나 다르샨에서 오라(aura)가 가장 빛나거나 가장 잠재력이 뛰어난 사람을 발견하고 "저기 저 사람은 나의 빨래를 하기에 가장 적당한 사람이다."고 말하거나, 또는 "저 사람은 나를 위해 요리하기에 적격이다……"는 식으로 말한 것은 아니다. 그는 누가 어떤 일을 하던 간에 그를 전적으로 믿었다. 예를 들면, 나에게 빨래할 기회를 주어서 오쇼의 집안 사람으로 끌어들인 사람이 오쇼인지 비베크인지 나는 모른다. 앞으로도 모를 것이다. 왜냐하면 나는 한번도 그에 대해 물은 적이 없기 때문이다. 나에게 빨래를 시키기로 결정한 사람은 아마 비베크였을 것이라고 나는 생각한다. 그것은 다만 우연이었을 것이다. 나는 우연히 빨래할 사람이 필요한 시기에 오쇼 곁에 있었던 것이다.

성을 둘러싸고 있는 숲은 소나무와 전나무로 울창했다. 그래서 밤이면 곤충들이 어찌나 시끄럽게 울어대는지 창문이 깨지지 않을까 염려스러울 정도였다. 한번은 나무 줄기에 큰 매미 한마리가 붙어있는 것을 보았는데 그 놈은 밝은 초록빛을 띄고 있었으며 몸길이가 6인치나 되었다. 그래서 나는 그 놈이 그렇게 시끄럽게 우는 장본인이라고 생각했다.

나는 숲속에서 자는 것을 좋아했다. 숲속에서 잠을 잘 때에는 잠을 자면서도 동물적인 경계 의식이 깨어 있었다. 숲속에는 나뭇잎 구르는 소리와 더불어 알 수 없는 여러 가지 소리들이 항상 귀를 건드렸다. 그것은 약간 무섭기도 했다. 하지만 또한 나는 그것이 좋기도 했다.

독일 출신의 어떤 여자가 있었는데 우리들 중에 그녀를 아는 사람은 아무도 없었다. 그녀는 광신적인 기독교인이었으며 오쇼에 대한 악성 루머를 도시에 퍼뜨렸다.

곧 밤중에 불량배들이 성을 기습하기 시작했다. 그들은 성 벽에 '여기를 떠나라……'고 스프레이로 낙서를 했으며 종이 폭탄을 터뜨리기도 했다. 종이 폭탄은 소리가 엄청나게 컸다. 그래서 우리는 진짜 폭탄이 터진 줄 알고 침대에서 벌떡 일어나곤 했다. 그들은 돌을 던져 창문을 깨뜨리기도 했다.

우리는 보초를 서기 시작했으며 나는 숲속에서 잠자는 것을 그만 두었다. 아침 안개 속에서 하얀 수도복을 입고 유령처럼 배회하는 수도승들, 그리고 불량배들이 차에 가득 타고 소리지르는 것을 보면서 나는 불안해지기 시작했다. 우리는 우리의 일에만 몰두하고 있었으며 아무도 방해한 적이 없다. 하지만 사람들은 우리를 좋아하지 않았다. 우리는 그들과 다른 사람들이었던 것이다.

우리는 세 달 동안 성에 머물렀다. 그 기간 동안 쉴라는 땅을 구하기 위해 대부분의 시간을 다른 곳에 가 있었다. 마침내 그녀는 오레곤주 중심부에 6만 4천 에이커의 땅을 구했다. 그 땅은 지난 오십 년 동안 버려진 황무지였으며 그래서 세금을 공제받을 수 있었다. 그녀가 '빅 머디(The Big Muddy)'라고 불려지는 그 땅을 구입한 것은 죽은 전 남편의 제삿날에 그 땅을 발견했기 때문이었다. 그리고 그녀는 전 남편의 생일 날에 구매 서류에 서명했다! 그녀의 말에 따르면 그랬다.

오레곤 주의 라즈니쉬푸람

라즈니쉬푸람은 미국 안에 있는 도시가 아니었다. 라즈니쉬푸람은 미국의 꿈과 관계없이 그 자체로 하나의 국가였다. 아마 이것이 미국의 정치가들이 라즈니쉬푸람과 싸움을 일으키게 된 이유일 것이다.

아시쉬(Asheesh), 아르비따(Arpita), 가얀(Gayan), 그리고 나는 오레곤을 향해 날아갔다.

아시쉬는 목수일에 도가 튼 사람이었다. 그는 선임 목수로 오쇼의 의자를 만들었을 뿐만 아니라, 전기를 손보거나 기계를 고치는 데에도 뛰어난 재주를 갖고 있었다. 그래서 무엇인가 고치거나 전기를 가설할 필요가 있는 곳에서는 항상 "아시쉬! 아시쉬 어디 있어?"하는 소리가 끊이질 않았다. 그리고 그는 손으로 자신의 의사를 전하는 뛰어난 재주를 갖고 있었다. 왜냐하면 그는 이태리인으로 영어가 서툴렀기 때문이다.

아르비따는 오쇼의 신발을 만드는 사람이었다. 그는 기이한 데가 있는 사람으로 선화(禪畵)를 즐겨 그렸다. 그의 남다른 성격과 기발한 면은 후에 오쇼의 옷을 디자인하는 데 많은 도움을 주었다.

가얀은 미국에 오라는 비베크의 전화를 받고 독일에서부터 무작정 날아왔다. 그녀가 도착했을 때 비베크는 공항에 마중나가

「네가 바느질을 할 줄 알았으면 좋겠다.」

고 말했다. 다행히 그녀는 바느질을 할 줄 알았고, 그래서 내내 오쇼의 의상 관리인으로 일하며 환상적인 옷을 짓게 되었다. 그녀는 또한 훌륭한 무용수이기도 하다. 축제일을 기념하여 미국에서 제작된 비디오를 보면 검고 긴 머리를 날리며 춤추는 그녀의 모습을 볼 수 있다. 라즈니쉬 만디르(Rajneesh Mandir)[1]에서 단상에 있는 오쇼의 주위를 돌며 춤추는 여성이 바로 그녀이다.

그렇게 우리는 미국을 가로질러 날아가 오레곤에 도착했다. 우리가 도착한 것은 오쇼의 도착 예정 시간보다 열두 시간 전이었다. 나는 비행중에 있었던 일에 대해서는 아무것도 기억나지 않는다. 그러나 '빅 머디(the Big Muddy)'를 향해 구불구불 내려가는 산길은 영원히 잊지 못할 것이다. 길 양 옆에는 큰 키의 선인장들이 자동차의 불빛을 받으며 몇 마일에 걸쳐 서 있었다. 그리고 노란색, 흰색, 회색의 겁 많은 동물들이 불빛 사이로 나타났다 사라지곤 했다.

오쇼가 기거할 이동 주택과 그에 인접하여 우리의 집이 될 이동 주택은 북새통을 이루고 있었다. 우리는 시간을 다투어 일했다. 우리는 청소를 하고 커튼을 달며 밤을 새웠다. 유리창 밖에는 잔디가 마치 카펫처럼 깔려 있었다. 이동 주택은 완전히 플라스틱으로 만들어진 것이었다. 나는 전에 그런 집을 본 적이 없었다. 만일 불이라도 나면 십 초도 안되어 무너져 버릴 것 같았다! 오쇼의 이동 주

---

1) 라즈니쉬푸람의 명상 홀.

택은 우리의 것과 똑같았다. 그러나 그의 알레르기 때문에 카펫 대신 리노륨(linoleum)을 깔았다. 벽은 플라스틱으로 만들어진 인조 합판으로 도배했다.

나를 포함하여 열한 명의 산야신들은 하나의 이동 주택을 썼다. 그곳에는 재단실이 딸려 있었다. 그곳에 사는 사람들 중에는 오쇼의 주치의인 데바라지와 치과 의사인 데바기트(Devageet)가 있었는데 그들은 같은 방을 썼다. 그들은 최고의 유머 감각이 돋보이는 영국인들이었다. 니루빠(Nirupa)와 하리다스(Haridas)도 그 이동 주택에 살았다. 니루빠는 '라파엘 전파(前派)'의 화가이며 허리까지 내려오는 긴 금발머리를 갖고 있었다. 큰 키의 독일 사람인 하리다스는 오쇼의 초기 서양인 제자들 가운데 한 명이다. 그의 실제 나이는 마흔다섯이지만 서른 살 정도밖에 되어 보이지 않았다. 그리고 니르건(Nirgun)이 있다. 그녀는 거실에서 언제 끝날지도 모르는 춤으로 우리를 압도하곤 했다.

그날 밤, 주변 풍경을 내다보기에는 너무 어두웠다. 그런데 너무 지쳐 있었으므로 나는 잠에 골아 떨어졌다. 다음날 아침, 나는 샤워를 하면서 창 밖을 내다 보았다. 우리의 이동 주택은 작은 계곡에 묻혀 있었으며 뒤로는 거대한 바위가 버티고 있었다. 그 바위가 어찌나 장엄해 보였던지 나는 물에 젖은 몸으로 벌거벗고 뛰어나가 땅에 엎드려 절을 했다.

다음날, 오쇼가 도착했다. 오쇼는 몇 명의 산야신들이 잔디밭에서 노래를 부르고 있는 것을 보고는 즉시 우리와 자리를 같이했다. 그는 우리와 함께 앉아 명상에 들었다. 그의 침묵이 얼마나 우리를 압도했던지 음악 소리가 슬그머니 수그러 들었다. 우리는 얼마 동안 완전히 침묵에 잠겨 있었다.

얼마 후, 오쇼는 자리에서 일어서더니 주변을 둘러보았다. 그리곤 자신의 집 계단 위로 걸어 올라갔다. 그는 나무라고는 전혀 볼 수 없는 풍경에 놀랐을 것이다. 그는 정원도 없이 황량한 맨땅이 그대로 드러나 있는 집은 본 적이 없었으니까.

그것은 참으로 인도에서와 같은 오쇼의 집을 둘러싸고 있던 낭만적이고 울창한 숲과는 너무나 대조적인 풍경이었다.

우리가 도착했을 당시 라즈니쉬푸람의 땅에는 두 채의 건물밖에 없었다. 처음 몇 달 동안 우리는 선구자적인 열기로 불타 올랐다. 우리가 도착한 것은 팔월달이었으며 대부분의 사람들은 텐트를 치고 지냈다. 그런데 그곳은 겨울이 되면 영하 12도까지 떨어지는 곳이었다. 그래서 우리는 겨울이 오기 전에 중앙 난방 시스템을 갖추기 위해 부지런히 일했다.

우리는 건물 밖에 테이블을 갖다놓고 함께 모여서 식사를 했다. 그런데 겨울이 닥치자 우리는 테이블 위의 얼음을 걷어내야 했다. 그렇게 하지 않으면 접시가 무릎 위로 미끄러져 떨어지는 일이 다반사였다. 또한 냉장고가 없었으므로 연못 속에 맥주를 담가서 보관했다. 하지만 열악한 환경에도 불구하고 식사 시간은 참으로 즐거웠다. 남녀를 불문하고 우리는 거의 똑같은 옷을 입었다. 털점퍼에 진바지, 카우보이 모자와 부츠가 거의 공통된 옷차림이었다. 전에 나는 남자 산야신들이 너무 여성적이라고 생각했었지만 이제 이곳에서는 그런 생각이 완전히 바뀌었다.

오쇼의 거실 지붕에는 비가 샜다. 그래서 빗물을 받기 위해 오쇼의 의자 양 옆에 양동이를 갖다 놓곤했다. 오쇼가 그런 곳에 앉아있는 모습을 보는 것은 가슴 아픈 일이었다. 방 안은 나지막한 참나무 책상과 의자를 제외하곤 아무 것도 없었다. 지금까지도 오쇼의 방은 언제나 단촐했다. 흔히 보는 가구는 찾아볼 수 없었다. 벽에는 그림이나 장신구도 없었으며, 카세트 녹음기를 제외하곤 어떤 소유

물도 없었다. 하지만 플라스틱 방의 단출함은 아무래도 대리석으로 꾸며진 방처럼 선(禪)적인 분위가가 배어나오지 않았다. 플라스틱 방에 앉아있는 오쇼의 모습이 나의 마음을 아프게 했다. 비록 그것이 오쇼에게 아무런 차이도 만들지 못한다는 것을 알고 있긴 했지만. 오쇼는 어디에 있든 집에 있는 것처럼 편안해 했다. 나는 지금까지 그가 생활 환경과 장소에 대해 불평하는 소리를 한 번도 듣지 못했다. 그는 존재계가 주는 모든 것을 그대로 받아들였다.

내가 보기에, 그는 이것이 우리가 사랑으로 최선을 다한 결과라고 믿었으며 그것을 감사하게 받아들였다. 그러나 그것은 우리가 할 수 있는 최선은 아니었다. 우리는 조립식 건물을 증축하는 일을 시작했다. 그곳은 비상용 생활 공간과 의료 센터가 들어설 예정이었다―비록 나는 '비상용'이라는 말이 무슨 뜻인지 상상하지도 못했지만. 아홉달 후에 증축 공사가 끝났다. 우리는 오쇼가 플라스틱 방에서 나와 새 건물로 입주하는 것을 보며 흐뭇해 했다. 이것은 쉴라와 비베크 사이에 약간의 불화를 일으켰다. 오쇼가 이사하는 것을 원하지 않았기 때문이다. 증축 건물은 비베크의 남자 친구인 리챠드(Richard)에 의해 지어졌다. 침실과 거실의 벽은 나무로 꾸며졌다. 특히 욕실은 최고급이었다. 지금까지 오쇼가 사용한 어떤 욕실보다도 컸으며, 거품 목욕기가 갖추어져 있었다. 긴 복도는 올림픽을 열 수 있을 만한 크기의 실내 수영장과 의료 센터로 이어졌다. 의료 센터는 최신식 의료 장비를 갖추었으며 완벽한 설비의 수술실이 준비되었다.

비베크는 처음부터 오레곤 주의 라즈니쉬푸람을 좋아하지 않았다. 그녀는 불행해보일 때가 많았으며 자주 앓곤 했다. 그녀는 자신의 감정을 드러내 보이는 데 부끄러워하는 적이 없었다. 어느 날, 그녀는 확성기를 통해 자기가 이 '황무지'에 대해 어떻게 느끼고 있는지 떠들었다. 공동체 내의 모든 사람이 그 소리를 들을 수 있었다. 그녀는 이 망할 놈의 장소를 모두 불질러 버리고 싶다고 말했다. 그러나 행복할 때에는 그렇게 기뻐 보일 수가 없었다. 그녀는 어린애처럼 기뻐서 어쩔 줄 몰라했다. 하지만 기분이 나쁠 때에는 …… 정말이지 위험천만이었다. 그녀는 문제를 찾아내고 다른 사람의 결점을 발견하는 재주가 있었다. 나는 그녀와 논쟁하는 것이 불가능하다는 것을 알게 되었다. 왜냐하면 항상 그녀가 옳다는 인상을 받았기 때문이다. 내 생각에 비난은 칭찬보다 훨씬 더 무게를 갖는 것 같다.

비베크가 밖으로 나오기를 원하지 않을 때에는 니루빠나 내가 오쇼의 드라이브 행진에 동승했다. 오쇼는 가끔씩 '쉴라의 공동체'가 어떻게 되어가고 있는지 묻곤했다. 오쇼에게 그곳은 항상 쉴라의 공동체였다.

후에 오쇼는 이렇게 말한 바 있다.

「나는 그대들의 공동체에 속하지 않는다. 나는 단지 여행자일 뿐이지, 거주하는 자가 아니다. 이 집은 나의 거주지가 아니다. 이곳은 여행자가 잠시 머무는 여인숙일 뿐이다. 나는 그대들의 공동체에서 어떤 지위도 갖지 않는다. 나는 그대들 공동체의 우두머리가 아니다. 나는 아무 것도 아닌 사람이다.

지금까지 그대들은 아무 권력도 없는 나의 말을 들어왔다. 나는 그대들에게 아무 것도 강요하지 않는다. 나는 그대들에게 명령할 수 없으며 계율을 줄 수도 없다. 나의 말은 그저 말일 뿐이다. 나는 내 말에 귀 기울여준 그대들에게 감사한다. 내 말을 받아 들이느냐, 받아 들이지 않느냐는 전적으로 그대들의 자유이다. 내 말에 귀 기울이거나 무시하는 것은 그대들이 결정하기 나름이다. 그대들의 개체성은 전혀 간섭받지 않는다『라즈니쉬 바이블 : The Rajneesh Bible』.」

그 당시 초기에는 모든 일이 순조롭게 되어가고 있었다. 수백 명의 사람들이 속속 도착하고 있었으며, 황폐한 사막에 엄청난 속도로 하나의 도시가 모습을 드러내고 있었다. 일 년이 지나자 천 명이 상주할 수 있고, 만 명의 방문객이 묵을 수 있는 숙박 시설이 생겨났다. 그리고 공항과 호텔, 디스코장, 야채를 생산하는 농장, 의료 센터, 댐, 모든 사람이 한꺼번에 식사를 할 수 있는 엄청난 크기의 식당이 착공되었다.

오쇼가 '쉴라의 공동체'가 어떠냐고 물었을 때, 나는 '세상' 안에 있는 것 같다고 말했다. 그것은 불평이 아니었다. 그것은 명상이 우리의 주된 일이었던 시절과 지금이 얼마나 다른지를 표현하는 말이었을 뿐이다. 쉴라는 명상가가 아니었다. 그러므로 공동체에 대한 쉴라의 영향력은 오로지 일에 관한 것이었다. 그러나 그녀는 일을 통해 사람들을 지배할 수 있었다. 왜냐하면 그녀는 나름대로 우수한 일꾼에 대한 평가를 내렸으며 그에 따라 대가를 지불했기 때문이다.

명상은 시간 낭비로 생각되기 시작했다. 나는 명상의 중요성에 대한 인식을 상실했으며, 오쇼가 명상의 중요성에 대해서 말했던 모든 세월들이 순식간에 물거품이 되었다. 뿌나에서 하늘을 날고 있었다면 이제 나는 땅에 착륙하여 바닥을 기고 있는 것이다. 나는 전혀 다른 종류의 '학교'에서 새로운 것을 배우고 있었다. 나는 내 존재의 또 하나의 차원을 개발해야 한다고 생각했다. 만일 우리가 계속 뿌나에 머물면서 '날으는 요정'같은 삶을 즐겼다면 모두 깨달음을 얻었을지도 모르지만 그것은 현실 세계에 별로 유용할 것 같지 않았다. 나는 아직도 배움이라는 것이 얼마나 어려운 것인가를 모르고 있었다. 하지만 제자로서 나의 여행은 이미 시작되었으며 다시 돌아갈 길은 없었다.

스승과 함께 있다는 것은 모험과 도전의 위험을 받아들이는 것이다. 변화를 거부하는 나의 내면을 관찰할 수 있는 기회를 갖는 것이다. 의식의 각성을 이루기 위해서는 그것이 먼저 선행되어야 한다.

　오쇼는 오로지 비베크만을 만났다. 그리고 매일 쉴라와 함께 일했다. 때로는 니루빠, 데바라지, 그리고 내가 오쇼의 일을 도왔다. 가끔씩 어떤 사람들은 오쇼의 꿈을 꾸기 시작했다. 그들은 오쇼가 잠 속에서 자기를 방문했다고 믿었다. 훗날 나는 여기에 대해 오쇼에게 물은 적이 있다. 그때, 오쇼는 이렇게 대답했다.
　「나의 일은 전혀 다른 것이다. 나는 어느 누구의 삶에도 간섭하기를 원치 않는다. 사실, 그런 일은 지금까지 있어왔던 일이며, 얼마든지 일어날 수 있다. 다른 사람이 잠자고 있는 동안에 자신의 육체를 떠나서 그에게 영향을 미치는 것은 가능한 일이다. 그러나 그것은 다른 사람의 자유를 침해하는 짓이다. 설령 그대를 침해하는 것이 그대에게 도움이 된다 해도 나는 어떠한 침해에도 절대 반대한다. 왜냐하면 내게 있어서 자유란 최고의 가치이기 때문이다.
　나는 그대의 있는 모습 그대로를 사랑한다. 내가 그대에게 더 많은 것이 가능하다고 말하는 이유는 그대를 존경하기 때문이다. 내 말은 그대가 변화하지 않으면 그대를 존경하지 않겠다는 말이 아니다. 또한 그대가 변화하면 그대를 존경하겠다는 말도 아니다. 나는 그대가 변하든 말든, 나에게 찬성하든 반대하든 관계없이 그대를 존경할 것이다…….
　나는 그대의 무의식이나 잠 속에 파고 들어 그대를 혼란시키기를 원하지 않는다. 나의 접근 방식은 순수하게 개인적인 존경에 기초한다. 나는 그대의 의식을 존경한다. 나는 그대의 의식에 대한 나의 사랑과 존경을 절대적으로 신뢰하며, 그 신뢰가 그대를 변화시킬 것이라고 믿어 의심치 않는다. 그리고 그 변화야말로 진정한 변화이다. 그것은 역전될 수 없는 완벽한 변화이다『새롭게 열리는 새

벽 : The New Dawn』.」

나는 항상 그의 사적인 자유를 존중했다. 그와 함께 차를 타고 나갈 때에도 그가 내게 말을 걸지 않는 한 아무 말도 하지 않았다. 나의 목적은 침묵하는 것이었다. 나는 이렇게 다짐하곤 했다.
「좋다! 아무 생각없이 지금 여기에 존재하자.」

침묵 기간 동안 오쇼는 더욱 더 투명한 존재가 되어갔다. 그의 육체는 건드리기만 하면 부서질 것 같았다. 그는 육체적인 존재에서 더욱 더 멀어지는 것 같았다. 그는 항상 자기는 육체 안에 자기를 가두고 있다고 말했었다. 시간이 지나면서 대지와 그의 관계는 점점 더 멀어지는 것처럼 보였다. 그의 생활은 뿌나와 완전히 달라졌다. 뿌나에서 그는 아침 여섯 시에 일어났다. 그는 날마다 아침 강의를 하고 일주일에 백 권의 책을 읽었다. 그리고 날마다 배달되는 신문 모두를 읽었으며 락시미와 함께 일했었다. 그는 저녁 다르샨과 산야스를 주면서 매우 바쁜 나날을 보냈었다. 그런데 이제 그는 방 안에 홀로 앉아 침묵을 지키고 있었다. 그는 여전히 아침 여섯 시에 일어났으며 한참 동안 목욕을 한 다음 풀장에서 수영을 하고 음악을 들었다. 하지만 그는 하루 한 차례씩 거행되는 드라이브 행진을 제외하고는 제자들과 만나지 않았다.

그는 왜 몇 년 동안 방 안에서 침묵을 지키며 앉아 있었을까? 오쇼는 초기 강의에서 이렇게 말한 바 있다.
「신비주의자가 어떠한 활동도 하지 않을 때, 먹지도 말하지도 걷지도 않을 때에는 숨쉬는 것 자체가 지복의 경험이다. 그저 존재하는 것, 숨쉬는 것 자체가 그에게 비교할 수 없는 지복을 가져다 준다……『신비 체험 : The Mystic Experience』.」

그 당시, 나는 아무도 모르는 나만의 비밀스러운 삶을 즐기고 있었다. 내가 사용하는 빨랫줄은 집 뒤쪽으로 돌아 오분쯤 걸리는 산속에 있었다. 나는 양동이를 내려놓고 빨래를 넌 다음에는 옷을 벗어서 내던지고 야만인처럼 산 속으로 내달리곤 했다. 산자락은 몇 마일에 걸쳐 뻗어 있었다. 나는 말라버린 강바닥을 따라가거나 또는 여름철에는 사슴들이 다니는 긴 수풀 지역을 따라 달렸다. 산 속에는 나만의 침대와 정원이 있었다.

처음으로 언덕 위에 섰을 때에는, 내 심장의 박동 소리와 맥박 소리가 들릴 정도로 엄청난 침묵이 나를 휘감았다. 처음에 나는 너무나 겁이 나서 그 소리를 인정할 수 없었다. 언덕 위에서 잠이 들면 대지의 자궁 안에 포근하게 감싸여 있는 듯한 느낌을 받곤했다. 겨울이 오면 나는 눈 속을 마구 내달렸으며 노간주나무 밑에 앉아서 쉬곤했다.

나는 카우보이[2]와 사랑에 빠졌다. 그는 파란 눈과 금발머리를 가졌으며, 피부는 햇빛에 그을린 듯이 검었다. 그의 말투에서는 버지니아 액센트가 강하게 풍겼다. 그의 이름은 밀라레빠(Milarepa)였다. 그곳에 있는 대부분의 남자들이 카우보이 옷을 입었듯이 밀라레빠도 예외는 아니었다. 그는 컨츄리 송을 잘 불렀으며 밴조(banjo)[3]를 연주했다. 나는 그 소리를 들으며 드넓게 펼쳐진 산세의 신비 속으로 빨려들곤 했다.

그곳에는 사슴과 방울뱀이 살고 있었다. 한번은 산을 넘어 집으로 돌아오다가 코요테(coyote)[4]와 마주쳤다. 우리 사이의 거리는

---

[2] 그 곳에 살던 남자 산야신들이 흔히 카우보이와 같은 복장을 하고 있었으므로 이를 빗대어 표현한 말이다.
[3] 기타와 비슷한 악기.
[4] 북미 서부 초원에 사는 개과(科)의 육식성 동물. 늑대와 비슷하나 약간 작다.

스무 발자국 정도밖에 되지 않았다. 그는 의젓하고 잘생긴 놈이었다. 그는 윤기가 흐르는 털로 덮여 있었다. 그는 정면으로 나를 응시했다. 우리는 몇 분 동안 호기심 어린 눈으로 서로를 바라보았다. 얼마 후, 그는 천천히 고개를 돌리더니 품위있는 걸음걸이로 의젓하게 사라졌다.

어느 날 밤, 나는 서리가 잔뜩 내린 잔디밭을 가로질러 집 쪽으로 걸어가다가 오쇼가 혼자 차 안에 타고 있는 것을 보았다. 그것은 전에 없던 일이었다. 그는 항상 누군가와 함께 차를 탔으니 말이다. 나는 옆 문을 열고 같이 타도 되겠느냐고 물었다. 그러나 오쇼는 단호한 어조로 '노'라고 거절했다. 나는 비베크에게 가서 오쇼가 혼자 차를 몰고 나갔다고 알렸다. 우리는 걱정이 되어서 즉시 차를 몰고 오쇼의 뒤를 쫓았다. 그러나 오쇼는 우리보다 오분이나 앞서 출발했으며 더구나 성능 좋은 롤스로이스를 타고 있었다.
  그날 밤, 길은 얼음으로 덮여 있어서 무척 미끄러웠다. 옆으로 미끄러지면서 산길을 돌았을 때, 비베크가 자기는 운전 면허 시험을 본 적이 없다고 말했다. 그녀는 이십 년 전 영국에서 단 한번 운전 교습을 받았을 뿐이고 그후론 한 차례밖에 운전을 해 본 적이 없다는 것이었다. 돌이켜 생각하면 나는 정말 정신이 나갔었음에 틀림없다. 비베크는 아주 초보 운전이었는데도 나는 '그녀는 배짱이 있으니까 믿어도 돼!'하고 생각했으니 말이다.
  설상가상으로 진눈깨비가 내리기 시작했다. 우리는 오쇼를 잡기 위해 눈보라 속을 뚫고 전속력으로 달렸다. 우리는 오쇼가 갔으리라고 짐작되는 길을 따라 달렸다. 하지만 곧 이렇게 여러 곳으로 갈린 길에서 오쇼를 따라잡는 것은 불가능하다는 것을 깨달았다. 우리는 길 옆에 차를 세우고 혹시 그가 돌아오지는 않을까 하고 기다렸다. 차들이 지나갈 때마다 불빛이 눈을 멀게 했다. 진눈깨비가 우리의 몸을 거칠게 때렸다. 우리는 지나가는 차에 탄 사람이 오쇼인지 아닌지 순간적으로 알아보아야 했다. 몇 번이나 엉뚱한 차를 추격한 끝에 드디어 오쇼를 발견했다. 우리는 재빨리 차에 올라 타고는 그의 뒤를 바짝 추격하기 시작했다. 클랙션을 울리고 라이트를 깜빡거리자 그가 우리를 알아 보았다. 그리고 우리는 그의 뒤를 쫓아서 아무 일 없이 안전하게 라즈니쉬푸람으로 돌아왔다. 우리들 중에 아무도 입을 여는 사람이 없었다. 우리는 묵묵히 차를 주차시키고 안으로 들어갔다. 그리고 그 사건에 대해 다시는 말을 꺼내지 않았다.

나는 다른 깨달은 스승과 함께 지내본 적은 없지만 그들 사이에는 어떤 유사성이 있다고 확신한다. 그중의 하나는 다음 순간에 그가 어떻게 행동할지 전혀 짐작할 수 없다는 것이다. 만일 당신을 무의식의 잠에서 깨우는 데 도움이 되기만 한다면 그는 무슨 짓이나 할 것이다! 그날 밤, 그가 왜 그런 식으로 난데없이 차를 몰고 시골 마을로 나갔는지 나는 앞으로도 알 수 없을 것이다.

오쇼는 하루에 두 번씩 비베크를 태우고 나갔다. 어느 날 밤, 비베크는 안색이 하얗게 질려서 돌아왔다. 픽업 트럭이 오쇼의 차 뒤를 부딪칠 정도로 바짝 추격하며 쫓아왔다는 것이다. 픽업 트럭을 모는 두세 명의 카우보이는 큰소리로 욕설을 퍼부으며 스포츠를 즐기듯이 오쇼의 차를 길 옆으로 밀어붙였다. 그러나 이날 밤 마침 두 명의 산야신이 오쇼 쪽으로 가고 있었다. 오쇼는 그들의 차를 세우고는 도움을 요청했다. 오쇼의 뒤를 쫓아오던 남자들은 다른 쪽으로 도주했으며 산야신들은 그들 중의 한 명을 추격했다. 그는 자신의 집 마당으로 들어가 차를 세우더니 총을 들고 뛰어나와 마구 총질을 하기 시작했다. 그는 완전히 미친 것 같았다. 그는 브하그완을 잡고야 말겠다고 협박하고 있었다. 경찰이 불려왔지만 아무 조치도 취하지 않았다. 왜냐하면 아직 범죄라고 할만한 일은 없었다는 것이다.

다음날 밤, 오쇼는 언제나처럼 똑같은 시간에 똑같은 길을 따라 드라이브를 나가고 싶어했다. 비베크는 따라나서기를 거절했다. 그래서 내가 오쇼와 동행하게 되었다. 오쇼의 드라이브를 막을 수는 없다 해도 최소한 드라이브 코스만이라도 다른 곳으로 바꾸도록 설득하기 위해서였다. 왜냐하면 전날 밤에 총을 쏜 미친 남자는 오쇼의 드라이브 코스와 통과하는 시간을 정확하게 알고 있었으며, 그가 또 무슨 일을 저지를지 모르기 때문이었다. 그러나 오쇼는 나의 설득을 거부했다. 그는 자기가 좋아하는 시간에 원하는 곳으로 드라이브 하는 것은 자신의 자유라고 말했다. 그는 자유를 포기하느니 총에 맞아 죽는 게 낫겠다고 하면서 이렇게 말했다.

「그들이 나를 쏜들 어떻단 말인가? 아무래도 괜찮아.」

이 말을 듣자 나는 숨이 탁 막히는 것 같았다. 그것은 분명 나에게는 괜찮은 일이 아니었다!

그날 밤은 전날보다 더 어두운 것 같았다. 오쇼는 한참을 달리다가 황무지 중앙에서 소변을 보기 위해 차를 세웠다. 나는 추위 때문인지 공포 때문인지 모를 정도로 부들부들 몸이 떨렸다. 나는 차 밖으로 나가 길 위를 왔다갔다 하면서 어둠 속을 살폈다. 왜 안전보다 자유가 선행되어야 하는지 정말 이해할 수 없었다.

그날 밤 그 미치광이는 나타나지 않았다. 그후로도 우리는 몇 번이나 폭력배들이 길에서 오쇼를 기다리고 있다는 협박을 받았지만 오쇼는 항상 자기가 원하는 시간에 원하는 곳으로 차를 몰았다.

사거리에서 오른쪽 왼쪽을 살피는 것은 항상 나의 책임이었다. 오쇼는 운전 도중에 결코 고개를 돌리는 적이 없었기 때문이다. 그는 정면만을 응시했다. 그런데 나는 운전 경험이 없기 때문에 거리 감각이나 속도 감각이 분명치 않았다. 나는 교통 법규조차 알지 못했다. 만일 내가 교통 법규를 알고 있었다면 더 신경이 쓰였을 것이다. 하지만 나는 의식이 깨어있는 동안에는 어떤 일이 일어나든지 아주 중요한 일이라고 믿고 있었다.

 1982년 7월, 첫번째 범세계 축제행사(The First Annual World Celebration)가 열렸다. 세계 각국에서 만 명이 넘는 사람들이 모여들었다. 우리가 모두 모이기는 인도에서 함께 있었던 이래로 처음 있는 일이었다. 계곡에 거대한 임시 붓다 홀이 세워졌다. 우리는 한자리에 모여 명상했다. 강력한 명상의 에너지가 우리를 휘감았으며 오쇼가 자리에 나와 우리와 함께 앉았다. 축제 마지막 날, 오쇼는 가얀(Gayan)에게 단상으로 올라와 춤추라고 손짓했다. 그런데 오쇼가 자기를 가리키는 것으로 생각한 사람은 이십 여 명이 넘었다. 그래서 그들은 모두 단상으로 올라갔고 곧이어 수백 명의 사람들이 그들 뒤를 따라 단상에 올라갔다. 오쇼의 모습은 사람들에 가려 보이지도 않게 되었다. 그것은 마치 폭도들에 의해 습격당하는 것처럼 보일 수도 있었지만 사실은 에너지가 넘쳐 흘렀기 때문에 생긴 결과였다. 후에 오쇼는, 모든 사람들이 매우 부드럽고 온화한 태도로 그를 대했다고 술회했다. 오쇼가 움직이자 사람들은 뒤로 물러서서 공간을 터 주었다. 그의 몸을 건드린 사람도 그를 보호하기 위해 그렇게 했던 것이라고 오쇼는 말했다.

 그때에는 모든 일이 순조로운 것 같았다. 사막에 있는 우리의 오아시스가 번창하지 않을 이유는 전혀 없는 것 같았다. 우리의 공동체는 사회와 종교, 정치가 빚어내는 온갖 추악함 없이도 수많은 사람들이 행복하게 어울려 살 수 있는 좋은 본보기가 될 수 있을 것 같았다.

 그날의 축제는 참으로 아름다운 축제였다. 산 속의 은밀한 내 잠자리에 누워 쳐다보니 보름달이 기울고 있었다. 보름달은 점차 붉은 색으로 변하면서 아침 하늘 아래로 지고 있었다. 마치 다른 세상에 있는 것 같았다.

드라이브를 위해 그의 집을 나서는 오쇼 (1982년 라즈니쉬푸람)

라즈니쉬푸람은 계속되리라

한 개인이든 집단이든 그들이 당신과 다르다는 것은 슬픈 사실인 것 같다. 당신이 그들을 두려워하는 것은 그런 이유 때문인지도 모른다.

나는 영국의 콘월(Cornwall)에 있는 작은 마을에서 자랐다. 그 마을 사람들은 바로 옆마을 사람들까지도 '이방인'이라고 불렀다. 그 마을의 토박이로 인정받으려면 그곳에서 태어나는 것으로는 충분치 않았다. 최소한 부모의 한쪽만이라도 그 마을 출신이어야 했다.

그래서 나는 오레곤의 지역 주민들이 우리에게 과격하고 폭력적인 반응을 보였을 때 그리 놀라지 않았다. 그들의 교회 목사는 〈사탄의 숭배자들은 물러가라!〉고 소리쳤다. 또 그들은 오쇼의 얼굴에 권총이 겨누어지고, 포트랜드(Portland)에 있는 우리의 호텔이 폭탄 세례로 폭발하는 그림과 함께 〈사탄의 숭배자로 사느니 차라리 죽음을 택하라〉는 문구가 새겨진 티셔츠를 입고 다녔다. 확실히 그것은 과잉 반응이었다.

지역 주민들의 반발에도 불구하고 나는 미국 정부가 그토록 편견에 차 있고 무책임한 반응을 보이리라곤 전혀 상상하지 못했었다.

우리의 공동체는 생태학적인 면에서 성공적인 실험 모델이었다. 우리가 맨 처음 도착했을 때만 해도 라즈니쉬푸람은 버려진 황무지였다. 우리는 그 땅을 일구기 위해 모든 노력을 기울였다. 우리는 댐에 물을 모아서 들판에 공급했으며, 자급자족하기에 충분할 만큼 식량을 재배했다. 공동체에서 나오는 쓰레기는 70퍼센트 이상이 재활용되었다―미국에서 보통의 도시는 재활용률이 기껏해야 5퍼센트에서 10퍼센트를 넘지 않는다. 그리고 대부분의 도시들은 그런 문제에 대해 신경조차 쓰지 않는다. 우리는 지극한 정성으로 땅을 돌보았고 어떤 식으로든 대지를 오염시키지 않았다. 우리는 거의 완벽에 가까운 하수 처리 시스템을 갖고 있었다. 한곳에 모여진 생활 하수는 생물학적 분해 과정을 거쳐 파이프로 보내졌다. 그 파이프는 계곡 아래로 뻗어 있었으며 여러 단계의 정화 시스템을 갖추고 있었다. 그 물은 관개 용수로 사용되었다.

우리는 심각할 정도로 산성화된 땅의 토질을 바꾸었으며 만여 루의 나무를 심었다. 십 년이 지난 지금 그 땅은 다시 황폐화되고 있지만 아직도 많은 나무들이 그곳에 자라고 있다. 나는 지금도 과일 나무들이 가지가 휘어질 정도로 많은 열매를 맺고 있다는 소리를 들었다.

1984년, 오쇼는 이렇게 말했다.

「그들은 토지 이용법을 빌미로 이 도시를 파괴하고자 한다. 그 바보들 중에 어느 누구도 우리가 어떻게 땅을 이용하고 있는지 보러 오지 않는다. 그들이 우리보다 더 창조적으로 땅을 이용할 수 있단 말인가? 이 땅은 오십 년 동안 아무도 거들떠보지 않았다. 이제 우리는 이 땅을 창조적으로 활용하고 있다. 우리는 자급자족하는 공동체를 이루었다. 우리는 식량과 야채를 스스로 생산한다……우리는 자급자족 체제를 위해 모든 노력을 기울이고 있다.

그들은 이곳에서 무슨 일이 벌어지고 있는지 보러 오지 않는다. 그들은 그저 책상에 앉아서 이것이 토지 이용법에 저촉되는 것인지 아닌지를 결정하고 있을 뿐이다. 만일 우리의 모든 노력이 토지이용법에 저촉되는 것이라면 그들의 토지 이용법이란 아무 쓸모도 없는 것이다. 그런 법은 당장 폐기되어야 한다. 먼저 와서 보라. 그리고 이것이 토지 이용법에 저촉되는 것인지 증명해 보이라. 그러나 그들은 여기에 오는 것을 두려워한다……『라즈니쉬 바이블 : The Rajneesh Bible』.)

토지 이용법에 관한 소송은 고등법원과 지방법원을 왔다갔다 했으며, 마침내 우리는 소송에서 이겼다. 하지만 때는 늦었다. 우리가 승소 판결을 받은 것은 공동체가 파괴되고 일년이나 지난 후였다. 모든 산야신들이 떠난 뒤였으므로 우리의 도시가 합법적이라고 판결한다해도 그들에게는 아무 위협도 되지 않았던 것이다.

법원의 판결을 기다리는 동안에는 어떠한 사업도 벌일 수 없었다. 상업 지역이 아닌 한 전화선을 연결하는 것도 금지되어 있었다. 라즈니쉬푸람과 가장 가까운 마을은 안트로프(Antelope)였다. 그곳은 단 오십 명의 주민이 살고 있었으며 포플러 나무 숲으로 둘러싸여 있었다. 안트로프는 18마일 정도 떨어진 곳에 있었고, 우리는 사업을 지휘할 수 있는 권한을 얻기 위하여 하나의 이동 주택을 그곳으로 옮겼다. 하나의 이동 주택과 몇 명의 산야신이 그곳으로 옮겨가자 우리는 마을 전체를 전복시키려 한다고 고발당했다. 그러나 우리는 그들을 재판에 걸어 승소했다. 이것은 매우 추악한 드라마로 확대되었다. 미국의 대중들에게는 연속극보다도 이 추악한 드라마가 더 어필했다.

신문과 방송사들도 큰 흥미를 갖기 시작했다. 쉴라는 악녀로 부각되기 시작했으며 안트로프의 주민들은 전 미국인들의 두려움을 대표하는 입장에 놓이게 되었다.

사건은 점점 더 확대되었다. 마침내 많은 산야신들이 마을로 이주하여 자기들의 시장을 선출하고는 집을 개축했다. 그리고는 그 마을에 '라즈니쉬 시(City of Rajneesh)'라는 이름을 붙였다. 그런 다음 다시 라즈니쉬푸람으로 돌아와서는 모든 일을 포기했다. 반면에 안트로프의 주민들은 여전히 그곳에 살고 있었다. 이제 그들의 삶은 커다란 의미를 갖게 되었다. 그들은 텔레비전과 인터뷰하며 싸움을 계속했다.

쉴라는 일약 스타덤에 올랐다. 그녀는 수많은 텔레비전 프로그램으로부터 질문 공세를 받았다. 나는 기자들의 질문에 대해 엿 먹으라는 듯이 손가락질을 하는 그녀의 거친 행동이 일반인들이 우리를 평가하는 데 큰 영향을 미쳤다고 생각한다.

유럽으로부터 오쇼를 본 적이 없는 많은 뉴 산야신들이 몰려들고 있었다. 그들에게 있어서 쉴라는 교황과 같은 존재였다. 공동체 전체를 대상으로 하는 모임에서 그녀는 항상 숭배의 표정을 짓고 있는 젊은이들에게 둘러싸여 있었다. 그들은 유럽의 공동체에서 온 신참들이었으며 쉴라의 말끝마다 박수를 쳤다. 이런 모임은 나를 두렵게 했다. 나는 그것이 마치 히틀러의 젊은 청년당원 운동 같다고 생각했다.

나는 점점 더 산으로 들어가는 횟수가 많아졌다.

쉴라가 바깥세계와의 싸움을 확대해나가고 있을 때, 공동체 내부에서도 전투가 시작되었다. 어느 날 밤, 비베크와 쉴라는 그들 사이에 아무 반목도 없다는 것을 알리기 위해 회합을 열었다. 겉으로 보기에 그들의 회합은 진지하고 감동적인 듯했다. 그러나 그것은 쉴라와 비베크 사이에 갈등이 있을지도 모른다는 의심을 확인시켜주는 결과를 낳았다. 갈등이 없다면 왜 회합이 필요하겠는가?

비베크는 쉴라를 눈꼽만치도 믿지 않았다. 쉴라에게는 오쇼의 집 열쇠를 갖는 것이 허용되지 않았다. 그래서 그녀는 오쇼를 만나러 갈 때마다 먼저 비베크에게 전화를 걸어야 했다. 그러면 쉴라를 위해 정확한 시간에 도어의 자물쇠가 열리고 그녀가 안으로 들어가자마자 즉시 문이 잠겨졌다. 쉴라는 또한 우리[1]의 집을 통해 오쇼의 집으로 가는 것도 금지되어 있었다. 그녀는 옆 문을 이용해야 했다. 이것은 그녀가 우리의 집을 통과할 때마다 말썽을 일으키기 때문이었다. 물론 그녀는 모욕을 느꼈고 분개했다. 그것은 권력을 쥔 자가 누구냐하는 문제였다.

쉴라는 겉으로 보기에 사소한 실갱이처럼 보이는 이 문제들에 대해 결코 오쇼에게 이야기하지 않았다. 그녀는 오쇼의 해결책이 자신의 권력을 감소시킬 것이라는 것을 알고 있었다. 그녀의 영리한 머리로는 충분히 예측할 수 있는 일이었다. 나 역시 쉴라에 대해 오쇼에게 이야기하지 않았다. 라즈니쉬푸람의 성장과 비교해 볼 때 그것은 사소한 문제로 생각되었기 때문이다. 나는 쉴라가 우리(오

---

1) 오쇼의 측근에 있던 제자들을 말한다.

쇼의 집에 살고 있던 사람들)에게 화가 나 있고 불쾌하게 생각한다 해도, 우리가 그녀의 분노를 받아주는 배출구가 되어 주기만 한다면 그녀도 공동체의 다른 사람들과 잘 조화를 이루어 행동할 것이라고 생각했다. 나는 그토록 순진했다.

우리는 하루에 열두 시간씩 일했으며, 할 수 있는 일과 하지 말아야 할 일에 대한 규칙이 날로 늘어가고 있었다. 하지만 나는 라즈니쉬푸람에서 고통스러웠던 기억을 떠올릴 수 없다. 오쇼가 피곤하지 않느냐고 물었을 때, 나는 피곤이 뭔지 모르겠다고 대답했던 기억이 난다. 나는 모든 사람이 행복해 한다고 생각했다. 다른 사람들에게는 미안한 말이 될 수도 있겠지만 나는 그때가 힘든 시절이었다고 느낀 적이 없다.

그 당시 우리는 알게 모르게 일부의 사람들이 우리를 지배하도록 허용하고 있었다. 그 일부의 무리들은 우리의 지성을 침해하는가 하면 어떤 경우에는 우리를 지배하기 위해 두려운 분위기를 고조시키기도 했다. 그러나 그런 현상이 표면으로 노출되기까지는 많은 시간이 걸렸고, 그 동안에 우리는 우리 자신을 즐기고 있었다. 산야신이 모여있는 곳에는 항상 즐거운 웃음소리가 그치지 않았다.

그렇지만 비베크는 상당히 시달리고 있었다. 그녀는 호르몬의 불균형 현상을 나타내기 시작했는데, 그것은 발작적인 우울증을 유발했다. 나는 비베크가 너무 신경이 예민해진 나머지 쉴라와 그녀의 무리들에 대한 민감한 반응이 비베크를 미치광이 상태로 몰아갔다고 생각한다. 그녀는 우울증에 빠지기 일쑤였으며 어떤 때는 2~3주 동안 블랙홀 같은 우울증에서 헤어나지 못했다. 우리는 그녀를 돕기 위해 할 수 있는 일은 다했다. 하지만 그녀가 원하는 대로 혼자 내버려 두는 것 외에는 아무런 도움도 줄 수 없었다.

비베크는 공동체를 떠나기로 결심했다. 그녀는 할리우드파(Hollywood Set)—뿌나에서 오쇼와 함께 있었던 일단의 사람들은 이제 비버리 힐즈(Beverly Hills)[2]의 호화스런 생활을 포기하고 이 위대한 실험에 참가하고 있었다—중의 한 명인 존(John)에게 이백오십 마일 떨어진 살렘(Salem)으로 데려다 달라고 부탁했다. 살렘에서는 영국으로 가는 직행 비행기를 탈 수 있었기 때문이었다. 그들은 악천후를 뚫고 자동차로 열여덟 시간이나 달렸다. 앞이 제대로 보이지 않을 정도로 눈보라가 거세게 몰아치고 있었으며 길은 얼음이 덮혀서 미끄럽기 그지없었다. 그러나 그들은 무사히 살렘에 도착했고, 비베크는 영국으로 가는 비행기를 탔다.

존은 위태로운 길을 달려서 다시 공동체로 돌아왔다. 그러나 그가 도착하기도 전에 공동체에는 영국으로부터 비베크의 전화가 걸려와 있었다. 그녀는 영국에 도착해서 몇 시간 동안 어머니를 만나고 있는 중이며, 다시 공동체로 돌아가고 싶다는 내용이었다. 물론 오쇼는 좋다고 했다. 존은 아쉬람에 돌아오자마자 다시 공항으로 그녀를 마중나가야 했다. 비베크가 돌아왔을 때 사람들은 두 팔을 벌려 환영했다. 평상시와 마찬가지로 그녀는 조금의 죄책감이나 미안함도 없이 다시 자신의 삶 안으로 돌아왔다. 마치 아무 일도 없었던 것처럼 당당하게 고개를 세우고 말이다.

이런 일이 생각난다.

어느 날, 나는 오쇼가 운전하는 차를 타고 라즈니쉬푸람을 향해 구불구불한 언덕길을 내려가고 있었다. 그런데 커브길에서 오쇼는 길을 따라 돌지 않고 곧장 앞으로 내달렸다. 차는 굴러떨어지기 직전에 멈추었다. 차체의 삼 분의 일 정도가 허공 중에 걸려 있었다.

---

2) 로스엔젤레스의 고급 주택가.

밑으로는 30피트 정도의 비탈이었으며 그 뒤로는 계곡까지 내리막 구릉이었다.

나는 몸이 얼어 붙는 듯했으며 숨쉬는 것조차 겁이 났다. 조금만 움직여도 차체가 균형을 잃고 밑으로 굴러 떨어질지 모르기 때문이었다. 오쇼는 잠깐 동안 가만히 앉아 있더니 다시 시동을 걸었다. 그때, 내가 뭐라고 기도했는지 아는가? 존재하지도 않는 신에게 말이다.

「오, 신이여! 제발 오쇼가 후진 기어를 넣게 해 주십시오!」

다행스럽게도 차는 천천히 후진해서 길 위로 올라왔다.

나는 어찌된 영문인지 이해할 수 없었다. 집으로 돌아오는 길에 내가 물었다.

「무슨 일이……」

오쇼가 대답했다.

「나는 진흙탕을 피하려고 했지. 내 차를 닦는 친(Chin)에게는 골치아픈 일이 될 수도 있으니까 말이야.」

쉴라는 오쇼의 집과 정원에 전기 담장을 쳤다. 사슴이 정원 밖으로 나가는 것을 막기 위한 조치라는 것이다. 결국 우리[3]는 담장 안에 갇힌 꼴이 되었다. 나의 빨랫줄은 담장 밖에 있었다. 나는 정문에는 전기가 흐르지 않을 것이라고 생각했다. 그러나 정문을 통해 나갈 때마다 말에게 복부를 걷어차인 것 같은 충격을 느껴야 했다. 처음에 감전되었을 때에는 무릎을 꿇고 엎드려 토해야 했다. 그것으로 산에서 나만의 시간을 즐기는 일은 종말을 고할 수밖에 없었다.

산을 통과해 달려서 식당으로 가는 대신에 이제는 다른 사람들처

---

3) 오쇼와 같은 집에 살고 있던 측근 산야신들.

럼 하루에 두 번씩 길을 따라서 버스 정류장으로 내려가야 했다. 전망대의 경비원들이 내려다 보는 가운데.

전망대에는 최소한 두 명 이상의 경비원들이 반자동 소총으로 무장한 채 한시도 쉬지 않고 보초를 서고 있었다. 그렇게 담장 양쪽에서 편집증 환자가 기승을 부리고 있었다.[4]

1983년 4월, 오쇼는 공동체에 메시지를 보냈다. 그는 데바라지를 통해 에이즈(AIDS)라는 불치병이 전세계로 확산되고 있다는 정보를 접하고 있는 터였다. 오쇼는 이 병이 인류의 삼 분의 이를 죽일 것이며, 우리의 공동체는 그 질병에서 보호받아야 한다고 말했다. 그는 2년 이상 자기들끼리만 관계를 맺어온 커플이 아닌 한, 성 행위 중에는 콘돔을 사용하라고 권유했다. 언론은 이 뉴스를 보도하면서 오쇼의 제안을 비웃었다. 정체도 모르는 질병을 그런 원시적인 수단으로 예방하려는 발상이 유치하다는 것이었다. 그런데 그로부터 오 년이 지난 후 미국의 의료 당국은 이 질병의 위험성을 깨닫고 똑같은 예방 조치를 권유하게 되었다. 하지만 이미 그 동안에 수천 명이 에이즈로 목숨을 잃은 후였다.

1991년 현재, 우리의 공동체[5]는 모든 사람들에게 삼 개월마다 에이즈 검사를 받도록 하고 있다.

* * *

몇 달이 지나자 산야신들은 더 이상 에너지를 간직하고 있을 수만은 없었다. 오쇼가 드라이브 행진을 할 때 길 옆에 서서 합장을 하는 것만으론 그들의 에너지를 발산하기에 충분치 않았다.

---

4) 집 안에 사는 비베크와 집 밖에 사는 쉴라를 말한다.
5) 현재 인도의 뿌나에 있는 오쇼 아쉬람을 말한다.

어느 날 오후, 오쇼의 드라이브 행진 때 몇 명의 이탈리아 산야신이 길 옆에 서서 악기를 연주하고 있었다. 오쇼는 몇 분 동안 멈추어 서서 그들과 함께 어울렸다. 그런 일이 있은 후 일주일쯤 지나자 오쇼의 드라이브 행진 때에는 길 양쪽으로 음악을 연주하는 사람들로 만원을 이루게 되었다. 이것은 그후 2년 동안 뜨거운 태양이 내리쬐건 눈이 오건 매일마다 벌어지게 된 야외 축제의 발단이 되었다. 오쇼에 대한 사랑을 표현하고 싶었던 사람들은 기다렸다는 듯이 그들의 기쁨을 폭발시켰다.

전세계로부터 각종 악기가 도착하기 시작했다. 그중에서도 가장 눈에 띄는 것은 브라질의 거대한 북이었다. 그 밖에도 플루트, 바이올린, 기타, 탬버린, 색스폰, 클라리넷, 트럼펫 등의 악기가 등장했다. 악기가 없는 사람들은 노래를 부르거나 춤추는 것으로 기쁨을 표현했다.

오쇼는 자신의 제자들이 행복해 하는 모습을 보는 것을 좋아했다. 그는 롤스로이스의 엔진을 개조해야 할 정도로 천천히 차를 몰았다. 그는 차 안에 탄 채 음악에 맞춰 팔을 흔들었으며 때로는 음악을 연주하는 산야신들 앞에 멈추어 서기도 했다. 그들 중에는 오쇼의 중개인(medium) 중의 한 사람이었으며 오쇼의 말을 기록하는(플라톤이 소크라테스의 말을 기록했듯이) 마니샤(Maneesha)가 끼어 있었다. 오쇼가 그녀 앞에 멈추어서자 그녀는 탬버린을 흔들며 기뻐서 어쩔 줄 몰라했다. 그녀는 긴 머리카락을 나풀거리며 춤을 추었다. 하지만 그녀의 시선은 고요하게 오쇼의 눈에 고정되어 있었다.

인도 음악에서 브라질 음악까지 여러 가지 음악이 섞여 있었지만 거기엔 엄청난 조화가 이루어지고 있었다. 산야신들의 대열을 따라 자동차로 행진하는 데에는 두 시간이 넘게 걸리기도 했다. 왜냐하면 오쇼는 자신을 기다리고 있는 그 누구도 거절할 수 없었기 때문이다. 오쇼가 자동차에 앉아서 팔을 흔들 때마다 차체도 춤추듯이 흔들거렸다.

자동차 행진은 에너지 다르샨만큼이나 친숙하고 열띤 분위기였다. 가끔씩 나는 오쇼와 함께 차를 타고 있었으므로 사람들의 표정을 볼 수 있었다. 대열 속에 서 있는 사람들은 자신의 얼굴이 얼마나 아름답게 보이는지 몰랐을 것이다. 때때로 나는 그들의 아름다움에 감동하여 눈물을 흘리며 훌쩍거렸다. 한 번은 내가 훌쩍거리는 소리를 듣고 오쇼가 물었다.

「감기가 걸렸는가?」

「아닙니다, 스승님. 저는 울고 있는 것입니다.」

「음? 울어? 왜 무슨 일이 있는가?」

「아무 일도 없습니다. 다만 이 모든 것이 너무나 아름답게 보여서 그렇습니다. 그들은 이 아름다운 곳을 파괴할 수 없을 거예요, 그렇죠?」

집으로 돌아온 후, 오쇼는 치아로 인해 심한 고통을 받았다. 그는 9개의 치아가 상해 있었다. 치아에 대한 치료가 행해지고 있는 동안에도 오쇼는 그 시간을 십분 활용하여 가르침을 폈다. 그는 치과 의사의 만류에도 말을 멈추지 않았다. 오쇼의 치과 의사인 데바기트는 한시도 쉬지 않고 움직이는 입에 대고 치료를 하느라 어려움을 겪었다. 그 당시 오쇼가 한 이야기는 나중에 세 권의 책으로 엮어져 나왔다. 우리는 기록할 가치가 있는 뭔가를 실감하고 오쇼의 말을 모두 기록해 두었던 것이다. 그 세 권의 책은 『내 유년 시절의 황금빛 추억 : Glimpses of a Golden Childhood』, 『내가 사랑했던 책들 : Books I Have Loved』, 『미친 사람의 노트 :

Notes of a Madman』이다.[6] 이 세 권의 책에는 비범한 내용이 담겨 있다.

어느 날 자동차 행진을 하고 있는 동안에 몇 명의 카우보이들이 오쇼의 차에 돌을 던졌다. 그들은 오쇼의 차를 맞추지 못했지만 나는 그들의 행동을 똑똑히 볼 수 있었다. 그 당시 오쇼의 차는 경호 요원들에 의해 호위되고 있었다. 나는 즉시 그들에게 무전을 쳤지만 다섯 명의 경호원 중에 무슨 일이 일어났는지 아는 사람은 아무도 없었다.

행진이 끝난 후, 나는 쉴라를 찾아가 경호에 문제가 있다고 따졌다. 그날 나는 완전히 주인공이었다! 나의 에고는 하늘 높은 줄 모르고 치솟았다. 나는 사람들에게 어떻게 하면 맡은 일에 더 충실할 수 있는가 훈계했으며 모든 사람들이 주의깊게 내 말을 경청했다. 모임은 점심 무렵이 되어서야 끝났다. 식당으로 가기 위해 버스 정류장에 서 있을 때까지도 나는 으쓱한 기분을 가눌 수 없었다. 한데 돌연 어떤 각성이 머리를 꽝 때렸다.

「이것이 힘이다! 아, 그래서 사람들은 권력이라는 약물에 중독되어 영혼을 팔아넘기는구나!」

쉴라는 자신의 측근 인물들에게 어떤 권한을 주거나 빼앗음으로써 그들을 지배했다. 나는 권력은 마취제와 같다고 생각한다. 다른 약물과 마찬가지로 권력은 인간의 의식을 파괴한다.

명상하는 사람에겐 권력에 대한 탐욕이 일지 않는다. 그럼에도

---

6) 이 세 권의 책은 국내에도 번역 소개되었다. 앞의 두 권은 동일한 제목으로, 『Notes of a Madman』은 『크게 웃으면 별이 떨어진다』는 제목으로 출판되었다. 그리고 『Glimpses of a Golden Childhood』은 완역이 아닌 일부 번역이다. 이 세 권의 책은 공개 강의가 아니라 측근 제자들과 이야기한 것으로 오쇼의 개인적인 이야기가 많이 나와 있다.

불구하고 우리는 쉴라가 공동체를 장악하여 지배하게끔 허용했다. 그것은 이해할 수 없는 일이다. 사람들이 라즈니쉬푸람으로 모여든 것은 오쇼 때문이었다. 그들은 오쇼의 현존 안에서 살기를 원했다. 하지만 공동체가 팽창될수록 쉴라는 권력을 잡게 되었다.

나는 우리[7]가 우리 자신을 책임질만큼 준비가 되어있지 않았었다고 생각한다. 다른 사람에게 결정을 내맡기고 어떤 일에도 책임을 지지 않는 것은 쉬운 일이다. 책임은 자유를 의미한다. 책임에는 성숙된 의식이 필요하다. 회고해 보건대, 우리는 그런 책임에 대해 배우고 있었던 것이다.

오쇼는 이렇게 말했다.
「내가 죽은 뒤에는, 그대에게 자유와 개체성을 준 사람으로 나를 기억하라.」

……그리고 그는 실제로 우리에게 자유와 개체성을 주었다.

나 자신이 되기 위한 자유는 자신에 대한 탐구로부터 시작된다. 개체성(individuality)이란 내가 어느 누구와도 같지 않다는 것을 스스럼없이 표현할 수 있는 용기가 있을 때에만 얻을 수 있다. 개체성은 있는 그대로의 나를 받아들이고 아무 판단없이 '그렇다. 이것이 나이다.'라고 말할 수 있을 때에만 발현되는 것이다.

쉴라의 질투는 정상적인 수준을 벗어나고 있었다. 왜냐하면 우리[8]는 오쇼와 가까운 곳에 있었기 때문이다.
우리는 교대로 불침번을 섰으며, 쉴라가 우리의 눈을 피해 집 안

---
7) 라즈니쉬푸람에 살던 모든 산야신들.
8) 오쇼와 같은 집에 사는 측근 제자들.

으로 들어올 방법은 없다는 것을 확인했다. 쉴라는 일꾼을 보내 우리 집의 자물쇠를 고쳤다. 그래서 비베크는 아쉬시(Asheesh)를 시켜서 문을 안쪽으로 잠글 수 있는 장치를 만들었다.

이것은 나중에 쉴라가 마취제와 독주사기를 지닌 네 명의 부하를 침투시켰을 때 비베크의 생명을 구하는 계기가 되었다. 쉴라는 비베크의 남자 친구인 라피아(Rafia)를 공적인 일을 빌미로 공동체 밖으로 내보냈으며, 그날 밤 쉴라의 부하들이 비베크를 공격했다. 그러나 암살 시도는 실패했다. 그들은 집안으로 들어갈 수 없었기 때문이다. 우리는 후에 쉴라가 공동체를 배반할 때까지 이 사건의 전말을 알지 못했다. 우리가 그것을 알게 된 것은 그녀의 부하들이 에프.비.아이(FBI)의 수사 과정에서 실토했기 때문이다.

1984년 6월, 나는 쉴라로부터 전화를 받았다. 그녀는 마치 복권이라도 당첨된 것처럼 매우 흥분된 목소리였다. 그녀의 목소리가 어찌나 컸던지 나는 수화기를 귀에 가까이 댈 수도 없었다.

「기가 막힌 소식이 있어요!」

나는 대단한 일이 일어난 것으로 생각하고 무슨 일이냐고 물었다. 그녀의 대답은 데바라지와 데바기트, 그리고 오쇼의 치과 간호사인 아슈(Ashu)에게서 전염성 눈병이 발견되었다는 것이다.

쉴라가 말했다.

「그것은 그들이 돼지처럼 더럽고 불결하다는 증거예요. 그들이 오쇼를 보살피도록 놔두어서는 안돼요.」

나는 '맙소사, 기어코 이 여자가 제 정신을 잃었구나!'하고 생각하며 수화기를 내려 놓았다.

쉴라는 우리의 집 안에 있는 모든 사람들이 안질 검사를 받아야 한다고 주장했다. 그래서 오쇼를 돌보고 있던 니루빠(Nirupa)를 제외하고 우리 모두는 의료 센터로 갔다. 믿을 수 없게도 우리 모두가 눈병에 걸려 있다는 결과가 나왔다! 비베크와 데바라지, 데바기트, 그리고 나는 한방에 집어 넣어졌다. 그 다음에는 열두 명 가량의 쉴라측 사람들과 자리를 같이하게 되었다. 그들 중에는 사비타가 끼어 있었는데 나는 영국에서 그녀를 만난 적이 있었다. 그녀는 공동체의 회계 업무를 맡고 있었다.

그들의 조사 과정은 참기 어려운 것이었다. 나는 그날, 오쇼가 나보다 먼저 죽는다면 자살하고 말 것이라고 결심했다. 그들은 마치 오래 전부터 음모를 꾸며왔으며, 이제 우리를 오쇼의 곁에서 떼어놓을 수 있는 절호의 기회를 잡은 듯이 참기 힘든 모욕적인 발언을 쏟아부었다. 사비타는 우리가 오쇼를 제대로 보살피지 못했다고 비난했다. 그들은 마치 오쇼는 자신이 무엇을 하고 있는지도 모른다는 듯이 말했다. 오쇼에게는 대신 생각해줄 사람이 필요하다는 투였다.

우리에게는 아무 증세도 나타나고 있지 않았지만 의사의 검진 결과에는 반박할 수 없었다.

다음날, 오쇼는 치통이 발병했다. 그는 데바라지와 데바기트, 아슈를 불렀다. 쉴라는 자신의 의사를 보내려 했지만 오쇼는 이를 거부했다. 오쇼는 자신의 사람들을 원한다고 말했다. 그래서 그들 세 사람은 오쇼의 집으로 돌아갔다. 그들은 그곳에서 철저한 살균 과정을 거친 다음, 오쇼를 치료하도록 허용되었다.

눈병에 대한 검진은 공동체 전체로 확산되었다. 검진 결과 모든 사람이 눈병에 걸린 것으로 판명되었다. 병원은 사람들로 만원이었다. 결국 의사는 안과 전문의에게 협조를 요청했다. 그 결과, 의사는 우리처럼 건조하고 먼지가 많은 환경에 사는 사람들에게는 누구나 각막에 작은 반점이 있다는 사실을 알게 되었다.

삼 일 후, 우리는 집으로 돌아가도 좋다는 허락을 받을 수 있었다. 차도를 따라서 걸어가다가 나는 어이없는 광경에 질겁을 하고 말았다! 우리의 소지품이 잔디밭에 팽개쳐 있었던 것이다. 쉴라의 지시하에 청소 담당팀이 우리의 집을 한 차례 청소한 뒤였고, 우리의 소지품 모두가 마치 더러운 물건처럼 밖으로 내던져진 것이다.

우리는 분무기로 소독당하고, 다시 한 번 다른 검진 과정을 거쳐야 했다. 이 과정은 모두 녹음되었다. 그래서 쉴라는 무슨 말이 오고 갔는지 정확하게 보고받을 수 있었다. 이것은 너무 지나친 처사였다. 비베크는 오쇼의 방으로 들어가 무슨 일이 일어나고 있는지 소상히 말했다. 그리고 오쇼의 메시지를 가지고 돌아왔다. 당장 이 터무니없는 짓을 그만두고 각자 집으로 돌아가라는 것이었다. 그러나 쉴라측 사람들은 아무도 비베크의 말을 믿지 않았다. 그들은 비베크가 거짓말을 한다고 비난했다. 그래서 우리는 자리에서 일어나 나와 버렸다. 나오면서 보니 쉴라 패거리 중의 한 명인 파티파다(Patipada)가 쉴라에게 보고할 녹음기에 대고 화를 못 참겠다는 듯이 비명을 지르고 있었다. 소리지르는 것 외에는 아무 것도 할 수 없었기 때문이다.

다음날, 오쇼는 우리들 중의 몇 명과 함께 자신의 방에서 모임을 가졌다. 그중에는 쉴라의 추종자인 사비타가 끼어 있었다. 오쇼는 만일 우리가 조화롭게 사는 법을 배우지 않는다면 7월 6일 자신의 육체를 버릴 것이라고 말했다. 공동체는 내분이 아니더라도 외부 세계와 싸울 일이 태산 같았다. 오쇼는 권력의 남용에 대해 말하면서 우리를 꾸짖었다.

그로부터 며칠 후, 오쇼는 공동체에 살고 있는 사람들 중에서 깨달은 사람의 명단을 발표했다. 모두 스물한 명이었다. 이것은 정말이지 엄청난 파문을 몰고왔다!

그보다 더한 파문은 삼붓다(Sambuddhas), 마하사트바(Mahasattva), 보디사트바(Bodhisattva)들로 이루어진 세 가지 위원회를 구성한다는 것이었다. 이 사람들로 하여금 오쇼와 공동체의 일을 하게 한다는 것이었다. 그러나 쉴라는 명단 어디에도 끼어 있지 않았다. 또한 그녀의 친구가 될 만한 사람도 명단에 들어 있지 않았다.

이렇게 함으로써 오쇼는 쉴라가 자신의 후계자가 될 수 있는 모든 가능성을 박탈했다. 이제 그녀는 어떤 권력도 가질 수 없었다.

다음의 이야기는 신비주의자가 어떤 식으로 삶을 사는가를 보여 준다.

어느 날, 나는 오쇼와 함께 차를 타고 있었다. 그런데 파리 한마리가 붕붕거리며 우리의 머리 주변을 맴돌았다. 사거리에 정지해서 차례를 기다리는 동안 나는 창문과 시트를 찰싹찰싹 때리며 파리를 잡으려 했다. 내가 파리를 잡으려고 전전긍긍하는 동안에도 오쇼는 아무 움직임없이 정면을 응시하고 있었다. 파리가 윙윙 거리는데도 그는 고개를 움직이기는커녕 눈도 깜짝하지 않았다. 그는 조용히 스위치를 눌러 창문을 열었다. 그리곤 조용히 앉아 기다렸다. 파리가 가까이 접근하자 그는 부드럽게 팔을 흔들었다. 그 순간, 파리는 창문을 통해 밖으로 빠져 나갔다. 그 다음, 그는 다시 스위치를 눌러 창문을 닫았다. 처음부터 끝까지 그는 길에서 눈을 떼지 않았고 아무 말도 하지 않았다. 그저 조용히 정면만을 응시하고 있었을 뿐이다.

그의 행동은 너무나 선(禪)적이고 아름다웠다.

이런 그의 행동 방식은 또한 쉴라에게도 적용되었다. 그는 쉴라가 어떤 위치에 있어야 하는지를 스스로 깨달을 때까지 조용히 기다렸다. 그는 여전히 쉴라의 스승이었다. 그는 그녀를 사랑했으며,

그녀 안의 붓다를 믿었다. 나는 오쇼가 쉴라를 믿었음을 안다. 나는 십오 년 동안 측근에서 오쇼를 지켜보았기 때문이다. 그는 모든 것을 전적으로 신뢰했다. 그의 삶의 방식은 순수한 신뢰 그 자체였다. 그리고 그의 죽음 또한 전적인 신뢰를 보여준다.

나는 『신뢰로 가득 찬 사람 : a person who trusts』과 『우직한 사람 : one who is naive』의 차이점에 대해 물은 적이 있다. 그는 『우직한 사람』은 무지하지만 신뢰로 가득 찬 사람은 지성적이라고 대답했다.

「신뢰로 가득찬 사람이나 우직한 사람이나 속기는 마찬가지이다. 그러나 전적인 신뢰감으로 넘치는 사람은 결코 상처받지 않는다. 그는 자신을 속인 사람에 대해 연민을 느낄 뿐이다. 그의 신뢰감은 손상되지 않을 것이다. 아무리 기만당해도 그의 신뢰감은 더욱 더 늘어갈 것이다. 그의 신뢰는 결코 인간에 대한 불신으로 바뀌지 않을 것이다.

처음에 그들은 똑같은 사람으로 보인다. 그러나 종국에 가서는 차이점이 드러날 것이다. 우직한 사람은 결국 모든 사람을 불신하게 될 것이다. 그러나 신뢰로 가득한 사람은 점점 더 모든 것을 신뢰하게 될 것이다. 그는 인간의 허약함과 결점을 더 많이 이해하고 그에 대해 더 많은 자비심을 갖게 될 것이다. 이런 신뢰의 가치는 엄청나다. 그는 모든 것을 잃을지언정 결코 신뢰를 잃지 않는다 『깨달음을 넘어서 : Beyond Enlightenment』.」

며칠 후, 오쇼는 침묵을 깨고 거실에서 강의를 하기 시작했다. 거실에는 오십여 명의 사람들밖에 들어갈 수 없었으므로 우리는 순번을 정해 강의에 참석했다. 강의 장면은 비디오로 녹화되어 그 다음날 저녁 라즈니쉬 만디르(Rajneesh Mandir)에서 모두에게 방영되었다. 강의를 재개하면서 오쇼는 무조건적인 복종을 거부하는 혁명과 자유, 그리고 책임에 대해 이야기하기 시작했다. 그는 우리를 파시스트들(fascists)의 권력에 맡겨두지 않겠다고 말했다.

그는 마침내 자기의 말을 받아들일 수 있는 사람들을 대상으로 말하기 시작했다고 선언했다. 그의 말에 따르면, 지난 삼십 년 동안 자신의 메시지를 붓다와 마하비라, 예수 등의 경전들 속에 위장해야 했다는 것이다. 이제 그는 종교에 관해 숨김없는 진리를 말하기 시작했다. 그는 깨닫기 위해 처녀의 몸에서 탄생할 필요는 없다는 것을 누누히 강조했다. 사실, 깨달은 사람 주변의 모든 이야기는 성직자들에 의해 조작된 것이라는 말이었다.

「……나는 그대들과 마찬가지로 인간적인 허약함과 결점을 지닌 보통 사람이다. 나는 이 점을 끊임없이 강조해야 한다. 왜냐하면 그대들은 이런 사실을 잘 잊는 경향이 있기 때문이다. 내가 보통 사람임을 강조하는 이유는 무엇인가? 그것은 그대들로 하여금 매우 중요한 사실을 일깨워주기 위해서이다. 만일 그대들과 똑같이 보통 사람인 내가 깨달을 수 있다면 그대들이 깨닫지 못할 이유가 어디에 있는가? 그대들 또한 깨달을 수 있다…….

나는 그대들에게 아무 것도 약속하지 않는다. 나는 어떠한 보장이나 달콤한 유혹도 제시하지 않는다. 나는 그대들이 어떤 이득을 얻게 될 것이라고 말하지 않는다. 왜냐하면 나는 그대들을 존경하기 때문이다. 만일 내가 그대들의 이득을 책임진다면 그때 그대들은 나의 노예가 된다. 그때, 나는 지도자이고 그대들은 추종자가 된다. 나는 지도자가 되기를 원치 않는다. 그대들과 나는 여행의 동반자이다. 그대들은 내 뒤가 아니라 옆에 서 있다. 그대들은 나와 나란히 길을 간다. 나는 그대들보다 높은 존재가 아니다. 나는 다만 그대들 가운데 한 사람일 뿐이다. 나는 내가 우월하다거나 비범한 능력이 있다고 주장하지 않는다. 그대들은 내 말을 알아 듣겠는가?

그대들 스스로 삶을 책임지라는 것은 그대들에게 자유를 주기 위해서이다.

자유는 커다란 모험이다. 진정으로 자유를 원하는 사람은 아무도 없다. 다만 말로만 자유를 원할 뿐이다. 모든 사람이 다른 사람에게 의존하기를 원한다. 누군가 자신을 책임져 주기를 원한다.

그러나 자유 안에서는 자신의 모든 행동을 스스로 책임져야 한다. 그대들은 다른 사람에게 책임을 전가할 수 없다.」

그는 내게 공동체를 어떻게 생각하느냐고 물었다. 몇 년 전에도 그는 똑같은 질문을 한 적이 있었다. 나는 오쇼가 입을 연 지금은 오쇼의 공동체처럼 느껴진다고 대답했다.[9]

이제 우리의 공동체는 더 이상 쉴라의 공동체처럼 느껴지지 않았다.

쉴라는 화려한 스타의 위치를 잃어가고 있었다. 이제 그녀는 오쇼를 만날 수 있는 유일한 사람이 아니었다. 모든 사람이 오쇼를 볼 수 있었다. 그 뿐만 아니라 강의 시간에 오쇼에게 질문을 할 수도 있었다.

오쇼는 기독교를 격렬하게 비난하기 시작했다. 오랫동안 오쇼의 강의를 들어온 사람들에게도 그것은 대단히 충격적인 내용이었다. 오쇼는 아무 것도 숨기지 않고 노골적으로 말하고 있었다.

쉴라는 산야신 전체가 모이는 모임을 개최했다. 장소는 라즈니쉬 만디르(Rajneesh Mandir)였다. 비베크는 쉴라가 오쇼의 강의를 막으려고 하는 것은 아닌가하고 의심했다. 그래서 우리는 작전을

---

9) 오쇼가 침묵을 깨고 공개 강의를 시작한 시점.

세웠다. 여기 저기 흩어져 앉아서「강의 계속! 강의 계속!」을 선창하자는 것이었다. 이것은 사람들에게 무슨 일이 진행되고 있는가를 이해시키고, 모든 사람들이「강의 계속」을 외치게 함으로써 쉴라의 계략을 저지시키자는 의도였다. 나는 홀 뒤쪽에 앉았다. 그리곤 재킷 속에 감춘 녹음기를 작동시켰다. 그것은 모임의 내용을 정확하게 기록하기 위한 것이었다. 과연 쉴라는 우리가 예상했던 쪽으로 이야기를 끌고 가기 시작했다. 다음번 축제를 위한 준비도 해야 하고 아직 끝나지 않은 일이 너무 많으므로 이번에는 축제를 열기가 불가능하다는 것이었다. 그리고 오쇼의 강의마저도……. 그때 내가 큰소리로 선창하기 시작했다.

「강의 계속! 강의 계속!」

나는 목청껏 외쳤다. 그러나 아무도 나를 따라 하는 사람이 없었다. 침묵이 흘렀다. 맙소사! 나의 동료들은 어디로 갔단 말인가?

「강의 계속! 강의 계속!」

나는 계속 외쳤다. 그러나 사람들은 어떤 미치광이가 모임을 방해하는지 알아 보려는 듯 주변을 두리번거렸을 뿐이다. 나는 그들의 얼굴에서 믿을 수 없다는 표정을 읽을 수 있었다.

「아니 저건 체타나잖아? 그녀는 조용한 타입인데 갑자기 웬 난리야. 미쳤나?」

아직 마무리짓지 못한 잔업이 없다는 것은 누구나 알고 있었다. 그것은 쉴라의 핑계였다. 하지만 쉴라가 무엇을 획책하고 있는지 간파한 사람은 아무도 없었다. 모임은 극도의 혼란에 빠졌으며 결국 타협안을 제시함으로써 끝이 났다. 오쇼는 결코 타협하지 말라고 누누히 강조한 바 있다. 그런데 우리는 타협안을 제시함으로써 모임을 끝냈던 것이다! 우리의 타협안에 따르면, 매일 밤 오쇼는 소수의 사람들에게 강의하고 그것을 비디오로 녹화하여 모든 사람들에게 방송하자는 것이었다. 그것도 모든 사람이 일을 끝내고 저녁 식사를 마친 후에 말이다. 물론, 가장 헌신적인 제자들마저도 비디오가 상영되는 동안에 잠에 곯아 떨어지기가 일쑤였다. 사람들은 피곤에 지친 나머지 오쇼의 말에 열중할 수 없었을 뿐만 아니라, 깨어있지 못한 데 대해 죄책감마저 느껴야 했다!

어느 날, 비베크는 오쇼와 함께 차를 타고 나갔다가 한 무리의 사람들이 돌과 죽은 나뭇가지를 모으고 있는 것을 보았다.

오쇼가 물었다.

「저들은 무엇을 하고 있는 것이지?」

비베크가 대답했다.

「저 사람들은 잔업을 하고 있는 게 틀림없어요.」

잔업을 한다는 것은 산야신들 사이에 유행하는 농담거리가 되었다.

그후, 오쇼는 병에 걸렸고 전문의가 불려왔다. 오쇼는 중이염을 앓고 있었으며 6주 동안 엄청난 고통에 시달렸다. 당연히 강의와 자동차 행진은 취소되었다.

그 당시 나는 일년여 동안 정원 일을 맡고 있었으며 오쇼의 빨래 일은 비베크가 하고 있었다. 나무와 식물을 가꾸는 것은 내게 커다란 즐거움이었다. 이제 오쇼의 집은 수백 그루의 나무들로 둘러싸여 있었다. 소나무와 전나무, 붉은 색의 삼나무가 심어지고 그중의 일부는 이미 60피트를 넘을 만큼 자라 있었다. 오쇼의 창문가로는 인공 폭포가 있었으며 그 물줄기는 수영장 모퉁이를 돌아 지나간 후, 축 늘어져 있는 수양버들로 에워싸여 있는 연못으로 다시 흘러 들어가 떨어져 내렸다. 작은 실개천 양쪽으로는 체리나무와 큰 키의 갈대풀, 대나무, 노란색 개나리, 목련나무들이 아름다운 자태를 뽐내고 있었다. 그의 식당 창문 정면으로는 장미 정원이 내다보였다. 현관 앞 그의 차를 세워두는 곳에는 작은 연못이 있었는데 그곳엔 실물 크기의 불상이 앉아 있었다. 차도 옆으로는 포플라 나무들이 죽 늘어서 있었으며 그것은 은색 자작나무 숲까지 이어졌다. 이제 잔디밭은 진한 초록색을 띠고 넓게 퍼져가고 있었다. 그리고 언덕으로는 각종 야생화가 피어났다.

정원에는 삼백여 마리의 공작새가 있었다. 그들은 현란한 색채를 자랑하며 춤추었다. 특히 그중의 여섯 마리는 순백색이었다. 그 여섯 마리의 순백색 공작은 장난꾸러기였다. 그들은 커다란 눈송이처럼 하얀 꼬리를 활짝 펴고는 오쇼의 차 앞을 가로막곤 했다.

오쇼는 항상 정원의 아름다운 식물과 새, 동물들과 함께 사는 것을 좋아했다. 그는 라즈니쉬푸람이 사슴들의 놀이터가 되기를 바랐다. 그래서 우리는 사슴들을 유혹하기 위해 자주개자리를 심었다. 그것은 사슴으로 하여금 사냥꾼의 손을 피해 우리 쪽으로 오게 하려는 유인책이었다.

오쇼는 인도에서 집 근처의 폭포를 찾아가곤 했던 이야기를 들려주었다. 그곳에는 수백 마리의 사슴이 살고 있었다는 것이다. 밤마다 그들은 물을 마시기 위해 호수로 내려 왔는데, 그들의 눈동자는 수천 개의 불꽃처럼 어둠 속에서 춤추었다는 것이다.

바쇼 연못(Basho Pond)에는 조그만 다리가 놓여 있었으며, 다리 이쪽에는 검은 색 백조가, 다리 저쪽에는 흰색 백조가 놀고 있었다. 바쇼 연못 앞의 정원 맨 안쪽에는 그 유명한 아흔여섯 대의 롤스로이스를 세워놓는 차고가 있었다. 인도에서는 한 대의 벤츠로도 대단한 소란을 불러 일으켰었다. 그러나 미국에서 그만한 소란을 일으키는 데에는 거의 백여 대에 달하는 롤스로이스가 있어야 했다!

많은 사람들에게 이 차들은 오쇼와 그들 사이를 가로막는 장벽의 구실을 했다.

수피(Sufi)의 스승들은 일부러 인정되지 않는 상황을 창조함으로써 진정한 구도자가 아닌 사람들에게 시간을 낭비하는 사태를 막을 수 있었다고 한다.

오쇼는 이렇게 말했다.

「사실, 아흔여섯 대의 롤스로이스가 있어야 될 필요는 없다. 나는 아흔여섯 대의 롤스로이스를 동시에 이용할 수 없다. 게다가 아흔여섯 대 모두가 똑같은 모델이다. 그러나 나는 그대에게 이 점을 분명히 알리고 싶은 것이다 — 진리와 사랑, 영적인 성장을 위해서는 롤스로이스를 갖고 싶은 욕망을 떨쳐 버려야 한다. 나는 그대가 질투를 느낄 것이라는 것을 뻔히 알면서도 이런 상황을 창조하는 것이다.

스승의 기능은 아주 묘한 일면이 있다. 스승은 그대로 하여금 내면의 의식 구조를 이해하도록 돕는다. 스승은 그대의 내면이 질투로 가득 차 있다는 것을 그대 스스로 알게 하려는 것이다.

이 차들은 그런 목적을 완수하는 데 크게 기여한다. 이 아흔여섯 대의 롤스로이스는 미국인 전체, 특히 재벌급에 해당하는 사람들에게 질투를 불러일으킨다. 그러나 만일 그들이 지적인 사람들이었다면 나의 적이 되는 대신에, 그들 자신의 질투를 없앨 수 있는 길을 발견하기 위해 나에게 왔을 것이다. 왜냐하면 질투가 바로 그들의 문제이기 때문이다. 질투는 그대를 태우는 불이다. 질투는 아주 나쁜 방식으로 그대를 태운다『심리학을 넘어서 : Beyond Psychology』.」

오쇼는 이렇게 말한 바 있다.

「지금까지 내가 해 온 모든 일에는 하나의 목적이 있다. 그것은 그대의 내면으로부터 그대가 미처 인식하지 못하고 있는 어떤 것을 끌어 내려는 것이다.」

매년 개최되는 세계 축제가 네 번째로 시작되었다. 오쇼는 라즈니쉬 만디르에서 우리와 함께 명상에 들었다. 데바라지가 오쇼의 책에서 가려 뽑은 문장들을 읽는 동안 아름다운 배경 음악이 흘렀다.

스승의 날(Master's Day)인 7월 6일, 나는 축제가 진행되는 곳에 앉아 있었지만 아주 기분이 안 좋았다. 나는 스스로를 타일렀다.

「나는 지금 오쇼 앞에 앉아 있다. 더구나 오늘은 축제날이다. 그런데 무엇이 문제란 말인가?」

아침 축제가 끝났을 때, 나는 마니샤와 함께 차 안에 앉아서 데바라지를 기다리고 있었다. 나는 몸의 상태가 좋지 않았다. 그래서 편하게 단추를 풀고 무릎 사이에 얼굴을 묻고 있었다. 우리는 만디르 안에 있는 사람들이 모두 빠져 나올 때까지 기다렸지만 데바라지는 나타나지 않았다. 대신에 구급차가 총알처럼 우리 곁을 지나갔을 뿐이다.

우리는 포기하고 집으로 차를 몰았다. 잠시 후, 차도를 따라 걸어가는데 어떤 사람이 헐레벌떡 달려와 말했다. 축제가 진행되는 동안 데바라지가 독침을 맞았으며 지금 죽어가고 있다는 것이다!

그 말을 듣는 순간 세상이 거꾸로 뒤집히는 것 같았다. 가슴이 마구 떨렸다. 왜? 누가 데바라지를 죽이려 한단 말인가? 어떻게 명상 홀인 만디르에서 그런 엄청난 일이 벌어질 수 있단 말인가?

의료 센터에서는 데바라지의 피를 검사하고 있었다. 귓가로 의사들이 수군거리는 소리가 들려왔다. 가망없다는 것이었다.

데바라지는 극진한 보살핌을 받았고, 곧 비행기를 이용해 가장 가까운 종합병원으로 호송되었다. 그는 피를 토하고 있었다. 그것은 그의 심장이 제대로 작동하지 않으며, 이제 그의 폐에까지 장액(漿液)이 침투했다는 증거였다.

그가 서서히 회복되어가고 있다는 소식을 들은 것은 그로부터 이십사 시간이 지난 뒤였다.

데바라지의 회복에 대한 소식을 접한 그날 오후, 나는 마니샤와 함께 오쇼의 드라이브 행진을 반기기 위해 바쇼 연못가에 서 있었다. 오쇼의 차가 도착하기 전에 쉴라가 사전 점검을 위해 차를 타고 왔다. 차 안에는 샨티 브하드라(Shanti Bhadra), 비드야(Vidya), 사비타(Savita)가 같이 타고 있었다. 그 네 명은 몸을 앞으로 구부리고 시비를 걸듯이 거만한 눈초리로 마니샤와 나를 노려보았다. 그것은 정말 섬뜩한 순간이었다. 나는 영원히 그 순간을 잊을 수 없을 것이다.

그들은 차를 멈추고 타루(Taru) — 그녀는 뚱뚱한 몸집의 인도인으로 오쇼가 뿌나에서 힌디어로 강의하는 몇 년 동안 아쉬람에서 가수로 일했다 — 를 부르더니 몇 가지 질문을 했다. 나는 나중에 그들이 아침 축제에서 이상한 것을 보았느냐고 물었다는 것을 알게 되었다.

나중에 밝혀졌듯이 타루는 분명히 이상한 것을 보았다. 그녀는 데바라지의 등쪽에서 주사기로 찔린 상처를 보았다. 그리고 데바라지에게서 샨티 브하드라에게 찔렸다는 이야기를 들었다. 막 그녀 옆을 지나가는 찰나 그녀가 데바라지를 찔렀다는 것이다.

물론 타루는 살인자들이 가득 탄 차에 대고 이런 말을 전하지는 않았다. 그녀는 자신의 목숨마저 위태로울까봐 겁에 질려 있었다.

나는 사람들이 쉴라의 가장 측근 인물인 샨티 브하드라가 데바라지를 죽이려 했다고 수군대는 소리를 들었다. 동시에 그 이야기는 반박되기도 했다. 데바라지가 혼수상태에 빠진 것은 아마 뇌종양 때문일지도 모른다는 것이었다.

사실, 데바라지가 동료 산야신에 의해 독침을 맞았다는 엄청난 이야기를 쉽게 믿을 수 있는 사람은 아무도 없었다. 병원에서 데바라지는 아무에게도 자신이 당한 경위를 공개하지 않았다. 자기를 치료하는 의사에게도 입을 다물었다. 자신이 입을 열면 경찰들이 공동체로 몰려 오리라는 것을 잘 알고 있었기 때문이었다.

그런데 이미 주경찰이 공동체를 공격하기 위해 무장을 한 채 명령을 기다리고 있다는 소문이 공동체에 쫙 퍼져 있었다. 관리들의 공문에 의해 그런 사실이 확인되었다는 것이다.

데바라지는 병원 침대에 누워있는 동안에도 습격을 받을지 모른다고 두려워하고 있었다. 그러면서도 한편으로는 자기가 살아나면 다시 공동체로 돌아가리라는 것을 알고 있었다.

데바라지는 오로지 마니샤, 비베크, 데바기트하고만 이야기했으며, 그들은 증거를 확보할 때까지 입을 다물기로 결정했다. 사실, 우리들 중의 일부는 데바라지가 제정신이 아니라고 생각했었다. 그는 다른 공격이 있을지도 모른다고 예민한 반응을 보였지만 아무 일도 일어나지 않았다. 모든 것이 정상처럼 보였다. 하지만 나는 그 당시 데바라지가 어떤 심정이었는지 이해한다. 데바라지가 무엇을 믿을 수 있었겠는가? 한편으로는 그를 미쳤다고 생각하는 친구들이 둘러싸고 있었으며, 다른 한편으론 그를 죽이려고 했던 사람들, 그리고 다시 암살을 시도할지도 모르는 사람들이 둘러싸고 있었으니 말이다.

데바라지가 병원에서 돌아온 날, 오쇼는 지저스 글로브(Jesus Grove)에서 기자 회견을 열었다. 이 집은 쉴라와 그녀의 패거리들이 살던 집으로, 오쇼가 밤에 이야기할 수 있도록 하나의 커다란 방이 특별히 낮은 기온으로 유지되고 있었다. 오쇼를 인터뷰하기 위해 전세계에서 기자들이 모여 들었다. 오쇼가 지저스 글로브에 도착할 때와 떠날 때에는 음악이 연주되었다. 오쇼는 복도를 가득 메운 사람들, 그리고 집으로 가는 도중에는 차도에 늘어선 사람들과 어울려 춤추었다. 도대체 자기들의 스승이 누구인지 아리송했던 쉴라측 사람들도 오쇼가 그들의 스승이라는 것을 알 수 있는 기회를 갖게 된 것이다.

오쇼는 만디르에서도 우리와 춤추었다. 그는 연단 위로 올라와 춤추라고 사람들을 불러 올렸다. 그는 우리의 디스코텍과 사무실, 의료 센터를 방문하기도 했다. 그는 라즈니쉬푸람 어디에서도 우아한 몸짓으로 나타나곤 했다. 그는 사람들에게 보여주고 있었던 것이다.

「봐라, 나는 신이 아니다. 나는 그대들처럼 평범한 사람이다!」

사실, 나는 오쇼를 보통 사람으로 보기가 참 어려웠다. 나는 그가 육체를 떠나기 전까지는 평범한 사람으로 볼 수 없었다. 그가 얼마나 평범하고 인간적인 사람이었는지에 대한 기억으로 가득차게 된 것은 그가 육체를 떠난 뒤의 일이다. 더 이상 그에게 의존할 수 없게 된 후에야 나는 그의 겸손함과 인간적인 약점을 분명히 인식할 수 있게 되었던 것이다.

내게는 그를 신적인 존재로 본 시기가 있었다. 그 당시에 나는 나 자신의 깨달음에 대해 스스로 책임지지 못했었다. 나 자신의 깨달음은 오쇼라는 엄청난 존재만큼이나 요원한 것으로 보였다. 그런 무기력 안에서 나는 계속 코를 골며 꿈에 빠져 있었던 것이다.

데바라지는 건강을 회복하기 시작했다. 그리고 쉴라는 몇 주 동안 공동체를 떠나 있었다. 그녀는 유럽과 오스트레일리아 등의 오쇼 명상 센터들을 방문중이었다. 여전히 그녀는 가는 곳마다 스타였다.

그녀는 오쇼에게 편지를 썼다. 이제는 라즈니쉬푸람으로 돌아가도 더 이상 흥겨운 기분을 느낄 수 없다는 내용이었다. 1985년 9월 13일, 오쇼는 강의를 통해 그녀의 편지에 대답했다.

「아마 그녀는 깨어있는 의식으로 행동하지 못하는 것 같다. 하지만 이것은 그녀만의 문제가 아니라 모든 사람에게 일어나는 상황이다. 그녀는 이곳에서 더 이상 흥겨움을 느낄 수 없는 이유가 무엇인지 알지 못한다. 그 이유는 내가 입을 열어 말하기 시작했기 때문이며[10], 그녀가 이제는 사람들의 이목을 집중시키는 화제의 인물이 아니기 때문이다. 이제 그녀는 유명 인사가 아니다. 내가 그대들에게 직접 말하기 시작함으로써 이제 그녀는 나의 생각을 그대들에게 전달하는 중개인(mediator)의 자리를 잃어 버렸다. 이제 나는 신문 기자들에게도 말하고 라디오와 텔레비전 기자들에게도 말한다.[11] 그녀는 그늘 속에 숨어 버렸다. 삼년 반 동안 그녀는 화려한 조명을 받았다. 그것은 내가 침묵했기 때문이다.

그녀는 여기에서 흥겨움을 느낄 수 없는 이유, 그리고 왜 유럽에 있으면 행복한지 분명히 알지 못한다. 유럽에서 그녀는 여전히 유명 인사이다. 텔레비전 쇼와 라디오 인터뷰, 신문 기자들과의 인터뷰가 끊이지 않는다. 그러나 여기에서는 그녀 인생의 모든 것이 사라졌다. 만일 그대들이 내가 살아 있는 동안에도 그토록 무의식적으로 행동한다면, 내가 육체를 떠나는 순간 그대들은 온갖 정치적 싸움에 휘말리게 될 것이다. 그렇다면 그대들은 바깥 세상의 사람들과 다를 게 무엇인가? 그렇게 되면 나의 모든 노력은 실패로 끝나게 될 것이다. 나는 그대들이 진정한 새로운 인간(new man)으로 행동하길 바란다.

나는 쉴라에게 이렇게 말한다.

---

10) 오쇼는 삼 년여의 침묵 기간을 가졌으며, 그 침묵 기간 동안 쉴라는 쉽게 권력을 행사할 수 있었다.
11) 침묵 기간 동안 모든 대외적인 인터뷰는 쉴라가 대신했다.

'그러니 곰곰이 생각해 보고 내게 말하라. 만일 그대의 신나는 기분을 위해 내가 침묵하기를 바란다면 나는 말을 중단할 수도 있다.'

내게 있어서 침묵은 전혀 문제될 게 없다. 사실, 말을 한다는 것은 골치 아픈 일이다. 나는 하루에 다섯 시간씩 그대들에게 말하고, 그것은 그녀의 마음속에 불행을 창조한다. 그러니 그녀의 쇼 비지니스(show business)를 계속하게 하라. 나는 얼마든지 침묵할 수 있다. 그러나 그것은 권력을 가진 사람들은 내심 내가 이곳에 살아 있는 것을 좋아하지 않을 것이라는 것을 암시한다. 왜냐하면 내가 이곳에 살아 있는 동안에는 아무도 권력 놀음을 할 수 없기 때문이다. 그들은 그것을 의식하지 못할지도 모른다. 오로지 실제적인 상황만이 그들의 권력 놀음을 폭로한다.」

다음날, 쉴라는 열다섯 명의 추종자를 이끌고 비행기로 미국을 떠났다. 그녀는 라즈니쉬푸람으로부터, 우리의 삶으로부터 영원히 떠났다.

* * *

쉴라가 공동체를 떠났다는 사실이 나를 기쁘게 만들지는 못했다. 나는 은근히 걱정이 되고 슬펐다. 그녀의 행동은 오쇼를 버렸다는 것을 의미했다. 하지만 왜? 나는 곧 그 이유를 알게 되었다. 쉴라에게 혹사당한 사람들의 입에서 흘러나온 이야기들을 통해서였다. 쉴라가 많은 범죄를 저질렀음이 폭로되었다. 살인 음모와 도청, 인근 마을의 생활 용수를 독으로 오염시키려 했다는 사실이 드러났다.

오쇼는 즉각 FBI와 CIA에게 수사를 요청했다. 그들은 공동체의 중앙 건물로 들어와 그곳에서 모든 사람들을 대상으로 탐문 수사를 벌였다. 그러나 그들은 이미 약속이 되어 있었음에도 불구하고 오쇼를 면담하지 않았다. 그들은 오쇼를 인터뷰하기로 약속했었지만 시간이 되자 약속을 취소했다.

나는 나 자신에 대해서도 몇 가지의 이야기(별로 중요하진 않지만)를 들었다. 쉴라는 내가 스파이니까 내게는 아무 말도 하지 말라고 했다는 것이다. 나는 그런 사실을 까맣게 모르고 있었다! 우리의 집인 라오쯔 하우스(Lao Tzu house)를 지키는 경비원들은 어느 날엔가 우리를 쏘게 될지도 모른다는 경고성 암시를 받고 있었다. 그러니까 우리와 친하게 지내지 말라는 것이었다.

나는 전화를 할 때마다 본능적으로 조심하곤 했다. 그래서 우리의 전화가 도청되고 있었다는 말을 들었을 때에도 별로 놀라지 않았다. 그러나 오쇼의 방까지 도청되고 있었다는 사실을 알고는 정말 경악을 금치 못했다.

적게 잡아도 백여 명의 기자들이 라즈니쉬푸람을 찾아왔다. 그들은 몇 주 동안 그곳에 머물렀다. 내가 기자들에게 둘러싸여서 안도감을 느끼기는 그때가 처음이자 단 한번 뿐인 경험이었다. 나는 그들이 어느 정도 우리를 보호해 주고 있다고 생각했다.

기자들과 인근의 농부들은 오쇼가 차를 타고갈 때 총으로 무장한 경호원들이 경호하는 모습을 볼 수 있었다. 사설 경호원의 호위는 미국에서는 어렵지 않게 볼 수 있는 광경이었다. 그럼에도 불구하고 우리의 공동체에 무기가 쌓여 있다는 소문이 퍼지기 시작했다.

우리의 공동체가 무너진 후, 미 국무장관인 찰스 터너(Charles Turner)는 기자 회견에서 왜 브하그완 쉬리 라즈니쉬를 기소하지 않았는가 하는 질문에 다음과 같이 대답했다.

「브하그완이 어떤 범죄를 저질렀다는 증거는 전혀 발견되지 않았으며, 정부의 주된 관심사는 공동체를 파괴하는 것이었다.」

공동체에 사는 사람들은 하루에 열두 시간 내지 열네 시간을 일했다. 점심 시간에는 축제를 즐겼고, 밤에는 디스코텍에서 춤을 추었다. 다른 디스코텍과 같지 않게 우리의 디스코텍에는 자연스러운 에너지로 충만했다. 보통의 디스코텍에서는 그저 다른 사람의 춤을 구경하거나, 아니면 자신의 춤을 다른 사람에게 보여 주려고 하지만 우리는 그렇지 않았다. 우리는 그저 자연스럽게 춤으로 즐거움을 표현하고 있었던 것이다.

라즈니쉬푸람의 전체적인 분위기는 생동감과 즐거움으로 넘쳤다. 예를 들어 버스가 그랬다. 나는 버스를 탈 때마다 내가 런던에서 본 장면들과 비교하지 않을 수 없었다. 런던에서는 버스에 탄 모든 사람들이 우울한 얼굴을 하고 있었다. 그들은 버스의 도착 시간이 지연된다거나 요금이 비싸다고 투덜댔다. 사람들은 운전사에게 소리지르고, 서로 밀치고, 팔꿈치로 찌르고, 차가 옆으로 기울 때에는 은근히 여성의 젖가슴을 더듬기도 했다. 그래서 버스를 내릴 때면 기분이 엉망이었다. 그러나 라즈니쉬푸람에서는 항상 아주 기분이 좋아져서 버스를 내리곤 했다. 운전사와 함께 버스를 타고 출발하는 것은 아주 즐거운 시간을 기대하기에 충분했다. 그는 사람들이 버스에 오를 때 악기를 연주하며 즐거운 인사를 건네곤 했다. 승객들은 명랑하게 큰소리로 웃으며 즐거운 시간을 보냈다. 그것은 아마 당신이 오랫동안 볼 수 없었던 부류의 사람들을 만날 수 있는 좋은 기회였을 것이다.

우리가 함께 식사를 하던 식당은 항상 생동감이 넘쳐 흘렀으며 시끌벅쩍했다. 그리고 식당의 음식은 누구의 입맛에도 맞을 만큼 훌륭했다. 쉴라의 파시스트적인 권력에도 불구하고 산야신들은 함께 모여 일할 때나 식사할 때, 또는 춤출 때에는 엄청난 에너지로 충만했다.

쉴라는 우리의 모든 전화를 도청하고 있었다. 심지어는 우리가 방에서 나누는 대화 내용까지도 도청되고 있었다. 그것은 그녀의 편집증적 증세가 얼마나 심각한 정도였는지를 보여주는 단적인 증거이다.

쉴라의 엄청난 에너지는 황폐한 사막에 도시를 건설하는 데 크게 공헌했다. 그것은 부인할 수 없는 사실이다. 하지만 그녀는 미쳐가고 있었다. 권력에 대한 탐욕은 그녀를 타락시켰다. 그녀는 오쇼의 가르침을 전혀 받아들이지 않았다. 쉴라가 살던 집 밑에서는 비밀 통로와 방이 발견되었다. 그리고 언덕에서는 독약을 제조하는 실험실이 발견되었다. 그곳은 쉴라의 측근인 사비타의 아지트였다.

쉴라가 떠난 후 일부의 사람들은 자기들이 얼마나 어리석었던가를 절감했을 것이다. 바로 코앞에서 엄청난 일이 진행되고 있는데도 그것을 만류할 만한 배짱이나 의식을 가진 사람은 아무도 없었다. 사람들이 쉴라에게 속은 이유는 꿈과 이상을 향해 열심히 일하는 데만 정신이 팔려 있었기 때문이다. 그러나 암암리에 그들의 꿈은 파괴되고 있었다.

공동체가 무너진 후, 일부의 산야신들은 오로지 부정적인 측면만을 기억한다. 그리고 즐거웠던 순간은 희미한 기억 속에 묻어버렸다. 그러나 우리는 사막에 오아시스를 만들면서 삶을 즐기고 있었다. 이 점은 아무도 부인할 수 없다. 즐거움이 없었다면 우리가 왜 거기에 살았겠는가?

쉴라는 사람들의 돈을 빼돌려서 갖고 도망쳤다. 최소한 사천만 달러의 기부금이 도난당했으며 그 돈은 스위스 은행으로 입금되었다.

우리는 완전히 눈뜬 장님처럼 행동했다. 그러나 이 모든 것은 하나의 좋은 경험이다. 우리는 더욱 더 각성된 의식을 갖고 다시 시작할 수 있는 기회를 갖고 있다. 우리는 그 짧은 기간 동안에 몇 번의 생에서 얻을 수 있는 경험을 맛본 것이다.

쉴라가 도망친 후, 오쇼는 하루에 세 번씩 제자들, 그리고 기자들과 이야기를 나누었다. 대화에 소비되는 시간만도 하루에 일곱 시간에서 여덟 시간 정도였다. 스스로를 게으른 사람이라고 인정하는 오쇼가 엄청난 양의 일을 하고 있었던 것이다. 오쇼는 지친 기색이 역력했다.

한번은 오쇼가 이렇게 말했다.

「며칠 전 밤에 한 명의 기자가 끊임없이 질문을 퍼부었다. 그는 아마 책 한 권 분량의 질문을 갖고 있는 듯했다. 어딘가에서 그의 질문을 중단시키긴 해야 했는데……시간은 이미 밤 열시를 넘고 있었다. 그가 물었다.

'당신은 소크라테스에 동의합니까?'

나는 절대적으로 동의한다고 말했다. 나는 그렇게 대답해야 했다. 그렇지 않으면 그 인터뷰는 끝이 없을 것 같았다. 나는 얼른 자리를 떠야 했다. 그런 이유가 아니라면 내가 왜 늙은 동성연애자에게 동의해야 한단 말인가?」

어떤 기자가 질문을 했다. 만일 오쇼가 깨달음을 얻은 사람이라면 어떻게 일이 그 지경이 되도록 모르고 있었느냐는 질문이었다.

오쇼는 이렇게 대답했다.

「깨달음이란 나 자신을 안다는 의미이다. 깨달음은 내 방이 도청되고 있다는 것을 안다는 의미가 아니다『마지막 약속 : The Last Testament』.」

1985년 9월 26일, 오쇼는 강의에서 이렇게 말했다.

「나는 오늘 중대 발표를 하고자 한다. 나는 내일은 이곳에 없을지도 모른다. 그러니 내가 이곳에 있는 동안 말해 두는 것이 좋겠다. 나는 그대들이 또 한번 파시스트적인 권력 놀음에 빠지는 것을 방지하고 싶은 것이다.

오늘부터 그대들은 아무 옷이나 입어도 무방하다. 만일 그대가 계속해서 붉은 색 옷을 입고 싶다면 그것은 그대의 자유이다. 내 말을 전세계의 공동체에 전하도록 하라. 갖가지 색깔의 옷을 입는 것은 더 아름답게 보일 것이다. 나는 항상 그대들이 여러 가지 색깔의 옷을 입은 모습을 보고 싶었다.

두 번째로, 그대들이 원하지 않는다면 말라(mala)를 반환해도 좋다. 그것은 그대들의 선택에 달렸다. 이제는 반드시 말라를 목에 걸 필요가 없다. 하시야(Hasya)에게 말라를 반환하도록 하라. 하지만 그래도 말라를 계속 목에 걸고 싶다면 그것은 그대들의 자유이다.

세 번째로 지금 이 순간부터 산야스를 받는 사람에게는 말라가 주어지지 않을 것이며, 붉은 색 옷을 입으라는 말도 없을 것이다.

이렇게 함으로써 우리는 더 쉽게 전세계로 퍼져나갈 수 있을 것이다『구속에서 자유로 : From Bondage to Freedom』.」

오쇼의 이 말은 불길하게 느껴졌다. 하지만 나를 더 두렵게 만든 것은 사람들의 박수 소리와 환호성이었다! 그들은 어리석은 군중처럼 보였다. 쉴라의 모임에서 박수를 쳤듯이 말이다. 많은 사람들이 매우 행복한 표정으로 라즈니쉬 만디르를 빠져나와서는 새옷을 사러 달려갔다. 나는 비베크를 만났다. 우리는 둘다 이 변화의 조짐에 대해 염려했다. 그녀가 말했다.

「다음번에 그는 공동체를 해체하겠다고 말할지도 몰라요.」

1985년 10월 8일, 오쇼는 강의에서 이렇게 말했다.

「내가 붉은 색 옷과 말라를 포기한다고 말했을 때 그대들은 박수를 쳤다. 그대들은 그것이 나에게 얼마나 상처를 입혔는지 모른다. 그것은 그대들이 위선자였다는 것을 의미한다!

붉은 색 옷을 벗어던지는 것이 그렇게 즐거운 일이라면 왜 지금까지 붉은 색 옷을 입어왔단 말인가? 그대들은 왜 지금껏 말라를 걸어왔는가? 내가 '버리라'고 말하는 순간 그대들은 그것을 즐거워했다. 그리고 사람들은 새옷을 사기 위해 옷 가게로 달려갔다. 그들은 말라를 벗어 던졌다.

그대들은 아는가? 그대들의 박수 소리와 환호성이 나의 가슴을 얼마나 아프게 했는지.

이제 나는 한 가지 더 말할 게 있다. 나는 이번에도 그대들이 박수를 칠 것인지 알고 싶다. 내가 말하고자 하는 것은, 이제부터 붓다필드(Buddhafield)는 존재하지 않는다는 것이다. 그러므로 그대들이 깨달음을 원한다면 개인적으로 그 길을 가야 할 것이다. 붓다필드는 더 이상 존재하지 않는다. 그대들은 깨달음을 얻기 위해 붓다필드의 에너지에 의존할 수 없다.

자, 이제 있는 힘을 다해 힘껏 박수를 쳐라. 박수!

이제 그대들은 완전히 자유이다. 깨달음을 얻는 것도 오로지 그대들 스스로의 책임이다. 나는 그대들로부터 완전히 자유롭다.

그대들은 바보 천치처럼 행동하고 있다!

이것은 진정으로 나와 가까이 있는 사람들이 얼마나 되는지 알 수 있는 좋은 기회이다. 만일 그대들이 그토록 쉽게 말라를 벗어던질 수 있는 사람이라면…… 심지어 나와 같은 집에 사는 산야신 한 명도 아주 기뻐하며 즉시 푸른 색 옷으로 바꿔입었다. 그것은 무엇을 의미하는가? 그것은 그녀에게 붉은 색 옷이 하나의 짐이었다는 것을 의미한다. 그녀는 자신의 의지와는 반대로 마지 못해 붉은 색 옷을 입고 있었던 것이다.

하지만 나는 그대들이 조금이라도 자신의 의지와 상반되는 일을 하게 되는 것을 원하지 않는다.

이제 나는 그대들의 의지에 상반된다면 깨달음을 향해 나아가도록 그대를 도울 생각도 없다. 그대들은 완전히 자유이며, 스스로를 책임져야 한다『구속에서 자유로 : From Bondage to Freedom』.」

그는 「박수!」하고 소리쳤다. 그 소리는 마치 폭탄이 폭발하는 소리 같았다. 우리는 완전히 얼어붙어서 그 자리에 앉아 있었다.

 강의가 끝난 후, 나는 눈물을 흘리며 만디르를 빠져 나왔다. 울음을 참을 수 없었다. 슬픔이 북받쳐 나는 흐느끼며 울었다. 길을 가다가 마주친 친구 두 명에게 나는 도움을 청했다. 우리는 마음을 달래기 위해 함께 커피를 마시러 갔다. 내리쬐는 햇빛을 받으며 우리는 말없이 차를 마셨다. 우리 모두가 오쇼를 실망시켰다는 생각이 들었다. 지난 4년 동안 우리가 저질러 온 어리석은 행동들이 이 순간 절정에 달해 곪아터지는 것 같았다. 쉴라의 행동에 대한 책임은 우리 모두에게 있었다. 아무 말도 하지 못하고 지낸 나도 예외는 아니었다. 그저 후덕하고 사람좋은 것만으로는 충분치 않았다. 나는 지성과 이해의 능력을 길러야 했다. 그리고 내가 느끼는 바를 과감하게 말할 수 있는 용기를 가져야 했다.

* * *

 10월 말의 어느 날 밤, 나는 꿈을 꾸었다. 꿈속에서 오쇼는 급히 서두르며 집을 떠나고 있었다. 집은 완전히 아수라장이었으며, 나는 옷걸이에 걸린 오쇼의 옷을 갖고 방에서 이리저리 뛰어다니고 있었다. 회색과 흰색이 배합된 이 옷은 나중에 그가 체포될 당시 입고 있던 옷이다. 꿈속에는 쉴라의 동업자인 사비타가 보였다. 그녀는 내 앞을 가로막으려 하고 있었다.

 그날 밤, 나는 무의식적이나마 장차 일어날 사건을 감지했음에 틀림없다. 이것은 미래가 어떤 형태로든 이미 현재 속에 들어와 있다는 것을 의미하는 것이다.
 다음날 오후, 나는 오쇼가 산으로 휴가를 갈 예정이라는 소식을 들었다. 나는 오쇼와 동행하기로 되어 있었다. 그리고 묵티(Mukti), 니루빠, 데바라지, 비베크, 자예쉬(Jayesh)가 동행한다는 것이었다.

자예쉬는 불과 몇 달 전 라즈니쉬푸람에 온 사람이었다. 자예쉬는 차를 타고 옆으로 지나가는 오쇼의 눈을 보고 완전히 빨려들었다. 그는 즉시 호텔로 돌아가 캐나다로 전화를 걸었다. 그는 사업적 성공을 거두고 있는 캐나다에서의 모든 일정을 취소했다. 그의 삶은 순식간에 완전히 다른 길을 걷게 되었다. '구도자는 자신의 스승을 한눈에 알아 본다는 것'을 이해하지 못하는 사람들은 그가 최면술에 걸렸다고 말할 것이다. 자예쉬는 잘 생기고 유식한 사람이다. 그는 세속적인 일에도 매우 능한 산야신이다. 그는 확고한 결단력과 강인한 의지를 지닌 사람이다. 그리고 그에 어울리는 유머 감각을 갖고 있다. 그는 오쇼의 일이 급속도로 성장하는 데 주춧돌 역할을 했으며 최근까지도 공동체를 꾸려가는 데 중추적 역할을 담당하고 있다. 나는 자예쉬가 없었다면 어려운 일이 많았을 것이라고 오쇼가 말하는 것을 여러 번 들은 바 있다.

자예쉬를 오쇼의 일에 끌어들인 사람은, 오쇼에 의해 새로운 비서로 임명된 하시야(Hasya)이다. 하시야는 쉴라와 정반대되는 사람이다. 그녀는 할리우드 출신으로 우아하고 매력적이며 지적인 여성이다.

우리는 밝은 오렌지 색으로 불타오르는 황혼을 바라보며 공항으로 향했다. 공항에는 두 대의 제트기가 기다리고 있었다. 나, 니루빠, 묵티는 한 비행기를 탔다. 우리는 창문으로 밖을 내다보며 활주로에 서 있는 친구들에게 손을 흔들었다. 잠시 후, 우리는 이륙했다. 비행기 동체가 위쪽으로 기울어지더니 곧 높은 하늘을 날고 있었다. 우리는 어디로 가고 있는지도 몰랐다.

그것이 우리를 웃게 만들었다!

미국에서 체포당하는 오쇼
(1985년 10월)

체포되어 수감되는
순요와 니르바노
(1985년 10월)

미국의 감옥에서

1985년 10월 28일.
　우리가 탄 제트기는 북 캐롤라이나(North Carolina)의 샬럿(Charlotte)에 막 착륙하고 있었다. 창문 밖으로 내다보니 어둠 속에 황량한 공항이 눈에 들어왔다. 제트기가 일으키는 바람으로 인해 듬성듬성 나 있는 나무와 풀들이 마구 흩날렸다. 비행기의 엔진이 꺼졌을 때, 니루빠는 창문 밖으로 한니야(Hanya)가 서 있는 것을 보았다. 우리는 샬럿에서 그녀와 함께 머물기로 되어 있었다. 그녀는 니루빠의 시어머니로 아주 젊었다. 그녀는 친구인 프라사드(Prasad)와 함께 활주로에 서 있었다.
　니루빠는 반가워서 한니야를 소리쳐 불렀다. 그와 거의 동시에 사방에서 "손 들엇!" 하는 날카로운 외침소리가 들렸다. 그 소리는 나를 또 하나의 현실 속으로 밀어넣었다. 순간적으로 공포가 밀려왔다. 나는 마음속으로 말했다.
　「아냐, 이것은 현실이 아닐 거야.」
　그러나 그것은 현실이었다. 몇 초도 안되는 사이에 비행기는 열다섯 명 정도의 무장한 사나이들에 의해 완전히 포위되었다. 그들은 우리를 향해 총구를 겨누고 있었다.
 어둠 속에서 번쩍거리는 불빛, 날카로운 브레이크 소리, 외침 소리, 두려움, 이 모든 것이 나를 에워쌌다. 나는 위험천만한 상황을 깨달았다.
 '재채기도 해서는 안돼. 이들은 정말로 총을 쏠 거야.'
 나는 온몸이 얼어붙는 듯했다.

 삼 년 후, 어떤 프리랜서(Freelancer)가 이 사건에 대해 관리들을 인터뷰한 결과, 그 당시 경찰들은 두 비행기에 타고 있는 승객 모두를 체포하라는 명령을 받았다고 한다. 우리가 법망을 피해 달아난 도주범이며 반자동 소총으로 무장한 테러범이라는 연락을 받았다는 것이다.

 그들은 벌목꾼들처럼 재킷과 진바지를 입고 있었다. 나는 그들이 오쇼를 납치하기 위해 달려온 오레곤 주의 주민들일 것이라고 생각했다. 그 당시 우리는 그들이 FBI 요원이라는 것도, 우리가 체포당하고 있다는 것도 몰랐다.
 나는 전문 킬러(Killer)들을 바라보았다. 그들은 아주 냉정하고 비인간적으로 보였다. 그들의 눈엔 아무런 감정도 들어있지 않았다. 다만 얼굴 위에 번쩍거리는 구멍 두 개가 뻥 뚫려있는 듯했다.
 그들은 손을 머리 위에 얹고 비행기에서 나오라고 소리질렀다. 조종사가 비행기 문을 열었지만 우리는 밖으로 나갈 수 없었다. 엄청나게 큰 오쇼의 팔걸이 의자가 출입구를 가로막고 있었기 때문이었다. 그래서 우리는 밖으로 나갈 수 없음을 그들에게 알리려 했다. 그러나 그들은 우리가 총알을 장전하기 위해 시간을 끌고 있는 것으로 생각했을 것이다. 그들은 매우 흥분했다. 창문을 통해 들어온 불빛이 나의 얼굴을 비추었다. 내 얼굴 바로 앞에 시커먼 총구가 입을 벌리고 있었다. 총을 든 사람은 매우 긴장되고 두려운 얼굴을 하고 있었다. 나는 오히려 그가 나보다 더 두려워하고 있다는 것을 깨달았다. 우리는 기관단총으로 무장한 테러범이 아닌가! 그들은 사방에서 "꼼짝 마!", "비행기에서 내려 와!", "움직이지 마!" 등 서로 엇갈리는 명령을 내리고 있었다.

오쇼의 의자가 치워지자, 그들이 뛰어 올라왔다. 그리곤 발에 얼굴을 묻고 있는 묵티(Mukti)의 머리를 금방이라도 쏠듯이 겨누었다.

밖으로 나오자 그들은 "손을 들고 비행기에 배를 대고 기대서라"고 명령했다. 그리곤 뒤쪽에서 몸수색을 했다. 몸수색이 끝나자 철커덕하고 수갑이 채워졌다. 한니야를 돌아보니 그녀는 완전히 공포에 질려 있었다. 나는

「괜찮을 거야.」

하고 말했다. 우리는 공항의 라운지로 끌려가 오쇼의 비행기가 도착하기를 기다렸다. 그들은 여전히 사방에서 총을 겨누고 있었다. 어디론가 달려가는 군화 발소리, 방탄 조끼에 팔이 부대끼는 소리, 그리고 무전기에서 연락이 오가는 소리가 긴박감을 불러 일으켰다.

곧 제트기 한 대가 착륙하는 소리가 들렸다. 그로부터 오분 동안은 완전히 공포의 도가니였다. 우리는 그들이 오쇼에게 무슨 짓을 하려는지 알지 못하고 있었다. 니루빠는 창문가로 걸어가려 했다. 오쇼의 일행에게 조심하라는 신호를 보낼 수 있을까 해서였다. 그러나 한 사내가 총구를 들이대며 돌아가 앉으라고 명령했다. 우리는 오쇼에게 무슨 일이 일어날까봐 조바심을 내며 기다렸다. 우리는 그 폭력적인 사내들에게 둘러싸여 무기력하게 기다릴 수밖에 없었다. 죽음과 같은 정적이 흘렀다. 터질 것 같은 긴장감이 황량한 대기실에 팽배했다.

곧이어 밖에서 전전긍긍하는 외침 소리가 들렸다. 비행기가 착륙했는데도 엔진은 여전히 돌아가고 있었던 것이다. 그것은 오쇼를 위해 에어콘을 가동하기 위한 것이었지만 그들은 그것을 알지 못했다. 그래서 그들은 비행기가 다시 이륙할까봐 바짝 긴장하고 있었던 것이다. 잠시 동안 나는 머리 속이 아득해지는 것 같았다. 아무 것도 생각할 수 없었다.

잠시 후, 오쇼가 유리문을 통해 들어왔다. 그는 수갑을 차고 있었으며, 권총을 든 사나이들이 양쪽에서 오쇼의 팔을 끼고 있었다. 오쇼는 아침 강의를 위해 붓다 홀에 들어오듯이 태연하게 걸어왔다. 그의 얼굴에 조용한 미소가 흘렀다. 그는 수갑을 차고 앉아있는 우리를 보더니 빙그레 웃었다. 지금까지 경험해온 것과 완전히 다른, 상상할 수도 없는 상황에 직면하고 있었음에도 불구하고 오쇼는 전혀 변함이 없었다. 표면적으로 일어나는 일은 오쇼의 중심을 절대 건드릴 수 없었다. 오쇼의 내면은 깊고 조용한 연못처럼 흔들림이 없었다.

곧이어 그들은 엄청난 실수를 저질렀다. 그들은 명단을 읽었는데 그중에 내가 아는 사람은 단 한 사람도 없었다. 사태는 점점 더 혼란스럽게 돌아갔다.

비베크가 말했다.

「당신들은 엉뚱한 사람들을 체포한 거예요.」

엉뚱한 영화에 엉뚱한 출연진들, 그 모든 것이 나를 혼란시켰다. 명단을 읽은 사람은 내가 보기에 색소결핍증 환자같았다. 그의 붉은 머리는 염색한 게 틀림없었다. 그는 끈끈하게 느껴질 만큼 성적인 분위기가 강한 사람이었다. 그의 그런 분위기는 나로 하여금 '그는 사람들을 괴롭히는 것을 즐기는 자이다'라고 생각하게 만들었다. 우리는 계속해서 우리가 체포된 것이냐고 물어 보았지만 아무 대답도 들을 수 없었다.

우리는 공항 밖으로 떠밀려 나왔다. 공항 밖에는 스무 대는 족히 될 것 같은 경찰차들이 경보들을 울리며 대기하고 있었다. 그들은 오쇼를 우리와 분리시켜 차 안에 밀어 넣었다. 가슴이 철렁했다. 돌연 이 모든 일이 실제 상황으로 느껴지면서 두려움이 밀려왔다.

경찰들은 우리를 자세히 살필 만한 경황이 없었다. 만일 그럴 경황이 있었다면 우리는 수갑을 차고 살인자 집단처럼 취급되지는 않았으리라. 우리를 자세히 살폈다면 그들은 테러범의 인상과는 거리가 먼 삼십대 중반의 연약하기 짝이 없는 여자 네 명을 보았을 것이다. 그런 여자들이 위험하다해도 고양이 정도밖에 더 되겠는가? 그리고 그들은 이전에는 본 적이 없을 우아하고 지성적인 두 명의 신사를 보았을 것이다. 그리고 오쇼……오쇼야 더 말할 나위가 있겠는가? 그의 사진만 보아도…….

그후, 미국인들은 텔레비전을 통해 오쇼의 체포 장면을 보면서도 날마다 텔레비전에 나오는 다른 사람들과 오쇼의 대조적인 모습을 전혀 간파하지 못했다. 나는 그것이 전혀 이해되지 않았다.

나는 감옥에서 텔레비전을 통해 오쇼의 모습을 본 적이 있다. 텔레비전에서는 거칠고 폭력적인 프로그램이 방영되고 있었다. 그러더니 돌연 고대의 성자같은 오쇼가 화면에 나타났다. 그는 수갑과 족쇄를 찬 채 세상을 향해 미소짓고 있었다. 그는 수갑찬 손을 들어 합장했다. 자기를 파괴시키려하고 있는 세상에 대고 말이다. 그러나 그를 알아볼 수 있는 안목을 가진 사람은 아무도 없었다.

우리를 태운 차는 감옥을 향해 무시무시한 속도로 달렸다. 이 사람들이 제정신인지 아닌지 의심스러울 정도였다. 거리는 텅 비어 있었고 한산했다. 하지만 그들이 어찌나 차를 험악하게 몰았던지 우리는 차 뒤에서 마구 내동댕이쳐지며 벽과 문에 부딪쳐야 했다.

무릎과 어깨에 상처를 입은 사람도 있었다. 오쇼는 앞 차에 타고 있었다. 그 차도 험악하게 달리기는 마찬가지였다. 나는 오쇼의 민감한 육체를 생각했다. 관절이 탈골되지는 않을까 염려스러웠다. 후에 오쇼는 그때의 경험을 이렇게 말한 바 있다.

「나 자신이 난폭 운전자이다. 나는 평생 동안 단 두 번 법을 어겼는데, 그것은 속도 위반에 관한 것이었다. 그런데 그때는 속도가 문제가 아니었다. 그들은 '급정거'라는 새로운 수법을 사용했다. 그들은 아무 이유도 없이 급정거하곤 했다. 단지 나를 골탕먹이기 위해서. 나는 수갑과 족쇄를 차고 있었다. 그들은 내 척추에 고통을 주기 위해 오분마다 급정거와 급출발을 반복했다. 그러나 그들 중에 운전자를 만류하며 '그만해. 그가 다친단 말이야.'하고 말하는 사람은 아무도 없었다.」

감옥에 도착하자, 자예쉬가 화난 목소리로 소리쳤다.
「아니? 누가 이 따위 호텔을 예약해 놨어?」
그것은 자신의 휴가가 엉뚱하게 빗나간 데 대한 농담조의 항변이었다. 우리는 철제 벤치에서 밤을 새워야 했다. 먹을 것이나 마실 것도 제공받지 못했다. 화장실은 방 중앙에 있었다. 그래서 출입구를 지키는 자의 엉큼한 시선은 우리의 모든 동작을 놓치지 않고 볼 수 있었다. 오쇼는 꼭 새장처럼 생긴 독방에 갇혔다. 그 다음 칸에는 데바라지와 자예쉬, 그리고 세 명의 비행기 승무원이 갇혀 있었다.

데바라지가 철창을 통해 오쇼를 불렀다.
「브하그완?」
「음?」
「괜찮습니까?」
「음…….」

한동안 정적이 흐른 후, 오쇼의 목소리가 들렸다.
「데바라지?」
「예, 브하그완.」
「이게 무슨 일인가?」
「저도 모르겠습니다.」
긴 정적이 흘렀다. 다시 오쇼의 목소리가 들렸다.
「우리가 언제까지 여기에 있어야 될 것 같은가?」
「모르겠습니다.」
한동안 말이 끊긴 후, 오쇼가 말했다.
「뭔가 착각이 있었을 거야. 틀림없어.」

세 번째 칸에는 우리 네 명의 여자가 있었다. 그중의 한 명은 여자 승무원이었는데, 그녀는 울면서 비명을 지르고 있었다. 그러나 일어섰다 앉았다하면서 소리치는 그녀와 대조적으로 우리는 중심을 잃지 않고 있었다. 나는 그런 상황에서도 명상적인 상태를 느낄 수 있었다. 몇 년 동안 내게 그것을 가르쳐 준 오쇼에게 고마운 생각이 들었다. 명상적인 상태를 그토록 분명히 체험할 수 있는 기회는 그때가 처음이었다.

우리는 하루 밤낮을 꼬박 철창 속에 갇혀 지낸 후, 보석 심의에 대한 결정을 듣기 위해 법정으로 나갔다. 심의는 이십분 정도 밖에 걸리지 않았다. 그저 일반적인 절차에 대한 설명이 있었을 뿐이다.

우리는 법정으로 이동하기 위해 허리까지 사슬로 묶여진 수갑은 물론이고 족쇄까지 차야 했다. 두 명의 남자가 오쇼의 방으로 들어갔다. 나는 철창을 통해 그들의 모습을 볼 수 있었다. 그들은 오쇼를 매우 난폭하게 대했다. 그들은 오쇼의 얼굴을 벽 쪽으로 향하게 밀어붙인 다음, 그중의 한 명이 오쇼의 다리를 걷어차서 벌렸다. 그리곤 다시 오쇼의 몸을 빙글 돌리며 벽 쪽에 밀어붙였다.

갓태어난 아기에게 그런 짓이 자행되는 것을 보았다해도 그보다 더 혐오스럽지는 않았으리라. 오쇼의 내면에는 조금의 저항도 없다. 오쇼에게는 꽃 한 송이를 꺾는 것조차 폭력이다. 그의 유약함은 경이로울 정도이다.

나는 그 자의 얼굴을 똑똑히 보았다. 지금도 그 자의 얼굴을 기억한다. 나는 너무나 분노했었다. 나는 그 자의 얼굴을 뚫어지게 노려 보았다. 쫓아가서 머리통을 박아버리고 싶었다. 그러나 나는 아무 것도 할 수 없었다.

보석 심의는 처음부터 거짓말이었다. 수수한 얼굴의 여성 판사는 심의가 진행되는 동안 단 한번도 오쇼를 쳐다보지 않았다. 심의 도중 우리측 변호사인 빌 다일(Bill Diehl)은 화가 나서 이렇게 말했다.

「존경하는 재판장님, 당신은 이미 마음의 결정을 내린 듯 합니다. 우리측 변호사들은 차라리 집에 가서 잠이나 자는 게 낫겠습니다.」

오쇼는 불법 비행으로 기소되었다. 오쇼는 이민 문제로 인해 체포 영장이 발부된 것을 알고 있었으며, 고의적으로 그를 피하려 했다는 것이었다. 우리는 불법 비행을 돕고 방조한 혐의와 범인을 은닉한 죄로 기소되었다.

우리는 오쇼가 또 하룻밤을 감옥에서 보내게 될까봐 걱정하고 있었다. 그는 심각한 병에 걸릴지도 모를 일이었다. 당뇨병으로 인해 그는 몇 년 동안 철저한 식이요법을 행하고 있었으며, 정시에 약을 먹어야 했다. 그것은 한 번도 어김없이 정확하게 지켜지고 있었다. 그러므로 제때에 올바른 식사를 하지 못한다면 병세가 악화될지도 모를 일이었다. 게다가 그는 온갖 종류의 냄새에 대해 천식과 알레르기를 앓고 있었다. 그는 새 커튼이나 향수 냄새로도 천식 발작을 일으키곤 했다. 또 척추 디스크까지 앓고 있었다.
　우리측 변호사는 오쇼에게는 병원의 보호가 필요하다고 요청했다.
　오쇼가 판사에게 말했다.
　「존경하는 재판장. 한 가지 질문이 있는데……..」
　그러나 오쇼의 말은 판사에 의해 제지되었다. 판사는 거만한 어조로 변호사를 통해 말하라고 일렀다.
　하지만 오쇼는 계속 말을 이었다.
　「나는 밤새도록 철제 벤치 위에서 앓았소. 그리고 나는 그들에게 계속해서 요구했소. 베개를 줄 수 있냐고.」
　판사가 말했다.
　「그들에겐 베개가 없을 거요.」
　오쇼가 말했다.
　「나는 철제 침대 위에서는 잠을 잘 수가 없소. 그리고 그들이 주는 음식은 아무 것도 먹을 수 없소.」
　우리측 변호사들은 최소한 오쇼가 옷을 그대로 입을 수는 없겠느냐고 요청했다. 감옥에서 제공되는 물품은 그에게 알레르기를 일으킬 수도 있기 때문이었다.
　그러나 판사는 거절했다.
　「안 되오. 그것은 규칙상 허용할 수 없소.」
　심리는 다음날까지 계속되었으며, 우리는 메클렌버그(Mecklenberg)의 지방 교도소로 이감되었다.
　우리는 메클렌버그 지방 교도소로 이동되면서 다시 수갑과 족쇄가 채워졌다. 나는 족쇄가 발목을 파고드는 바람에 걷기조차 힘들었다. 비록 족쇄를 차고 있긴 했지만 오쇼의 행동거지에는 여전히 우아한 품위가 흘렀다. 오쇼는 나와 비베크가 함께 묶여있는 것을 처음 보더니 웃음을 터뜨렸다.

비베크와 나는 철제 침상에 나란히 걸터 앉았다. 지린내가 코를 찔렀다. 벽에는 똥과 피가 묻어 있었다. 육중한 철문에는 여기 저기 우그러진 자국이 남아 있었다. 아마 전에 있던 수감자가 발광을 하며 몸으로 부딪친 흔적임에 틀림 없으리라.

문 저편에서 남부인 특유의 느린 말투로 우리에 대해 지껄이고 있는 두 남자의 목소리를 들었을 때 우리는 눈이 휘둥그레져서 서로를 쳐다보았다. 그들은 라즈니쉬의 네 여자에 대해 음담패설을 나누고 있었다. 자기들도 그 여자들과 놀고 싶다는 것이었다. 우리는 강간의 두려움에 시달리면서 두 시간여를 기다렸다. 어쩌면 영원히 이곳에서 살게 될지도 모른다는 생각을 하면서. 하지만 무엇보다도 참을 수 없는 것은, 오쇼가 우리와 마찬가지로 취급되고 있다는 것과 그를 볼 수 없다는 것이었다.

감옥 생활을 통해서 가장 견디기 어려운 일은, 오쇼가 다른 죄수들과 똑같이 취급되고 있다는 것이었다. 그가 우리처럼 이런 식으로 취급된다면······.

그들은 우리의 옷을 빼앗아가고 죄수복을 가져다 주었다. 그것은 오쇼도 마찬가지였다. 그 옷들은 아주 낡았으며 솔기 부분에는 찌든 때로 뻣뻣했다. 내 몸의 체온으로 인해 옷이 덥혀지자, 전에 그 옷을 입었던 수많은 사람들의 악취가 코를 찌르기 시작했다. 그러나 삼 일 후, 다른 옷으로 바꿔입으라는 지시를 받았을 때, 나는 그 지시를 거부했다. 나는 최소한 옴에는 걸리지 않았기 때문이다. 하지만 누가 아는가? 다음번 옷에는?

침대는 옷보다 상태가 더 나빴다. 그래서 나는 옷을 입은 채로 잠을 자야했다. 시트는 너덜너덜한데다 여기저기 누런 얼룩이 남아 있었다. 담요는 구멍 투성이였으며 모직천이었다. 모직천! 오쇼는 모직에 알레르기가 있다. 그래서 변호사는 오쇼를 위해 새 코튼 담요를 갖고 갔지만 오쇼는 그것을 받지 않았다.

미국의 감옥은 완전히 기독교 체제이다. 성직자가 성경책을 들고 감방을 순회한다. 나는 마치 오백 년 전의 세상으로 돌아간 것 같았다. 그것은 너무 야만적이고 유치하게 생각되었다.

죄수들의 99퍼센트는 흑인이었다. 오로지 흑인만이 범죄를 저지른단 말인가? 아니면 흑인들만이 처벌되는 것일까?

나는 방을 배정받았다. 열두 명의 마약중독자와 창녀들 사이에 있게 된 것이다. 나는 마음속으로 말했다.

「맙소사! 에이즈는 괜찮을까?」

내가 빈 침상을 찾아 걸어가자 여자들은 하던 일을 멈추고 모두 내 쪽으로 고개를 돌렸다. 잠시 동안 나는 멍한 상태에 있었다. 그러나 곧 정신을 차려 카드놀이를 하고 있는 패들에게로 걸어갔다. 그리곤 나도 끼워주겠느냐고 물었다. 또한 감옥을 떠나기 전에 남부사투리를 배우고 싶기도 했다.

나는 죄수들과 어울려 놀면서, 그들이 밖에서 만난 사람들보다 더 지성적이라는 것을 발견했다. 그들은 텔레비전에서 오쇼와 나를 보았다고 했다. 그러면서 우리가 그토록 요란스럽게 체포되어 수감된 이유를 모르겠다고 말했다. 별 것도 아닌 이민 문제로 왜 그렇게 엄청난 중죄인으로 취급받는지 이해할 수 없다는 것이었다. 그래서 나는 이렇게 생각했다.

'이 여자들에게도 그렇게 보인다면 많은 미국인들은 오쇼의 체포에 분노할 것이다. 그리고 지성과 용기, 권력을 가진 사람들 중에는 앞장서서 항의하고 만류하는 사람이 있을 것이다.'

나는 틀림없이 그렇게 될 것이라고 확신했다. 그래서 나는 감옥에 있는 닷새 동안 그런 희망을 품고 지낼 수 있었다.

불과 몇 시간 후, 나는 다른 방으로 옮겨졌다. 그러나 나는 이유를 묻지 않았다. 왜냐하면 비베크, 니루빠, 묵티와 같은 방을 쓰게 된다는 것을 알고는 안도감이 들었기 때문이다. 그 방에는 우리 외에 두 명의 죄수가 더 있었다. 방 안에는 탁자와 긴 의자, 샤워기, 그리고 텔레비전이 있었다. 텔레비전은 항상 잠잘 시간이 되어야 꺼지곤했다.

교도소를 책임지고 있는 사람은 키드(Kidd) 보안관이었는데, 내 생각에 그는 오쇼를 위해 최선을 다했다. 그는 우리의 얼굴 사진을 찍는 동안에 비베크와 나에게

"그(오쇼)는 아무 죄도 없다."
고 말했다.

카터 간호사 또한 오쇼에게 상당한 관심을 가지고 있었다. 그녀는 매일마다 우리에게

「당신들의 스승은 오늘 그리츠(grits)[1]를 먹었어요.」
등등의 소식을 전해주곤 했다.

어느 날 아침 나는 철창을 통해 오쇼가 사무엘(Samuels) 서장 대리와 인사하는 장면을 목격했다. 그 순간, 나는 시간이 멈추는 듯 했다. 교도소가 사원으로 바뀌는 순간이었다. 오쇼는 그의 손을 잡았으며, 그들은 잠시 동안 서로를 응시하며 서 있었다. 오쇼의 눈길에는 사랑과 존경이 담겨 있었다. 그런 만남은 교도소에서는 어울리지 않는 만남이었지만 내 눈 앞에 현실로 이루어지고 있었다.

오쇼는 기자 회견을 열었다. 그는 죄수복을 입고 텔레비전에 나타나 기자들의 질문에 대답했다. 죄수복을 입은 오쇼의 모습을 처음 보는 순간, 나는 전에 보지 못했던 아름다움에 깜짝 놀랐다. 나와 비베크는 거의 동시에 "노자!"하고 소리쳤다. 정말이지 그는 고대 중국의 성인인 노자처럼 보였다.

교도관들은 우리를 따뜻하게 대해 주었다. 그들은 오쇼를 존경했다. 나는 그런 곳에도 좋은 사람들이 있다는 것을 목격했다. 하지만

---

[1] 남부식 오트밀.

제도 자체는 매우 비인간적이었으며 그들은 그런 사실을 알지 못하고 있었다. 교도관 중의 한 명은 법정으로 가는 도중 우리에게 고개를 돌리며 "당신들에게 신의 가호가 있기를!"이라고 말했다. 그리곤 다른 사람들이 자기 말을 엿듣는 것을 원치 않는 듯이 재빨리 사라졌다.

우리는 매일 십오 분씩 운동장에 나가는 것이 허용되었다. 오쇼의 방은 2층에 있었는데 긴 창문을 통해 운동장이 내려다 보였다. 우리가 운동장에서 신발을 집어 던지면 오쇼는 창문가에 나타나 손을 흔들었다. 그의 얼굴을 똑똑히 보기는 힘들었다. 하지만 우리는 그를 알아볼 수 있었으며 그가 천천히 손을 흔들고 있는 모습을 분명히 볼 수 있었다. 한 번은 폭우가 쏟아지는 속에서도 눈물을 흘리며 기쁨의 춤을 춘 적이 있다. 그것은 빗속의 다르샨이었다. 유리창에 신비하게 나타나는 오쇼의 모습은 성당의 스테인글라스에 새겨진 성자를 연상케 했다. 감방으로 돌아오는 길에 교도관은 우리에게 묻곤 했다. 운동장에 내려갈 때만 해도 우울한 얼굴을 하고 있더니 돌아올 때는 웃으면서 돌아오니 도대체 무슨 영문이냐고.

그로부터 나흘 동안 나는 법정에서 미국식 정의가 어떤 것인지 똑똑히 목격했다. 그들은 자기들의 정의가 엉터리 연극임을 스스로 폭로하고 있었다. 정부측 대리인들은 거짓말을 늘어놓고 있었다. 그리고 거짓말을 하도록 협박 당한 산야신들의 말을 오쇼의 죄를 입증하는 증거로 제시하고 있었다. 쉴라에 의해 저지러진 범죄도 제시되었다. 하지만 그것은 오쇼의 소송과 아무 관계도 없는 것이었다. 날이 지나면서 나는 이 세상에 이성적인 판단력이 존재하지 않음을 알게 되었다. 세상에는 이해의 눈도 정의도 없었다.

미국 땅에도 누군가 앞으로 나서서 비인간적이고 비정상적인 일에 대해 항의하는 사람이 있을 것이라는 나의 희망은 헛된 꿈이었다. 바깥 세상에는 오쇼를 이해하는 사람이 아무도 없었다. 오쇼는 혼자였다.

　오쇼는 천재, 또는 붓다와 같은 특성을 가진 사람들은 항상 시대를 앞서 가기 때문에 당대에는 아무도 그를 알아보지 못할 것이라고 말한 바 있다. 오쇼에게 있어서 이 미국이라는 땅은 황무지이며 원시적인 땅이었다. 그의 말에 귀 기울거나, 또는 이해하려고 노력할 만큼 용기있는 사람은 아무도 없었다.

　심리는 닷새 동안 계속되었다. 그들이 우리의 수갑을 풀었을 때, 기자 한 명이 소리쳤다.
「수갑을 풀으니 느낌이 어떻습니까?」
나는 잠시 아무 말도 않고 서 있다가 양손을 내밀며 말했다.
「별 차이 없어요.」

　오쇼에게는 보석이 허용되지 않았다. 오쇼는 여전히 한 명의 죄수로서 오레곤의 포틀랜드로 이송될 예정이었다. 그곳에서 판결이 내려지기로 되어 있었던 것이다. 포틀랜드까지는 비행기로 여섯 시간 걸리는 거리였다. 나는 텔레비전 뉴스에서 그가 호위를 받으며 죄수용 비행기에 오르는 것을 보았다. 비록 손과 발은 사슬에 묶여 있었지만 그의 움직임은 변함없이 우아했다. 그것은 오로지 의식의 각성을 이룬 사람만이 보여줄 수 있는 몸가짐이었다. 그러나 사슬에 묶인 그의 모습을 보고 있자니 가슴이 미어지는 것 같았다.
　우리는 곧 석방될 예정이었다. 우리는 철창을 통해 오쇼에게 작별을 고할 수 있었다. 묵티, 니루빠, 나는 오쇼가 갇힌 철창을 부여잡고 흐느껴 울었다. 그는 철제 침상에서 일어나 우리에게 다가왔다. 그는 우리의 손을 잡고 말했다.
「가라. 걱정할 게 없다. 나도 곧 풀려날 것이다. 모든 일이 잘 될 것이다. 그러니 행복한 마음으로 가라.」

교도소 사무실에서 석방을 기다리는 동안에도 텔레비전에는 오쇼의 모습이 비치고 있었다. 한 경찰관이 이렇게 말했다.

「저 사람에게는 정말 뭔가 있는 것 같아. 그는 무슨 일이 일어나든지 항상 고요하고 평화롭단 말이야.」

나는 온세상에 대고 외치고 싶었다.

「여기 인류의 스승이 있다! 우리의 스승이 엉터리 죄목으로 체포되고 기소되었다. 그는 미국의 사법 제도에 의해 육체적인 고통을 당하고 총구를 앞에 둔 채 여기저기 끌려 다니고 있다. 그러면서도 그는 우리에게 '행복한 마음으로 가라'고 한다. 이 한마디 말을 통해 그가 어떤 사람인지 알 수 없단 말인가?」

나는 울음을 멈추고 오쇼를 쳐다보았다. 그의 눈을 보자 슬픔의 에너지가 변형되기 시작했다. 행복감이 밀려왔다. 행복은 강한 힘을 갖는다. 행복이 그의 메시지이다. 나는 스스로 맹세했다.

「그래요, 행복하게 스승님의 곁을 떠날 거예요. 나는 강해질 거예요.」

내면에서 힘이 솟아오름을 느꼈다. 그러나 나의 행복감은 표피적인 것이었다. 그것은 가슴을 절개하고 그 위에 임시로 일회용 반창고를 붙여 놓은 것과 같았다.

* * *

우리는 오쇼를 남겨두고 라즈니쉬푸람으로 돌아왔다. 그를 죽이려고 벼르는 자들의 손에 남겨 두고서.

북 캐롤라이나에서 포틀랜드까지는 여섯 시간 거리이다. 그런데 오쇼는 포틀랜드에 오기까지 무려 일주일이나 걸렸다. 그 동안에 그는 네 군데의 형무소를 전전해야 했다. 그 투옥 기간 중 오쇼는

방사능에 노출되고 탈륨(thallium)이라는 독극물에 중독되었다.[2]

* * *

　우리는 라즈니쉬푸람에서 오쇼가 돌아오기를 기다렸다. 그러나 11월 4일 저녁 그가 오클라호마(Oklahoma)에 도착했다는 소식을 끝으로 6일까지 아무 소식도 들을 수 없었다. 샬럿에서 포틀랜드까지는 여섯 시간밖에 걸리지 않는다. 그런데 그가 샬럿을 떠난 지 이미 사흘이 경과하고 있었다. 교도소 당국은 그가 어디에 있는지 밝히지 않았다. 비베크는 안절부절 못하며 어쩔 줄 몰라 했다. 샬럿에서 우리를 잘 보살펴 주고 오쇼를 위해 열심히 일했던 빌 다일(Bill Diehl) 변호사는 오클라호마로 날아갔다. 오쇼의 행방을 캐기 위해서였다. 그는 오쇼를 발견했다. 그 동안에 이미 오쇼는 두 번이나 교도소를 옮기고, 데이빗 워싱턴(David Washington)이라는 가짜 이름으로 서명을 강요당한 뒤였다. 그것은 오쇼에게 무슨 일이 일어난 것인지 흔적을 남기지 않으려는 술책이 분명했다. 교도소 기록 어디에서도 '브하그완 쉬리 라즈니쉬'라는 이름을 찾을 수 없도록 말이다.
　오쇼는 체포된 지 열이틀 만에 포틀랜드로 돌아왔다. 그리고 보석으로 석방되었다.

　오쇼는 석방된 후 며칠 동안 하루에 스무 시간씩이나 잠을 자면서 휴식을 취했다. 11월 12일에는 법정 심리가 있을 예정이었다. 11일 밤, 나는 법정 심리가 있은 후 오쇼가 미국을 떠나 인도로 가

---

[2] 줄리엣 포먼(Juliet Forman)의 책 『세계를 뒤흔든 열이틀 동안의 이야기 : Twelve Days that Shook the World』와 막스 브리쳐(Max Brecher)의 『미국에서의 여행 : A Passage to America』에 언급된 내용임 (원저자 주)

게 될 것이라는 이야기를 들었다.

지난 4년 동안 공동체를 떠나 있었던 락시미가 다시 돌아왔다. 나는 그녀와 오쇼가 만나는 자리에 같이 있었다. 그녀는 히말라야에 새로운 공동체를 세울 수 있는 장소를 발견했다고 말했다. 그녀는 장대한 강과 그 강의 중앙에 있는 섬에 대해 이야기했다. 오쇼는 그 이야기를 듣고 "우리는 그곳에 새로운 붓다 홀을 지을 것이다"라고 말했다. 락시미의 말에 따르면, 그곳에는 작은 방갈로가 많이 있으며, 오쇼가 살 수 있는 커다란 저택도 있다는 것이다. 그리고 건물 확장 공사의 허가를 받는 데 아무 어려움도 없다는 말을 잊지 않았다.

오쇼는 다시 시작할 준비가 되어 있었다. 일부 산야신들의 배신과 악화된 건강에도 불구하고 그의 일은 계속되어야 했다. 그는 새로운 공동체에 대해 상세하게 토론했다. 나는 그의 엄청난 열정을 보고 놀라움을 금치 못했다.

나는 짐을 꾸렸다. 큰 트렁크로 스무 개도 넘었다. 히말라야 고지에서는 따뜻한 의복과 화장실용품, 오쇼의 다이어트 음식 등을 구하는데 애로가 많을 것 같았기 때문이다. 나는 가능한 오쇼의 옷을 많이 가져가고 싶었다. 오랫동안 오쇼의 옷을 만들 수 없을지도 모르기 때문이었다.

다음날, 비베크와 데바라지는 오쇼에 앞서 먼저 떠났다. 나는 오쇼와 함께 포틀랜드까지 동행하기로 되어 있었다. 공동체와 결별할 것을 생각하니 가슴이 아팠다. 락시미의 말대로 된다면 우리는 곧 다시 합쳐질 것이지만 그래도 가슴이 아픈 것은 어쩔 수 없었다.

나는 오쇼의 방에서 몇 가지 짐을 꾸리고 있었다. 오쇼는 강의에서도 자주 언급하곤 하던 시바상을 집어들더니 말했다.

「이 시바상을 공동체에 주도록 하라. 그들은 이것을 팔아서 유용하게 쓸 수 있을 것이다.」

그 다음에 그는 방을 가로질러 불상(佛像)들 앞으로 갔다. 그 불상들은 오쇼가 매우 사랑하는 물건이었다. 내가 작은 소리로 중얼거렸다.

「오, 제발 그것만은 안돼요. 당신은 그 불상들을 너무나 사랑하시잖아요?」

그러나 그는 고집을 꺾지 않았다.

오쇼는 나중에 연방 수사국으로부터 자신의 시계들이 돌아오면 모든 사람들이 볼 수 있도록 그 시계들을 명상 홀의 단상 위에 걸어 놓으라고 말했다. 그리고 자신의 사람들에게 이렇게 말하라는 것이다.

「이 시계들은 그대들이 인도로 올 때 비행기 요금에 보탬이 될 것이다.」

우리는 정부 당국이 오쇼의 시계들을 훔쳐갔다는 것을 전혀 모르고 있었다. 그것은 상상할 수도 없는 일이었다. 샬럿에서 체포될 당시 우리는 소지품 모두를 압수당했다. 그중의 상당수는 일 년여의 법정 투쟁 끝에 돌려받을 수 있었다. 그러나 오쇼의 시계들은 여전히 그들의 손에 있었다. 그것은 완전히 도적질이다.

나는 친구들에게 작별을 고했다. 그리곤 밖으로 나가 산을 바라보았다. 지난 4년 동안 그 산에서 자고 가만히 앉아서 경관을 살피곤 했던 기억이 주마등처럼 스쳐갔다. 나는 그 '나의 산'에 대고 엎드려 절했다. 그런 다음 지금까지 해왔던 것과 마찬가지로 아베쉬(Avesh)를 불러 차를 꺼내오라고 말했다. 아베쉬가 운전대를 잡고 나는 오쇼와 함께 뒷좌석에 앉았다. 바쇼 연못에서부터 라즈니쉬 만디르를 거쳐 공항에 이르기까지 많은 사람들이 나와 있었다. 사람들은 붉은 옷을 입고 음악을 연주했다. 그들은 춤추고 노래하고 손을 흔들며 스승에게 작별 인사를 했다. 그 얼굴들! 몇 년 전만 해도 그들의 얼굴은 어둡고 침침했다. 그런데 이제 그들의 얼굴은 밝은 생기로 빛나고 있었다. 오쇼는 차 안에 앉아서 합장으로 인사했다. 이제 사람들은 라즈니쉬푸람에서 오쇼의 마지막 모습을 보고 있는 것이다.

나는 가슴이 아팠다. 목이 메었다. 금방이라도 눈물이 흘러내릴 것만 같았다. 그러나 감정을 폭발시키기에는 적당한 때가 아니었다. 나는 오쇼를 보호하기 위해 그곳에 있는 것이다. 나는 마음속으로 다짐했다.

'나중에 울지 뭐. 하지만 지금은 안돼.'

활주로에는 작은 비행기가 기다리고 있었다. 오쇼는 트랙 위에서 사람들을 돌아보며 손을 흔들었다. 활주로 옆은 사람들로 만원이었다. 그들은 낙천적이고 생기 가득한 얼굴로 음악을 연주하며 그들의 스승을 전송했다. 비행기가 이륙하자 나는 작은 창문 밖으로 라즈니쉬푸람의 마지막 모습을 내려다 보았다. 그리곤 오쇼를 돌아보니 그는 조용히 침묵에 잠겨 앉아 있었다. 자신의 제자들, 자신의 꿈을 남겨두고 떠나면서.

다시 인도 땅을 밟다

　11월 중순의 어느 날, 우리는 포틀랜드의 비에 젖은 거리를 달리고 있었다. 어둠이 깔리고 있었다. 경찰들은 마치 대통령을 경호하듯이 롤스로이스의 양편에서 우리를 에스코트했다. 우리를 호위하는 경찰들의 숫자가 적어도 50명은 될 것 같았다. 그들은 검게 빛나는 가죽 옷을 입고 있었다. 얼굴은 헬멧과 색안경에 가려 보이지 않았다. 그들은 강력한 하레이 데이비슨(Harley Davidson) 오토바이를 타고 있어서 거인처럼 보였다. 그들은 교통을 차단했다. 그리고 구역이 바뀔 때마다 차 양옆의 오토바이가 물러가면 다른 팀이 유연하게 그 자리를 대신했다. 그들은 기동 연습을 하듯이 철저하게 우리를 호위했다.
　요란하게 사이렌이 울리고 건장한 경호원들이 지키는 가운데 오쇼는 차에서 내려섰다. 항상 그렇듯이 그는 '외부'에서 일어나는 일에 전혀 영향받지 않고 천천히 법정으로 들어갔다. 여덟 명쯤되는 사복 경찰들이 오쇼를 둘러싸고 있었다. 나는 차의 반대쪽 문으로 내려섰다. 엄청난 혼란이 벌어지고 있었다. 사진을 찍으려고 아우

성치는 기자들, 텔레비전 카메라, 그들을 저지하는 경찰관들. 나는 오쇼와 같은 문으로 들어가는 것이 허용되지 않았다. 그래서 나는 잠시 동안 오쇼의 뒷모습을 바라보고 서 있었다. 그는 법정의 복도를 가득 메운 검은 색과 회색의 무리들 사이로 사라지고 있었다. 나는 군중들을 뚫고 들어가 다른 출입구를 발견했다. 엄청난 혼란을 거친 끝에 가까스로 나는 법정에 들어가 오쇼의 옆 자리에 앉을 수 있었다.

오쇼는 평온하게 앉아 있었다. 마치 먼 하늘에서 세상을 내려다 보는 새처럼.

후에, 오쇼는 이렇게 술회했다.

「미국 정부는 나의 변호사들을 협박했다. 일반적으로 정부측이 먼저 타협안을 제시하는 경우는 찾아볼 수 없다. 그런데 그들은 심리가 열리기 전 나의 변호사들을 불러 타협안을 제시했다. 은근슬쩍 암시를 주면서 말이다. 그들은 자기들의 입장을 분명히 밝혔다.

'우리는 어떠한 증거도 갖고 있지 않다. 만일 소송을 계속한다면 당신들이 이길 것이다. 그것은 불을 보듯이 뻔한 일이다. 그것은 우리도 알고 당신들도 안다. 하지만 우리 정부는 단 한 명의 개인에게 패하는 것을 원치 않는다. 우리는 한 개인이 정부를 상대로 소송에 이기도록 수수방관하지 않을 것이다. 우리는 소송을 이십 년 정도 질질 끌 수도 있다. 물론 그렇게 되면 그 동안 브하그완은 감옥에 있게 될 것이다. 그리고 감옥 안에서는 항상 브하그완의 생명이 위협 받을 것이다. 우리는 당신들이 이 점을 분명히 이해하길 바란다.'

변호사들의 모임이 끝난 후 니렌(Niren)은 울면서 내게 말했다.

「우리는 아무 것도 할 수 없습니다. 부끄럽지만 우리는 당신에게 유죄를 인정하라고 말해야 합니다. 물론 당신이 결백하다는 것은 압니다. 하지만 정부측에서는 당신의 생명이 위험에 처할 수도 있다는 뜻을 분명히 밝혔습니다.」

「변호사들은 내게 두 가지 죄만 인정하면 석방될 것이라고 말했다. 그리고 미국에서 추방되는 것에 그칠 것이라고. 그러나 나는 미국의 감옥에서 죽을 준비가 되어 있었다. 그것은 나에게 대단한 일이 아니었다. 하지만 변호사들이 '당신을 사랑하는 제자들을 생각하십시오'라고 말문을 열었을 때, 나는 유죄를 인정하는 것을 심각하게 여길 필요는 없다고 생각했다.」

오쇼는 서른네 가지 죄목으로 기소되었고, 그중의 두 가지를 인정했다. 그렇다면 나머지 서른두 가지 죄목은 어떻게 된 것인가? 판사는 범죄를 저질렀음에 틀림없다. 그는 타협했기 때문이다. 하지만 죄목도 타협될 수 있는가? 죄목도 사업이란 말인가? 오쇼측에서 인정한 두 가지의 범죄도 완전히 엉터리로 조작된 것이었다. 하나는 오쇼가 거주할 목적으로 미국에 왔다는 것이며, 다른 하나는 외국인들이 미국인과 결혼하도록 위장 결혼을 주선했다는 것이었다. 그러나 나는 다음과 같이 반박하고 싶다.

첫째, 오쇼는 여러 해 동안 이민국에 이민 신청을 했지만 그들은 아무 응답도 없었다. 그 이유는 무엇인가?
둘째, 오쇼는 수천 쌍의 위장 결혼을 주선한 혐의로 기소되었다. 그리고 그중의 한 쌍은 위장 결혼이 확실하다는 것이다. 이게 무슨 농담인가? 한 쌍은 확실하다고? 그렇다면 다른 수천 쌍은 어찌된 것인가? 그리고 그 단 한 쌍에 대해서도 실제로는 아무 것도 증명되지 않았다.

판사는 판결문에서, 오쇼가 미국에 온 것은 인도에 있는 아쉬람이 너무 협소하기 때문에 많은 사람들이 명상할 수 있는 공간을 마련하기 위해서였다고 말했다. 나는 그 말을 듣고 벌린 입을 다물지 못했다. 그것이 범죄란 말인가?

법정에서 오쇼는 조금도 흔들림이 없었다. 그는 아주 겸손했다. 그럼에도 불구하고 그는 왕이었다. 그는 여전히 순진무구했으며 아무 것도 그를 손상시킬 수 없었다. 그는 모든 것을 받아들이고 있었다. 텅빈 하늘에서는 모든 대립이 사라지는 법이다. 나는 그가 이렇게 말하는 것을 들은 적이 있다.

「스승은 하늘과 같다.
그는 존재하는 듯 하지만 존재하지 않는다.」

그는 법정에서도 자신의 방에 있거나 붓다 홀에서 명상할 때와 다름이 없었다. 퍼스낼리티(personality)가 사라지고, 낡은 사유 패턴에 의해 지배받지 않게 되면, 그때엔 방해받을 에고와 상처받을 '나'가 존재하지 않는다.

판사가 오쇼에게 물었다.
「이의 있습니까?」
오쇼가 대답했다.
「그렇소.」
그러자 오쇼 옆에 앉아 있던 우리측 변호사 잭 랜섬(Jack Ransome)이 재빨리 일어나 말했다.
「유죄를 인정합니다.」
그런 일이 두 번 되풀이 되었다.
후에, 나는 이의있다고 말한 오쇼의 대답에 대해 물은 적이 있다. 그때, 오쇼는 웃으며 이렇게 말했다.
「왜냐하면 나는 죄가 없기 때문이지! 나는 다만 나의 상황을 그대로 진술했을 뿐이야. 그런데 우리측 변호사는 즉각 '유죄를 인정합니다'라고 대답했어. 하지만 그가 유죄이건 아니건 그것은 그의 문제야.」

　법정은 십 년형과 아울러 형집행 정지를 선언했다. 그리고 오 년간의 집행 유예 결정을 내렸다. 미국을 떠날 것과, 미 국무장관의 승인이 없는 한 오 년 내에는 입국할 수 없다는 조건에 동의할 것을 전제로.
　판사는 오쇼에게 앞으로 오 년 동안 미국에 다시 들어올 수 없다는 내용을 이해했는지 물었다. 그러자 오쇼는 이렇게 대답했다.
　「물론, 하지만 오 년으로 한정할 필요가 없소. 나는 다시는 이 땅을 밟지 않을 테니까!」
　판사가 말했다.
　「아마 마음이 달라질 것이오.」
　그 말을 듣고 오쇼는 빙그레 웃으며 아무 말도 하지 않았다.
　후에, 나는 오쇼에게 그때 왜 아무 말도 않고 웃기만 했느냐고 물은 적이 있다. 오쇼는 이렇게 대답했다.
　「그건 빌라도가 '진리가 무엇이오?'라고 물었을 때 예수가 침묵을 지킨 것과 같은 이유지. 나 또한 침묵을 지키며 웃을 수밖에 없었다. 왜냐하면 그 불쌍한 판사는 내게 마음이 없다는 것을 알지 못할 테니 말이야.」
　오쇼는 오십만 달러의 벌금형을 선고 받았다. 보통의 경우 그 정도의 가벼운 죄라면 이십오 달러의 벌금과 추방령이 고작인데 말이다.
　하시야는 친구의 도움을 받아 단 십 분 만에 벌금을 지불했다. 오쇼는 법정 밖으로 나와 비에 젖은 포틀랜드의 거리를 달렸다. 거리에 늘어선 군중들 가운데 어떤 사람들은 손을 흔들어 호의를 표시했다. 또 어떤 사람들은 가운데 손가락을 추켜세우며 야유를 보냈다.

 우리는 곧장 공항으로 차를 몰았다. 오쇼의 비행기가 있는 곳에는 산야신과 기자들이 기다리고 있었다. 비베크의 모습도 보였다. 오쇼는 트랙을 올라가 주변을 돌아보며 손을 흔들었다. 비바람이 불면서 그의 수염이 휘날렸다. 그런 그의 모습은 너무나 아름다웠다.
 굳바이 아메리카. 세상이여, 안녕. 비행기 문이 닫히려는 찰나, 나 또한 미국을 떠나는 중이라는 사실을 깨달았다. 나는 급히 뛰어 올라가 사람들의 열기로 가득한 비행기에 몸을 실었다. 비베크는 세 개의 시트를 뉘여서 만든 임시 침대에 오쇼를 눕히고 있었다. 오쇼는 담요를 덮고 누워서 조용히 눈을 감았다. 이 보기 드문 광경은 나중에 아주 친숙한 광경이 되었다. 그후로 우리는 비행기로 전세계를 떠돌았으며 비행기가 우리의 유일한 집이었으니까.

 어쨌든 미국을 떠난다고 생각하니 유쾌한 기분이었다. 오쇼가 깊이 잠들자 우리는 샴페인을 터뜨리며 잔치를 벌였다.
 오쇼는 어디를 가든 이륙해서 착륙할 때까지 잠을 잤다. 그리고 깨어날 때는 모든 것을 처음 보는 갓난아기 같았다. 그는 여전히 우리와 함께 지구상에 머물고 있다는 사실에 놀라곤 했다.
 미국을 떠나는 비행기에는 비베크, 데바라지, 니루빠, 묵티, 하시야, 아쉬시(Asheesh), 라피아(Rafia)가 타고 있었다. 그것은 소형 제트기였다. 우리는 큰 비행기를 기대했었지만 이용할 사람을 말하자 즉각 취소되었다. 그래서 오쇼의 가족을 포함해서 대부분의 사람들은 상업용 비행기를 타기 위해 포틀랜드에 남아야 했다.
 우리는 일단 사이프러스(Cyprus)에 착륙했다. 아랍 국가들을 통과할 수 있는 허가증이 없었기 때문이다. 마침 그날은 무슬림

(Muslim)의 경축일이었다. 모든 기관이 휴일인 관계로 우리는 허가증을 발급받을 수 없었다.

사이프러스 공항에서 우리는 사람들의 구경거리가 되었다. 우리가 오레곤 주를 떠날 때에는 추운 겨울이었지만 사이프러스는 지중해 특유의 무더운 열기가 훅훅 불어오고 있었다. 그런데 우리는 부츠를 신고 털 코트를 입었으며 스카프에 모자까지 쓰고 있었던 것이다. 우리들 중의 여덟 명은 붉은 색 옷을 입고 있었으며, 오쇼는 긴 원피스에 털모자를 쓰고 있었다. 게다가 오쇼는 길고 하얀 수염을 날리고 있지 않은가. 공항 관리들은 우리들의 정체가 무엇인지, 자기들이 어떻게 처신을 해야하는지 몰라 수군거리며 법석을 떨었다.

우연히 우리를 발견한 기자가 공항 관리에게 들으라는 듯 "브하그완 쉬리 라즈니쉬! 그는 지금 막 미국을 떠나오는 중이다."라고 소리쳤지만 별로 도움이 되지 않았다. 입국 서류를 작성하는 데만도 한 시간이나 걸렸다. 그 동안 오쇼는 먼지와 담배 연기로 가득찬 대기실에 앉아서 기다려야 했다. 우리는 사이프러스 입국 허가를 받고 특급 호텔을 향해 택시를 탔다.

호텔에 도착한 것은 새벽 두 시쯤이었다. 나는 마음이 어지러워 잠을 잘 수 없었다. 그래서 발코니에 앉아 밤거리를 내다 보았다. 눈물이 볼을 타고 흘러내렸다. 나는 현대판 십자가형의 목격자였다. 나의 마음은 수갑을 차고 있는 오쇼의 모습, 감옥 안의 풍경, 거짓이 판을 치는 법정, 라즈니쉬푸람의 마지막 모습, 그곳에 있는 아름다운 사람들의 얼굴에 대한 기억으로 가득 차 있었다.

나는 우리가 미국에서 창조하려고 했던 진실을 알고 있었다. 우리와 함께 일한 순진무구한 사람들은 즐거움에 가득 차 있었다. 그런데 이제는 존재계 전체가 우리에게 반대하는 것 같지 않은가. 우리와 같은 사람들은 세상에 발붙일 곳이 없는 것처럼 느껴졌다. 나는 눈물을 흘리며 하늘을 쳐다 보았다. 그리고 이렇게 물었다.
「왜 우리를 버리십니까?」

다음날 오후, 우리는 아랍 국가를 경유해도 좋다는 허가를 받고 인도를 향해 날아갔다. 인도! 인도는 나의 마지막 희망이었다. 미국은 야만적인 땅임이 증명되었다. 그들은 오쇼를 전혀 이해하지 못했다. 그러나 인도는 다를 것이다. 인도 사람들은 깨달음이 무엇인지 안다. 그들은 진리에 대한 탐구를 이해하며 '성스러운' 사람을 존경한다. 설령 미신에서 비롯된 것이라 해도 그들은 위대한 스승을 존경한다. 그들은 오쇼가 누구인지 안다. 오쇼는 삼십 여 년 동안 인도를 여행하며 가르침을 폈다. 어떤 때는 오만 명이 넘는 청중들 앞에서 강연을 한 적도 있다.
나는 인도인들이 그들의 '신성한 스승'이 고국에 돌아온 것을 환영할 것이라고 확신했다. 미국에서 오쇼가 받았던 대접은, 서구 사회는 내적인 풍요에 대해 이해하지 못한다는 인도인들의 의심을 확인시켜 줄 것이다. 인도는 오쇼에게 땅을 주고 살 곳을 마련해 줄 것이다. 나는 그렇게 확신했다.

우리는 새벽 두 시 삼십 분 델리에 도착했다. 사이프러스에서의 체류로 인해 예정보다 만 하루가 늦은 시간이었다. 그것은 사람들에게 공항으로 몰려들 수 있는 시간을 벌어 주었다. 사람들은 엄청난 긴장 속에서 기다리고 또 기다렸을 것이다. 입국 수속을 밟으며 주변 상황을 보고 나는 기절초풍할 듯이 놀랐다. 공항은 엄청난 군중들로 아수라장이었다. 그 뒤로는 수백 명의 기자와 카메라맨들이 들끓고 있었다. 군중들은 '구루(Guru)'[1]의 몸을 만져보려고 서로

---

1) 인도에서 '스승'을 일컫는 말.

밀치고 잡아당기며 아우성을 치고 있었다. 그것은 광란의 도가니였다.

락시미도 그곳에 와 있었다. 그리고 우리보다 며칠 앞서서 락시미와 함께 미국을 떠난 아난도도 와 있었다. 나머지 일행은 세관을 통과하는 중이었으므로 비베크와 오쇼는 대기중인 차를 타기 위해 출구로 향했다. 그들은 광란하는 군중을 헤치고 나아갔다. 나는 얼른 오쇼의 뒤를 쫓아갔다.

사람들은 아우성치며 오쇼의 옷을 잡아당겼다. 어떤 여자는 뒤에서부터 뛰어올라 팔로 오쇼의 목을 휘감기도 했다. 또 어떤 사람들은 오쇼의 발아래 몸을 던지며 다리를 잡고 늘어졌다. 오쇼를 땅바닥에 쓰러뜨릴 기세였다. 뒤쪽에 있는 사람들은 마구 밀어붙이고 있었으며, 앞쪽에서는 수많은 기자들이 뛰어들며 질문을 퍼부어 댔다. 나는 사람들의 팔과 머리를 잡아당기며 길을 열기 위해 안간힘을 썼다. 아난도도 필사적인 힘을 다하고 있었다. 락시미 또한 작은 몸짓에도 불구하고 대단한 투사였다. 오쇼는 합장을 하고 모든 사람들에게 미소를 지어 보이며 위험천만한 길을 서서히 걸어갔다. 마침내 우리는 차까지 도착했다. 그러나 밀려드는 군중을 물리치고 차문을 여는 데만도 오 분 이상이 소요되었다.

오쇼를 태운 차가 서서히 출발하고 나서야 부들부들 떨면서 지켜보던 나는 비로소 안도감이 들었다. 우리는 인도에 왔다. 그리고 인도에 있는 한 오쇼는 안전하다!

델리를 떠나 쿠루로

 오쇼는 아침 일곱 시 하얏트 리젠시 호텔에서 기자 회견을 열었다. 기자 회견에서 그는 미국에 대해 생각하는 바를 거침없이 말했다. 그리곤 쿠루 마날리(Kuru Manali)로 가기 위해 공항으로 향했다.
 내가 탄 화물 트럭은 소름이 끼치도록 혼란스러운 델리 시내를 관통하고 있었다. 그 동안 나는 잠깐 눈을 붙였다. 트럭에는 인도의 언론들이 〈은과 보석으로 뒤덮힌〉이라고 표현한 트렁크들이 실려 있었다. 그러나 이 트렁크들은 내가 미국 시골 마을의 철물 가게에서 산 것으로 다른 트렁크들과 크게 다를 게 없었다.
 오쇼의 어머니인 마타지(Mataji)는 가족들과 더불어 우리와 합류해 있었다. 라즈니쉬푸람에서 함께 지냈던 하리다스는 바로 우리 뒤를 쫓아 인도로 날아왔다. 오쇼의 치과 간호사로 빨간 머리에 옥색 피부를 가졌으며 장난기어린 웃음을 짓는 아슈는 하리다스, 그리고 묵타와 함께 인도로 날아왔다.
 묵타는 오쇼의 초기 서양인 제자들 중 한 명으로 그리스의 선박

가문 출신이다. 그녀는 은빛 머리를 가졌으며 오쇼의 정원사로 몇 년을 일했다. 나는 라피아 또한 우리와 함께 여행하는 것을 알고는 아주 기분이 좋았다. 그는 지난 2년 동안 비베크의 가장 가까운 친구였다. 그는 내면 깊은 곳에서 우러나오는 힘을 발산하면서도 항상 웃을 준비가 된 사람처럼 유쾌하고 활발한 사람이다. 우리가 타자 비행기는 만원이었다. 그래서 트렁크를 실을 수 없었다. 우리는 나중에 짐이 도착하도록 조치를 취했다. 우리는 그렇게 희망했다!

아, 마침내 비행기가 이륙하자 얼마나 기뻤던지! 나는 더 이상 할 일이 없었다. 오쇼를 돌아보니 그는 창문가에 앉아 주스를 마시고 있었다. 오쇼는 히말라야에 대해 수시로 말하곤 했다. 마침내 그가 히말라야를 보게 된다고 생각하니 가슴이 떨렸다. 나는 히말라야를 바라보는 오쇼의 모습을 볼 수 있을 것이다.

하시야와 아난도는 델리에 머물며 일을 보기로 했다. 토지를 구입하기 위한 접촉이 이루어지고 있었기 때문이었다. 오쇼는 정부측에서 그것을 어렵게 만들 것이라고 전망했다. 하시야와 아난도는 서양 사람이었으니 말이다.

비행기는 두 시간 만에 착륙했다. 우리는 구불구불한 언덕길을 따라 차를 몰았다. 길을 따라 가면서 보이는 쿠루 주민들은 매우 가난해 보였다. 하지만 그들에게는 봄베이의 빈민층들이 갖지 못한 아름다움이 있었다. 그들의 얼굴에는 동양적인 아름다움이 흐르고 있었다. 아마 티벳 인의 피가 섞였기 때문일까?

스판(Span)이라고 불리는 땅은 공항에서 십오 킬로미터 정도 떨어진 곳에 있었다. 대부분의 길은 강가를 따라 곧게 나 있었다. 우리는 돌로 건축되어 아주 원시적으로 보이는 다리를 건너 겨울 풍경 속으로 달렸다.

차가 오른쪽으로 돌자, 돌연 우리는 완전히 다른 세계에 들어섰다. 이곳은 어떤 휴양지보다도 더 훌륭해 보였다. 큰 건물을 중심으로 열 개 가량의 돌 움집이 서 있었다. 돌로 만들어진 중앙의 큰 건물은 양쪽 벽에 강을 내려다 볼 수 있는 큰 창문이 달려 있었다. 오쇼의 거처로는 강가에 있는 작은 방갈로 중의 하나를 쓰기로 했다. 그리고 큰 집 하나는 식사를 하는 곳으로 쓰였는데, 우리는 그곳에서 영화를 보기도 하고 델리에 있는 하시야와 통화하려고 전화기에 대고 고래고래 소리를 지르기도 했었다.

큰 건물의 관리인들은 우리를 토지를 구매한 사람으로 대접해 주지 않았다. 아마 그들은 우리가 새 소유주라는 것을 모르고 있는 것 같았다.

다음날 아침, 오쇼는 토지를 둘러보러 나갔다. 그는 라피아에게 강 건너에 있는 산을 샀으면 좋겠다고 말하고는 강 위에 다리를 놓으라고 일렀다. 그는 뒷짐을 지고 여기저기를 둘러보며 라피아와 의견을 나누었다. 오쇼는 가는 곳마다 영감이 넘치는 계획을 털어놓았다.

며칠이 지나자, 인도인 기자들이 오쇼를 인터뷰하기 위해 몰려들기 시작했다. 어떤 때는 하루에 두 번씩 인터뷰 요청이 들어오는 적도 있었다. 오쇼는 거실이나 또는 강이 내려다 보이는 현관에 앉아 인터뷰에 응했다.

강바닥엔 바위가 많았다. 그래서 물 흐르는 속도가 빨랐고 소리 또한 요란했다. 그것은 작은 개천이었다. 사람들이 개천 중앙에 작은 섬이 있다고 상상한 것은 나로서는 이해할 수 없는 일이었다.

오쇼는 날마다 개천을 따라 산보했다. 그는 개천의 벤치에 앉아 히말라야를 바라보곤 했다. 오랜 친구들과 산야신들이 오쇼를 찾아왔으며 오쇼는 그들과 같이 산책하면서 정다운 이야기를 나누었다. 가끔씩 나는 오쇼의 산책길에 동행했다. 우리는 벤치에 앉아 개천의 물소리를 들으며 여린 겨울 햇살이 산꼭대기를 황금빛으로 물들이는 것을 지켜보곤 했다.

그즈음 라즈니쉬푸람에 대한 소식이 들려왔다. 미국 정부가 공동체의 자산을 동결하고 파산을 선언했다는 것이다. 공동체에 살던 수백 명의 산야신들은 돈 한푼 없이 세상으로 돌아가야 했다. 나에게는 그것이 가족과 친구들이 뿔뿔이 흩어지는 전쟁처럼 느껴졌다. 나는 공동체가 영원히 그곳에 존재하리라고 생각했었다. 그러나 다시는 과거를 돌이켜 보거나 후회하지 않기로 맹세했다. 불행한 기억으로 시간을 보내기에는 삶이 너무 아까웠다.

어떤 기자가 오쇼에게 이렇게 물은 적이 있다.

「당신의 제자들에 대해 책임감을 느끼지 않습니까? 미국의 공동체에 살던 산야신들은 돈을 투자하고 열심히 일했는데…….」

오쇼는 이렇게 대답했다.

「내게 있어서, 책임이란 전적으로 개인적인 것이다. 나는 오로지 나의 행동, 나의 생각에만 책임질 수 있다. 나는 그대의 행동이나 생각을 대신 책임져 줄 수 없다.

그들 중에는 모든 재산을 투자한 사람들도 있다. 그러나 나 또한 나의 삶 전체를 투자했다. 나는 삶 전체를 그들에게 주었다. 그들의 돈보다는 나의 삶이 더 가치있다. 나는 삶을 투자함으로써 그들과 같은 사람들을 수천 명 찾아낼 수 있다. 하지만 돈으로는 나 같은 사람을 찾을 수 없다.

공동체는 나의 즐거움이었으며 나는 그곳에서의 매순간을 사랑했다. 그리고 나는 앞으로도 계속 그들에게 나의 삶을 투자할 것이다. 나는 최후의 순간까지 나의 삶을 투자할 것이다…….」

12월의 첫째주 동안 사르자노(Sarjano)가 오쇼를 방문했다. 잡지사의 요청으로 오쇼를 인터뷰하기 위해서였다. 그는 오쇼의 이탈리아인 제자들 중 한 명으로, 사진과 작문에 대한 재능으로 인해 잡지계와 인연이 깊은 사람이었다. 또한 그는 몇 년 동안 오쇼의 발치에 앉아 가르침을 받은 사람이었다. 그는 오쇼에 대한 다큐멘터리를 만들고 있는 텔레비전 방송국을 위해 추적 기사를 쓰고 있었다. 그는 이탈리아 국영 텔레비전의 대표자인 엔조 비아기(Enzo Biagi)와 연줄이 닿아 있었다. 그 당시, 비아기는 이탈리아에서 잘 알려진 영화업자로 자신의 쇼인 '스포트 라이트(Spot light)'를 맡고 있었다. 인도 대사관은 외국 산야신들의 비자 승인을 거절했다. 이것은 인도 또한 다른 나라와 마찬가지로 붓다를 인정하지 않을 것이라는 첫번째 암시였다. 미국의 국무 장관인 찰스 터너(Charles Turner)는, 오쇼가 외국인 제자들과 단절되어 인도에 고립되기를 원한다는 미국 정부의 입장을 분명히 밝혔다. 그들은 외국의 언론들이 오쇼와 접촉하는 것을 금지시키고 오쇼의 입을 봉하라고 압력을 넣었다. 분명히 오쇼의 일과 메시지는 끝날 듯이 보였다. 그리고 인도는 미국의 압력에서 벗어날 수 없었다.

미래를 예측할 수 없는 날들을 보내고 있는 동안에도 나는 하루 종일 빨래를 하느라 바쁘게 보냈다. 세탁 설비는 라즈니쉬푸람과 완전히 달랐다! 나는 인도식 스타일의 욕실에서 양동이에 물을 받아 빨래를 해야 했다. 욕실에는 수도꼭지가 한 개밖에 없었는데 그나마 누런 녹물이 흘러 나왔다. 세탁실 옆에 붙은 침실은 다림질을 하고 빨래를 너는 장소로 이용되었다. 나는 빨래에서 떨어지는 물을 받기 위해 양동이와 그릇들을 갖다 놓아야 했다.

오쇼의 아름다운 옷들은 곧 원형을 잃기 시작했다. 옷에서는 쿠루 지방의 눅눅한 냄새가 났으며 흰색 옷은 갈색으로 변색되었다. 그러나 그나마 수돗물을 이용할 수 있는 게 다행이었다. 몇 주일이 지나면 눈이 올 것이고 그렇게 되면 전기도 물도 끊길 것이기 때문이었다. 그때엔 눈을 녹여서 사용하는 수밖에 없었다.

오쇼는 종종 하루에 두 번씩 기자들과 이야기를 나누었다. 우리는 밖에 앉아 오쇼의 이야기를 들었다. 물 흐르는 소리가 배경 음악처럼 들리고 여린 햇살이 얼굴 위에 쏟아졌다.

「도전과 모험이 그대들을 강하게 만들 것이다.」
라고 말했다. 인터뷰에 임하는 그의 인내심은 대단한 것이었다. 기자들은 수시로 그의 말을 가로채서 찬성이나 반대를 표하곤 했다. 그런 종류의 인터뷰는 난생 처음 보는 것이었다. 때로는 기자들의 말참견이 재미있는 웃음을 자아내기도 했다.

닐람(Neelam)과 그의 딸인 프리야(Priya)가 라즈니쉬푸람에서 날아왔다. 그들은 프리야가 태어난 이래 십오 년 동안 오쇼와 함께 지낸 사람들이었다. 그들 모녀는 자매지간처럼 아름답게 어울렸다.

우리들 중의 아홉 명은 비자 연장을 위해 쿠루의 경찰 서장인 네기(Negi) 씨를 만나러 갔다. 우리는 네기 씨와 즐거운 만남을 가졌다. 그는 계속해서 챠이(Chai)를 대접했다. 그는 곰에게 잡아먹힌 여행자들의 이야기를 들려주면서 매우 즐거워했다. 그는 우리의 비자연장에 아무 문제도 없을 것이라고 확언했다. 그래서 우리는 기쁜 마음으로 악수를 나누고 스판으로 돌아왔다.

다음날인 12월 10일, 내가 방 안에 있을 때, 데바라지가 들어와서는 비자 연장이 취소되었다고 말했다. 기가 막혔다. 어떻게 이런 일이 일어날 수 있단 말인가? 인도의 관리들에게 뭔가 돌발적이고 심각한 일이 발생했음에 틀림없었다. 그렇지 않다면 그렇게 빨리 회신이 올 리 있겠는가? 나는 인도의 관청에서 그토록 빨리 일이 처리되는 것을 본 적이 없었다.

겨울이 다가오자 전화를 거는 것조차 힘들어졌다. 기상 조건은 점점 더 악화되어 가고 있었으며 델리행 비행기는 빈번하게 취소되었다. 델리에 있는 하시야와 연락하기란 매우 힘들었다. 어찌나 전화 상태가 안 좋았는지 하시야는 수화기에 대고 소리를 지르느니 차라리 비행기를 타고 우리를 찾아오는 것이 더 빠르다는 것을 알게 될 정도였다.

비자 연장이 취소되었다는 소식을 들은 바로 그날, 스판에 경찰들이 찾아왔다. 그들은 우리 외국인들에게 즉시 떠날 것을 명령하고는 여권에 '즉시 인도를 떠날 것을 명함'이라고 추방 스탬프를 찍었다. 마침 비베크와 데바라지, 라피아, 묵타는 몇 분 전에 비자 연장을 위해 델리로 떠났기 때문에 경찰들을 피할 수 있었다. 비베크가 델리로 떠나기 전날 밤, 나는 닐람에게서 오쇼의 말을 전해 들었다. 만일 우리 모두가 추방되면 오쇼 또한 스판을 떠나겠다는 것이었다. 비베크는 닐람에게 간청했다.

「그가 우리를 따라오도록 해서는 안돼요. 그에게는 인도만큼 안전한 나라가 없어요.」

하시야와 아난도는 델리에서 관리들과 접촉하느라 바쁘게 움직이고 있었다. 그 당시 인도의 치안 장관은 아룬 네루(Arun Nehru)가 맡고 있었는데, 그는 우리들의 문제에 깊이 관여하고 있는 사람이었다. 하지만 그와 만나기로 한 약속은 번번이 취소되었다. 한 관리는 문제의 발단이 우리 일행의 내부에 있다고 자신 만만하게 말했다. 락시미가 내무부에 오쇼의 외국인 제자들 명단을 제출하고 '오쇼의 일을 위해 반드시 외국인 제자들이 필요한 것은 아니다.'라고 말했던 것이다. 관리들은 계속해서 락시미의 말을 인용했다. 그러나 현실적으로 볼 때 오쇼에게는 외국인 제자들이 필요했다. 오쇼에게는 생명보다도 가르침을 펴는 일이 더 중요했기 때문이다. 그 일을 위해서는 서양인들이 필요했다.

오쇼는 이렇게 말한 바 있다.

「나의 인도인 제자들은 명상에 열심이다. 그러나 나의 일을 위해서는 아무 것도 하지 않을 것이다. 반면에 서양인 제자들은 나의 일을 위해 무엇이든지 할 것이다. 하지만 그들은 명상하지 않을 것이다.」

 그 당시, 나는 이 말을 이해하지 못했다. 그러나 곧 이 말이 사실임을 알게 되었다.

 어느 날 오후, 오쇼가 강가로 산책을 나가기 직전 스판의 정문에서 큰 소동이 벌어졌다. 무슨 일인가하고 달려가 보니 술 취한 시크교도들이 수십 명 몰려와 난동을 부리고 있었다. 스판에 사는 사람들이 그들을 필사적으로 막고 있는 중이었다. 시크교도들은 오쇼에 대해 공격적인 언사를 퍼부으면서 당장 오쇼를 만나야겠다고 고집을 부렸다.

 나는 움막들 사이의 잔디밭을 지그재그로 달려갔다. 오쇼는 이미 산보를 위해 현관에 나와 있었다. 밖에 있는 무리들의 눈에 오쇼의 모습이 띌지도 모를 일이었다. 나는 밖에 술 취한 시크교도들이 몰려와 난동을 부리고 있으니 얼른 안으로 들어가시라고 말했다.

 오쇼가 안으로 들어가자 나는 얼른 거실의 커튼을 닫았다. 밖에는 비가 내리기 시작했고, 방안은 어두웠다. 오쇼가 말했다.

 「시크교도라고? 나는 시크교에 반대하는 말을 한 적이 없는데? 어리석은 자들! 도대체 무엇을 원하길래?」

 그런 다음 그는 어깨를 웅크리고 소파 귀퉁이에 걸터 앉았다.

 「이 세상은 완전히 미쳤어. 사는 게 무슨 소용이란 말인가?」

 나는 깜짝 놀랐다. 지금껏 나는 오쇼에게서 지복에 넘치는 모습 말고는 다른 모습을 본 적이 없었다. 감옥 안에 있을 때에도, 공동체가 파괴될 때에도 그는 변함없는 모습을 보였다. 그런데 지금 그는 다른 모습을 보이고 있었다. 비록 슬프거나 분노하지는 않았지만 그는 지친 기색이 역력했다. 나는 움직이지 않고 그에게서 몇 발자국 떨어져 서 있었다. 무엇을 어떻게 해야 할지 난감했다. 내가 무슨 말을 한다해도 그것은 표면적인 말에 불과할 뿐이었다. 어떤 제스츄어를 취한다해도 아무 의미도 없을 것 같았다. 그렇게 느끼는 것은 그의 자유이며 내가 간섭할 필요는 없다는 생각이 들었다.
　우리는 빗소리를 들으며 얼어붙은 듯이 움직이지 않았다. 마치 까마득한 심연이 내려다 보이는 절벽에 서 있는 것 같았다.
　얼마나 오랫동안 그렇게 서 있었는지 모른다. 커튼 사이로 햇빛이 쏟아져 들어와 내 눈에 닿았다. 나는 방을 가로질러 가서는 커튼을 열었다. 비가 그쳐 있었다. 밖으로 나와 보니 조용했다. 시크교도들은 떠나고 없었다.
　내가 물었다.
「스승님, 산보를 나가시겠습니까?」
　나는 밖으로 나와 오쇼와 함께 강가를 걸었다. 돌연 엄청난 기쁨이 밀려왔다. 나는 강아지처럼 오쇼의 주변을 돌며 춤추고 싶은 욕망을 간신히 억눌러야 했다. 오쇼는 조용히 미소지었다. 잔디밭 근처에는 산야신들이 오쇼를 반기기 위해 기다리고 있었다. 그들 가운데 쿠솜(Kusom)과 카필(Kapil)이 보였다. 그들은 오쇼의 오랜 친구로 초창기에 산야스를 받은 사람들이었다.
　그들은 한번도 오쇼를 보지 못한 어린 아들과 함께 서 있었다. 오쇼는 오랫동안 그들과 힌두어로 이야기를 나누며 사랑이 넘치는 손길로 소년을 어루만졌다. 그 모습을 보고 있자니 모든 것이 너무나 새롭고 신선하게 느껴졌다. 그것은 내 인생에서 처음 맛보는 경험이었다.

　어느 날, 오쇼는 나의 손목에 아무 것도 없는 것을 보고는 나의 시계가 어디로 갔는지 물었다. 라즈니쉬푸람을 떠날 당시, 우리는 그곳에 보석들을 모두 남겨 두고 떠나왔다. 그곳에 있는 사람들이 팔아서 유용하게 쓰기를 바라는 마음에서였다. 물론 내가 남기고 온 보석 중에는 오쇼가 준 목걸이와 반지, 시계도 끼어 있었다.
　오쇼는 자기의 침실에 가면 팔찌가 있으니 그것을 가지라고 말했다. 그것은 며칠 전에 쿠솜과 카필이 오쇼에게 선물한 금팔찌였다. 나는 감동해서 어쩔 줄 몰랐다. 왜냐하면 그 팔찌는 오쇼가 가진 유일한 보석이었으며, 미국에 모든 것을 남기고 떠나온 뒤 그가 처음으로 받은 선물이었기 때문이다.

오쇼는 이런 말을 덧붙였다.

「쿠솜에게는 팔찌가 보이지 않도록 해라. 그녀가 상심할지도 모르니까.」

그리고 오쇼는 계속해서 말을 이었다.

「언젠가 우리가 탄탄하게 자리를 잡으면 모든 사람에게 선물할 수 있겠지?」

그 말을 듣는 순간 나의 눈에는 눈물이 가득 괴었다.

어느 날 아침, 나는 경찰들이 스판에 들어오는 것을 보았다. 그들은 관리인의 빌딩으로 들어가고 있었다. 나는 급히 오쇼에게 달려가 호들갑스럽게 경찰들이 왔다고 알렸다.

오쇼가 물었다.

「그들이 왜 여기에 온 것이지?」

「오, 그들은 드라마에 출연하는 여분의 배우일 뿐입니다.」

내가 연극을 하듯이 과장된 몸짓을 곁들여 말했다.

오쇼는 한동안 나를 쳐다보더니 난해한 대답은 듣고 싶지 않다고 잘라 말했다. 그는 실제로 무슨 일이 일어나고 있는지 알기를 원했다. 나는 약간 머쓱한 감을 느끼며 닐람에게 달려갔다. 닐람은 나쁜 소식을 전해 주었다. 우리 외국인들은 지금 당장 쿠루를 떠나야 한다는 것이었다.

경찰들이 떠난 후, 아쉬시, 니루빠, 나는 짐을 꾸렸다. 우리는 델리로 가는 비행기를 탈 예정이었다. 나는 오쇼의 어머니인 마타지와 타루(Taru) 등 모든 가족들에게 작별 인사를 했다. 나는 얼마나 엉엉 울었는지 모른다. 내가 너무 슬프게 울어서 마타지를 상심시키지는 않았을까 근심이 될 정도였다. 이것이 영원한 이별처럼 생각되었다.

오쇼에게 다가가기 전에 나는 좀 떨어진 곳에서 몇 분 동안 오쇼를 지켜 보았다. 그는 현관에 나와 앉아 있었다. 그의 뒤로 정상이 눈에 뒤덮힌 히말라야가 보였다. 그는 눈을 지긋이 감고 앉아 있었다. 나는 전생에 언젠가 여기에 있었던 것 같았다. 스승을 떠나 하산하는 제자로 말이다. 오쇼의 발 아래 엎드려 절을 할 때에도 그런 장면이 너무나 익숙하게 느껴졌다. 오쇼는 허리를 굽혀 나의 머리를 쓰다듬었다. 흐르는 눈물을 참을 수 없었다. 나는 울먹이며 오쇼가 베풀어준 모든 것에 대해 감사를 표했다.

나는 오쇼에게 작별을 고한 다음 마비된 것 같은 몸을 질질 끌고 차를 탔다. 정문을 나서면서도 나는 자꾸만 뒤를 돌아보았다.

두 시간 후, 우리는 쿠루 공항에 도착했다. 그곳에서 더 많은 눈물을 흘리며 친구들에게 작별을 고한 다음 우리는 가방을 들고 비행기로 향했다. 그런데 델리와 쿠루간을 운항하는 비행사가 우리에게 비베크의 편지를 전해 주었다. 비베크 일행도 비자 연장을 받지 못했다는 것이다. 그리고 지금은 주말이니까(그날은 금요일이었다)월요일까지 오쇼와 함께 있으라는 전갈이었다. 어쨌든 우리는 화요일까지는 인도를 떠나야 했다.

우리는 차를 몰고 곧장 스판으로 돌아왔다. 나는 오쇼의 거실에 들어갔다. 오쇼는 낮잠을 자다가 일어나 거실로 들어왔다. 그는 태연하게 인사를 건넸다.

「안녕, 체타나.」

그는 빙그레 웃고 있었다.

* * *

경찰들이 다시 찾아왔다. 그들은 우리에게 벌컥 화를 냈다. 공항에서 우리를 보았는데 왜 비행기를 타지 않았느냐는 것이었다. 우리가 그들을 속이기라도 했단 말인가? 닐람이 나서서 차근차근 상황을 설명했다— 오늘은 주말인데다 길이 매우 미끄러웠다, 비행기는 이미 떠난 뒤였다, 어쨌든 오늘은 인도를 떠날 수 없다는 등등 —그들은 흥분을 가라앉히고 몇 시간 후 다시 와 보겠다고 말한 후 사라졌다. 그러나 그들은 돌아오지 않았다.

오쇼는 네팔로 가는 문제에 대해 이야기했다. 인도인들은 네팔로 가는 데는 비자가 필요 없으므로 걸릴 게 없다는 것이었다. 몇 명의 헌신자들과 함께 이런 벽지에 있는 것으로는 오쇼의 일이 성장할 수 없었다. 물론 그들은 오쇼를 사랑하고 잘 돌보았다. 그러나 소수의 제자들과 행복하게 사는 것은 오쇼에게 어울리는 삶이 아니었다. 그의 메시지는 전세계 방방곡곡에 널리 퍼져야 했다.

몇 달 후, 그는 그리스에서 이렇게 말했다.

「인도에서 나는 산야신들에게 쿠루 마날리로 오지 말라고 말했다. 왜냐하면 우리는 쿠루 마날리에 땅을 사고 집을 짓길 원했기 때문이다. 그런데 수천 명의 산야신들이 몰려들면 정통적인 구시대인들은 흥분해서 즉시 우리를 방해할 것이 틀림없었다. 그리고 정치인들은 항상 기회를 노린다…….

그 며칠 동안 나는 산야신들과 함께 지내지 못했다. 나는 그들과 이야기를 나누지 못했으며, 그들의 눈을 들여다 보거나 얼굴을 관찰할 수도 없었다. 나는 그들의 웃음소리를 듣지 못했다. 나는 영양실조에 걸린 것 같은 생각이 들었다『소크라테스, 이천오백 년 후 다시 독살당하다 : Socrates Poisoned Again After 25 Centuries』.」

그후 며칠 동안의 일을 아쉬시는 결코 잊지 못할 것이다. 우리는 하시야, 아난도, 자예쉬로부터 메시지를 전달받아야 했다. 그들은 델리에서 서로 만나 오쇼가 네팔로 갈 수 있도록 조치를 취하고 있었다.

전화는 불통인데다 주말에는 비행기도 없었다. 그래서 아쉬시는 메시지를 전달받기 위해 택시로 열두 시간이나 여행해야 했다. 그는 델리로 달려가 대답을 받고는 곧장 돌아왔다. 길은 빙판이 덮여 미끄러운데다 폭설이 내려 도로가 차단된 곳도 많았다. 게다가 쿠루와 델리는 칠백 킬로가 넘는 거리였다.

첫날 밤, 아쉬시는 '네팔의 각료들과 접촉하라'는 지시를 받고 떠났다. 각료들 중의 한 사람은 산야신이었으며, 네팔왕은 오쇼의 책을 읽고 있었다. 그러나 그 당시 우리는 네팔의 전체적인 상황을 이해하지 못하고 있었다. 왕에게는 악랄한 형제가 있었는데, 그는 군대와 산업체, 경찰들을 수중에 넣고 있었던 것이다.

아쉬시는 아침 여섯 시 델리에 도착했다. 그는 그곳에서 아침을 먹고는 곧장 쿠루로 돌아왔다. 그가 쿠루에 당도한 것은 이른 저녁이었다.

그런데 또 다른 전갈이 그를 기다리고 있었다. 네팔에서 살 집을 찾으라는 것이었다. 호수를 끼고 있는 궁전을.

아쉬시는 급하게 저녁을 먹으면서 우리에게 이야기했다. 안개가 어찌나 심했던지 웅덩이에 쳐박힌 차들을 피하기 위해 차 밖에 나가 걸으면서 앞을 살펴야 했다는 것이었다. 저녁 식사를 마친 후 그는 또 택시를 타고 델리로 향했다. 그리곤 다음날 회신을 갖고 돌아왔다. 그런데 그는 약간 비틀거리는 듯했고 눈빛이 희미했다. 이번 여행에서 차가 안개 속에서 길을 잃었던 것이다. 밖에 나가 주변을 살펴보니 그는 바짝 마른 강 바닥에 서 있었다.

그는 택시 안에서 잠을 잘 수 없었다. 이제 그는 이틀 밤낮을 꼬박 잠을 자지 않고 버틴 것이다. 또 하나의 매우 중요한 메시지가 그를 기다리고 있었다. 그는 문서를 갖고 차가운 밤공기 속으로 비틀거리며 나갔다. 그리곤 니루빠와 나와 함께 델리로 가는 비행기를 타기 위해 시간에 맞춰 돌아왔다. 급박한 상황에서 그는 정신없이 뛰어야 했다. 뿌나 시절에도 그는 오쇼의 새 의자를 만들기 위해 차 마실 시간도 없이 밤낮으로 일했었다. 후에 의자가 완성되었을 때 아쉬시는 짜릿한 경험을 맛보았다고 오쇼는 말한 바 있다.

아쉬시, 니루빠, 나는 오쇼의 발 아래 엎드려 작별 인사를 하곤 스판을 떠났다.

우리는 공항까지 경찰의 호위를 받았다. 그리고 델리에 도착해서는 작은 호텔에서 우리 일행과 합류했다. 비베크와 데바라지, 라피아는 장소를 물색하기 위해 먼저 네팔로 날아갔다. 다음날 우리는 그들의 뒤를 쫓아가 포카라(Pokhara)에 있는 공동체에 머물렀다. 포카라는 카트만두(Kathmandu)에서 180킬로미터 떨어진 곳에 있었다.

며칠 후, 하시야는 불과 몇 주일 전만 해도 아무 문제가 없으리라고 여겼던 비자 연장이 취소되었다. 경찰은 총구를 겨누고 그녀를 공항까지 압송했다.

1985년 12월 26일자 캘커타 신문은 다음과 같이 적고 있다.

「정부는 브하그완 라즈니쉬의 외국인 제자들이 입국하는 것을 전면 금지했다.」

그것은 아룬 네루에 의해 내려진 결정이었다. 그에 덧붙여 인도 대사관과 외국인 등록사무소장은 〈브하그완의 추종자로 의심되는 외국인들에게는 비자 연장이 허용되지 않을 것이며, 그런 사람들에게는 여행 비자도 발급되지 않을 것.〉이라고 발표했다. 그들은 이 같은 정부의 조치를 정당화하기 위해 오쇼가 CIA의 스파이라는 터무니없는 낭설을 퍼뜨리기도 했다!

　인도를 떠나기 전에 있었던 일이 생각난다.
　기진맥진한 아쉬시를 비롯하여 니루빠, 하리다스, 아슈, 묵타, 그리고 나는 델리 공항에서 네팔로 가는 비행기를 타려 하고 있었다. 그런데 관리들 중의 하나가 내게 관청에서 발급된 서류 중의 하나가 빠진 것을 알고는 인도를 떠날 수 없다고 말하는 것이었다! 나는 여권을 펼쳐서 '즉시 인도를 떠날 것을 명함'이라고 씌여져 있는 페이지를 보여 주면서 도대체 무슨 엉뚱한 소리를 하는 것이냐고 따졌다. 그리고 당신이 참견을 그만두지 않으면 비행기를 놓치고 말 것이라고 말했다. 그러자 그는 우리 일행을 모두 불러 모아 이름을 적었다. 그리곤 나를 제외한 나머지 사람들 모두를 돌려 보냈다. 그는 세 명의 다른 관리들을 불렀다. 나는 이 엉뚱한 상황에 현기증이 났다.
　그때 나는 네팔 땅에 심으려고 장미 한 송이를 갖고 있었다. 나는 그에게 장미꽃을 건넸다. 그는 당황한 표정으로 장미를 받더니 재빨리 책상 위에 내려 놓았다. 그리곤 가도 좋다고 말하는 것이었다.

네 팔

비행기가 네팔에 착륙하고 있었다. 네팔의 신비와 친근함이 느껴졌다. 나는 "집에 온 거야!"하고 중얼거렸다. 공항의 관리들은 친절하게 미소를 지어보였다. 거리에서 보는 사람들의 표정은 내가 지구상 어디에서 본 사람들보다도 아름다웠다. 네팔은 인도보다 더 가난했지만 사람들에게는 품위가 엿보였다.

포카라로 가는 길은 울창한 숲을 따라 구불구불 이어졌다. 우리는 공항에서 만난 두 명의 네팔 산야신들이 운전하는 밴을 타고 있었다. 산등성이로는 잘 정돈된 계단식 논이 펼쳐져 있었다. 가끔씩 대나무 숲이 나타나는가 하면 급류가 흐르는 협곡이 나타나기도 했다.

열네 시간을 달린 후, 우리는 포카라의 공동체에 도착했다. 이미 깜깜한 밤이었다. 아주 깜깜했다! 전깃불도 없었다. 주변을 둘러보니 스무 명 정도의 산야신이 있었는데 그들은 모두 인도인이거나 네팔인이었으며 대부분 남자였다. 식당은 육십 피트 정도의 길이로 거친 콘크리트 벽과 바닥이 그대로 드러나 있었다. 식당의 한쪽 끝에는 주전자가 달랑 놓여있고 뚝 떨어진 다른 쪽 끝에 책상과 의자가 놓여 있을 뿐, 그 외에는 텅 비어 있다시피 했다. 식당의 의자는 스와미 요가 친마야(Swami Yoga Chinmaya)가 앉는 곳이었다. 그곳에 사는 사람들에게 친마야는 공동체의 지도자이자 스승이었다. 그래서 그들은 '스와미지(Swamiji)'[1]가 사용하는 출입구로는 아무도 들어올 수 없도록 규정을 정해 놓고 있었다.

우리는 아무도 그의 이름을 부르지 않는 점을 고려해서 그를 스와미지라고 부르라는 부탁을 받았다. 그러나 우리에게 그는 친마야였을 뿐이다. 그는 우리가 자신을 친마야로 부르는 것에 반대하지 않았다. 그는 우리가 무엇을 하든 반대하지 않았다. 그는 사람들이 자신을 스승처럼 대접할 때에도 그저 '예스'였으며, 우리가 그를 스승으로 대하지 않고 다른 사람들과 똑같이 대할 때에도 또한 '예스'였다.

친마야는 확실히 상당한 깊이를 갖고 있는 사람이다. 그는 항상 천천히 움직이고 얼굴에 표정이 나타나는 경우가 드물다. 아마 그는 천년 전쯤의 '성자'를 대표하는 전형적인 인물일 것이다. 그는 오쇼가 봄베이에서 활동하던 초기 시절 제자가 되었으며, 그 당시 오쇼의 비서로 일했다. 나는 십 년 전쯤 뿌나에서 그가 여자친구와 함께 머리를 밀고 독신을 선언했을 때부터 그를 눈여겨 보았었다.

오쇼의 산야신들은 세계 각국에서 온 사람들이다. 여기에는 국가가 존재하지 않는다. 그리고 오쇼의 발 아래에서는 모든 종교가 포기된다. 여기에는 힌두교인, 기독교인, 모하메드교인, 유태교인이 없다. 여기에는 온갖 종류의 사람들이 뒤섞여 있다. 십대 펑키족에서부터 늙은 수행승까지, 젊은 혁명가에서 고대의 귀족들까지 다양한 사람들이 조화를 이루고 있다. 평범한 사람이 있는가 하면 자가

---

1) 스와미에 대한 존칭.

용 제트기를 타고 다니는 부호층이 있고, 사업가가 있는가 하면 예술가도 있다. 이곳에서는 무지개 색깔처럼 다양한 사람들이 무색의 프리즘 안에서 하나로 녹아든다.

이십 피트나 되는 거리를 두고 바닥에 마주 앉아 식사를 해야 하는 식당, 뜨거운 물이 나오기는커녕 바람이 술술 들어오는 공동 샤워장과 화장실, 시멘트 벽이 그대로 드러난데다 바닥에 매트리스를 깔고 자야하는 방들, 이런 환경은 지금까지 내게 익숙했던 환경과 전혀 다른 것이었다. 그 모든 상황이 내게 명상을 요구하고 있었다.

다음날 아침, 화장실을 갔다가 돌아오는 길에 히말라야를 보았다. 내가 서 있는 지점에서는 지평선의 사분의 삼을 산봉우리들이 차지하고 있었다. 그 봉우리들은 사실 지평선이라고 할 수도 없었다. 그들은 땅도 아니고 하늘도 아니고 그 중간에 있는 것처럼 보였다. 눈덮힌 봉우리들이 하늘에 떠 있었다. 마치 손을 뻗으면 닿을 것처럼 가깝게 보였다. 태양이 떠오르면서 가장 높은 봉우리를 핑크빛으로 물들였다. 그 다음에는 봉우리가 황금빛으로 변했다. 히말라야 위로 떠오르는 태양을 보면서 나는 경이감에 휩싸였다. 왜 아무도 이런 것을 내게 말해주지 않았을까 하는 의문이 들었다. 나는 히말라야가 그저 산맥일 뿐이라고 생각해 왔었다. 그런데 지금 보니 히말라야는 단순한 산맥이 아니었다. 나는 햇빛 속에서 시시각각 변하는 히말라야를 넋을 잃고 쳐다보았다. 감각의 새로운 차원이 열리는 것 같았다. 이런 곳이라면 분명히 행복하게 보낼 수 있을 것 같았다. 그것은 의심의 여지없는 확신으로 다가왔다.

오쇼에 대해 아무 소식도 듣지 못하는 가운데 여러 날이 지나갔다. 나는 날마다 히말라야를 쳐다보았다. 오쇼가 그리웠다. 저 산 너머 어딘가에 오쇼가 있을 것 같았다. 나는 상상 속에서 버스를 타고 산을 넘어 인도의 쿠루로 달려갔다. 그리고 오쇼의 산보 시간에 맞춰 도착한 다음 그에게 합장하며 인사한다. 그리고 다시 포카라로 돌아온다.

아쉬시와 나는 오쇼의 안전에 대해 많은 이야기를 나누었다. 상냥하고 유능한 닐람이 오쇼를 돌보고 있다는 사실에 다소 마음이 놓이기는 했지만, 우리는 다시 오쇼를 볼 수 없을지도 모른다는 두려움에 시달리고 있었다.

아무 소식도 듣지 못한 가운데 몇 주가 지났다. 우리는 수도원과 같은 삶에 잘 적응하고 있었다. 공동체 주변의 경관은 매혹적이었다. 우리는 강에 의해 깎여 나간 지대로 산보를 나가곤 했는데 그곳에는 삼백 피트 높이의 절벽이 있었다. 조심스럽게 절벽 끝에 서면 아래쪽에서 풀을 뜯는 소들이 보였다. 그리고 폭포에서 흘러내리는 물에 의해 닳은 바위들이 보였다. 땅에는 수백 피트 깊이의 갈라진 틈들이 있었는데 조심하지 않으면 빠질 위험이 많았다. 그곳에 빠지면 아무도 찾을 수 없을 것이었다. 실제로 한 명의 독일인 방문객에게 그런 일이 일어난 적도 있었다.

나는 곧 옥외에서 빨래를 하고 몸을 씻는 의례적인 아침 행사에 익숙해지기 시작했다. 칠리(chillies)를 곁들인 아침 식사에도 맛을 들였다. 공동체에 사는 산야신들은 순진하고 친절한 사람들이었다. 우리는 몇 명의 절친한 친구를 사귀었다. 친마야는 온화하고 상냥한 주인이었다. 그는 매우 영적인 사람이었다. 하지만 그와 대조적으로 그의 동료인 크리슈난다(Krishnananda)는 야성적인 네팔인이었다. 크리슈난다는 길게 흘러내린 검은 머리에 들창코를 하고 있었다. 그는 오토바이를 타고 스피드를 내는 일에 대해 이야기하기를 좋아했다.

나는 다시 오쇼를 볼 수 없을지도 모르는 불확실함 속에서 하루하루를 보내야했다. 그것은 하나의 도전적인 상황이었다. 그런 상황은 나로 하여금 오쇼의 가르침대로 살아야 한다는 사실을 깨닫게 했다. 나는 오쇼가 가르친 삶, 전체적이고 순간적인 삶을 살아야 했다. 이것은 수용적인 느낌과 평화를 가져다 주었다.

어느 날 저녁, 우리가 저녁을 먹고 있을 때였다. 크리슈난다가 달려들어 오더니 오쇼가 네팔로 오고 있다고 소리쳤다. 내일 그가 네팔에 도착한다는 것이었다! 우리는 흥분해서 더 이상 저녁을 먹을 수 없었다. 우리는 급히 달려가 짐을 쌌다. 그리고 공동체의 모든 사람이 두 대의 밴 트럭에 나누어 타고 카트만두로 향했다.

다음날 아침, 우리 모두는 공항에 나갔다. 카트만두에서 명상 센터를 운영하는 네팔 산야신 아룬(Arun)은 오쇼를 환영하기 위해 긴 행렬을 준비하고 있었다. 그 지방의 꽃이 가득 담긴 놋그릇을 갖고 길가에 늘어서서 꽃잎을 뿌리는 것은 왕에게 충성을 맹세하는 네팔의 전통이었다. 경찰들은 노발대발했다. 놋그릇과 꽃잎을 사용해서는 안된다는 것이었다. 그런 환영 행사는 왕에게만 베풀어진다는 것이었다. 붉은 옷을 입은 수백 명의 산야신과 구경꾼들은 거리에서 공항 입구까지 길게 늘어섰다.

비행기가 착륙하자 흰색 벤츠가 오쇼를 태우기 위해 출구 앞에 섰다. 군중들을 앞으로 달려 나갔다. 사람들은 열광하며 꽃잎을 뿌리기 시작했다. 드디어 오쇼가 공항의 유리문을 통해 걸어 나왔다. 그는 사람들에게 손을 흔들어 인사하고는 차 안으로 사라졌다.

우리는 급히 오베로이 호텔로 달려갔다. 오쇼는 그 호텔의 4층을 쓸 예정이었다. 라피아는 오쇼가 필요한 경우에 비베크를 부를 수 있도록 오쇼의 방에 경보 장치를 했다.

묵티(Mukti)와 나는 아래층에 방을 정했다. 그 방은 반은 주방으로 쓰고 반은 세탁실로 쓸 예정이었다. 그러나 부엌 살림을 담은 큰 트렁크 세 개, 쌀과 달(dhal)이 들은 가방들, 과일과 야채가 담긴 바구니들로 벌써 방의 반이 가득 차 있었다. 나머지 반은 세탁

도구들로 발디딜 틈도 없었다.

그래서 우리는 묵티가 호텔 주방을 이용할 수 있도록 상냥한 호텔 스탭진들과 협약을 맺었다. 묵티는 주방의 일부를 자기 마음대로 쓰게 되었다. 그곳은 그녀를 위해 특별히 청결이 유지되고 고기가 반입되지 않았다. 나는 호텔의 세탁실을 이용했는데, 그곳에는 오십여 명의 네팔 남자들이 일하고 있었다. 그들은 선량한 사람들이었다. 그들은 내가 도착하기 전에 기계를 깨끗하게 청소해 주고는 자기들의 일이 다 끝난 다음에도 나의 일이 잘 되어가는지 돌봐주곤 했다.

나는 침대 위에서 다림질을 했는데 방 안은 산야신들이 오쇼에게 선물로 가져온 과일 바구니와 채소로 가득 차 있었다. 네팔의 식품은 토양이 좋지 않은 관계로 질이 떨어졌다. 이제 아슈의 도움을 받고 있는 묵티는 인도에서 과일과 채소를 수입하려는 계획을 세우고 있었다. 한편, 네팔의 산야신들은 새벽같이 야채 시장에 나가 가능한 한 최상품들을 구해 왔다. 그들은 그 일을 아주 즐거워했다.

네팔에 도착한 날, 오쇼는 우리를 방으로 불렀다. 그는 우리에게 어떻게 지냈는가 물었다. 그는 우리가 포카라의 생활을 불편해 하고 있으며 동요하고 있다는 얘기를 전해 들었다고 말했다. 그 당시 묵타와 하리다스는 오쇼가 네팔에 오리라는 희망을 포기하고 그리스에 가 있었다. 그리고 아슈와 니루빠 또한 포카라의 환경에 의기소침해 있었다.

누군가 오쇼에게 이렇게 말했다.

「글쎄요, 포카라의 환경은 우리가 지금까지 살아 온 생활 환경과 맞지 않았습니다.」

그 말을 듣고 오쇼는 자기 또한 원하는 환경 속에서만 살아온 것은 아니라고 말했다. 그리고 자신이 감옥 생활을 한 바 있으며, 전기도 없고 급수 사정도 신통치 않은 스판에서 살고 있음을 상기시켜 주었다. 오쇼의 말을 듣고 나니 나 자신이 부끄러웠다. 비록 말로 표현하지는 않았지만.

우리는 그 동안 자예쉬가 오쇼를 인도로부터 네팔로 안전하게 모셔오기 위해 복잡한 계획을 세우고 있었다는 것을 알게 되었다. 네팔을 향해 이륙하기 이틀 전, 오쇼는 스판으로부터 걸어나와 닐람과 함께 낡은 앰버서더 승용차를 타고 공항으로 향했다. 그리고 그곳에서 델리로 가는 여객기를 탔다. 마침 기적처럼 두 개의 좌석이 비어 있었다. 오쇼가 떠난 지 불과 몇 시간 후 경찰이 스판에 도착했다. 오쇼를 억류하고 여권을 압수하기 위해서였다. 까딱하면 오쇼는 재판을 기다리며 감옥에 갇힐 뻔했다. 세무관청은 오쇼가 미국 정부에 지불했던 50만 달러의 벌금에 대한 세금을 인도 정부에 지불하기를 원했다. 그들은 벌금을 낸 사람은 오쇼가 아니라 오쇼의 친구였다는 사실을 믿지 않았다. 그래서 그들은 미국이 차지한 전리품의 일부를 인도 정부도 나누어 가질 자격이 있다고 생각했던 것이다.

락시미는 델리에 사는 산야신들에게 하시야와 자예쉬가 오쇼를 납치하려하고 있다는 소문을 퍼뜨렸다. 그것은 혼란을 가중시켰다. 자기들의 스승을 구출하기 위한 용맹스러운 시도로써 델리의 산야신들은 오쇼를 다시 빼앗아 오려고 했지만 그것은 아난도에 의해 좌절되었다.

오쇼는 인도 경찰에게 체포되는 사태를 피하기 위해 시간이 임박해서야 네팔로 가는 비행기를 탔다. 스판의 땅은 락시미가 오쇼에게 얘기했던 것과는 다르게 그녀에게 팔리지 않았었다. 그 땅은 팔기 위해 내놓은 적도 없었다!

며칠 후, 델리의 산야신들이 카트만두에 도착했다. 그들은 인도에 오쇼가 살 수 있는 장소를 마련했다고 말했다. 오쇼는 그들과 이야기를 나누었다. 하지만 그들은 오쇼가 인도로 돌아갈 수 없는 상황을 이해하지 못했다. 그들은 오쇼를 위해 마련했다는 대저택을 찍은 비디오 테이프를 소지하고 있었다. 오쇼는 그들의 말대로 비디오 테이프를 보기로 했다. 그리고 우리 모두에게 비디오 테이프를 보러오라고 초대했다.

우리는 오쇼의 거실에 모였다. 비디오 테이프가 돌아가기 시작했다. 십여 분 정도 저택으로 가는 길가의 풍경이 나온 후, 대여섯 채의 오두막이 비디오에 나타났다. 그런데 그 집들은 지붕이 완전히 내려앉아 있었다! 초라하기 그지없는 그 집들은 여기저기 많은 손질을 해야할 것 같았다. 그러나 그것은 큰 문제가 아니었다. 우리는 전에 큰 빌딩을 개축한 적도 있으니까.

그 다음 카메라는 더 많은 나무들에 초점을 맞추었다. 아마 누군가 카메라맨에게 오쇼는 나무를 사랑한다고 말해 주었음에 틀림없다는 생각이 들었다.

오쇼는 저택에 물이 있느냐고 물었다. 비디오를 가지고 온 옴 프라카쉬(Om Prakash)는

「예, 물론 있습니다.」

하고 자신있게 대답했다. 카메라는 5분 정도 더 나무 줄기를 위 아래로 비추었다. 그런 다음 '저택'이 나타났다. 그 저택에는 방이 네 개밖에 없었다! 그나마 황폐하기 이를 데 없었다.

「그곳에 물이 있는가?」

오쇼가 다시 물었다.

「예, 예. 물론입니다.」

응답이 왔다.

네 개의 방을 가진 저택(?)은 최소한 오십 년 동안은 아무도 살지 않은 곳임에 틀림없었다.

「물은 어찌된 것인가?」

오쇼가 다시 물었다…… 아, 물이 있긴 있었다! 정원의 이끼낀 돌 아래로 물이 똑똑 떨어지고 있었다.

「이 물에 대한 소유권이 우리에게 있는가?」

오쇼가 다시 물었다.

옴 프라카쉬가 대답했다.

「물에 대한 소유권은 바로 옆의 여학교에 있습니다…… 하지만 문제 없습니다.」

그제야 나는 오쇼가 비디오를 보라고 우리를 불러 모은 이유를 이해했다. 오쇼는 자신의 산야신들과 일을 하고자 할 때의 상황이 얼마나 어려운 것인가를 우리 모두에게 보여 주려했던 것이다. 그들이 오쇼에 대한 열정을 갖고 있다는 것은 의심의 여지가 없었다. 하지만 그들은 오쇼를 다시 인도로 데려 가려는 욕심에 눈이 멀어 제정신이 아니었다. 오쇼가 방 네 개짜리 집에 살 수 있으리라고 생각하다니! 게다가 물도 없는 곳에서! 그들은 완전히 미쳤다!

오쇼는 그들에게 이렇게 말했다. 오쇼가 인도에 머물기를 바라는 그들의 요구는 사랑에서 나온 것이지만 불합리한 것이라고. 그것은 오쇼에게나 그들 자신에게나 문제를 일으킬 것이라고 오쇼는 말했다. 또 오쇼는 그들에게 말하기를, 인도로 돌아가서 곰곰이 생각해 본 다음 일주일 후 다시 오라고 했다. 하지만 그들은 다시 돌아오지 않았다. 후에, 오쇼는 그들이 자신의 말이 암시하는 바를 이해했음에 틀림없다고 말했다. 그리고 그들의 고집은 이성이 아니라 사랑에서 나온 것이었다고 말했다.

오쇼가 가는 곳에는 어디든지 광기의 에너지가 그를 둘러싸고 소용돌이친다. 그것은 오쇼의 침묵과 아주 대조되는 현상이다. 나는 오쇼에게 이런 현상이 그의 릴라(Leela)[2]인지, 아니면 존재계 자체가 균형을 이루려는 것인지 물은 적이 있다. 그때, 오쇼는 둘다 아니라고 대답했다. 그의 침묵이 주변에 광기와 혼란을 창조하는 것은 아니라는 말이었다. 세상은 원래 광기와 혼란으로 가득 차 있으며, 그의 침묵과 대조되어 그것이 더 적나라하게 드러나 보인다는 것이었다.

다음날 아침, 오쇼는 거실에서 열 명 가량의 사람을 모아놓고 가르침을 펴기 시작했다. 처음으로 질문한 사람은 아쉬시였다. 그는 이렇게 물었다.

「흔히 이 시대를 불확실성의 시대라고 말합니다. 여기에 대해 말씀해 주시겠습니까?」

오쇼가 대답했다.

「불확실성의 시대란 없다. 왜냐하면 시간은 항상 불확실하기 때문이다. 어려움이 생기는 것은 마음 때문이다. 마음은 확실한 것을 원한다. 그러나 시간은 항상 불확실하다.」

「그러므로 마음은 우연히 확실성의 작은 공간을 발견할 때 안정감을 느낀다. 환상에 지나지 않는 영구불변함이 마음을 에워싼다. 그리하여 마음은 존재계와 삶의 진정한 본질을 잊게 된다. 마음은 꿈의 세계에 살기 시작한다. 그리고 일시적인 현상을 실체로 착각하기 시작한다. 그것은 마음에 편안한 느낌을 준다. 왜냐하면 마음은 변화를 두려워하기 때문이다. 그 이유는 변화의 불확실성 때문이다. 그 변화가 좋은 결과를 가져올지 나쁜 결과를 가져올지 누가 알겠는가? 한 가지 분명한 사실이 있다면, 그 변화가 그대의 환상과 기대와 꿈의 세계를 뒤흔들어 놓을 것이라는 사실이다…….」

오쇼는 계속해서

---

[2] '유희'라는 뜻의 인도어.

「그대들이 소중히 생각하는 환상이 시간의 공격을 받을 때마다 그대들의 가면이 벗겨진다.」
고 말을 이었다.

그는 사람들이 라즈니쉬푸람에서 얼마나 열심히 일했는지 언급하면서, 우리는 지금 사라져버린 모든 일에 마무리 손질을 하고 있는 것과 같다고 말했다.

「나는 좌절하지 않는다. 나는 단 한 순간도 과거를 돌이켜본 적이 없다. 그때는 참으로 아름다운 시절이었다. 우리는 아름다운 삶을 살았다. 그리고 변화는 존재계의 본성이다. 우리가 무엇을 할 수 있겠는가? 그러므로 우리는 지금 다른 것을 만들려고 노력하고 있다. 이것 또한 변할 것이다. 영원한 것은 아무 것도 없다. 변화한다는 사실만을 제외하곤 모든 것이 변화한다.

아마 나를 제외하곤 모든 사람이 절망했을 것이다. 그리고 그들은 또한 내게 분노한다. 왜냐하면 내가 절망하지 않기 때문이다. 그것은 그들을 더 분노하게 한다. 만일 나 또한 분노하고, 불만을 토하고, 심각한 영향을 받는다면 그들은 다소 위안을 느낄 것이다. 그러나 나는 그렇지 않다…….

이제 또 다른 꿈을 현실로 이루는 것은 어려운 일이 될 것이다. 왜냐하면 하나의 꿈을 이루기 위해 매진했던 많은 사람들이 패배주의에 빠질 것이기 때문이다. 그들은 패배했다. 그들은 아무 해악도 끼치지 않는 순진무구한 사람들, 다만 아름다운 무엇인가를 만들기 위해 열심히 노력했던 사람들을 존재계가 잘 보살피지 않는다고 생각할 것이다.

삶은 공정하지도 정의롭지도 않은 것처럼 느껴질 것이다. 그러나 그토록 엄청난 결론에 서둘러 도달할 필요가 없다. 조금만 더 기다려 보라. 아마 모든 변화는 항상 좋은 결과를 가져 올 것이다. 그대는 다만 인내심을 갖고 기다리기만 하면 된다. 그대는 삶에 더 많은 기회를 주어야 한다…….

나는 평생 동안 이곳 저곳을 돌아다녔다. 왜냐하면 무엇인가 실패했기 때문이다. 그러나 나는 실패하지 않았다. 수많은 꿈들이 실패한다 해도 그것이 나를 실패자로 만들지는 못한다. 오히려 사라진 모든 꿈들은 나를 더욱 더 승리자로 만든다. 그것은 성숙해지는 법을 배울 수 있는 기회이다.

중요한 것은 그 파괴된 꿈과 흔적도 없이 사라진 기대감으로부터 어떻게 벗어나느냐 하는 것이다.

그대는 어떻게 그로부터 벗어날 것인가? 만일 아무 상처도 받지 않고 벗어날 수 있다면, 그대는 위대한 비밀을 알게 된다. 그대는 비밀의 문을 여는 열쇠를 발견한다. 그 다음엔 아무 것도 그대를 패배시킬 수 없다. 아무 것도 그대를 분노하게 하거나 과거에 얽매이게 할 수 없다. 그대는 항상 새로운 도전을 위해 미지의 세계로 행진한다.」

아난도가 오베로이 호텔의 주인인 빅키 오베로이(Bikki Oberoi)와 함께 카트만두에 도착했다. 하시야와 아난도는 델리에서 그와 친구로 지냈으며 그는 오쇼를 돕는 일에 많은 관심을 보였다. 그들을 맞이하기 위해 호텔의 종사자들은 붉은 색 카펫을 깔고 야단법석을 떨었다. 이렇게 으리으리한 환영 행사의 와중에서 아난도를 보았을 때 나는 놀람으로 눈을 동그랗게 떴다. 그녀는 팔 아래에 다림질판을 끼고 의기양양하게 걸어오고 있었던 것이다. 모든 사람이 그것이 다림질판임을 볼 수 있었다. 그럼에도 불구하고 그녀는 조금도 당황하거나 감추려 하지 않았다. 나는 그 다림질판이 몹시도 필요했었다. 나는 아난도가 그렇게 으리으리한 상황에서도 거리낌 없이 다림질판을 끼고 있는 것을 보고 대단히 감동했다.

이제 호텔의 4층은 완전히 산야신들로 가득찼다. 침실은 사무실이 되었으며 항상 활발하게 움직였다.

데바라지와 마니샤는 오쇼의 강의를 글로 옮기기 위해 밤낮으로 일했다. 그들의 방은 도움을 주려는 사람들로 항상 만원이었다. 그 방에 들어간 모든 사람들은 환영받았다. 강의 테이프를 타이핑한 원본을 검토하는 데 도움을 줄 수 있었기 때문이었다.

오쇼는 며칠 동안 휴식을 취했지만 건강이 예전같지 않았다. 그 당시 우리는 모르고 있었지만 탈륨에 중독된 초기 증상이 나타나고 있었던 것이다. 독일에서부터 안과 전문의인 프렘다(Premda)가 불려 왔다. 오쇼의 눈은 경련이 일어나고 안구 운동이 이상했으며 시력이 떨어졌다. 프렘다는 겉으로 드러나는 증상을 치료하긴 했지만 그 원인이 무엇인지는 밝혀내지 못했다.

나는 네팔 하녀인 라디카(Radikha)와 함께 오쇼의 방을 청소하는 일을 맡았다. 아침 일곱 시면 우리는 오쇼의 방으로 달려갔다. 오쇼가 목욕을 하고 있는 동안 우리는 복잡한 무늬가 조각된 목재 가구―그 가구는 전에 한 번도 청소한 적이 없는 듯 했다―를 무늬의 틈새까지 깨끗이 닦았다. 진공 청소기가 있긴 했지만 습기찬 카펫을 닦는 데에는 별로 도움이 되지 않았다. 우리가 청소를 마치면 곧 라피아와 니스크리야(Niskriya)가 달려와 7시 30분부터 시작되는 아침 강의를 위해 거실을 정돈했다.

오쇼는 저녁때가 되면 호텔 연회장에서 기자들이나 방문객들과 대화를 나누었다. 처음에는 주로 네팔인들이 많았다.

삭발을 한 작은 키의 불교 승려가 가사를 걸치고 이 저녁 강의에 참석하기 시작했다. 그는 앞줄에 앉아서 오쇼에게 질문했다.

「붓다가 되는 것은 아름다운 일이지만 불교도가 되는 것은 추하다.」

라는 말로 오쇼는 질문에 응했다. 오쇼의 거침없는 대답에도 불구하고 그는 다음날에도 또 그 다음날에도 모습을 나타냈다. 실로 그의 열정과 탐구심은 감탄스러울 정도였다. 그는 몇 주일 동안 빠지지 않고 오쇼의 강의에 참석했다. 그러던 어느 날, 그는 오쇼에게 편지를 보냈다. 자신이 속한 사원에서 더 이상 오쇼의 강의에 참석하는 것을 금지했다는 내용이었다. 그후로 그는 강의에 나타나지 않았다.

아침마다 오쇼는 거실에서 친근감이 넘치는 강의를 계속했다. 나는 칠 년 전 뿌나로 간 이래 처음으로 오쇼와 떨어져 있는 경험을 한 후라 매순간이 보너스처럼 느껴졌다. 나는 오쇼의 넘치는 사랑을 맛보고 있었다. 스승과 함께 진리의 길을 탐구한다는 즐거움이 나의 삶을 충만케 했다.

나는 나 자신의 내면에 있는 어떤 공간, 퍼스낼리티에 의해 오염되지 않은 순수한 공간을 탐구하고 있었다. 나는 인간이 욕망이 없는 완전한 평온의 상태, 외부에서 일어나는 일에 의해 영향받지 않는 침묵의 상태에 들 수 있음을 믿어 의심치 않는다. 나는 그런 순간을 잠깐 맛보았다. 그리고 오쇼는 영원히 그런 상태에 존재하는 것이다.

오쇼는 호텔 마당을 산책하기 시작했다. 하지만 그는 유유자적하게 마당의 풍경을 즐길 수 없었다. 왜냐하면 길 옆으로 방문객들과 제자들이 그에게 인사하기 위해 길게 늘어서 있었기 때문이다. 그들은 그저 미소를 짓거나 손을 흔드는 것으로 인사를 건네었다. 그러나 어떤 사람들은 앞으로 뛰어나와 오쇼의 발 아래 몸을 던졌다. 그것이 문제였다.

호텔 로비를 나와 정원으로 가는 오쇼의 모습은 정말 아름다웠다. 군중들로 혼잡한 곳에서도 그의 주변에는 항상 넉넉한 공간이 느껴졌다. 많은 여행객들이 뒤꿈치를 치켜들고 오쇼를 보려고 애썼다. 그들은 오쇼의 모습을 보면서 경탄을 금치 못했다. 심지어는 유럽에서 온 여행자들까지도 오쇼를 보면 합장을 하고 인사했다. 그러나 그들은 자신이 무엇을 하고 있는지 몰랐을 것이다. 왜냐하면 오쇼가 지나간 후 그들은 넋이 빠진 표정을 하고 있었기 때문이다. 오쇼에 대해 아는 바가 전혀 없는 사람들도 오쇼의 모습을 보는 것만으로 감동을 받아 넋잃은 표정을 지었다.

오쇼가 말할 때에는 항상 위험 요소가 내재되어 있었다. 왜냐하면 그가 다음 순간에 무슨 말을 할지 모르기 때문이었다. 네팔에 들어 올 당시, 하시야는 오쇼에게 이렇게 말했다 한다.

「네팔은 법적으로 힌두교 국가입니다. 그러니 제발 힌두교에 반대하는 말씀은 하지 마십시오.」

어느 날 저녁 강의 시간에, 네팔의 기자들과 고관 대작들 앞에서 오쇼는 자기의 친구가 힌두교에 반대하는 말을 하지 말아 달라고 부탁했다는 이야기를 털어 놓았다. 그러나 그런 이야기를 빼고 나면 오쇼가 무엇을 할 수 있었겠는가? 네팔은 힌두교에 반대해서 말하기에 딱 어울리는 나라였다. 네팔인들이 오쇼가 기독교에 반대하는 말을 하기를 기대했었겠는가? 아니다. 오쇼는 이태리를 방문할 때까지 기독교에 대한 비판을 아껴 두었다.

그 무렵, 이태리 출신의 영화 관계자들이 네팔에 들어왔다. 그들 중엔 사르자노(Sarjano)도 끼어 있었다. 오쇼는 이태리에 비자 신청을 해 놓은 상태였으며 별 탈이 없는 한 이태리 방문은 어려움이 없을 것 같았다. 그러나 모든 절차가 끝나기 전에 언론이 그것을 발표한다면 별로 이로울 게 없다고 생각되었다. 그래서 우리는 그 일을 비밀에 부쳤다. 그런데 어느 날 밤, 강의에서 오쇼는 청중들 앞에서 이태리를 방문하겠다고 발표했다. 그것은 정말 어처구니없는 일이었다. 열심히 사진을 찍고 있던 사르자노는 기가 막힌 표정으로 눈을 동그랗게 떴다. 그는 모든 게 끝장이라는 듯 "이태리 비자!"라는 입모양을 보여주며 서류들을 찢어서 어깨 너머로 던져버리는 시늉을 했다. 그 모습이 어찌나 우스웠든지 나는 비명에 가까운 웃음을 터뜨렸다.

우리가 네팔에 체류한 지도 벌써 석 달이 지났다. 우리는 비자 연장을 받아야 했다. 그러나 그때까지 우리는 오쇼가 살 수 있는 넓은 장소는커녕 작은 집 한 채도 찾지 못한 상태였다. 그래서 우리는 여전히 호텔에 묵어야 했다. 비록 그 지방 사람들, 특히 호텔의 종사원들은 오쇼를 사랑하고 존경했지만 우리가 처한 상황은 매우 불투명했다. 세탁실에서 일하는 남자들은 오쇼의 저녁 강의를 들을 수 있는 티켓을 구해 달라고 끈질기게 요구했다. 하녀와 웨이터들 또한 마찬가지였다.

한 번은 웨이터가 우리 방에 차를 가져왔다. 그는 묵티가 의자에 앉아서 카세트 이어폰을 끼고 있는 것을 보더니 물었다.

「혹시 브하그완의 강의 테이프를 듣고 계시는 게 아닙니까?」

그는 자기도 좀 들을 수 없냐고 부탁했다. 묵티가 카세트를 건네주자, 그는 옆에 앉아서 테이프를 다 듣고 나갔다.

나는 네팔에서 만난 사람들을 아주 좋아했다. 어느 날 쇼핑을 하고 있는데 상점 주인이 말했다.

「당신 스승은 좋은 사람이 아니오!」

오쇼는 네팔의 강의에서, 붓다는 재산을 포기했지만 그것은 대단한 것이 아니라고 말했다. 그러면서

「나는 가난을 포기했다.」

고 말했다. 아마 그런 말이 상점 주인의 비위를 거슬렸던 모양이다. 하지만 그들은 비판을 하긴 했어도 악의가 없었다. 최소한 그들은 오쇼가 하는 말에 귀 기울일 줄 아는 사람들이었다.

우리는 비자 연장을 신청했지만 거절당했다.

네팔에는 더 이상 희망이 없는 것 같았다. 장관들까지 오쇼의 강

의를 들으러 오곤 했지만 네팔의 왕은 오쇼를 인정할 만한 배짱이 없었다. 우리는 열심히 오쇼의 터전을 찾아 다녔지만 팔려고 내 놓은 땅을 발견할 수 없었다. 게다가 이민국과의 마찰은 인도 정부가 개입하고 있음을 보여 주었다. 네팔에서는 보통 삼 개월 동안 비자 연장을 해 주는 것이 관례이다. 왜냐하면 네팔은 대부분의 수입을 관광객에 의존하기 때문이다. 그러나 우리의 경우에는 사정이 달랐다. 오쇼의 제자들은 90퍼센트 이상이 서양에서 온 외국인이었다. 그런데 비자 연장이 금지되자 오쇼는 다시 한 번 외국인 제자들과 단절되었다.

그러나 그런 상황에서도 오쇼는 존재계와 제자들에 대한 전적인 믿음을 보여주었다. 마침내 세계일주 계획이 세워지고 오쇼는 이를 승락했다.

그리스 태생의 마 암리또(Ma Amrito)[3]는 '미스 그리스'에 당선된 이래 상류 사회와 정부에 많은 친분 관계를 맺고 있는 여성이었다. 그녀는 하시야, 자예쉬, 비베크, 데바라지와 함께 오쇼의 세계일주에 대해 의논했다. 마침내 그리스가 세계일주의 첫번째 기착지로 결정되었다.

그리스 방문을 위한 준비가 시작되었다. 오쇼와 비베크, 데바라지, 묵티가 먼저 출발하고, 나와 닐람은 짐을 갖고 뒤따라 갔다. 여행의 인원수를 줄이는 관계로 니루빠와 아슈는 고향인 캐나다로 돌아갔다. 오쇼가 떠나는 날 아침, 호텔은 눈물 바다를 이루었다. 호텔 직원들도 눈물을 흘리며 울었다. 우리 일을 돌봐주던 라디카는 어쩔 줄 몰라하며 흐느껴 울었다.

오쇼를 위해 마련되었던 개인 비행기가 이틀 동안 델리에 세워져

---
[3] 뒤에 나오는 암리또와는 다른 사람이다. 마 암리또는 여성이지만, 오쇼의 주치의인 암리또 남자 산야신으로 오쇼의 임종을 지켜본 후 마지막 메시지를 전한다.

있었는데, 오쇼는 여객기를 이용하기로 결정했다. 오쇼의 조종사인 클리프(Cliff)는 로얄 네팔 항공을 이용해 카트만두로 날아왔다. 오쇼가 카트만두 공항에 도착했을 때, 그는 활주로를 달려와서, 오쇼의 차문을 열어 주었다. 감격적인 해후였다.

그런 다음 클리프는 호텔로 우리를 찾아왔다. 우리는 그와 그의 일본인 여자 친구인 기타(Geeta)를 위해 차를 시켰다. 우리는 방콕과 두바이(Dubai)를 경유해 갈 예정이라고 오쇼의 비행 계획에 대해 말했다. 클리프는 이미 델리로 다시 돌아가 자신의 비행기를 몰고 두바이로 가서 오쇼를 만날 계획을 세워놓고 있었다. 룸서비스가 차를 가져 왔을 때 클리프는 이미 델리로 떠나고 없었다.

클리프는 자신의 비행기를 몰고 오쇼가 착륙하기 바로 전에 두바이에 도착했다. 두바이 공항에는 폭우가 쏟아지고 있었다. 클리프는 오쇼의 비행기가 들어오는 것을 보자, 옆에 있던 아랍 신사로부터 우산을 낚아채다시피 빌려서 뛰어 갔다. 오쇼가 비행기에서 내렸을 때, 클리프는 우산을 받쳐 든 채 그곳에 서 있었다. 오쇼는 그를 보고 빙그레 웃었다. 또 한번의 감격적인 만남이었다.

카트만두의 호텔 정원을 산보하고 있는 오쇼와 체타나(1986년).

그리스

 2월 중순, 에게해의 물은 아직 차가웠다. 그러나 바닷물로 채워진 깊고 깨끗한 풀에서 수영을 할 때는 기분이 그만이었다. 따사로운 햇빛이 비치고 있었다. 나는 벼랑 위에 세워진 집을 올려 보았다. 구불구불 돌계단이 나 있었다.
 우리는 마 암리또가 한 달 동안 빌린 집에 거처를 정했다. 그 집은 그리스의 유명한 영화 감독인 니코스 카운더로스(Nikos Koundouros)의 소유였는데, 그는 암리또의 친구였다.
 오쇼는 집의 맨 위층에 자리잡았다. 오쇼의 거실에서는 바다와 절벽이 한눈에 들어왔다. 집 뒤쪽에 있는 오쇼의 침실은 컴컴해서 마치 동굴을 연상케했다. 욕실은 두개의 방 사이에 있었는데, 마 암리또는 그 욕실을 현대적으로 개수하기 위해 많은 노력을 기울였다.
 나의 침실이자 오쇼의 세탁일을 하게 될 방에는 하얀 색의 발코니가 달려 있었다. 그리고 내 방 바로 위에는 할리우드에서 온 친구들이 머물고 있었다. 연인 관계인 카비샤(Kaveesha)와 데이빗, 존(John)과 그의 여자 친구인 켄드라(켄드라는 빼어난 미모의 금발미녀로 어릴 때부터 산야신이었다), 그리고 아비르바바(Avirbhava)가 그들이었다. 그들 중에 아비르바바는 테네시 주의 백만장자이다.

그녀가 남자들은 돈 때문에 자기를 사랑한다고 불평하자, 오쇼는 돈도 그녀의 일부라고 말했다. 오쇼는 말하기를, 아비르바바는 아름다운 여성일 뿐만 아니라 '아름다운 부자'라는 것이다. 그러면서 오쇼는 아비르바바에게 이렇게 말했다.

「나는, 오로지 나의 깨달음 때문에 그대가 나를 사랑한다고 걱정하지 않는다. 내가 그것을 걱정한다고 생각하는가?」

할리우드 출신의 친구들은 오쇼가 살 집을 마련하기 위해 태평양의 한 섬을 방문하고 돌아오는 길이었다. 그 섬은 마론 브란도(Marlon Brando)의 소유였다. 하지만 최근에 태풍이 그곳을 휩쓸고 지나감으로써 적합한 장소가 아니라는 판정이 내려졌다.

우리의 인원은 점점 더 불어나고 있었다. 동시에 세계 각지에서 신문과 잡지의 기자들이 몰려오기 시작했다. 독일과 네덜란드, 미국, 이태리, 오스트레일리아 등지에서 텔레비전 촬영팀이 우리를 찾아왔다.

오쇼는 그리스에 도착한 다음날부터 강의를 시작했다. 며칠이 지나자 미국과 유럽 등지에서 오백여 명의 산야신들이 몰려들었다. 오쇼는 캐롭(carob) 나무 밑에 앉아서 이야기했다. 음악가들은 정원의 돌 위에 앉아서 오쇼가 나타날 때와 사라질 때 음악을 연주했다. 오쇼가 춤을 출 때면 비베크가 그 주변을 돌며 춤추었다. 그럴 때마다 사람들은 환호성을 지르며 즐거워했다.

바람이 많이 부는 날에는 실내의 커다란 방 안에 모여 오쇼의 강의를 들었다. 방안은 사람들로 만원이었다. 계단과 창틀까지도 사람들이 앉아 있었다.

오쇼는 하루에 두 번씩 열리는 강의에서 제자들과 세계 각지의 언론인들로부터 많은 질문을 받았다. 기자들은 대부분 그들의 정치 지도자, 교황, 산아제한, 사형 제도, 결혼 문제, 여성 해방운동, 몸과 마음의 건강, 군비 문제 등에 대해 질문을 했다. 물론 명상에 대한 질문도 있긴 했지만 매우 드물었다. 그리고 흔히 그렇듯이 옐로우 저널리즘(Yellow journalism)도 그곳에 끼어들었다.

「당신은 섹스 구루(the sex guru)로 알려져 있는데……」

오쇼는 이렇게 대답했다.

「내 이름으로 출판된 책은 사백 권이 넘는다. 그리고 성에 대한 책은 단 한 권이 있을 뿐이다. 그런데 오로지 그 한 권의 책만이 구설수에 오른다. 나머지 삼백구십구 권의 책에 대해서는 아무도 관심을 갖지 않는다. 성에 대한 책은 그대들이 다른 책을 이해할 수 있도록 준비시키기 위한 것이다. 그대들이 사소한 문제들을 버리고 인간 의식의 높은 경지에 도달하는 데 도움을 주는 준비 단계로써 그 책이 있는 것이다. 그런데 사람들은 그 한 권의 책에 대해서만 이야기할 뿐, 나머지 책에 대해서는 전혀 언급이 없다.」

또 기자들이 가장 많이 물었던 질문은 이런 것이었다.

「혹시 당신은 지금 롤스로이스가 없어서 섭섭하지 않습니까?」

오쇼는 이렇게 대답했다.

「나는 아무 것도 섭섭하지 않다. 그런데 세상 전체가 나의 롤스로이스를 그리워하고 있는 것 같다. 세상은 매우 비정상적이다. 롤스로이스가 있을 때 그들은 나를 질투했다. 이제 롤스로이스가 없으니까 그들은 롤스로이스를 그리워한다. 나는 아무 미련없이 롤스로이스를 남겨두고 떠나왔다! 어쩌면 다시 롤스로이스가 있게 될지도 모른다. 그러면 사람들은 다시 질투를 느끼기 시작할 것이다……」

또 돈에 대해서는 이렇게 말했다.

「……유감스럽게도 나는 재정 문제에 대해 아무 것도 아는 게 없다. 나에게는 예금통장이 없다. 나는 지난 삼십 년 동안 돈을 만져본 적도 없다. 나는 5년 동안 미국에 살았지만 달러는 구경도 못했다.

나는 존재계를 전적으로 신뢰한다. 만일 내가 여기를 원한다면 존재계는 그렇게 할 것이다. 또 내가 여기 있는 것을 원하지 않는다면 존재계는 나를 다른 곳으로 데려갈 것이다.

존재계에 대한 나의 신뢰는 전체적이다. 그러나 존재계를 믿지 않는 사람들은 돈을 믿는다. 그들은 신을 믿고 온갖 엉터리들을 믿는다.」

어떤 기자가 이런 질문을 한 적이 있다.

「당신의 여권에는 브하그완이라는 이름이 기록되어 있습니까?」

오쇼는 이렇게 대답했다.

「나는 내 여권을 본 적이 없다. 나의 사람들이 그것을 관리한다. 미국의 감옥에 있을 때, 나는 변호사나 공동체, 나의 비서에게 전화를 걸지 않았다. 왜냐하면 나는 평생 동안 전화를 걸어본 적이 없기 때문이다. 경찰서장은 기가 막혀서 내게 물었다.

"그러면 당신이 체포되었다는 사실을 누구에게 연락해야 합니까?"

내가 말했다.

"당신 마음대로 하시오. 나는 연락을 취할 사람이 없소. 당신 부인에게 연락하지 그러시오? 그러면 영장도 없이 결백한 사람을 체포했다고 아주 좋아할 텐데……."

나는 아주 색다른 방식으로 살아왔다. 때로는 믿기조차 힘들 것이다. 지금도 나는 내 여권이 어디에 있는지 모른다. 아마 누군가 보관하고 있을 것이다…….」

그리스인 기자가 이런 질문을 던졌다.

「그리스 사람들에게 당신을 소개할 작정입니까?」
오쇼가 대답했다.
「그대들이 나를 알아볼 수 있겠는가? 나는 그대들이 이천오백 년 전에 독살했던 바로 그 사람이다.[1]

그대들은 나를 잊었을지 모르지만 나는 그대들을 잊지 않았다. 나는, 이천오백 년이란 세월이 지났으니 이젠 그리스인들도 의식의 성장을 이루고 진리에 더 가까워졌을 것이라고 생각했다. 그런데 이곳에 머무는 이틀 동안 나는 그대들에게 실망했다. 이틀 동안 그리스의 신문들은 나에 대해 아무 근거도 없는 거짓말을 늘어놓았다.」

오쇼는 붓다가 태어난 땅, 네팔을 떠난 직후였으며, 세계일주의 첫 기착지로 조르바(Zorba)의 땅인 그리스에 도착해 있었다.
오쇼는 이렇게 말했다.
「조르바는 사원의 기초이며, 붓다는 사원 그 자체이다. 나는 '새로운 인간(the New Man)'을 '조르바 붓다'라고 부른다. 나는 정신분열증적인 인간을 원하지 않는다. 나는 물질과 영혼, 세속적인 것과 신성한 것, 이 세상과 저 세상 사이의 분열을 원하지 않는다. 나는 어떠한 분열도 원치 않는다. 왜냐하면 모든 분열은 그대의 내면을 분열시키고, 분열된 인류는 결국 미치고 말 것이기 때문이다. 우리는 미친 세상에 살고 있다. 모든 분열 사이에 다리를 놓아야 한다. 그래야만 세상은 정상으로 돌아올 수 있다.

조르바는 붓다가 되어야 한다. 그리고 붓다는 자신의 기초인 조르바를 이해하고 존경해야 한다. 뿌리는 매우 추할지도 모른다. 그러나 뿌리가 없다면 아무 꽃도 피어나지 못할 것이다.」

---

1) 소크라테스를 말한다.

오쇼는 자녀의 양육 문제와 청소년 문제에 대해서도 많은 질문을 받았다. 전세계의 언론이 청소년 문제에 대한 조언을 구하고 있었다. 그런데 오쇼가 그리스에서 체포된 죄명은 '청소년을 파괴시킨다'는 것이었다. 이것은 이해할 수 없는 일이다. 이 죄목은 또한 이천오백 년 전 소크라테스에게 씌워졌던 죄목이기도 했다.[2)]

오쇼는 에이즈(AIDS) 문제에 대해서도 언급했다.

「일부 사람들이 주장하듯이 그대들도 에이즈가 인간의 방탕함에 대한 신의 저주라고 생각하는가? 확실히 에이즈는 신의 저주이다. 그러나 인간의 방탕함에서 기인하는 것은 아니다. 에이즈는 신의 저주이다. 왜냐하면 독신을 주장하는 교회의 가르침 때문이다. 독신은 자연에 어긋난다. 신부와 수녀를 격리시키는 것은 자연의 도리에 맞지 않는다. 그런 반자연적 태도는 동성연애를 발생시킬 수밖에 없다. 동성연애는 종교적 질병이다. 그 책임은 교회가 져야 한다. 신에게 그 책임이 있다. 왜냐하면 기독교에는 신의 삼위일체가 있기 때문이다. 성부(신)와 성자(예수 그리스도)와 성령……그런데 이 성령이라는 사나이는 도대체 누구인가? 삼위일체에는 여성이 없다. 그들은 게이(gay)들의 모임이다. 아마 이 성령이라는 사나이는 신의 남자 친구였을 것이다.」

오쇼는 사회와 성직자들이 우리에게 두 가지 거짓말을 늘어 놓는다고 말했다. 그 두 가지 거짓말이란 신과 죽음이다.

「신은 존재하지 않는다.」

「죽음은 존재하지 않는다.」

「추기경, 대주교, 주교 등 소위 종교 지도자라고 불리는 이 사람들은 신의 독생자—가설에 지나지 않는—의 대리인 역할을 하고 있다. 이들이야말로 세상에서 가장 덜 떨어진 사람들이다. 그들은

---

2) 줄리엣 포먼(Juliet Forman)의 책 『One Man Against the Whole Ugly Past of Humanlty』에서 인용(원저자 주).

완전히 망상에 사로잡혀 있다『소크라테스, 2천 5백 년 후 다시 독살당하다 : Socrates Poisoned Again After 25 Centuries』.」

크레테(Crete) 섬의 대주교는 온갖 비신사적인 수단으로 대응했는데, 그것은 성직자들의 위선을 폭로한 오쇼의 말을 사실로 증명해 주었다.

디미트리오스(Dimitrois) 주교는 이렇게 협박했다.

「그가 당장 가르침을 중단하지 않으면 우리는 폭력을 사용할 것이다. 그리고 스스로 이 섬을 떠나지 않는다면 그는 피를 보게 될 것이다.」

지역 신문에는, 저택에 다이나마이트를 설치해서 브하그완과 그의 추종자들을 화형시켜버리겠다는 대주교의 말이 실렸다.

마 암리또(Ma Amrito)와 묵타는 혹시 무슨 오해가 있을까해서 대주교를 방문했다. 그들이 교회에 가까이 접근하자 한 사람이 소리쳤다.

「너희들은 악마의 딸년들이다! 당장 이곳에서 나가라!」

그러나 마 암리또와 묵타는 몇 분 동안 문간에 서서 주교에게 설명했다. 그들은 무작정 오쇼를 비난하기에 앞서 최소한 그의 말에 대해 생각해 볼 수는 없겠느냐고 주교에게 말했다. 그러나 주교는 분노에 찬 음성으로

「당장 이 집에서 나갓!」

하고 소리질렀다.

라즈니쉬푸람에서 오쇼의 옷을 만드는 재봉사로 일했던 비나와 가얀이 우리와 합류했다. 우리 셋은 쿠루의 눈 녹인 물로 인해 망가진 오쇼의 옷과 모자를 수선하면서 즐거운 시간을 가졌다.

세계 각국에서 많은 친구들이 몰려 들었으며 축제 분위기가 고조되고 있었다. 그러나 나는 알 수 없는 불안을 느끼고 있었다. 악몽

을 꾸는 때도 있었다. 흔히 일어날 수 있는 일이겠지만, 계단에서 넘어져 심한 타박상을 입는가 하면 물건들을 깨뜨렸으며, 세탁기에 물이 흘러넘쳐 감전되기도 했다.

어느 날 밤, 섬에는 강한 바람이 불고 있었다. 바다는 사납게 으르렁거리고 나뭇가지는 휘청거렸다. 나는 아비르바바의 남자 친구인 사르베쉬(Sarvesh)와 함께 오토바이를 타고 나가기로 했다. 바람을 맞으며 달리는 것도 재미있을 것 같았다. 그런데 마 암리또가 팔을 흔들며 우리를 말렸다.

「안돼! 오늘 같은 날 오토바이를 타고 나가는 것은 좋은 생각이 아냐.」

그러나 우리는 마 암리또의 만류를 뿌리치고 밖으로 나갔다. 그것은 750cc짜리 경기용 오토바이였다. 사르베쉬는 15년 전 대학교에 다닐 때 오토바이를 탄 뒤로 처음이라고 말했다. 그러나 우리는 이미 마음을 정한 터였다. 우리는 언덕을 내려가 아지오 니콜라오스(Agio Nicholaos)라는 작은 마을로 향했다. 그러나 오 분쯤 지나면서 나는 사르베쉬가 제대로 오토바이를 몰 수 없음을 알아차렸다. 그는 운전이 서툴렀다. 해안가의 코너를 도는 순간, 강한 바람이 우리를 덮쳤다. 오토바이가 옆으로 미끌어지면서 내 얼굴이 사르베쉬의 등에 깔리는 것이 느껴졌다. 아찔한 순간이 지나고 정신을 차려보니 나는 얼굴을 아래로 하고 길 복판에 길게 누워있었다. 입가로 비릿한 피냄새가 느껴졌다. 턱과 이빨을 살펴보니 별 이상은 없는 것 같았다. 그러나 얼굴과 코에서 피가 흐르고 있었으며 손에도 상처가 나 있었다. 바지는 찢어지고 신발 한 짝은 어디로 갔는지 찾을 수 없었다. 발목도 상당히 부어있었다. 하지만 정신은 말짱했다. 나는 전에는 사고를 당해본 적이 없었다. 그런데 막상 사고를 당하고 보니 이상하리 만큼 의식이 뚜렷했다. 내면의 침묵이 느껴졌다.

사르베쉬 또한 길 위에 누워 있었는데 머리에서는 피가 철철 흐르고 있었다. 나는 그의 몸을 살펴보았다. 그는 머리에서 많은 피를 흘리고 있었지만 그럼에도 불구하고 나는 그가 괜찮다고 느껴졌다. 그것은 참으로 이상한 확신이었다. 호흡을 살펴보니 정상이었다. 나는 그에게 다가가 허리를 굽히고 이름을 불러보았다. 하지만 그는 의식이 없었다. 나는 구경꾼들에게 도움을 청했다. 당신은 경찰을 부르고, 당신은 오토바이를 치우고, 또 당신은 전화를 걸어달라고(나는 우리가 묵고 있는 집의 전화번호가 똑똑히 기억났다).

우리는 사르베쉬를 병원으로 옮겼다. 그는 병원에서도 사십여 분간 의식을 차리지 못했다. 하지만 나는 사르베쉬가 괜찮아질 것이라는 것을 분명히 알고 있었다. 그날 나는 내면의 명확한 의식을 느꼈다. 그것은 매우 값진 경험이었다.

다음날, 오쇼에게서 전갈이 왔다. 오쇼는 오토바이를 타고 나간 것은 '어리석은 짓!'이었다고 꾸짖었다.

우리는 사르베쉬를 데려오기 위해 병원으로 갔다. 그의 얼굴은 알아볼 수 없을 만큼 퉁퉁 부어 있었다. 게다가 심각한 뇌진탕 증세도 나타나고 있었다. 하지만 나중에 그는 완전히 회복되었다.

사고가 난 다음날, 나는 하루 종일 잠을 잤다. 그리고 다시 아침이 되었을 때, 기운을 차려 밖으로 나갔다. 그런데 햇빛 아래에 서자 아찔한 현기증이 일었다. 의사인 존은 현기증은 뇌진탕의 증상이니 침대에 가서 쉬라고 말했다. 그래서 나는 다시 방으로 돌아왔다.

그날 아침, 마 암리또가 아테네에서 전화를 걸어왔다. 치안장관을 만나고 있는데 모든 일이 잘되어 가고 있으니 아무 걱정 말라는 내용이었다.

그런데 오후 두 시경, 밖에서 요란한 소리가 들렸다. 침대에서 일어나 문간에서 어슬렁거리는데 아난도가 오더니 경찰이 왔다고 일러주었다.

나는 침대로 돌아가 재빨리 옷을 입었다. 경찰에 체포될 당시와 똑같은 옷을 입고 다음날은 감옥에 있게 될지도 모른다는 최근의 경험을 떠올리면서.

밖에 나와보니 권총을 든 사복 경찰들과 이십여 명 가량의 정복 경찰이 고함을 지르며 오쇼의 집을 포위하고 있었다. 나는 현관의 계단 위로 달려가 그곳에 서 있는 경찰에게 말했다.

「뭔가 실수가 있음에 틀림없어요. 우리 변호사가 경찰 서장을 접촉하고 있으니 기다려요. 곧 시시비비가 가려질 거예요.」

그가 내게 말했다.

「내가 바로 경찰 서장이오!」

나는 뭔가 오해가 있으니 상급 기관과 연락해봐야겠다고 따졌다. 그러자 옆에 있던 다른 사람이 말했다.

「내가 바로 치안 판사요!」

나는 뭔가 엄청난 실수가 벌어지고 있다고 확신했다. 그리고 도움의 손길이 뻗칠 때까지만 경찰을 막고 있으면 그 다음엔 모든 일이 잘 풀릴 것이라고 믿었다. 그런데 이 사람들은 위급한 비상 사태에 출동한 사람들처럼 행동하고 있었다. 아주 위험한 임무를 띠고 있는 것처럼 말이다. 그 모습을 보자, 샬럿의 경찰들이 우리를 위험한 테러리스트로 알고 체포하던 기억이 떠올랐다.

그들은 두세 그룹으로 나누어 입구를 찾으려고 집 주변을 탐색했다. 두 명의 남자가 창문을 타넘으려 했다. 나는 그들에게 달려가 앞을 가로막고 소리쳤다.

「안돼요!」

그들은 나를 옆으로 밀었다. 그러나 나는 그들이 창문 가까이 접근하지 못하도록 끈질기게 가로막았다.

그 당시 나의 얼굴은 이틀 전의 오토바이 사고 때문에 시퍼렇게 멍들고 상처가 나서 엉망이었다. 아마 그래서 그들이 나를 건드릴 수 없다는 용기를 낼 수 있었을 것이다. 만일 그들이 폭력을 휘두른다면 내 얼굴의 상처를 핑계로 그들을 고소할 수도 있으니 말이다. 아마 그들도 그것을 알고 있는 것 같았다. 그들은 내 얼굴의 상처에 대해 좀 찜찜해하는 눈치였으며, 그래서 나는 그들을 성가시게 방해하는 데 성공할 수 있었다.

일본 산야신인 기타(Geeta)가 달려왔다. 그녀는 5피트도 안되는 단신이었지만 창문으로 기어들어 가려고 하는 사람들을 방해할 때는 굉장한 힘을 발휘했다.

나는 집 주변을 뛰어다니며 집안으로 침입하려는 자들을 볼 때마다 그들 앞을 가로막았다. 저쪽에서 사복 경찰 한 명이 다리를 벌리고 서서 큰 돌을 머리 위로 들어올리는 것이 눈에 들어왔다. 그는 성경에 나오는 골리앗(Goliath)처럼 보였다. 그는 막 돌을 창문으로 던지려는 참이었다. 그 창문 뒤에 아쉬시와 라피아, 그리고 우리의 비디오 장비가 있었다. 만일 창문으로 그 커다란 돌을 집어 던진다면 아쉬시와 라피아가 다칠지도 모를 일이었다. 그래서 나는 달려가 '골리앗'을 가로막고 서서 소리쳤다.

「나는 크레테의 경찰을 인민의 친구로 생각했다. 그런데 알고보니 당신들은 파시스트다!」

두 명의 경찰이 골리앗과 합세하기 위해 달려왔다. 그들 중의 한 명이 "우리는 파시스트가 아냐!"하고 소리쳤다. 그러나 골리앗은 돌을 내려놓았다.

그때, 창문 깨지는 소리가 들렸다. 소리나는 쪽으로 달려가 보니 세 명의 경찰이 4피트 높이의 벽을 기어올라서 창문으로 들어가고 있었다. 그들은 마루를 가로질러 계단 쪽으로 다가갔다. 나는 그들 뒤를 따라 깨진 창문을 통해 안으로 들어갔다. 그리곤 오쇼의 방으로 향하는 나선형 계단 쪽으로 달려갔다. 그리곤 그들보다 앞서 계단을 뛰어 올라갔다. 그들은 조금 망설이는 눈치였다. 아마 총알이 날아올지도 모른다고 생각하는 것 같았다.

 계단 꼭대기에 이르니 라피아가 계단을 뛰어 올라오는 경찰들의 모습을 찍기 위해 사진기를 들고 있었다. 두세 명의 남자가 라피아를 제압하곤 거실로 끌고 들어갔다. 나는 그들이 라피아를 때릴지도 모른다고 생각했다. 하지만 어쩔 도리가 없었다. 잠시 후, 켄드라(Kendra)가 달려왔다. 그녀와 함께 거실로 들어가보니 라피아가 마룻바닥에 누워 있었다. 두 명의 경찰이 그의 몸을 내리 누르고 있었다.

 존은 바로 내 옆에 서 있었는데, 우리는 욕실 문틈 사이로 오쇼를 불렀다. 무슨 일이 일어나고 있는지 알리기 위해서였다. 오쇼는 경찰들에게 잠시 후 나가겠다고 말했다.

 골리앗도 계단 꼭대기에 나타났다. 이제 나선형 계단은 올라오려는 경찰들로 가득 차 있었다. 오쇼의 욕실 밖에 있는 복도도 마찬가지였다.

 내가 그들에게 사정했다.

 「우리는 평화로운 사람들이에요. 그러니 제발 폭력을 쓰지는 말아요.」

 그러자 골리앗이 그것은 당신들 하기에 달렸다고 대꾸했다. 나는, 우리는 그들에게 폭력을 쓴 적이 없다고 항의했다.

 그들은 욕실 문을 막고 있는 나를 옆으로 밀치려 했다. 하지만 그들은 폭력을 쓸 수 없었다. 아마 상처로 엉망이 된 내 얼굴 때문이었을 것이다. 그들은 꼬투리잡힐 짓은 회피하고 싶었던 것이다.

 그들 중의 몇 명이 오쇼의 침실 문을 걷어차며 안으로 뛰어 들었다. 그들은 권총을 겨누고 있었다.

 오쇼가 밖으로 나오자, 밀고 당기는 접전이 벌어졌다. 나는 경찰 서장에게 가서 이렇게 많은 사람은 필요 없으니 이 불한당 같은 무리들을 당장 아래층으로 내려 보내라고 항의했다. 그는 나의 항의를 받아들여 열 명 정도만 남기고 나머지는 아래층으로 내려 보냈다. 오쇼는 조용히 팔걸이 의자 쪽으로 걸어가 앉았다. 경찰들은 엉거주춤한 자세로 오쇼를 포위했다.

문 쪽을 향한 의자에 라피아가 앉아있는 것이 보였다. 그는 머리가 마구 헝클어진데다 얼굴이 벌겋게 달아 올라 있었다. 그는 충격을 받은 듯했다. 오쇼는 의자에 앉아서 라피아를 뚫어질 듯이 쳐다보았다. 아마 라피아가 괜찮은가 살피는 것 같았다.

존과 나는 오쇼를 가운데 두고 의자 양쪽에 앉았다. 경찰들은 원을 그려 의자를 포위했다. 그리곤 일제히 그리스어로 마구 소리를 질러댔다. 아마 오 분 정도 그랬을 것이다. 오쇼가 내 쪽으로 고개를 돌리고 말했다.

「통역을 위해 묵타를 불러오라.」

나는 경찰 서장과 함께 아래층으로 내려가 묵타를 불렀다. 묵타가 올라와 통역을 시작했지만 사정은 별로 나아지지 않았다. 경찰들은 여전히 거칠게 고함을 질렀다.

오쇼는 조용한 목소리로 그들에게 영장을 보여달라고 말했다. 그리고 그들이 온 이유를 물었다. 그들이 영장을 꺼내 흔들었다. 묵타가 그것을 읽기 시작했지만 방 안이 너무 시끄러워 잘 들리지 않았다.

아마 그들은 일정한 시간 내에 오쇼를 추방하도록 명령을 받은 것 같았다. 왜냐하면 그들은 자꾸만 시계를 들여다보고 있었으며 시간이 지날수록 점점 더 안달을 하며 거칠게 굴었기 때문이다.

오쇼는 자기가 떠나는 것은 문제없다고 말했다. 하지만 짐을 꾸리고 비행편을 마련할 시간을 달라고 요구했다. 경찰들은 우리가 준비를 마칠 때까지 오쇼를 감시만 하고 있을 수도 있었다. 굳이 그를 체포할 이유가 없었다.

그러나 그들은 버럭 소리를 질렀다. 오쇼는 지금 당장 그들과 함께 가야 한다는 것이었다.

그들은 당장 오쇼를 데리고 가겠다고 고집을 피웠으며, 나는 우리가 오쇼의 짐을 싸기 전에는 그를 데려갈 수 없다고 버티었다.

내가 말했다.

「당신들은 지금 병든 사람을 잡아두고 있는 거예요. 그리고 전세계가 이분에게 일어나는 일을 지켜보고 있어요. 만일 당신들이 이 분에게 조금이라도 해를 입힌다면 아주 심각한 곤경에 처할 거예요.」

나는 약도 없이 그를 데려가는 것은 그에게 심각한 해를 입힐 수도 있다고 말했다. 사실 나는 오쇼의 면전에서 그를 두고 〈병든 사람〉이라고 말하면서 조금 당혹스럽기도 했다.

혼란스러운 상황이 계속되었다. 그들은 계속 자기들의 주장을 되풀이하는가 하면 자기들끼리 고함을 지르기도 했다. 큰 파도가 몰아치듯이 점점 더 긴장이 고조되었다.

경찰관 한 명이 기다릴 만큼 기다렸다는 듯이 거칠게 오쇼 쪽으로 다가섰다. 그는 팔걸리 의자에 놓인 오쇼의 손목을 잡으며 말했다.

「우리는 지금 당장 당신을 데려가야겠소!」

그는 오쇼를 의자에서 잡아당길 기세였다. 오쇼는 자신의 손목을 잡고 있는 경찰관의 손등에 나머지 한 손을 올려놓고 부드럽게 다독거렸다. 그러면서 조용한 음성으로 말했다.

「폭력을 쓸 필요는 없소.」

경찰관은 멈칫하더니 오쇼의 손목을 놓고 뒤로 물러섰다. 그의 얼굴에 존경의 빛이 어렸다.

오쇼가 천천히 의자에서 일어났다. 경찰관들이 오쇼를 호위하고 인도하기 시작했다. 나는 오쇼의 약장으로 달려가 손에 잡히는 대로 약을 집어 호주머니에 넣었다. 그리곤 오쇼의 팔을 부축하고 아래층으로 내려갔다.

오쇼는 나를 돌아보며 부드럽고 애정어린 음성으로 말했다.
「체타나, 상처는 괜찮은가?」
그는 그런 상황에서도 오히려 나의 건강을 묻고 있었다.
내가 말했다.
「예, 스승님. 저는 괜찮습니다.」
우리는 경찰에 둘러싸여 아래층으로 내려갔다. 하루 전만 해도 아름다운 강의를 즐기고 있었던 그곳으로 말이다.
커다란 목재 문을 열고 현관으로 나가니 몇 명의 산야신이 충격을 받은 듯 망연자실한 표정으로 서 있었다. 묵타는 두 명의 경찰관과 그리스어로 고함을 지르며 다투고 있었다. 오쇼가 그녀를 돌아보며 말했다.
「묵타, 그들과 다투지 말라. 그들은 바보니까.」
차에 도착하자 오쇼는 나를 돌아보며 뒤에 남아서 짐을 챙기라고 말했다. 내가 고개를 끄덕거리자 그는 경찰의 호위를 받으며 차에 탔다. 오쇼의 양쪽으로 경찰이 탔다. 나는 데바라지와 마니샤가 눈에 띄자, 가지고 있는 약을 모두 데바라지의 호주머니에 찔러 넣었다.
나는 차 앞을 가로막고 서서 경찰 서장에게 소리쳤다.
「의사를 차에 태워요!」
차문이 닫혀 있었지만 데바라지는 의료 가방을 들고 차에 탈 준비를 하고 있었다. 경찰관 한 명이 차에서 내렸다. 마니샤가 재빨리 그 자리에 데바라지를 밀어 넣었다.
차가 먼지를 일으키며 시야에서 사라졌다.
우리는 경찰이 오쇼를 어디로 데려가는지 알지 못했다. 들리는 얘기에 의하면, 그들은 오쇼를 배에 태워 이집트로 보내려 한다는 것이었다. 후에 밝혀진 바에 의하면, 그 이야기는 사실이었다. 그래서 오쇼가 안전하게 그리스를 벗어날 수 있도록 경찰들을 매수하는 데 이만오천 달러가 들었다.

나는 묵티와 닐람을 찾았다. 만일 오쇼가 인도로 추방된다고 그 때엔 인도인인 그들이 오쇼와 동행해야 된다고 생각했기 때문이다. 오쇼가 홀로 인도에 도착한다는 것은 생각만 해도 끔찍한 일이었다! 그가 돈과 여권에 대해서 말한 것을 상기해보면 상황이 어떠하리라는 것을 충분히 짐작할 수 있을 것이다.

나는 열두 개 가량의 큰 금속제 트렁크를 꾸렸다. 오쇼의 의자는 큰 나무 상자에 넣었다. 그 밖에도 작은 크기의 트렁크와 옷가방이 부지기수였다. 모두 합치면 서른 개 정도 되었을 것이다.

그 다음에 나는 헤라클리온(Heraklion) 공항으로 갔다. 그곳에서는 오쇼가 아테네로 가는 비행기를 기다리고 있었다. 경찰들은 이만오천 달러의 돈을 받은 이후로 오쇼를 대하는 태도가 굉장히 달라져 있었다.

오쇼는 작은 방에서 비행기를 기다리고 있었다. 무장 경찰이 오쇼를 둘러싸고 있었다. 밖에는 비가 내렸다. 하지만 빌딩 밖에는 수백 명의 산야신들이 모여 들어 잔치를 벌이고 있었다. 우리는 노래를 부르며 재앙을 축제 분위기로 바꾸어 놓았다!

유럽과 미국 등지에서 오는 비행기들은 오쇼를 보기 위해 몰려드는 산야신들을 공항에 쏟아놓고 있었다. 나는 라즈니쉬푸람의 붕괴 이후 만날 수 없었던 친구들과 포옹하며 재회의 기쁨을 나누었다. 하지만 오쇼는 이미 그리스를 떠날 준비를 하고 있었다. 오쇼를 보기 위해 왔던 모든 사람이 눈물을 흘리며 안타까워했다. 그들은 공항에 도착하자마자 오쇼에게 손을 흔들며 작별 인사를 해야 했던 것이다.

그 당시, 공항은 수천 명의 산야신들과 아지오스 니콜라오스(Agios Nicholaos)에서 온 지역 주민들로 만원이었다. 공항 휴게실로 들어가보니 믿을 수 없는 광경이 벌어지고 있었다. 수천 명의 산야신들이 붉은 옷을 입고 몰려와 있었던 것이다. 어디선가 "그가 저기 있다!"고 외치면 모든 사람들이 그곳으로 몰려갔다. 또 어디선가 "그가 저기 있다!"고 외치면 파도처럼 그곳으로 몰려갔다. 수천 명의 사람들이 한몸처럼 움직였다. 거친 바다에 떠 있는 배가 풍랑을 만난듯이 파도가 덮칠 때마다 사람들은 이리저리로 쏠렸다.

우리는 오쇼가 공항을 통해 걸어나가리라 기대했었다. 그래서 공항 안은 긴장감과 흥분이 감돌았다. 사람들은 노래를 부르며 분위기를 돋구었다.

나는 아난도와 함께 비행기를 보기 위해 테라스로 오르는 계단을 뛰어 올라갔다. 비베크와 라피아, 묵티, 닐람이 탑승 라인에 서 있는 것이 보였다. 그래서 나는 오쇼가 그 비행기를 타리라고 생각했다. 그런데 그 비행기는 오쇼를 태우지 않고 이륙하는 것이었다. 우리는 뭔가 속임수가 진행되고 있을지도 모른다는 사실에 가슴이 철렁했다. 혹시 경찰이 오쇼를 빼돌렸을지도 모를 일이었다. 그런데 그 다음 활주로에 서 있는 비행기 옆에 차 한대가 멈추는 것이 보였다. 오쇼와 데바라지가 거기에 있었다. 그들이 아테네로 가기 위해 비행기에 오르는 모습이 보였다.

아난도가 내게 말했다.

「나는 저 비행기를 탈 수 있는 티켓이 있어요.」

아난도는 군중 속으로 뛰어가며 나중에 자기 옷을 보내달라고 어깨 너머로 외쳤다.

혼란과 슬픔에 빠진 수천 명의 친구들을 뒤로 하고 비행기가 이륙했다. 나는 텅빈 집으로 돌아왔다. 다음에 무슨 일이 일어날 것인가 기다리기 위하여.

오쇼는 그리스를 떠나기 전 기자들에게 마지막 말을 남겼다.

「2천 년의 전통을 자랑하는 당신들의 도덕률과 종교가 4주간의 여행 비자를 가진 단 한 사람에 의해 무너질 수 있다면, 그런 도덕률과 종교는 보존할 가치가 없다. 그것은 파괴되어 마땅하다.」

조용한 기다림

1986년 3월 6일, 밤 1시 20분.
오쇼, 비베크, 데바라지, 아난도, 묵티, 존을 태운 작은 제트기는 아테네를 이륙했다. 어디로 간다는 기약도 없이. 조종사조차도 어디로 가야할지 몰랐다.

하시야와 자예쉬는 오쇼의 비자를 얻기 위해 스페인에 가있었다. 존은 하시야에게서 "스페인은 아직 준비가 되지 않았다"는 전화를 받고 풀이 죽었다. 스페인은 아직 준비가 되지 않았다고? 두 달이나 걸려 협상한 결과가 '안 된다!'는 대답이란 말인가?
비행기는 고도를 높이고 빠른 속도로 날아갔다. 목적지도 없이!
크레테의 저택에 남은 나는 서른 개가 넘는 짐을 갖고 연락이 오기만을 기다렸다. 깨진 창문과 덜렁대는 문, 부정하고 야만적인 행위의 흔적이 곳곳에 남아 있었다.
카비샤(Kaveesha), 데이빗(David), 아비르바바, 사르베쉬(Sarvesh)는 여행을 하기에는 너무 충격이 큰 것 같았다. 그렇다고 그리스에 머물기에는 너무 질려 있었다. 마 암리또와 그녀의 다섯 살 난 아들, 신두(Sindhu), 마니샤, 켄드라, 그리고 나는 함께 런던으로 가기로 했다. 우리는 그곳에서 대기하며 연락을 기다릴 참이었다.

런던에 도착하기 앞서 우리는 오쇼가 스위스, 프랑스, 스페인, 스웨덴, 영국에서 입국을 거절당했다는 소식을 들었다. 그 다음으로는 캐나다와 안티구아(Antigua)가 오쇼의 입국을 거절했다. 오쇼는 이 나라들로부터 입국을 거절당하는 데 그친 것이 아니다. 그의 비행기는 가는 곳마다 무장한 군인과 경찰들을 만나야 했다. 각국에 있는 산야신들이 연락을 취하고 변호사들이 애를 쓰고 있었지만 별로 도움이 되지 않았다.

다음은 『심리학을 넘어서:Beyond Psychology』에 나오는 오쇼의 말이다.

「……우리는 그리스에서 제네바(Geneva)로 향했다. 그저 하룻밤 휴식을 취하기 위해서였다. 그런데 내 이름을 듣는 순간 그들은 '안 된다. 우리는 그가 우리나라에 들어오는 것을 허락할 수 없다.'고 말했다. 나는 비행기 밖으로 나가는 것조차 허용되지 않았다.

그 다음 우리는 스웨덴으로 갔다. 스웨덴은 유럽의 어떤 나라보다도 더 진보적인 국가이며, 테러리스트, 혁명가, 정치적 망명객들에게 피난처를 제공하는 데 관대한 나라라는 것을 생각하면서 말이다.

우리는 스웨덴에 도착해서 하룻밤 쉬어가기를 원했다. 왜냐하면 조종사들이 비행 시간을 다 채웠기 때문이었다. 휴식을 취하지 않고 계속 비행하면 그것은 위법이었다.

공항에서 우리는 매우 기분이 좋았다. 우리는 단 하룻밤 체류하기를 원했을 뿐인데도 공항의 관리가 우리 모두에게 일주일간의 비자를 주었기 때문이다. 아마 그는 취중이거나 졸렸던 모양이다. 그 때는 깊은 밤이었으니까.

그런데 잠시 후 경찰이 들이닥쳤다. 그들은 비자를 취소하고 즉시 떠날 것을 명했다.

스웨덴은 테러리스트와 살인자들, 마피아에게까지 피난처를 제공하는 나라이다. 그런데 그들은 나의 입국을 허용하지 않았다. 그리고 나는 피난처를 원하거나 영주권을 원했던 것도 아니다. 다만 하룻밤 쉬어가기를 원했을 뿐이다.

우리는 영국으로 향했다. 우리는 전용 제트기가 있었지만 만일의 사태를 대비해서 미리 다음날 출발하는 상업용 비행기의 일등석 표를 샀다. 그들이 "당신들은 내일 떠나는 비행기표를 갖고 있지 않다. 그러므로 우리는 당신들이 일등석 라운지에서 쉬어가는 것을 허용할 수 없다."고 말하는 것에 대비하기 위해서였다.

우리는 그들에게 말했다.

"우리는 전용 제트기가 있지만 상업용 비행기표도 가지고 있다."

그러나 그들은 정부도 간섭할 수 없다는 공항의 규정을 들고 나왔다.

"그것은 우리의 재량이다. 우리는 브하그완이 라운지에 들어오는 것을 허락할 수 없다."

내가 라운지에서 그들의 도덕성과 종교를 얼마나 파괴시킬 수 있겠는가? 나는 잠자기에 바쁠 것이다. 그리고 아침이 되자마자 떠날 것이다.

그런데도 그들은 안된다고 했다. 소위 문명국이라는 나라들은 그대가 상상하는 것보다 훨씬 더 야만적이다. 그들은 이렇게 말했다.

"우리가 할 수 있는 일이 있다면 당신을 감옥에서 재우는 것 뿐이다."

우리 일행 중의 한 명이 우연히 그들의 서류를 보게 되었는데, 거

조용한 기다림

기에는 이미 나를 어떻게 다루어야하는지 정부의 지시 사항이 상세하게 적혀 있었다. 그들은 어떻게해서든지 나의 입국을 막으려고 안간힘을 썼다. 호텔이나 라운지에서 하룻밤 쉬어가는 것도 허락되지 않았다. 단 하나 가능한 것은 나를 감옥에 가두는 것뿐이었다.

아침에 우리는 아일랜드로 향했다. 아마 아일랜드의 공항 관리는 승객들 명단 중에서 내 이름을 알아보지 못했던 모양이다. 우리는 이삼 일 체류하기를 원했다. 그리고 가능하다면 일주일 정도 비자를 주면 좋겠다고 말했다. 우리는 시간이 필요했다. 우리는 유보중인 어떤 결정을 기다리고 있었는데, 그 결정 여하에 따라 앞으로의 행로가 달라질 수도 있었기 때문이다. 그래서 우리는 아일랜드에서 그 결정을 기다릴 시간을 원했던 것이다.

그 관대한 공항 관리는 아마 맥주를 너무 많이 마셨던 모양이다. 그는 우리 모두에게 21일간의 비자를 주었다.

그런데 우리가 호텔에 투숙하고 몇 시간도 되지 않아 경찰이 들이닥쳤다. 그들은 이렇게 말했다.

"그 공항 관리는 제정신이 아니오. 그는 아무 것도 몰라요."

그들은 비자를 취소했다. 하지만 그들은 곤란한 상황에 직면했다. 우리를 어떻게 할 것인가? 우리는 이미 아일랜드에 입국해서 호텔에 투숙한 뒤였다. 그리고 호텔에서 이미 몇 시간을 보낸 터였다.

그들은 비자를 취소했지만 우리는 떠날 준비가 되어 있지 않다. 우리는 며칠을 기다려야 했다.

그대는 행정 관료들이 자신들의 실수를 어떻게 덮어버리는지 알 수 있다. 그들은 이렇게 말했다.

"좋소. 당신들은 여기 머물 수 있소. 하지만 아무도 이 사실을 알아서는 안되오. 그렇게 되면 우리가 곤란해지기 때문이오."

나의 세계일주는 곧 행정 제도에 대한 탐험이었다.

얼마 전 나는 이런 소식을 들었다. 유럽 국가들이 서로 연합해서 어떤 공항에도 나의 비행기가 착륙하지 못하도록 결정했다는 것이다. 도대체 비행기에 기름을 넣는 것이 그들의 도덕성에 어떤 영향을 미친단 말인가?」

마침내 나는 영국 땅을 밟았다. 십일 년 만의 일이었다. 하지만 십일 년 만에 영국에 돌아온 나는 사무라이처럼 전투적인 태세를 갖추고 있었다.

켄드라는 존과 전화 연락을 해서 영국이 오쇼의 입국을 거부했을 뿐만 아니라 밤새도록 그를 감옥에 가두었다는 것을 들었다. 2톤이나 되는 우리 짐은 트럭만한 크기의 짐차에 실었는데, 짐꾼은

「오, 이 짐 때문에 당신들은 곤경에 처할 거요. 이 많은 짐을 갖고 입국하도록 가만놔두지 않을 텐데……」

하면서 투덜댔다. 아비르바바는 아직 오토바이 사고의 후유증에서 벗어나지 못한 사르베쉬를 돌보고 있었으며, 마니샤, 켄드라, 나는 짐차를 따라 옆에서 걸었다. 사르베쉬의 시퍼렇게 부은 얼굴에는 두려움이 어리고 있었다.

우리는 그리스에서 오는 길이라는 것을 말하고 싶지 않았다. 그래서 두 명의 세관원이 우리에게 어디서 오는 길이냐고 물었을 때 켄드라(Kendra)가 대답했다.

「아무데서나!」

「음? 아무데서나?」

세관원이 되물으며 말을 이었다.

「그렇다면 지금 어디로 가는 중입니까? 혹시 아무데로나?」

켄드라가 대답했다.

「맞아요.」

세관원이 말했다.

「좋습니다.」

우리는 여러 종류의 사람이 섞여 있는데다 엄청난 양의 짐을 갖고 있었다. 그래서 공항 관리들은 우리를 연극 단원들이냐고 물었다. 물론 우리는 그 말에 동의했다.

우리는 킹스턴에 있는 집에 묵었다. 그곳에서 우리는 2주 동안 조용히 기다리며 시간을 보냈다.

조용히 기다리고 있는 것은 우리만이 아니었다. 전세계의 산야신들이 침묵을 지키며 기다리고 있었다.

오쇼의 제자들은 세상 어디에 있건, 외적인 환경이 어떻든 간에 내면의 여행에서는 모두 함께 움직인다. 돌이켜 보면, 오쇼가 착륙할 곳을 찾으며 비행기 안에 살고 있는 동안 오쇼의 제자들은 모두 똑같은 내적인 어려움에 처해 있었다. 오쇼와의 연대감, 그리고 오쇼를 통해 우리 서로가 느끼는 연대감은 마치 우리가 한몸인 것처럼 느껴질 만큼 깊은 것이다. 거기에는 시간이나 공간이 끼어들 틈이 없다. 내가 이해하는 한은 그렇다. 오쇼가 바로 옆에 있건, 아득히 멀리 떨어져 있건 그 거리는 오직 제자의 명상적인 태도에 달려 있다.

뿌나에서 오쇼가 날마다 강의를 할 때에는 분명히 집단적인 의식이 존재했었다. 우리 모두는 하나로 연결되어 있었다. 비슷한 감정과 변화를 경험하는 때가 많았으며 때로는 생각까지 똑같았다. 오쇼가 강의 시간에 누군가의 질문에 대답하면 그것은 바로 내가 묻고 싶었던 질문인 경우가 많았다. 그것은 모든 사람에게 거의 공통된 현상이었다. 오쇼는 몇 명의 산야신이 바로 전날 밤 모여서 토론했던 주제에 대해 이야기하기도 했다. 나는 주변에서 그런 이야기를 많이 들었다. 그것은 마치 오쇼가 우리의 이야기를 엿듣기라도 한 것처럼 놀라운 일이었다.

우리는 영국에서 아무 것도 할 일이 없었다. 우리는 오쇼가 어디로 갈지, 언제 다시 만나게 될지 알지 못했다. 하지만 그것은 순간에 충실한 삶을 살 수 있는 좋은 기회였다. 과거를 생각하거나 미래를 걱정하는 것은 위험한 일이었다. 그것은 정신적으로나 육체적으로나 건강을 해치는 일이었다.

나는 오쇼에게 이렇게 물은 적이 있다.

「어려운 일이 닥쳤을 때, 나는 지금 여기에서 피난처를 찾습니다. 그 순간에는 모든 것이 고요합니다. 그것이 내가 면도날 위에 서 있는 유일한 방법입니다. 그럼에도 불구하고 혹시 내가 현실에 일어나고 있는 일로부터 도피하고 있는 것은 아닌가하고 의심이 들 때도 있습니다. 단지 눈가리개를 하고 있는 것은 아닌가하고 의구심이 들기도 합니다. 사랑하는 스승님, 어떤 것이 진리인지 이해할 수 있도록 도와 주십시오.」

오쇼는 이렇게 대답했다.

「절대 마음의 말을 듣지 말라. 마음은 사기꾼이다. 만일 그대가 현재 이 순간에 침묵과 고요를 느낀다면, 그것은 대단히 가치있는 경험이다. 마음은 그 경험을 판단할 자격이 없다. 마음은 그보다 훨씬 낮은 위치에 있다.

마음은 항상 과거나 미래로 움직인다. 마음은 추억이나 상상일 뿐, 현재에 대해서는 아무 것도 모른다. 그런데 존재하는 모든 것은 현재에 존재한다.

……삶은 오로지 순간들로 이루어진다. 과거의 삶은 존재하지 않는다. 미래의 삶도 존재하지 않는다. 삶은 항상 현재에 존재한다. 삶은 지금 여기에 존재한다. 그러나 마음은 결코 지금 여기에 존재하지 못한다. 마음은 그대의 주체성, 그대의 존재에 관한 한 전혀 무능력하다. 이것이 동양의 위대한 발견 중의 하나이다…….

그대가 마음을 초월한 어떤 것을 경험할 때마다 마음은 그것을 의심하고 반박할 것이다. 마음은 그대로 하여금 그것을 당혹스런

조용한 기다림 233

시선으로 보도록 만들 것이다. 이것이 마음이 흔히 써먹는 낡은 수법이다. 마음은 현재 순간이 창조하는 어떤 특성도 만들어낼 수 없다. 사실, 마음은 결코 창조적이지 않다. 삶에서 이루어지는 모든 창조는 무심(no-mind)으로부터 비롯되는 것이다. 위대한 그림, 음악, 시 등 아름다운 모든 것, 인간을 다른 동물과 구별 짓는 모든 것은 그 무심의 짧은 순간에 이루어지는 것이다.

만일 그것을 알고 무심의 경지로 들어간다면, 그 무심의 짧은 순간은 그대를 깨달음으로 인도할 수 있다. 의식하지 못하는 가운데 우연히 무심의 상태가 된다해도 여전히 그 순간은 엄청난 침묵과 평화, 지성으로 그대를 인도할 것이다. 하지만 그 순간이 우연에 불과하다면, 그대는 사원에 도달하기는 하겠지만 바로 한 걸음 앞에서 깨달음을 놓칠 것이다. 모든 창조적인 예술가들, 무용가, 음악가, 과학자들은 단 한 걸음 앞에서 깨달음을 놓친 사람들이다.

신비주의자는 현재 순간의 중심부로 파고 들어 황금의 열쇠를 발견한다. 그때, 그의 삶 전체에 신성한 기쁨이 넘친다. 그리고 무슨 일이 일어나도 그의 기쁨은 영향받지 않을 것이다.

그러나 사원 안에 들어가기 전에는 최후의 순간까지 마음이 그대를 뒤로 잡아당길 것이다. 마음은 그대에게 이렇게 말한다.

'넌 어디로 가는 것이지? 이것은 완전히 미친 짓이야! 너는 삶에서 도피하는 것이라구!'

그런데 마음은 그대에게 한번도 삶을 준 적이 없다. 마음은 삶의 맛을 보여주지 못한다. 마음은 삶의 신비를 드러낼 능력이 없다. 마음은 그저 끈질기게 그대를 뒤로 잡아당길 뿐이다. 왜냐하면 그대가 일단 내면의 사원으로 들어가면 마음은 밖에 남아야하기 때문이다. 마음은 그대가 신발을 벗어 놓은 곳에 남아야 한다. 마음은 결코 사원 안에 들어갈 수 없다. 그것은 마음의 능력 밖이다.

그러니 주시하라. 마음이 그대에게 '너는 삶에서 도망치고 있어.'

하고 말할 때에는 마음에게 이렇게 말하라.
 '삶이 어디에 있는가? 네가 말하는 삶이란 도대체 무엇이지? 나는 삶으로부터 도망치는 것이 아니라 삶 안으로 들어가고 있다.'
 마음을 경계하라. 마음은 그대의 적이다. 경계하지 않으면 그 적은 그대가 성장할 수 있는 모든 가능성을 무너뜨릴 것이다. 조금만 더 주의하라. 그러면 마음은 아무런 해도 입힐 수 없을 것이다『신비주의자의 길:The Path of the Mistic』.」
 런던에 도착한 지 2주일 후, 오쇼가 우루과이(Uruguay)로 향하고 있다는 소식이 왔다. 우루과이? 우루과이가 어디에 있지? 우리는 서로에게 물었다. 남아메리카! 하지만 우루과이는 군부가 득세하고 비밀 경찰이 설치는 나라가 아닌가? 비밀 경찰에 끌려가 행방이 묘연한 사람도 있다던데? 우리에게 있어서 우루과이는 정체불명의 위험한 나라였다.
 나는 네팔에서 세계 지도를 펴놓고 어디로 갈까 생각하던 때가 생각났다. 전세계가 다 가능성이 있었다. 그리고 지금은 세상이 아주 좁아진 시대가 아닌가. 하시야와 자예쉬는 전세계를 고려해 보았다. 그러나 우리를 반겨줄 나라는 아무데도 없었다. 세계 각국의 정부에 우리가 테러리스트라는 정보가 주어졌다. 미국은 그들의 세력권 안에 있는 모든 나라에게 오쇼를 받아들이지 말라고 압력을 가하고 있었다.
 나는 미국의 정치가들이 왜 그토록 오쇼를 못살게 굴었는지 이해할 수 없다. 물론 오쇼가 그들의 문화와 사회, 신념에 상반되는 말을 했다는 것은 안다. 하지만 진리를 말했다고해서 그토록 박해를 받아야한다는 것은 나로써는 이해하기 힘든 일이다.
 나는 라피아에게 미국인들이 그토록 발악하듯이 오쇼에 반대한 이유가 무엇이냐고 물은 적이 있다. 라피아는 미국에서 태어나고 자란 사람이었기 때문이다. 라피아는 이렇게 말했다.

「글쎄, 오쇼가 미국에 있는 모든 신들의 코를 납작하게 만들었기 때문은 아닐까?」

모든 사람이 큰 차를 갖고 싶어하는 것이 미국의 물질주의인데, 오쇼는 한 대도 아니고 아흔여섯 대나 되는 롤스로이스를 갖고 있었기 때문이라는 것이었다.

그의 말에 의하면, 미국인들은 개척 정신을 자랑으로 여기는데 그것에 상처를 입었다. 왜냐하면 우리는 단 5년 만에 오레곤 주의 황무지를 수천 명이 살 수 있는 도시와 농장 지대로 바꿔놓았기 때문이다. 라피아는 캘리포니아에서 오레곤에 처음 도착했을 때 차 범퍼에 〈사탄으로 사느니 죽는 게 낫다.〉고 씌인 스티카와 오쇼의 얼굴에 가위표를 그어놓은 포스터를 본 기억을 떠올렸다. 물론 미국에는 기독교의 신이 있다. 레이건과 그의 정부는 광신적인 기독교인이었다. 그런데 오쇼는 이렇게 말했다.

「지난 이백 년 동안 기독교는 지구상의 어떤 종교보다도 인류에게 더 많은 해를 입혀왔다. 기독교의 역사에는 학살당하고 화형당한 사람이 수두룩하다. 신이라는 이름하에, 진리와 종교라는 이름하에 기독교는 수많은 사람들을 살해했다. 오로지 자기들의 목적을 위하여, 자기들만의 선(善)을 위하여.

누군가를 죽이면서도 그것이 상대방을 이롭게하는 행위라고 생각한다면, 그때 살인자는 전혀 죄책감을 느끼지 않는다. 오히려 그는 자신이 선한 일을 한다고 생각한다. 그는 인류를 위해, 신을 위해, 사랑, 진리, 자유 등 모든 위대한 가치를 위해 봉사한다고 생각한다 『예수 그리스도, 레이건 시대의 미국에서 다시 못 박히다: Jesus Crucified Again, This Time in Ronald Reagan's America』.」

신이 있으면 악마 또한 있게 마련이다. 미국인들의 악마는 공산

주의이다. 그런데 공동체에서 우리는 보다 높은 형태의 공산주의를 창조했다.

오쇼는 우리의 공동체에 대해 이렇게 말했다.

「인류 역사상 최초로 5천 명의 사람이 한가족처럼 살았다. 다른 사람의 국가, 종교, 계급, 인종을 묻는 사람은 아무도 없었다. 해마다 세계 각지에서 2만 명이 넘는 사람들이 우리가 이룩한 기적을 보기 위해 몰려왔다. 그리고 미국의 정치인들은 우리 공동체의 성공에 당황하기 시작했다⋯⋯.」

도대체 무엇 때문에 미국의 공무원들은 오쇼를 죽음으로 몰아가는 정책을 시도했던 것일까? 무엇이 미국의 국무장관, 오레곤의 지방검사, 연방행정장관, 그리고 연방판사와 사법부 공직자들을 살인 음모에 가담하게 만든 것일까? 아마 그 해답은 베스트 셀러 작가인 탐 로빈스(Tom Robbins)의 말에서 찾을 수 있을 것이다. 그는 이렇게 말했다.

「⋯⋯정부는 브하그완의 메시지에서 무엇인가 위험한 요소를 직감했다. 그렇지 않다면 필리핀의 독재자나 마피아단에게도 가하지 않았던 엄청난 박해를 오쇼에게 가한 이유가 무엇이겠는가? 만일 로날드 레이건이 자신의 뜻대로 했다면 이 온화한 채식주의자는 백악관의 뜰 앞에서 처형되고 말았을 것이다.

브하그완의 말은 사람들을 권력의 지배에서 해방시킬 수 있는 해결책을 담고 있었으며, 정부는 위험을 느꼈다. 대중들 스스로가 자유로운 삶에 대해 생각하게 되는 것보다 정부를 두렵게하는 것은 없다. 그것을 두려워하기는 정부와 단짝을 이루는 조직적인 종교 또한 마찬가지이다『예수 그리스도, 레이건 시대의 미국에서 다시 못 박히다: Jesus Crucified Again, This Time in Ronald Reagan,s America』.」

나는 때때로 오쇼가 정치가와 성직자들에 대해 폭로하지 않기를 바랐다. 나는 오쇼가 세상 어느 누구도 관심을 갖지 않는 마술에 대해서만 말할 수는 없을까하고 생각하곤 했다. 그러나 오쇼는 인간의 무의식이 이 혹성을 얼마나 파괴시키고 있는지에 대해 무관심할 수 없었다. 오쇼는 진리를 말해야 했다. 그 밖에는 아무 것도 할 수 없었다.

오쇼는 이렇게 말했다.
「분노할 필요가 없다. 불평할 필요도 없다. 그들이 무엇을 하던 간에 그들 스스로 그 열매를 거두어야 할 것이다. 그들은 스스로를 폭로시켜왔다. 그리고 기득권층은 진리의 편에 서 있는 사람들을 언제나 이런 식으로 대해 왔다. 그러므로 이것은 새로운 것이 아니다…… 그러나 나를 기쁘게 만드는 사실 한 가지가 있다. 그것은, 아무런 권력도 없는 단 한 사람이 세상에서 가장 강력한 권력을 위협할 수 있다는 사실, 그 권력을 뿌리째 흔들 수 있다는 사실이다 …… 나는 그들을 폭로할 것이다. 그들에게 분노할 필요는 없다. 단지 그들을 폭로하면 그 뿐이다. 그들의 진면목을 세상에 폭로하는 것, 그것으로 충분하다……『예수 그리스도, 레이건 시대의 미국에서 다시 못 박히다:Jesus Crucified Again,This Time in Ronald Reagan,s America』.」

오쇼의 입국을 거절한 모든 나라는 그들의 진면목을 드러내고 있었다. 그것은 소위 민주국가라고 하는 나라들이 미국의 꼭두각시에 불과하다는 것을 보여주는 단적인 증거였다.
우리는 어디를 가나 이방인이었다.

우루과이

3월 21일, 그날은 오쇼가 깨달음을 얻은 날이었다.

나는 런던 공항을 떠나 우루과이로 향했다. 네 명의 보디가드가 나와 동행하고 있었다. 그들은 하시야와 자예쉬가 고용한 사람들로, 반 게릴라 전술과 테러 진압의 전문가들이었으며, 통신과 폭발물, 화재 진압의 전문 교육을 받은 사람들이었다. 그들은 오쇼가 우루과이에 있는 동안 경호 임무를 담당하기로 되어 있었다. 왜냐하면 우리는 우루과이라는 미지의 땅으로 들어가고 있었기 때문이다.

오쇼는 몬테비데오(Montevideo)의 한 호텔에 머물고 있었다. 나는 호텔에 도착하자마자 즉시 오쇼의 방을 청소하러 갔다. 그는 창문가의 의자에 앉아 있었다. 그는 지쳐보였다. 데바라지의 이야기에 의하면, 아일랜드에서는 몸이 너무 약해져서 복도로 걸어나갈 수도 없었다는 것이었다.

나는 오쇼의 발 아래 꿇어앉아 인사를 올렸다. 그리고 어떠시냐고 물었더니 괜찮다고 고개를 끄덕였다. 그는 내가 오토바이 사고로부터 완전히 회복되었는지 물었다. 나는 비록 오토바이를 타고 나간 것은 어리석은 짓이었지만 그것은 값진 경험이었다고 말했다. 그는 아무 말도 하지 않았다. 나는 그에게 마실 물을 드린 다음 방을 정돈했다. 그 동안 그는 침묵에 잠겨 조용히 앉아 있었다.

그 해 우리는 오쇼가 깨달은 날 축제를 열지 못했다. 카트만두에서 오쇼가 한 말이 기억났다. 그는 특별한 축제일을 원하지 않으며, 우리가 하루하루를 축제처럼 즐기길 원한다고 말했었다.

호텔에는 아난도, 비베크, 데바라지, 존, 묵티, 라피아가 묵고 있었다. 그들은 아일랜드에서 보낸 날들에 대해 들려 주었다. 그들은 호텔에 감금된 상태였으며 호텔 2층을 벗어나는 것도 허용되지 않았다는 것이다. 그것은 거의 체포된 상황이나 다름없는 연금 상태였다. 그들은 방에서 벽이나 다른 사람의 얼굴만을 쳐다보며 지내야 했다. 지방 경찰들은 IRA[1]로부터 협박을 받았다고 했다. 그래서 하루 24시간 내내 경호원들이 오쇼를 보호했으며, 만일의 경우를 대비해 매트리스로 바리케이드를 쳤다. 그리고 항상 무전기 소리가 끊이질 않았다.

3주일 후, 오쇼가 호텔을 떠날 때에는 호텔의 전 종업원이 나와 오쇼에게 작별 인사를 했다. 오쇼는 호텔에서 집처럼 아주 편안하게 지냈다고 지배인에게 사의를 표했다.

곧 하시야와 자예쉬가 몬테비데오에 도착했다. 그들은 푼타 델 이스트(Punta del Este)에 오쇼가 살 집을 마련했다. 그 집은 해변가로 향하는 모래 언덕에서 도보로 3분 거리에 있었다. 그 지방의 바닷바람은 병을 치유하는 효력이 있는 것으로 명성이 높았다. 바람은 상쾌했다.

집은 대단히 웅장했다. 원래는 두 채의 집으로 지은 것인데, 나중

---

1) 아일랜드의 무장 독립 단체.

에 하나로 연결시킨 집이었다. 그래서 크기가 상당했다. 키 큰 유칼리 나무가 병풍처럼 서 있는 정원에는 잔디가 깔려 있었으며, 풀장과 테니스 코트도 있었다. 예전에 할리우드에서 산 적이 있는 하시야와 존의 말에 따르면, 주변 환경도 비버리 힐즈를 능가한다는 것이었다.

오쇼의 방은 나선형 계단 맨 꼭대기에 있었다. 우리는 창문가에 오쇼의 식탁을 놓았다. 그곳에서는 삼십 피트 길이의 길고 좁은 창문을 통해 나무들을 볼 수 있었다. 작은 복도의 한쪽 끝에는 라즈니쉬푸람에 있던 것 만큼이나 훌륭한 욕실이 있었으며, 다른 쪽 끝에는 침실이 있었다. 침실은 아주 훌륭하지는 않았다. 하지만 그 집에서 에어콘 시설이 되어 있고 사생활을 보장받을 수 있는 단 하나의 방이었다. 침실은 어두운 편이었으며, 방의 삼 분의 이는 미닫이식 참나무 합판으로 나누어져 있었다. 이 작은 방은 이상한 분위기가 감돌았고 항상 기묘한 냄새가 났다. 그래서 우리는 그 방에 유령이 산다고 농담을 하곤 했다. 그러나 집 자체는 상당히 깔끔한 편이었으며 오쇼는 아주 만족해했다.

그 집에 처음 도착했을 때 오쇼는 뒷짐을 지고 주변을 둘러보면서 경탄을 금치 못했다. 며칠이 지난 후, 그는 매일 정원에 나와 앉기 시작했다. 그가 비베크의 손을 잡고 계단을 내려와 정원의 의자에 앉는 모습을 보는 것은 커다란 즐거움이었다. 어느 날 그는 길고 흰 옷—나는 그 옷을 '잠옷'이라고 불렀다—을 입고 나왔다. 그는 모자를 쓰지 않고 대신에 색안경을 끼고 있었다. 우리는 농담 삼아 그 안경을 '마피아 안경'이라고 부르곤했다. 그가 정원에 나와 앉아 있는 모습은 더 없이 친근하게 보였다. 때때로 그는 하시야와 자예쉬와 더불어 일에 대해 이야기하는가 하면, 어떤 때는 비베크가 점심이 준비되었다고 깨울 때까지 두세 시간 동안 완벽한 침묵 속에 가만히 앉아있기도 했다. 그는 의자에 앉아 꼼짝도 않고 눈을 감은 채 앉아 있었다.
    그가 풀장 옆에 앉아 있을 때면 우리는 조심스럽게 그의 눈에 띄지 않는 곳에 피해 있었다. 그는 우리에게 그것을 요구한 바 없지만, 사람들의 마음속에 그의 사적인 시간을 존중하고 싶은 느낌을 불러 일으키곤했다. 그는 강의 시간이 아닌 때에는 언제나 조용히 홀로 앉아 있는 것을 즐겼다.

    아난도가 내게 이런 이야기를 들려주었다.
    어느 날, 아난도는 오쇼와 함께 정원에 앉아 제자들에게서 온 편지와 신문 기사를 읽어주고 있었다. 그때, 바다 쪽에서 강한 바람이 불어와 키 큰 전나무를 흔들어 놓았다. 그녀와 오쇼의 주변에 큰 솔방울들이 탁탁 소리를 내며 우수수 떨어졌다. 그 솔방울들은 돌멩이처럼 단단했다. 그녀는 지붕 밑으로 피하라고 오쇼를 재촉했다. 그러나 오쇼는 꼼짝도 않고 앉아서 아주 진지한 음성으로 말했다.
    「아니, 괜찮아. 그들은 나를 해치지 않아.」
    아난도는 솔방울에 맞을까봐 움찔움찔했지만 오쇼는 미동도 없이 조용히 앉아 있었다. 오쇼는 솔방울이 자신을 때리지 않을 것이라는 것을 절대적으로 확신하고 있는 듯했다. 아난도는 그런 모습을 보며 그가 얼마나 평온한 상태에 있는지 알았다고 한다.
    2주일이 지나자 경찰이 우리를 감시하기 시작했다. 그들은 차를 몰고 집 주위를 천천히 돌며 하루 24시간 우리를 감시했다. 이것은 오쇼의 정원 산책이 끝나는 계기가 되었다. 이제 그는 브라인드를 내린 채 방안에 갇혀있어야 했다. 우리는 항상 오쇼에게 어떤 위험이 닥칠지도 모른다고 두려워하고 있었으며, 그것은 곧 오쇼가 방 안에서 제약된 생활을 해야함을 의미했다. 그러나 오쇼는 말하기를, 눈을 감고 침묵에 잠겨 앉아있는 것은 변함이 없으므로 방 안에 갇혀있다고 해도 별 차이가 없다고 했다. 오쇼의 말에 따르면, 자신의 존재에 완전히 중심을 두고 있는 사람은 아무데로도 갈 필요가 없다는 것이었다. 자신의 내면보다 더 좋은 장소는 없기 때문이라는 것이다.

「나는 어디에 있든지 항상 나 자신으로 존재한다. 그리고 나는 지복의 상태에 있으므로 내가 있는 곳은 항상 지복의 장이 된다……..」

관광 시즌이 끝나고 겨울이 다가오기 시작하자, 주변은 조용한 적막이 감돌았다. 이 조용하고 격리된 장소는 내게 다이아몬드 광산과 같은 곳이 되었다. 나는 내 자신 안에 숨겨진 보물을 탐험했으며, 그때마다 오쇼는 신비의 문을 여는 열쇠를 주었다.

그 후 몇 주 동안 나는 세상에 대해서 완전히 잊고 지냈다. 모든 것이 너무나 조용하고 평화로웠다. 경호원들은 집으로 돌아가고 경찰들까지 우리의 친구가 되었다. 세상에 대한 우리의 두려움과 환멸 ― 세상이 오쇼를 대하는 태도에서 비롯된 ― 에 대해 오쇼는 이렇게 대답했다.

「신뢰란 무슨 일이 일어나든지 간에 그 일을 받아들이는 것이다. 마지 못해서가 아니라 즐거움으로, 춤과 노래, 웃음, 사랑으로 모든 것을 받아들이는 것이다. 그때엔 무슨 일이 일어나도 좋은 것이다.

존재계는 잘못될 수 없다. 만일 그대의 욕망과 상반되는 일이 일어난다면, 그것은 그대의 욕망이 잘못되었음을 의미하는 것이지, 존재계 자체에 잘못이 있는 것은 아니다『신비주의자의 길:The Path of the Mystic』.」

하시야와 자예쉬는 우루과이에서 일이 잘 풀리지 않을 경우를 대비해 끊임없이 여러 나라를 방문하고 있었다. 오쇼가 살 집을 찾기 위해서였다. 그들은 국무총리의 초청을 받고 모리셔스(Mauritius)[2]로 날아갔다. 그러나 그는 오쇼가 자기네 나라에 들어오는 조건으로 6억 달러를 요구했다. 프랑스는 5년 동안 체류하게 해주는 조건으로 천만 달러를 요구했다. 이제 21개국이 오쇼의 입국을 금지하고 있었다. 우리가 전혀 고려해보지도 않았던 나라들까지!

그들은 오쇼가 공항에 착륙하는 것만으로도 자기들의 도덕률이 파괴될까봐 두려워하고 있었다.

오쇼는 하루에 두 번씩 강의를 하기 시작했다. 거실에는 40여 명의 사람들이 모여서 그의 강의를 들었다. 이곳에서 오쇼의 강의는 매우 다른 분위기였다. 무척 친근한 분위기였으며, 오쇼는 조용한 음성으로 천천히 말했다. 그는 라즈니쉬푸람이나 뿌나에서 그랬듯이 정열적으로 말하지 않았다.

오쇼의 말처럼 자신의 내면에서 질문을 찾는 것은 '무의식에 대한 대청소'였다. 그는 한 자리에서 대여섯 개의 질문에 답하는 경우도 있었지만 항상 우리들의 질문을 인정한 것은 아니었다. 그래서 마니샤는 우리들로부터 질문을 모으는 일에 전적으로 매달렸다. 왜냐하면 선(禪)의 몽둥이로 얻어맞을지도 모르는 상황에서 질문을 하기란 쉬운 일이 아니었기 때문이다.

오쇼는 이렇게 말했다.

「질문을 할 때는 그에 대해 어떤 대답도 주어질 수 있다는 것을 명심하라. 그대가 듣고 싶은 대답을 기대하지 말라. 그렇지 않으면 어떤 배움도 성장도 얻지 못할 것이다. 만일 내가 '그대는 이런 점에서 옳지 않다.'고 말한다면 그것을 이해하도록 노력하라. 나는 그대에게 상처를 입히려고 그렇게 말하는 것이 아니다. 나는 단지 사실 그대로를 말할 뿐이다.

---

[2] 모리셔스 섬과 그에 딸린 섬으로 이루어진 독립국. 옛 영국 식민지로 1968년 독립. 영연방의 일원. 면적 2096평방 킬로미터, 수도는 포트 루이스(Port Louis). 인도양에 있는 섬나라이다.

만일 사소한 일에도 상처를 입는다면, 그때엔 나와 함께 배우는 것이 불가능해질 것이다. 그대가 듣고 싶은 대답만을 들려준다면 나는 별로 도움이 되지 않을 것이다. 그렇게 되면 나는 이미 그대의 스승이 아닐 것이다.」

오쇼는 더 이상 질문이 필요없게 되는 경지에 대해서도 이야기했다.

「스승과 함께 있는 사람들은 곧 질문이 사라짐을 느낄 것이다. 그것이 스승의 진정한 역할이다. 질문을 없애버리는 것, 그것이 곧 대답이다.」

누군가 이렇게 물었다.
「사랑하는 스승님.
오늘 아침, 스승님은 '질문없는 대답'에 대해 말씀하셨습니다. 그때, 나는 당신과 함께 나누고 있는 침묵의 순간 속에서 질문이 사라짐을 느꼈습니다. 그러나 여전히 하나의 질문이 남아 있습니다. 만일 우리가 질문을 하지 않는다면 그때에는 당신과 무엇을 하며 놀아야 합니까?」

오쇼가 대답했다.
「그것이 진짜 문제이다! 그것은 좀 난처한 상황이 될 것이다. 그러므로 질문이 있든 없든 그대는 계속해서 똑같은 질문을 하는 것이 좋다. 그대의 질문은 그대에겐 필요없는 것일 수도 있다. 그러나 그것은 다른 누군가에게 꼭 필요한 질문이 될 것이다. 나의 대답은 언젠가 누군가에게 도움이 될 것이다. 그러니 우리는 게임을 계속하도록 하자.

나는 나 자신에 대해서는 아무 할 말이 없다. 질문이 없다면 나는 그저 침묵으로 일관할 것이다. 내게는 질문이 있기 때문에 응답하는 것이 가능하다. 그러므로 그 질문이 그대의 것이냐 아니냐는 중요하지 않다. 중요한 것은 어딘가에 있는 누군가가 그런 질문을 갖고 있다는 것이다.
　나는 단지 그대에게만 대답하는 것이 아니다. 나는 그대를 통해 온 인류에게 답한다. 현재의 인류 뿐만 아니라, 내가 사라진 후의 인류에게까지.
　그러니 여러 각도에서 모든 질문을 샅샅이 찾아내도록 하라. 그래서 내가 이 세상에 없을 때에도 질문을 가진 사람이 나의 말에서 대답을 발견할 수 있도록 하라.
　우리에게 이것은 놀이일지 모른다. 그러나 어떤 사람에겐 삶과 죽음이 달린 진지한 문제일 수도 있다.」

　오쇼는 자신이 살아 있는 동안에는 이해되지 않을 것이라는 것을 알고 있었던 것 같다. 오쇼의 대답은 후손을 위한 것이었다. 오쇼의 가르침이 널리 퍼져서 수많은 사람들이 그를 보러 몰려 오리라는 나의 희망, 나의 꿈은 실현 불가능한 것이었다. 그가 인공위성을 통해 텔레비전 강의를 하고, 수백 명의 제자들이 깨달음을 얻는 것을 보게 될 것이라는 나의 희망은 현실과 동떨어진 것이었다.

　마니샤의 질문에 답하면서 오쇼는 이렇게 말했다.
　「시간이 좀 걸릴 것이다. 꼭 우리의 목전에서 혁명이 일어나야 되는 것은 아니다. 그대들이 세상을 변화시킨 운동의 일원이었다는 점, 그대들이 진리의 편에서 역할을 담당했다는 점, 그리고 궁극적인 승리의 한 부분이 될 것이라는 점 만으로도 충분히 만족할 만하다『심리학을 넘어서 : Beyond Psychology』.」

　오쇼는 육체를 떠나는 기술, 전생을 기억하는 기술로써의 최면술, 수피와 탄트라 비법, 고대 티벳의 비법에 대해 이야기하기 시작했다. 하지만 그는 언제나 주시의 중요성을 강조했다. 나는 열광적으로 그의 이야기에 몰두했다. 그는 '육체를 떠나는 기술은 그대가 육체가 아니라는 경험을 하는 데 큰 도움이 될 것'이라고 말했다. 그러면서 그 기술의 유용성은 그게 전부라고 말했다. 그대가 전에도 세상에 존재했었다는 것을 아는 것은, 그대가 원을 그리며 움직이고 있으며 전에도 똑같은 실수를 했다는 것을 아는 데에는 도움이 된다. 그러나 윤회의 수레바퀴에서 벗어나기 위해선 궁극적으로 명상과 주시가 필요하다. 오쇼는 육체에 대한 마음의 지배력을 실험할 수 있는 기술과, 텔레파시로 우리가 서로 얼마나 조화되고 상호연결되어 있는지 실험해보는 기술을 가르쳐 주었다.

그것이 미스터리 스쿨(the Mystery School)[3]의 시작이었다.

정원에는 초가 지붕을 얹은 작은 방이 하나 있었다. 그곳에서 카비샤(Kaveesha)는 최면 그룹을 이끌었다. 우리는 텔레파시를 실험하기도 했다. 그룹에 참여한 사람들이 조화를 이루어 친밀해지자, 집을 청소하고 요리를 하는 등의 일과가 너무나 부드럽게 진행되었다. 마치 실제로는 아무도 일하는 사람이 없는 것처럼 느껴질 정도였다. 날마다 오쇼의 가르침과 우리의 실험이 병행되었다. 우리는 실험이 어떻게 되어가고 있는지, 또는 우리에게는 어떤 점이 잘 되지 않고 있는지 오쇼에게 알리곤 했다. 그러면 오쇼는 더 진보

---

3) 현재 인도의 오쇼 아쉬람에는 인간의 의식을 각성시키는 데 도움이 되는 각종 명상법과 테라피 그룹, 예술 활동이 행해지는 멀티버스티(Multiversity)가 운영되고 있다. 미스터리 스쿨은 멀티버스티의 한 분과에 속한다. 말하자면, 종합대학 내의 단과대학이라고 할 수 있다.

미스터리 스쿨은 1986년 오쇼가 세계일주를 하던 당시, 포르투갈에서 설립되었는데, 오쇼는 미스터리 스쿨의 운영을 카비샤(Kaveesha)에게 위임했다. 그러나 미스터리 스쿨의 뿌리는 우루과이에서 시작되었다. 그는 우루과이의 강의에서 미스터리 스쿨이 계속될 수 있는 기초와 방법론을 제시했다.

1993년 현재, 미스터리 스쿨에서 진행되는 프로그램에는 디프로그래밍(Deprogamming), 네오 젠(Neo-Zen), 티베탄 펄싱(Tibetan Pulsing), 에소테릭 사이언스(Esoteric Science) 등이 있다.

된 안내를 해주었다. 그의 가르침은 매번 우리를 미지의 영역으로 이끌었다.

우리가 비의적인 세계를 탐구하고 있는 동안에도 오쇼는 침묵과 명상이 가장 큰 신비임을 누차 강조했다.

「영성(Spirituality)은 순진무구한 의식의 상태이다. 그 상태에서는 아무 일도 일어나지 않는다. 시간이 멈추고 모든 욕망과 염원이 사라진다. 바로 그 순간, 그대는 우주와 하나가 된다…….

무슨 일이 일어나든 그대는 외부적인 사건과 완전히 분리된 존재이다. 그대는 오직 주시자일 뿐, 그 밖의 다른 존재가 아니다.」

오쇼는 아주 릴랙스(relax)된 상태에서 주시가 행해져야한다고 강조했다. 주시는 집중이 아니다. 주시는 숨쉬고, 먹고, 걷는 등 그대가 하고 있는 모든 일을 지켜보는 것이다. 오쇼는 간단한 것부터 시작하라고 말했다. 마치 육체와 완전히 분리된 것처럼 육체를 관찰하는 것, 마음의 스크린 위에 생각이 지나갈 때 영화를 보듯이 생각을 관찰하는 것, 감정과 자신을 동일시하지 않고 감정을 관찰하는 것 등이 오쇼가 가르쳐 준 주시의 방법들이었다. 마지막 단계에서 우리는 완벽한 침묵을 경험한다. 그 침묵 안에는 주시할 것이 없다. 그때엔 침묵이 주시 자체이다.

오쇼는 한 여성에 대해 말하면서 그녀는 주시할 준비가 되지 않았다고 말했다. 그녀는 내면이 분열되어 있기 때문에 주시할 수 없다는 것이었다. 오쇼는 그녀에게 먼저 부정적인 감정들을 표출하라고 말했다(단 다른 사람을 상대로 표출하는 것이 아니라 혼자서 그 감정들을 표출하라는 것이었다). 왜냐하면 주시하기 위해서는 억압이 없어야하기 때문이다.

또 오쇼는 의식의 일곱 가지 단계, 그리고 서양의 심리학과 정신분석학에 대해서도 이야기했다. 이 방면에서 서양은 동양보다 훨씬 뒤쳐져있다는 것이었다.
 나는 이 일련의 강의를 들으면서 얼마나 정신없이 빠져들었던지 머리 속이 왕왕 울리는 느낌이었다. 내게 이것은 새로운 경험이었다. 왜냐하면 나는 그때까지 오쇼가 말하는 동안 그의 말에는 별로 관심을 갖지 않고 그저 명상만 하려고 했기 때문이다. 나는 이런 느낌에 대해 오쇼에게 물었다. 오쇼는 내가 가슴으로 듣기 때문이라고 말했다.
「가슴이 즐거움으로 가득 차 있을 때, 가슴은 모든 방향으로 흘러넘친다. 그때 마음은 가슴과 분리되어 있지 않다. 그것이 지금 그대에게 일어나고 있는 일이다. 그대는 돌연 이해하려는 노력으로 귀기울이기 시작하고, 머리 속이 이상한 울림으로 가득 찬 것을 느낀다. 그것은 가슴으로부터 뭔가 흘러넘치고 있음을 암시한다. 왜냐하면 그런 울림은 언어적인 이해에 의해서는 일어나지 않기 때문이다……가슴과 마음이 조화를 이룬다. 그들 사이의 갈등이 녹아 없어지고 적대감이 사라진다. 곧 가슴과 마음은 하나가 될 것이다. 그때에는 가슴과 마음 둘다가 듣는다. 가슴에는 진동으로 도달하고 마음에는 이해로써 도달한다. 그리고 가슴과 마음 둘다 그대와 연결된다.」

 나는 이렇게 들었다.
「뇌와 마음의 차이점을 이해해야한다. 뇌는 육체의 일부이다. 모든 아이들이 새로운 뇌를 갖고 태어난다. 그러나 새로운 마음을 갖고 태어나지는 않는다. 마음은 의식을 둘러싸고 있는 세뇌의 층이다. 그대는 그것을 기억하지 못할 것이다. 그것이 전생과의 단절이 있는 이유이다.
 매번의 삶에서 한 인간이 죽으면 뇌도 따라서 죽는다. 그러나 마음은 뇌에서 해방되어 의식 위에 싸인 층이 된다. 마음은 비물질적이다. 마음은 다만 진동과 같은 것이다. 그렇게 우리의 의식 위에는 수많은 층이 있다『신비주의자의 길:The Path of the Mystic』.」

「그대는 세상을 있는 그대로 보지 못한다. 그대는 마음이 강요하는 바에 따라서 세상을 본다. 세상 곳곳에서 이런 현상을 볼 수 있다. 다양한 사람들이 다양한 방법으로 세뇌되어 있다. 그리고 마음은 세뇌 이외에 다른 것이 아니다『진리의 등불을 전하며:The Transmission of the Lamp』.」

내가 이해하는 한, 마음은 사회와 가족에 의해 주어진 것이다. 예를 들어 우리가 태어난 국가, 인종, 종교, 계층, 도덕관 등 모든 조건이 우리를 세뇌시켜서 진정한 개체로 기능하지 못하도록 방해하는 것이다.

그 당시 나는 '실제로 존재하는 것(reality)'과 '상상의 산물(imagination)'을 구분하기 위해 노력하고 있었다. 나는 오쇼에게 실체와 상상의 산물에 대해 네다섯 번 질문했으며, 나의 삶에서는 아무 것도 실체가 아니라는 생각이 들기 시작할 무렵이었다. 나는 그것을 이해하기 위해 홀로 해변가를 걷는 일이 많아졌다. 마침내 내가 이것을 이해하게 된 것은, 오쇼가 자기는 이것과 저것을 구별하라고 말한 적이 없다고 했을 때였다. 실체는 결코 변하지 않는 것이며, 주시하기만 하면 상상의 산물은 저절로 사라진다는 것이었다. 실체와 상상의 산물은 동시에 존재할 수 없다. 그러므로 그 둘을 구별해야하는 문제는 존재하지 않는다.

이제 나는 그 당시 사로잡혔던 문제에서 벗어났다. 아마 그것은 오쇼가 도움을 주었기 때문일 것이다. 스승이 없었다면 나는 미쳐 버리고 말았을 것이다.

나는 전나무와 유칼리 나무가 서 있는 아름다운 거리를 걷곤했다. 내가 누구인지 이해하려고 애쓰면서. 그러나 생각만으론 아무 소용도 없었다. 나는 그 문제를 해결할 수 없었다.

나는 누구인가?

눈을 감고 있을 때 나를 통해 흐르는 에너지 자체가 나인가?

아니면 그 에너지가 겉으로 표현된 것이 나인가?

또는 그 에너지에 대한 각성(awareness)이 나인가?

오쇼는 각성으로서의 에너지는 존재의 중심에 가장 가까운 것이라고 말했다. 모든 에너지는 하나이지만 생각이나 표현 안에서는 에너지가 표면으로 흐르기 시작한다고 오쇼는 말했다.

「서서히 안으로 파고 들라. 그것은 근원으로 가는 여행이다. 그 근원이야말로 그대가 경험해야할 모든 것이다⋯⋯ 왜냐하면 그것은 그대의 근원일 뿐만 아니라 별과 달, 해의 근원이기 때문이다. 그것은 모든 것의 근원이다.」

빨래를 하거나 오쇼의 방을 청소하는 동안에도 의문이 머리를 떠나지 않았다. 동시에 나는 불과 몇 시간 전에 있었던 오쇼의 강의를 이해하려고 애썼다.

나는 물었다.

「내면 세계와 외부 세계의 경계는 어디입니까? 외부에서 일어나는 모든 사건은 나의 눈, 나의 인식 체계를 통해 들어오고, 그것은 나의 세계가 됩니다. 그래서 그것은 내면의 세계가 됩니다.」

오쇼가 말했다.

「체타나, 너는 미쳐가고 있구나!」

맞는 말이었다. 모래 언덕과 해변가를 걸을 때면 내면에서 이런 목소리가 들려왔다.

「내가 존재하는 것은 오로지 그렇게 생각하기 때문이다!」

「생각이 없다면 나는 결코 존재하지 않을 것이다!」

오쇼는, 진리는 마음을 초월한 곳에 있기 때문에 마음을 통해서는 진리를 이해할 수 없다고 말했다. 하지만 나는 뭔가 해야만 했다. 마음을 완전히 지치게 만들어서 신비의 세계에서는 마음이 쓸모없다는 것을 깨닫기 위해.

마음은 내면 세계를 파악할 수 없다고 오쇼는 말했다. 그러나 그것은 오쇼의 말이지 나의 이해가 아니었다. 그것은 내가 직접 경험한 바가 아니었다. 그래서 날이 갈수록 나는 미쳐가고 있었다. 그것을 이해하려고 애쓰면서.

오쇼는 아름다운 이야기를 들려주었다.

「한 신비주의자가 사원을 지었다. 그는 외벽을 붉은 벽돌로 치장하고 내벽에는 작은 거울을 붙였다. 수많은 거울이 내벽을 장식했다. 그래서 실내에 들어가면 수많은 거울에 수많은 얼굴이 비추었다.

어느 날, 개 한 마리가 사원에 들어갔다. 마침 사원지기가 문을 닫고 가버려서 개는 사원 안에 갇히게 되었다. 개는 수많은 개들을 보고 짖었다. 그러자 그 개들도 짖기 시작했다. 그 개는 마구 뛰어오르며 벽에 부딪쳤다. 이 불쌍한 개는 밤새도록 짖으면서 싸웠다.

다음날 아침, 사원의 문이 열렸을 때 죽은 개 한 마리가 발견되었다. 사방에 피가 흥건했다.

이웃에 사는 사람들이 말했다.

"밤새도록 개가 짖길래 무슨 일인가 했더니 이 개가 짖고 있었군."

이 개는 지적인 개였음에 틀림없다. 자연히 그는 이렇게 생각했을 것이다.

'맙소사! 나는 혼자이고 문이 닫혀 도망갈 수도 없다. 그런데 이렇게 엄청나게 많은 개들이 나를 포위하고 있지 않은가…… 이 놈

들은 나를 죽일 것이다!'

 그러나 결국 그 개를 죽인 것은 그 개 자신이었다. 다른 개는 없었다.

 우리가 사방에서 보고 있는 다른 사람들은 단지 거울에 비친 우리의 모습일 뿐이다. 이것이 신비주의자의 기본적이고 본질적인 이해이다.

 우리는 불필요하게 서로 싸우고 두려워한다. 우리는 서로를 두려워한 나머지 핵무기를 쌓아두고 있다. 그러나 한 마리의 개가 있을 뿐이다. 나머지는 거울에 비친 모습이다.

 그러니 체타냐야, 이 문제들에 대해 지적으로 생각하지 말라. 그렇지 않으면 그대는 점점 더 미궁 속으로 빠질 것이다. 지적인 생각을 버리고 주의깊게 지켜보라. 그러면 문제가 저절로 사라짐을 알게 될 것이다.

 나는 그대의 문제를 '해결(solve)'하기 위해 여기에 있는 것이 아니다. 내가 여기에 있는 것은 그대의 문제를 '용해(dissolve)'시키기 위함이다―이 차이는 실로 엄청나다『신비주의자의 길:The Path of the Mystic』.」

 만일 우리가 묻지 않았다면 오쇼는 그 엄청난 비밀과 신비에 대해 말하지 않았을 것이다. 오쇼는, 자신이 말하는 것 중에 상당 부분이 우리의 이해 능력을 벗어난다는 것을 알고 있지만 그 비밀은 말해져야 한다고 했다. 그는 우리에게 말할 수 있는 모든 것을 말해야했다. 왜냐하면 시간이 많지 않았기 때문이다―나는 그렇게 느꼈다.

 내가 라피아에게 이런 이야기를 했더니 라피아는 오쇼가 여러 번 말한 붓다의 이야기를 상기시켜 주었다.

어느 가을 날, 고타마 붓다와 그의 제자인 아난다가 숲속을 걷고 있었다. 아난다가 붓다에게 물었다.
「스승님은 알고 있는 모든 것을 말씀하셨습니까? 아니면 아직도 말씀하시지 못한 것이 남아 있습니까?」
붓다는 허리를 굽혀 낙엽을 한웅큼 집더니 말했다.
「나는 이만큼 말했다.」
그는 낙엽이 쌓여있는 숲 전체를 가리키며 말을 이었다.
「그리고 저만큼 말하지 못했다.」

라피아는 내게 말했다. 자기가 느끼기에, 우루과이에서 오쇼는 두 팔로 낙엽을 한아름 들어서 보여주는 것 같다고.

오쇼의 비자에 대한 정치적 상황은 심각하게 돌아갔다. 이미 오쇼는 영주권을 받기로 결정되어 있었으며 기자들은 그 파급 효과에 대한 기사를 준비하고 있었다. 그러나 바로 다음날 그 결정은 취소되었다.
우루과이의 대통령인 상귀네티(Sanguinetti)는 워싱턴으로부터 메시지를 받았다. 만일 오쇼에게 영주권을 주면 그때엔 미국이 우루과이에 주기로 되어 있는 차관을 무효화시키겠다는 것이었다.
하시야와 자예쉬는 대부분의 시간을 여행으로 보내고 있었다. 바다에서의 선상 생활에 대한 검토가 행해지고 있다는 소문이 돌았으며, 하시야와 자예쉬는 항공 모함을 살 수 있는지 상황을 살피기 위해 영국을 여행하고 있었다. 그 다음에 그들은 배를 보기 위해 홍콩으로 날아갔다. 그러나 오쇼는 그네 타는 사람만 보아도 현기증을 느꼈다. 그래서 그가 배 위에서 생활한다는 것은 불가능해 보였다. 그러나 이런 염려에도 불구하고 오쇼는 선상 생활에 대해 자세한 계획을 세워 나갔다. 나는 오쇼가 어떤 것도 거절하는 것을 본 적이 없다. 하시야가 선상 생활은 건강을 해칠지도 모른다고 말했을 때, 오쇼는 이렇게 말했다.

「글쎄……, 내가 이 지구상의 삶에 익숙해질 수 있었듯이 내 몸도 선상 생활에 익숙해 질 것이다. 사람들은 그런 식으로 자유를 얻지 않는가?」

전세계로 여행하지 않는 경우에 하시야와 자예쉬는 몬테비데오에 머물렀다. 그들은 마르코스(Marcos)라는 사람과 함께 있었는데, 마르코스는 우루과이의 사업가로 정부 내에 연줄을 갖고 있었다. 그는 통이 크고 순수한 사람이었으며 오쇼가 자기 나라에 머물 수 있도록 백방으로 애쓰고 있었다.

어느 날 밤, 오쇼는 비베크와 데바라지를 방으로 불렀다. 오쇼는 더 이상 우루과이에 있고 싶은 마음이 없으며 인도로 돌아가고 싶다고 말했다.

이제, 우루과이는 그 매력을 잃어가고 있었다. 나는 우리가 다시 한번 공포 분위기에 휩싸이는 것을 느꼈다. 이틀 후, 지난 10주 동안 충실하게 우리의 집을 살피던 경찰들이 그 일을 그만 두었다. 이것은 심상치 않은 징조였다. 누군가 오쇼를 해칠지도 모르는 상황에서 경찰은 연루되고 싶지 않다는 말인가?

긴장된 분위기가 고조되어 갔다. 하시야와 자예쉬는 다른 곳에 가 있었다. 그래서 존과 이사벨(Isabel)—이사벨은 칠레의 산야신으로 도착한 지 얼마 되지 않은 상태였다—이 정부와 접촉하고 있었다. 그러나 접촉선은 달랐다. 그들은 마르코스와 손 잡을 마음이 없었다. 대신에 그들은 알바레즈(Alvarez)라는 인물을 통해 정부 측과 연결되고 있었다. 알바레즈는 미남이었다. 그는 산야신이 되었지만 나는 그를 완전히 신뢰하지는 않았다. 그는 다만 잘생기고 매력적인 남자였을 뿐이다.

우리가 처음 우루과이에 도착했을 당시, 우루과이 정부는 나토

(NATO)측으로부터 텔렉스를 받아놓고 있었다. 그 텔렉스에는 '외교 비밀 문서'라고 적혀 있었는데, 문서의 출처는 미국이었다. 이 텔렉스 문서에는 우리가(오쇼의 제자들) 마약 밀매와 밀수, 인신매매에 연루되어 있다는 정보가 들어 있었다!

우루과이에서 마지막 몇 주를 보내고 있는 어느 날, 경찰이 집을 수색하겠다며 현관 층계로 올라왔다. 우리는 그들이 집으로 들어오도록 허용하는 것은 위험한 일이라는 것을 알고 있었다. 우리는 그들이 마음에 들지 않는 사람에게 범죄의 혐의를 씌우는 방법으로 집 안에 몰래 마약을 두고 간다는 이야기를 들은 바 있었다. 우리는 그들을 제지했다. 왜냐하면 그들은 수색 영장이 없었기 때문이다. 나는 얼른 오쇼의 방으로 뛰어 올라갔다. 오쇼는 하시야, 자예쉬와 이야기를 나누고 있었다. 나는 오쇼에게 경찰이 찾아왔다고 말했다. 그러나 오쇼는 아무 일도 없다는 듯 조용한 음성으로 계속 이야기를 나누었다. 내가 방을 나오고 오 분쯤 지나자, 하시야가 밖으로 나왔다. 그녀는 아래층에 경찰이 와 있다는 소리를 듣고 오쇼의 이야기가 귀에 들어오지 않았던 것이다. 결국 그녀는 오쇼에게 죄송하다고 말하고는 자리에서 일어나 나왔다는 것이다.

경찰들은 그대로 물러갔다. 그러나 상황은 이미 복잡하게 얽혀들고 있었다.

6월의 두 번째 주, 존과 이사벨은 알바레즈로부터 약속을 받았다. 오쇼는 최소한 6주 동안 더 머물 수 있으며, 그후에는 영주권을 얻는 것이 거의 확실하다는 것이었다. 이것은 우리가 기다리던 소식이었다.

6월 16일, 나는 치과 의사를 만나러 몬테비데오에 갔다. 기왕 간 김에 마르코스와 그의 가족을 만나기 위해 전화를 했다. 그는 겁에 질려 있었다. 오쇼가 6월 18일까지 출국하지 않으면 체포될 것이라는 이야기를 들었다는 것이다. 그 즈음, 상귀네티 대통령은 새로운 차관 협상을 위해 워싱턴에서 레이건을 만나고 있었다.

나는 곧장 우리의 집으로 돌아와 마르코스로부터 들은 이야기를 비베크에게 전했다. 즉시 개인 비행기를 타고 새로운 나라로 떠날 계획이 세워졌다.

우리는 자마이카(Jamaica)로 떠나기로 했다. 나는 마지막 날까지 짐을 쌌다. 그리고 그 다음날 일찍 라피아와 함께 비행기에 올랐다. 오쇼는 비베크, 데바라지, 아난도, 묵티와 함께 개인 비행기로 뒤따라 오기로 했다.

오쇼가 떠나는 날, 우루과이의 내무부에는 워싱턴으로부터 수시로 전화가 걸려왔다. 매시간마다 오쇼가 우루과이를 떠났는지 확인하는 전화였다.

6월 18일 오후 5시, 알바레즈가 전화를 걸었다. 이민국으로부터 전보가 왔다는 것이었다. 전보는 오쇼가 5시 30분 전에 이민국에 와서 보고해야하며 그렇지 않을 경우 체포될 것이라는 내용이었다.

내가 들은 바로, 오쇼는 오후 6시 30분 우리의 미스터리 스쿨이 시작된 그 집을 떠났다. 세 대의 경찰차가 도착하자마자였다. 경찰들은 공항까지 오쇼의 차를 따라왔다. 공항에서는 우리의 집에 살던 모든 산야신들과 마르코스가 오쇼와 함께 노래하고 춤추며 축제를 벌였다. 그 동안 경찰들은 얼빠진 표정으로 지켜보고 있었다. 그리고 오쇼가 대기중인 비행기로 다가갈 때에는 공항에 긴장된 분위기가 감돌았다.

곧 더 많은 경찰이 몰려왔다. 하지만 이미 제트기는 이륙한 뒤였고, 두 개의 꼬리등이 깜박거리며 밤 하늘 속으로 사라지고 있었다.

다음날인 6월 19일, 미국 정부는 우루과이에 1억 5천만 달러의 차관을 제공하겠다고 발표했다.

자마이카와 포르투갈

라피아와 나는 자마이카의 몬테고 베이(Montego Bay)에 도착했다. 우리는 마이애미를 들러서 온 터였으므로 오쇼는 이미 자마이카에 도착한 뒤였다.

우리는 아룹(Arup)이 오쇼를 위해 마련한 집으로 향했다. 아룹은 확고부동하고 지극한 정성으로 오쇼를 대해온 산야신이었다.

그 집은 유명한 테니스 선수의 집이었다. 마당에는 방갈로와 수영장이 갖추어져 있었다. 아름다운 섬의 풍경이 한 눈에 들어오는 집이었다.

우리 일행의 대부분은 아직 우루과이에 남아 있었다. 그들은 집을 정리하며 다음 상황을 기다리고 있었다. 우리와 유대 관계가 있는 우루과이 사람들은 정부에 소송을 제기했다. 왜냐하면 오쇼의 거주 비자를 거절한 것은 명백한 위법이었을 뿐만 아니라, 그 사건은 그들의 조국이 자유 민주주의 국가라는 환상을 파괴했기 때문이었다. 그들은 우루과이가 미국의 압력에 굴복한 것을 알고는 매우 기분 상해했다.

우리는 도착하자마자 좋은 소식과 나쁜 소식을 동시에 듣게 되었다. 좋은 소식은, 오쇼가 자마이카의 킹스톤(Kingston) 공항에서 아무 어려움없이 여행 비자를 받을 수 있었다는 것이었다. 나쁜 소식은, 오쇼의 비행기가 착륙한 지 십 분 후 미 해군의 제트기가 뒤따라 착륙했다는 것이었다. 그것은 미심쩍은 일이었다. 아난도는 두 명의 무관이 활주로에 내려서서 걸어오는 것을 보자 즉시 오쇼와 다른 사람들을 라운지 밖으로 이동시켜 택시를 잡아탔다.

우리는 우루과이에서 우리의 전화가 도청되고 있었다는 사실을 알게 되었다. 아난도는 이에 대해 오쇼에게 물은 적이 있다.

「왜 사람들은 항상 우리의 전화를 도청하는 것일까요? 그들은 손쉬운 방법으로 영적인 가르침을 얻으려 하는 것일까요?」

5분 정도 잡담을 나눈 후, 나는 아난도와 같이 쓰기로 되어 있는 방으로 들어갔다. 방은 비좁았다. 하지만 에어콘이 설치되어 있어 시원했다.

다음날 아침, 아침을 먹고 있는데 앞문 쪽에서 요란하게 문 두드리는 소리가 들렸다. 창문 밖으로 내다보니 큰 키의 흑인 여섯 명이 서 있었다. 그들은 카키색 셔츠를 입고 큰 몽둥이를 들고 있었다. 그들은 경찰이라고 신분을 밝혔다. 아난도가 그들과 이야기하러 밖으로 나갔다. 그들은 전날 자마이카에 도착한 사람들은 모두 밖으로 나와 여권을 제시하라고 거친 음성으로 말했다. 아난도는 우리 모두 합법적인 입국 비자를 갖고 있다고 그들을 납득시켰다. 그리고 무슨 일이냐고 물었다. 그랬더니 그들은 우리가 당장 이 섬을 떠나야한다는 것이었다!

그들이 떠나자 아난도는 근처 호텔에 묵고 있는 아룹에게 전화를 걸었다. 아룹은 즉시 테니스 스타에게 연락했다. 테니스 스타는 정부에 아는 사람이 많았으며 아룹은 그가 사태를 해결해 주기를 희망했다.

우리는 뭔가 착각이 있음에 틀림없다고 생각했다. 우리는 테니스 스타의 친구들에게 전화를 걸어 도움을 요청했다. 그러나 우리의 친구들은 한결같이 이렇게 응답해왔다.

「참 이상한 일이다. 내가 전화를 걸어 누군가를 찾을 때마다 이러쿵 저러쿵해서 오늘은 사무실에 나오지 않았다는 응답 뿐이다. 사무실에 있는 사람도 없고 집에 있는 사람도 없다. 도움을 줄 수 있는 사람은 한 사람도 찾을 수 없다.」

두 시간 후, 다시 경찰이 찾아왔다. 그들은 우리의 여권을 거두어서 비자를 취소했다. 정말이지 가슴이 철렁했다. 다행히 우리는 오쇼가 그들의 눈에 띄지 않게 하는 데 성공했다. 그래서 오쇼가 타는 듯한 태양 아래서 현관에 서 있어야 하는 사태는 피할 수 있었다. 경찰들은 매우 공격적이었으며 얼굴에 두려움이 배어 있었다. 그 두려움은 우리에게 너무나 익숙한 것이었다. 우리가 미국과 인도, 그리스에서 만났던 경찰들처럼 그들 또한 우리를 위험한 테러리스트로 생각했던 것은 아닐까?

아난도는 왜 우리가 추방령을 받아야 하느냐고 따졌다. 그러나 그들은 간단하게 "상부의 명령이오"라고 말했다. 아난도는 끈질기게 더 많은 설명을 요구했다. 그랬더니 치안 본부에서 명령이 내려왔다는 것이다.

오쇼는 해가 지기 전까지 자마이카를 떠나야 했다. 하지만 우리는 마땅히 갈 만한 나라가 없었으며, 당장 타고갈 비행기도 준비되어 있지 않았다. 하지만 더 이상 자마이카에 머물 수 없다는 것은 분명했다. 오쇼의 안전이 위협당할지도 모르기 때문이었다.

마침 오쇼의 비행사인 클리프가 그 자리에 있었다. 그는 오쇼를 태우고 갈 전세 비행기 회사를 찾기 위해 미국 전역에 전화를 걸기 시작했다. 하지만 태워야할 승객이 누구라는 것을 알고는 대부분의 회사가 요청을 거절했다. 게다가 우리가 어디로 날아갈지 모른다는 사실 또한 비행기를 빌리는 데 큰 장애 요인이 되었다. 비행을 하려면 사전에 비행 계획이 있어야 하고, 조종사와 상대국 사이에 동의가 있어야 하기 때문이다.

그 당시, 하시야와 자예쉬는 포르투갈에서 오쇼의 입국을 주선하고 있었다. 하지만 그들은 아직 허락이 내리지 않았다는 연락을 보내왔다. 유럽의 나머지 국가들은 말할 필요도 없었다. 오죽 답답했으면 데바라지는 쿠바를 다 생각했겠는가!

하지만 오쇼는 몇 주 전에 하시야에게 말한 적이 있었다.

「안돼, 카스트로는 막시스트(Marxist)야.」

우루과이에서 간신히 탈출했는데 이게 또 무슨 낭패인가? 비베크는 완전히 지쳐 있었다. 그녀는 더 이상 아무 일에도 끼어들고 싶지 않다고 짜증을 냈다. 그녀는 화를 내면서 우리 일행과 헤어지고 싶다고 했다. 이것이 나의 신경을 건드렸다(나는 그녀가 침체된 기분에 빠질 때마다 항상 신경이 날카로워지곤 했었다).

나는 '그들이 진짜 경찰이었을까?'하고 의심이 들었다. 나는 자마이카의 경찰이 어떤 모습을 하고 있는지 몰랐으며, 내 눈에 그들은 암살 단원처럼 보였다. 나는 겁에 질렸다.

어느 순간에라도 느닷없이 그들이 들이닥쳐서 우리를 죽일지도 모른다는 생각이 들었다. 뉴스위크나 타임지에 나오는 전형적인 테러 현장처럼 비참하게 말이다. 그렇게 된다 해도 세상 어느 누가 우리에게 관심을 쏟겠는가?

이른 오후, 클리프는 비행기를 빌리는 데 성공했다. 콜로라도에서 우리를 태우고 갈 비행기가 온다는 것이었다. 이제 우리가 할 일은 기다리는 것뿐이었다! 비행기는 일곱 시에 도착하기로 되어 있었다. 그래서 여섯 시경이 되자 클리프, 데바라지, 라피아는 짐을 갖고 공항으로 떠났다. 그들은 비행기에 짐을 싣자마자 우리에게 전화를 걸기로 했다.

집에는 아난도, 비베크, 마니샤, 나, 그리고 오쇼가 남아 있었다. 일곱 시가 되자, 일분이 영원처럼 느껴졌다. 초조하게 기다리는데 갑자기 불이 꺼졌다. 정전이 되면서 집은 어둠에 휩싸였다. 나는 깜짝 놀랐다.

「혹시 암살 단원들이······.」

나는 초를 찾아서 글라스에 담았다. 그리곤 어둠 속을 더듬거리며 오쇼의 방으로 갔다. 오쇼는 에어컨 옆의 의자에 앉아 있었다. 에어컨이 꺼진 탓으로 방안은 점점 더 더워지고 있었다. 그는 에어컨이 어떻게 된 것이냐고 물었다. 왜냐하면 대개의 경우 우리는 만일의 사태에 대비해서 에어컨이 꺼지지 않도록 발전기를 갖고 다녔기 때문이다. 그러나 오쇼는 그 사실을 알지 못했다.

나는 오쇼의 방에 촛불을 놔두고는 거실로 돌아왔다.

우리는 거실에 앉아 공항에서 전화가 오기만을 초조하게 기다렸다. 그러나 여덟 시가 되도록 아무 연락이 없었다.

나는 오쇼가 잘 있는지 다시 올라가 보았다. 그런데 그의 모습이 보이지 않았다. 그가 앉았던 의자는 비어 있었다. 어둠 속에 서서 오쇼를 불러보았지만 아무 대답이 없었다. 돌연 공포가 밀려왔다. 오쇼의 신상에 무슨 일이 생긴 것일까? 내가 극도의 두려움에 질려 있을 때, 갑자기 욕실 문이 열리며 누군가 나타났다. 나는 너무 놀라 비명을 지를 뻔했다. 그 사람은 오쇼였다. 그는 임시로 만든 촛대를 손에 들고 조심조심 내 쪽으로 다가왔다. 그를 보니 긴장이 탁 풀어지며 마음이 놓였다. 그는 게임을 하는 어린아이처럼 웃고 있었다. 나는 그에게 더 나은 촛대를 보여주었다. 하지만 그는 '아냐, 이 촛대도 훌륭한데.' 하고 말했다. 나는 그 촛대는 손가락을 델지도 모르니 새 것으로 바꾸자고 말했다. 하지만 오쇼는 그 임시로 만든 엉성한 촛대를 좋아했다. 그는 자신의 촛대를 들고 의자에 가서 앉았다. 그래서 나는 두 개의 촛불을 밝혀놓고 거실로 돌아왔다.

우리가 촛불을 켜놓고 초조하게 연락을 기다리고 있는데 갑자기 문을 두드리는 소리가 났다. 나는 기절초풍할 듯이 놀랐다. 정전이 되고 이제 본격적인 사태가?

그러나 그는 테니스 스타였다. 정전 사태 속에서 우리가 잘 있는지 보러 온 것이었다. 그는 부인과 아이들까지 대동하고 있었다. 그것을 보고 나는 다소 안심했다. 그가 가족들까지 데리고 온 것을 보면 끔찍한 일은 일어나지 않을 것이라는 추리를 했다.

드디어 전화벨이 울렸다! 비행기가 도착했다는 것이다. 우리는 재빨리 나머지 몇 개의 짐을 챙겼다. 오쇼는 차를 타기 위해 밖으로 나가면서 우리 모두에게 웃는 얼굴로 합장을 했다.

나는 오쇼와 아룹을 대동하고 공항으로 갔다. 포르투갈로 날아가기로 결정되었다. 아룹의 어머니인 기타—그녀 또한 산야신이었다—가 포르투갈에 집을 갖고 있다는 것이었다. 비록 그 집은 너무 작았지만 최소한 우리는 집 주인을 알고 있었다. 그것이 다소 안도감을 주었다.

오쇼가 거주할 나라를 찾으려는 희망이 막다른 골목에 부딪쳤을 때 불쑥 포르투갈이 나타난 것이다. 우리는 오쇼가 인도로 돌아가는 것을 두려워하고 있었다. 최근의 경험에 비추어볼 때, 그것은 최악의 상황이 될 듯 싶었다. 우리는 인도가 오쇼의 서양인 제자들의 입국을 허용하지 않을 것이라고 생각하고 있었다.

* * *

　우리는 포르투갈을 향해 이륙했다. 그런데 스페인에 착륙했다! 비행 계획에 착오가 있었던 것이다. 하지만 마드리드 공항에서 연료를 넣기 위해 기다리는 동안 약간의 혼란이 있었을 뿐 별다른 해는 없었다. 어쩌면 그것은 더 잘된 일일지도 몰랐다. 왜냐하면 리스본 공항에 도착해서 하시야와 자예쉬를 만난 다음 오쇼는 아무 문제 없이 입국 비자를 받을 수 있었으니 말이다. 만일 누군가 우리의 비행 계획을 관찰하고 있었다면, 혼란을 느낀 사람은 우리 뿐만이 아니었을 것이다. 오쇼는 6주 동안 종적을 감추었으니 말이다.
　우리는 리스본에 도착하자마자 곧장 리츠(Ritz) 호텔로 갔다. 우리는 호텔 뒤편의 엘리베이터를 통해 오쇼를 몰래 데리고 올라갔으며, 호텔의 기록부에는 오쇼의 이름을 올리지 않았다. 오쇼의 도착을 외부에 알리고 싶지 않았기 때문이다.
　사실, 내게 이번의 비행은 힘든 여행이었다. 왜냐하면 긴장감이 감돌았을 뿐 아니라 비베크가 우리 일행과 같이 머물 것인지 아닌지 변덕을 부리고 있었기 때문이다.
　오쇼는 대개의 경우 비행 중에는 식사 시간과 화장실에 갈 때를 제외하곤 내내 잠을 잤다. 오쇼는 내게 콜라(Diet Coke)를 원했다. 그런데 비베크가 내게 말했다.
　「콜라는 안돼요! 콜라는 그의 건강에 좋지 않아요. 콜라가 떨어졌다고 말해요!」
　지금껏 나는 오쇼가 무엇을 하든 그를 중단시킨 적이 없었다. 하지만 비베크가 지켜보고 있었기 때문에 나는 어쩔 수 없이 용기를 내어 오쇼에게 말했다.
　「얼마 전에 마지막 콜라를 드셨는데요.」
　「뭐라구?」

오쇼가 의자에서 상체를 바로 세우며 눈을 동그랗게 뜨고 말했다.
「콜라가 없다구?」
나는 가슴이 뜨끔했다. 호랑이굴로 들어가는 심정이었다. 그의 동그랗게 뜬 눈! 그에 비하면 자마이카의 경찰은 아무 것도 아니었다!
「음…… 예.」
나는 뚫어지게 쳐다보는 오쇼의 눈길을 피하면서 더듬거렸다.
「콜라가…… 떨어졌습니다.」
다행스럽게도, 이 말은 사실이었다. 정말로 콜라가 떨어졌던 것이다. 그러나 오쇼는 착륙하자마자 콜라를 가져오라고 다그쳤다. 그리고 재미있는 현상은, 이런 일이 있은 후로 삼 년 동안 그는 콜라 외에 아무 것도 마시지 않았다는 사실이다. 그것이 단지 우연인지 아닌지는 모르겠지만.

오쇼는 제트기로 여행하는 동안 주방이나 냉장고에서 여러 가지 음식을 먹어보는 것을 좋아했다. 그는 매우 좋아하는 비스킷을 발견했는데, 그후로 우리는 똑같은 비스킷을 찾아서 오쇼에게 갖다 주는 임무를 즐기게 되었다. 멕클렌버그의 감옥에 있을 때 오쇼는 떠먹는 요구르트인 요플레를 먹어보았다. 그후로 몇 년 동안 그는 요플레를 얼마나 좋아했던지 우리는 세계 각국을 돌아다니면서도 미국에 요플레를 주문해야 했다.
오쇼는 비행 때마다 욕실에서 여러 가지 비누와 크림을 써 보면서 많은 시간을 보냈다. 그는 얼굴에 뿌리면 시원하게 느껴지는 '에비앙(Evian)'이라는 에어졸 스프레이를 써 본 후로 몇 년 동안 그것을 사용했다. 정말이지 그는 품절되거나 파산한 회사의 물건을 찾아내는 데 귀신같은 재주를 갖고 있었다!

어떤 것을 좋아할 때, 그는 광적으로 그것을 좋아했다. 오쇼는 '쿨 민트(Cool Mint)'라는 헤어 콘디셔너를 굉장히 좋아했는데, 그것은 우리가 어느 날 쇼핑을 하다가 오레곤의 작은 마을에서 우연히 발견한 것이었다. 그런데 그 물건을 더 사려고 했을 때, 우리는 생산 회사가 캐나다에 있으며, 오레곤의 벤드(Bend)지방 외에는 거래처가 없다는 것을 알게 되었다. 그래서 우리는 회사에 특별 주문을 했다. 그래서 그들이 '쿨 민트'를 독일로 보내면, 독일에 있는 산야신들이 받아서 오쇼가 있는 세상 어느 곳으로나 보내주곤 했다. 오쇼는 머리가 시원하게 느껴진다는 이유로 그것을 몇 년 동안 사용했다. 헤어 콘디셔너 한 병이 며칠 만에 바닥나곤 했다.

오쇼는 또 '밀라 마울시(Mila Mourssi)'라는 초록색 민트 크림을 좋아했다. 다시 며칠 만에 한 병이 바닥나는 사태가 벌어졌다. 이 크림은 로스앤젤레스의 작은 상점에서 산 것이었다. 그런데 그 크림을 만든 작은 상점은 파산 위기에 몰려 더 이상 크림을 만들지 않고 있었다. 오쇼는 그 상점의 최고 고객이었으므로 우리는 상점 주인에게 원료와 제조 방법을 팔라고 협상했다. 그래서 우리는 그 크림을 자체 생산하여 계속 오쇼에게 제공할 수 있었다.

오쇼를 위해 전세계를 무대로 쇼핑하는 산야신들에게 이런 일은 항상 커다란 도전이었다. 물론 우리는 그 물건을 구할 수 있을 때까지는 그것이 얼마나 어려운 일인가를 오쇼에게 말하지 않았다. 우리는 오쇼가 "나는 어느 누구도 곤란하게 만들고 싶지 않다."고 말한 것을 알고 있었다. 물론 그는 전세계를 흔들어 놓고 있었지만 그것은 다른 문제였다.

그가 좋아하는 비누와 샴푸를 구해다 주면 그는 어린애처럼 상기된 표정에 눈을 반짝거리며 "나는 이것이 참 좋다!"고 말했다. 그런 그의 모습을 보는 것은 큰 즐거움이었다. 그는 아주 단순한 사람이었으며 많은 것을 요구하지 않았다.

리츠에서 며칠을 보낸 후, 우리는 거처를 다른 곳으로 옮기기로 했다. 왜냐하면 누군가 리스본에서 오쇼를 추적하고 있다면 리츠 호텔을 제일 먼저 살필 것이 분명했기 때문이다. 아난도는 에스토릴(Estoril)이라는 마을 근처에 아름답고 인적이 드문 호텔을 마련했다. 우리는 밤에 리츠 호텔을 빠져나가기로 했다. 그리고 리셉션 창구를 통하지 않고도 오쇼를 차고까지 데리고 갈 수 있도록 작전을 짰다. 아난도, 하시야, 나는 오쇼의 방문 밖에 대기하고 있다가 다른 투숙객이나 호텔 종사자의 눈에 들키기 전에 얼른 오쇼를 승강기에 태우기로 했다. 그런데 오쇼는 예상보다 일찍 복도에 나타났다. 그는 잠옷처럼 긴 하얀 색 옷을 입고 있었다. 흰 옷 위로 긴 수염이 드러나 있었다. 그런 모습으로 나갔다가 사람들의 눈에 띄면 한눈에 오쇼를 알아볼 게 뻔했다. 아난도가 깃을 세운 긴 코트를 입고 차양이 내려온 모자를 쓰는 게 좋겠다고 설득했다.

오쇼가 말했다.

「나는 변장할 마음이 없다!」

그 다음엔 비베크가 설득하려 나섰다.

그러나 오쇼가 말했다.

「아냐, 모자를 안 쓰면 그들은 나를 알아보지 못할 것이다.」

나는 오쇼가 차고에 들어가기 전 먼저 차를 타고 호텔을 떠났으며, 오쇼는 호텔 차고에 대기중인 벤츠를 타고 뒤를 따랐다. 우리는 미국의 첩보원이나 기자들이 오쇼를 찾고 있을지도 모른다고 생각했다. 그래서 우리는 혹시 있을지도 모르는 추적자를 따돌리기 위해 여기 저기 좁은 골목길을 돌면서 속도를 냈다.

나중에 아난도에게 들은 바에 의하면, 우리의 두려움과 불안과는 대조적으로 오쇼는 너무나 태평한 모습이었다고 한다. 차고에 들어갔을 때, 오쇼는 관리인들에게 합장을 하며 미소를 지었다. 관리인들은 난데없이 나타난 고대의 성자를 보며 벌린 입을 다물지 못했다!

하시야와 아난도는 얼른 오쇼를 차에 태우려고 서둘렀다. 그런데 오쇼는 차 쪽으로 걸어가다 말고 멈추어 서서 호텔의 욕실에 있는 매트가 참 훌륭했다고 말하기 시작했다. 그 매트는 맨 발로 서 있을 때 참 편안하게 느껴졌다는 것이었다.

하시야는 몸이 달아 오쇼를 재촉했다.

「브하그완, 제발 빨리 차에 타세요!」

그제서야 오쇼는 차를 향해 걸음을 옮겼다.

두 시간 후 우리는 에스토릴의 호텔에 도착해 조용히 계단을 올라갔다. 나는 방에 들어가는 즉시 짐을 풀기 시작했다. 그런데 그것은 실수였다. 왜냐하면 오쇼는 방에서 나는 곰팡이 냄새로 천식을 일으켰기 때문이다.

데바라지는 오쇼에게 약을 주었다. 하지만 천식을 멈추는 유일한 방법은 다시 리츠 호텔로 돌아가는 것 뿐이었다. 시간은 새벽 두 시를 지나고 있었다. 비베크는 하시야와 자예쉬에게 전화를 걸어 오쇼를 다시 리츠 호텔로 데려가라고 했다. 우리는 발꿈치를 들고 살금살금 계단을 내려왔다. 카운터에 있는 사람들은 방송이 끝난 텔레비전을 앞에 두고 잠들어 있었다. 우리는 그들 뒤로 살금살금 기어 나와 대기중인 차에 탔다. 그러나 나는 그냥 그 호텔에 머물었다. 다음날 아침, 밤사이 몰래 빠져나간 우리의 이상한 행동에 대해 적당히 둘러대기 위해서였다.

리츠 호텔에서 며칠을 더 보낸 후, 마침내 오쇼가 머물 집을 마련했다. 그 집은 산 중턱의 소나무 숲 중간에 위치해 있었다.

우리는 오쇼의 방에 있던 가구를 다른 곳으로 옮기고 새 가구를 샀다. 우리는 오쇼의 방을 깨끗이 청소하고 가능한 한 선(禪)풍으로 단촐하게 꾸몄다. 물론 욕실에는 리츠 호텔에 있던 것과 똑같은 매트를 깔았다. 오쇼의 침실에는 숲이 한눈에 내다 보이는 발코니가 있었다. 그는 그곳에서 식사를 하거나 아난도와 이야기를 나누었다. 그는 집 주변을 둘러보면서 더 좋게 꾸밀 의견을 제시했다. 그는 풀장에 백조를 데려다 놓으면 좋겠다는 말했다.

곧 자마이카에 남아 있던 사람들이 속속 도착하기 시작했다. 그래서 표면적으로 볼 때, 우리는 다시 시작할 준비가 되어 있었다. 하지만 그후로 전개된 사태는 우리의 뜻대로 되지 않았다.

우리는 오쇼가 강의를 재개할 수 있도록 방을 마련했다. 하지만 오쇼는 발코니에 앉아서 숲을 바라보고 있을 뿐이었다.

열흘쯤 지나자 날씨가 바뀌어 안개가 끼기 시작하더니 숲 전체가 안개에 덮혀버렸다. 오쇼는 아난도를 불러 말했다.

「여기 좀 봐라. 구름이 내 방까지 들어오고 있다.」

안개는 오쇼의 건강에 매우 좋지 않았다. 오쇼는 또 천식을 일으키기 시작했다. 그는 안개로 인해 발코니에 나가 앉는 것을 그만두어야 했다. 그 이후 오쇼는 포르투갈에 있는 동안 방 밖으로 나갈 수가 없었다.

나중에 들은 이야기에 의하면, 오쇼는 닐람에게 이렇게 말했다고 한다. 포르투갈은 아주 이상한 진동을 갖고 있어서 명상이 전혀 불가능하다는 것을 알고는 매우 실망했다고.

우리는 포르투갈의 숲속에서 한 달 이상을 살았다. 그러나 우리는 신문이 〈섹스 구루(Sex Guru)〉가 도착했다고 보도함으로써 사람들이 놀라기 전에 필요한 이민 서류가 구비될 수 있도록 숨어서 지냈다.

오쇼를 세상으로부터 숨기고 있는 것은 옳은 행동이 아니라는 생각이 들었다. 아름다운 다이아몬드는 모든 사람들 앞에서 그 빛을 발해야한다. 오쇼가 인도를 떠난 이유도 그것이었다. 우리는 오쇼가 가르침을 펼 수 있는 장소를 발견하기 위해 전세계를 돌아다녔던 것이다. 그는 많은 것을 요구하지 않았다. 다만 자신의 지혜를 나누어 주기를 원했을 뿐.

포르투갈에 있는 동안 나는 발이 퉁퉁 부어서 침대에 누워 지낸 적이 있었다. 독거미에서부터 골수염까지 모든 가능성이 의심스러웠지만 정확한 원인은 알 수 없었다. 침대에 누워 창밖을 보면 하얗게 빛나는 밤나무 꽃이 눈에 들어왔다. 태양 열기에 의해 솔방울이 탁탁 소리를 내며 터지는 소리가 들렸다.

나의 가슴 깊은 곳에는 아릿한 슬픔이 흐르고 있었다. 그러나 내내 그랬던 것은 아니다. 하나의 그룹으로서 우리는 행복했다. 우리는 발코니의 긴 나무 의자에 앉아 즐거운 시간을 보내곤 했다. 또는 식당의 거대한 원형 탁자에 앉아 정다운 이야기를 나누었다. 나는 숲속을 산책하고 풀장에서 수영을 했다. 우리는 그렇게 포르투갈에서 4주를 보냈다.

그러던 어느 날, 경찰이 찾아왔다.

두 대의 차에 여덟 명의 경찰이 나누어 타고 있었다. 그들은 처음에는 길을 잃었다고 했다. 그것은 두말할 필요도 없이 거짓말이었다. 오 분쯤 지나자 그들은 집 주변을 둘러봐야겠다고 털어놓았다. 그들은 우리를 의심하고 있었다. 집 밖으로 나가지도 않고 틀어박혀 지내는 것이 보통 관광객 같지 않다는 것이었다. 그들은 포르투갈이 마약 밀매업자와 테러리스트로 골치를 앓는 중이라며 우리를 미심쩍은 눈으로 관찰했다.

나는 방으로 들어가 감옥에서 입기에 알맞은 옷으로 갈아입었다. 마음은 별 동요가 없었지만 다리가 후들거리고 있었다. 이것은 내게는 충격이었다. 왜냐하면 전에는 그런 일이 없었기 때문이다. 육체적으로 그런 증상이 나타난 것은 처음이었으며, 나는 이런 종류의 사태에 익숙해 있다고 생각해왔던 것이다. 그런데 지난 열 달 동안 지속되어왔던 긴장이 한계에 달하면서 와르르 무너져내리는 것 같았다.
 그들은 아난도와 이야기를 나눈 후 떠났다. 그러나 다음날 다시 나타났다. 두 명의 경찰이 집 밖의 도로에 차를 세워놓고 우리를 감시하기 시작했던 것이다.

 오쇼는 인도로 돌아가고 싶다고 말했다. 그래서 우리는 이탈리아에 가 있는 닐람(Neelam)에게 전화를 걸었다. 오쇼가 인도로 가기 위한 절차를 밟기 위해서는 인도인인 그녀가 필요했다.
 언젠가 오쇼는 닐람에게 이렇게 말한 적이 있다.
 「이제 나는 오랫동안 육체를 이용할 수 없다. 육체 안에 있는 것은 매우 고통스럽다. 그러나 이렇게 그대들을 버리고 떠날 수는 없다. 나의 일은 아직 끝나지 않았다.」
 7월 28일, 드디어 오쇼가 포르투갈을 떠나는 날이 왔다. 오쇼가 계단을 내려올 때 우리는 밀라레빠(Milarepa)의 기타 소리에 맞춰 노래 불렀다. 그 노래는 가슴속에서 우러나오는 것이었다. 만일 이것이 그를 보는 마지막 시간이라면 즐거운 모습으로 그를 보내리라. 나는 그에게 슬픈 얼굴을 보이고 싶지 않았다. 나는 그에게서 받은 많은 선물 중의 하나인 축제의 선물을 내보이고 싶었다. 나의 슬픔은 수용성으로 바뀌고 가슴속에 진정한 변화가 일어났다. 나는 그의 앞에서 춤추었다. 전에는 그렇게 춤춘 적이 없었다.
 이런 순간은 죽음과 같다. 지난 세월 동안 얼마나 많이 이런 순간에 직면해야 했던가? 얼마나 많은 죽음의 순간을 통과해야 했던가? 그리고 매번 우리 모두는 뿔뿔이 흩어져서 미지의 세계에 혼자서 있어야 했지 않았던가?
 후에 오쇼는 닐람에게 말했다.
 「나무들을 보라. 강한 바람이 불 때, 바람은 나무를 파괴하는 것처럼 보인다. 그러나 그렇지 않다. 강한 바람은 나무가 성장을 열망

하고 있는지 아닌지 알아보기 위한 실험이다. 강한 바람이 지나간 후 나무는 더 깊이 뿌리 내린다.
　그대는 이렇게 생각할 것이다.
　'이 나무는 너무 작다. 바람은 이 나무의 뿌리를 뽑아버릴 것이다.'
　그러나 그렇지 않다. 바람의 도전을 받아들인 나무는 살아 남을 것이다. 살아 남을 뿐만 아니라 더 확신하게 될 것이다―'그렇다! 나는 살기를 원한다!'
　그 다음에 나무는 급속한 속도로 성장하기 시작할 것이다. 왜냐하면 바람의 도전은 나무에게 엄청난 힘을 주기 때문이다.
　만일 나무가 바람을 견디지 못해 부러진다해도 그를 슬퍼하지 말라. 바람이 아니더라도 그 나무는 파괴되었을 것이다. 왜냐하면 그 나무는 살아야겠다는 강한 의지가 없기 때문이다. 존재계와 조화를 이루는 한 존재계는 그대를 보호한다. 그런데 그 나무는 그런 존재계의 법칙을 모른다. 그대가 파괴되는 것은 바로 그대가 존재계와 맞서 싸우기 때문이다.」

　오쇼는 현관을 나가 차에 오를 때까지 우리들 각자와 짝을 이루어 춤추면서 많은 시간을 보냈다. 사진을 찍고 있던 라피아까지 어깨에 멘 카메라를 흔들며 스승과 함께 춤추었다. 오직 비베크만이 춤추지 않았다. 그녀는 오쇼의 팔에 안겨 울음을 터뜨렸다. 울음, 그것이 곧 그녀의 춤이었다.
　우리는 공항까지 오쇼를 배웅했다. 우리는 공항 터미널의 지붕에서 활주로를 지켜보고 있었다. 비행기가 이륙을 위해 엔진 속도를 높였다. 우리는 견고한 침묵의 벽처럼 우두커니 서 있었다. 비행기가 활주로를 달리기 시작했다. 오쇼가 창문 밖을 내다보며 손을 흔드는 모습이 보였다. 그런 다음 비행기는 하늘 높이 떠올랐다. 가슴

속에 하나의 단어가 떠올랐다.

　빈 배…… 나는 망망대해의 빈 배에 몸을 싣고 있었다…….

세계일주의 마지막 나라인 포르투갈에서 제자들과 함께 춤을 추고 있는 오쇼
(왼쪽으로부터 닐람, 순요, 밀라레빠, 마니샤)

다시, 인도에서

 오쇼가 인도로 떠난 후 나는 한 달 동안 영국에서 머물렀다. 곧 인도로 다시 들어가도 안전에 별 탈이 없을 것 같았다. 비베크는 나보다 2주일 앞서 인도로 떠났다. 그녀는 떠나면서 내게 인도에 도착하는 날을 미리 알려달라고 했다. 그녀는 오쇼에게 나로부터 아무 이야기도 듣지 못했으며 인도에 올지 안 올지 걱정된다고 전했다. 오쇼는 그 말을 듣고 그저 빙그레 웃었다고 한다.
 드디어 나는 인도에 도착했다. 오쇼는 봄베이에 있는 수라즈 프라카쉬(Suraj Prakash)의 집에 살고 있었다. 수라즈 프라카쉬는 라즈니쉬푸람에서도 몇 년을 살았던 산야신이다. 라즈니쉬푸람에서 오쇼와 함께 살았던 제자들은 분명히 성숙해 있었다. 그들은 다른 인도인과 확연히 달랐다. 그들은 오쇼가 말한 '뉴 맨(the New Man)' 즉 서양과 동양의 완벽한 가교 역할을 하는 사람들처럼 보였다.

 오쇼는 저녁마다 백여 명의 사람들에게 강의를 했다. 그러나 서양의 산야신들이 속속 도착하면서 숫자는 훨씬 더 불어났다. 그들 대부분은 오쇼가 미국을 떠난 후 한번도 오쇼를 보지 못한 사람들이었다. 강의의 제목은 『깨달음을 넘어서:Beyond Enlightenment』였다. 나는 깨달음이 무엇인지도 모르고 있는 상태였다. 그런데 깨달음을 넘어서라니? 나는 여전히 깨달음을 향한 여행의 초기 단계에 있었다.

내가 뿌나에 도착한 것은 1987년 1월 초였다. 마치 백 살은 먹은 것 같았다. 그 동안 나는 많은 삶과 많은 죽음을 겪었다. 전에 뿌나 아쉬람의 정원은 꽃이 만발했었는데, 이제 나는 파괴된 정원을 보고 있었다.

오쇼는 여전히 우리를 깨달음의 길로 인도하고 있었다. 그가 모든 인간의 기본권이라고 부른 깨달음의 길로 말이다.

1987년에서 1990년 사이, 오쇼는 책 마흔여덟 권에 달하는 분량의 강의를 했다. 그 기간의 삼 분의 일을 병으로 보낸 것을 고려한다면 그것은 엄청난 분량이었다!

오쇼가 봄베이에서 네 달을 보낸 후 뿌나에 도착한 것은 1월 4일 새벽 네 시였다. 아쉬람으로 가는 길목에는 오쇼를 반기는 산야신들이 늘어서 있었다. 오쇼는 잠에서 깨어나 사람들을 향해 손을 흔들었다. 몸에 담요를 덮은 채였다. 내게는 그 모습이 한밤중에 깬 어린애처럼 천진난만해 보였다.

오쇼가 아쉬람에 도착하고 난 세 시간 후, 경찰이 아쉬람에 찾아왔다. 그들은 오쇼의 뿌나 입성을 금지하는 문서를 갖고 있었다. 그 문서는 오쇼가 뿌나에 들어올 때 전해지도록 발부된 것이었다. 만일 그 문서가 뿌나로 오는 도중에 전해졌다면 오쇼는 뿌나에 들어섬으로써 법을 어기는 것이 되었을 것이다. 그러나 오쇼는 더위와 교통 체증을 피해 밤에 봄베이를 떠났고 경찰은 불과 몇 시간 차이로 오쇼를 놓친 것이다.

　경찰들은 아쉬람 안으로 밀고 들어갔다. 그들은 노자 하우스에 있는 오쇼의 침실로 들어갔다. 오쇼는 잠자고 있었다. 그때까지 오쇼가 잠자는 동안에 침실에 들어간 사람은 아무도 없었다. 따라서 경찰들의 침입은 중대한 모욕으로 여겨지게 되었다. 나, 비베크, 라피아, 밀라레빠는 밖에 서서 상황을 살피고 있었다. 우리는 외국인이므로 관여할 수 없었다. 그래서 락시미와 닐람이 경찰들과 이야기했다. 오쇼의 방에서 외침 소리가 들렸다. 그것은 오쇼의 목소리였다. 십여 분간 큰소리가 계속되었다. 참다 못해 비베크가 아래로 내려가 방으로 들어갔다. 그녀는 들어가자마자 경찰들에게 차 한 잔 들겠냐고 권했다. 나중에 그녀가 들려준 말에 의하면, 경찰들은 그녀의 말에 구세주를 만난 것처럼 안도의 한숨을 내쉬었다고 한다. 그러면서 그곳을 빠져나가게 된 것을 기뻐하는 눈치였다.

　1월 10일의 강의에서 오쇼는 이렇게 말했다.
「내가 봄베이에 있을 당시, 막강한 권력을 잡고있는 정치 그룹의 우두머리가 주 장관에게 편지를 쓰고 내게는 그 사본을 보내왔다. 그 편지에는 내가 봄베이를 오염시킨다고 적혀 있었다.
　편지를 보고 나서 나는 말했다.
　"어느 누가 더 이상 봄베이를 오염시킬 수 있단 말인가? 세상에서 최악의 도시인 봄베이를······."
　나는 넉 달 동안 봄베이에 있으면서 한 번도 밖에 나가지 않았다. 창문 밖을 내다본 적도 없다. 나는 완전히 밀폐된 방에서 지냈다. 그럼에도 불구하고 오염된 냄새가 스며들어왔다······. 그대들도 봄베이의 냄새를 맡을 수 있다. 화장실에 앉아 있을 때······. 그것이 봄베이의 악취이다!
　곧이어 나에게 집을 빌려 준 산야신에게 압력이 들어왔다. 만일 나를 내쫓지 않으면 집에 불을 질러서 나를 포함해 그와 그의 가족까지 불살라버리겠다는 것이었다.

……나는 토요일 밤 봄베이를 떠났다. 그리고 다음날 아침, 그 집은 권총을 찬 열다섯 명의 경찰에 의해 포위되었다.

……나는 새벽 네 시 뿌나에 도착했다. 그런데 세 시간 만에 경찰이 찾아왔다. 나는 잠자는 중이었다. 그런데 눈을 떠 보니 두 명의 경찰이 내 침실에 들어와 있었다.

내가 말했다.

"나는 꿈을 꾼 적이 없다. 특히 악몽은…… 그런데 이 귀신들이 어떻게 내 방에 들어왔지?"

나는 그들에게 물었다.

"수색 영장을 갖고 있는가?"

그들은 수색 영장이 없었다.

내가 말했다.

"그렇다면 이것은 사생활 침해가 아닌가?"

그들이 말했다.

"우리는 당신에게 통보할 것이 있어서 왔습니다."

무슨 통보가 이런 식인가? 이것이 민중의 하인이라는 사람들이 행동하는 방식인가? 이 사람들은 민중의 하인이다. 우리는 세금을 냄으로써 그들에게 월급을 지불한다. 그러므로 그들은 하인처럼 행동해야 마땅하다. 그런데 이들은 주인처럼 행동한다.

내가 말했다.

"나는 아무 죄도 짓지 않았다. 나는 다만 세 시간 동안 잠자고 있었을 뿐이다. 그것도 죄인가?"

그들 중의 하나가 말했다.

"당신은 항상 논쟁의 대상이 되는 인물입니다. 경찰 서장은 당신의 존재가 뿌나시에 폭력 사태를 자극할지도 모른다고 걱정합니다."
　내가 말했다.
　"그 통지서를 읽어라. 나의 죄가 무엇인가?"
　나의 죄는 논쟁의 여지가 많은 인물이라는 것이다. 그러나 지성적인 사람들 중에 논쟁의 여지가 없는 사람이 어디에 있는가? 지금까지 그런 사람이 존재한 적이 있는가? 논쟁의 여지가 많은 것은 죄가 아니다. 사실, 인간 의식의 진보는 모두 논쟁을 일으킨 사람들의 공로이다. 사르트르, 예수, 고타마 붓다, 마하비라, 보리달마, 짜라투스트라 이들 모두가 논쟁을 일으킨 사람들이다. 경찰들에게는 이들 중에 어느 누구도 뿌나에 들어오지 않은 것이 행운이었다.
　경찰들은 대단히 무례하게 행동했다. 나는 침대에 누워 있었는데, 그들은 통지서를 내 얼굴 위에 던졌다! 나는 그렇게 비인간적인 행동을 참을 수 없다. 나는 즉시 통지서를 북북 찢어서 던져 버렸다. 그리고 그들에게 말했다.
　"가서 경찰 서장에게 본 그대로 보고하라."
　나는 정부로부터 날아온 통지서를 던져버려서는 안된다는 것을 안다. 그러나 거기에도 조건이 있다! 먼저, 법은 인간에 대한 존경을 보여주어야 한다. 오직 그럴 때에만 다른 사람들에게 존경을 기대할 수 있다『예언자 1권:The Messiah, Volume 1』」

　경찰 서장은 명령을 취소하지 않았다. 대신 아쉬람측과 '행동 기준'에 대한 약정서를 체결할 것을 조건으로 명령을 유보할 것을 원했다. 그는 열네 개의 조건을 내세웠는데, 그중의 일부는 오쇼의 강의 시간과 내용까지 지시하고 있었다. 그는 오쇼가 종교에 반대해서 말하거나 자극적으로 말하는 것을 금했다. 그가 내건 조건에는 다음과 같은 내용이 포함되어 있었다.
　〈・아쉬람에는 백 명의 외국인만이 거주할 수 있으며, 정문을 통과하는 방문객은 하루에 천 명으로 제한한다.
- 아쉬람에 출입하는 모든 외국인들의 명단을 제시하라.
- 경찰은 언제라도 아쉬람을 방문하여 강의에 참석할 권리를 갖는다.
- 하루에 몇 번이나 명상할 것인지 약정서를 체결하라.〉

오쇼는 이 조건들에 대해 사자처럼 소리쳤다. 그는 격렬한 어조로 말했다.
「여기는 신의 사원이다! 아무도 우리에게 한 시간 이상 명상하지 말라고 명령할 수 없다!
나는 모든 종교에 반대해서 말할 것이다. 왜냐하면 모든 종교는 사이비이기 때문이다. 그들은 진정한 종교가 아니다. 만일 그(경찰서장)가 이를 반증할 만한 지성을 갖고 있다면 우리는 그를 환영할 것이다…….
우리는 국가와 민족을 신봉하지 않는다. 그러므로 우리에게 외국인이란 없다.」
그리고 경찰이 아쉬람에 들어오겠다는 조건에 대해 오쇼는 이렇게 말했다.
「안된다! 여기는 신의 사원이다. 그들은 우리의 지시에 따라 행동해야 한다『예언자:The Messiah』.」

오쇼는 경찰 서장과 그의 침실에 침입한 두 명의 경찰을 당장 파면시키지 않는다면 그들을 법정에 기소할 것이라고 말했다.

1월 중순, 비베크는 석 달 예정으로 태국으로 떠났다. 그래서 나는 그녀의 방에 머물며 그녀의 일을 대신했다.
우리는 다시 한 번 위험한 상황에 직면하게 되었다. 1980년, 오쇼를 살해하려고 칼을 던진 바 있는 빌라스 투페라는 사나이가 기자들에게 "우리는 오쇼가 이곳에서 살도록 가만 놔두지 않을 것이다."라고 발표했던 것이다. 그는 치안 본부에 오쇼의 체포를 요구했다. 그리고 가라데와 유도로 단련된 힌두교 조직원 2백 명이 아쉬람을 쑥밭으로 만든 후 강제로 오쇼를 쫓아내겠다고 협박했다. 정부 또한 우리를 위협했다. 그들은 아쉬람 정문 밖에 불도저를 세워놓고 아쉬람을 밀어버리겠다고 으름장을 놓았다.

나에게는 이런 사건들말고도 걱정 한 가지가 더 있었다. 언제라도 경찰이 찾아와서 외국인 산야신들의 비자를 취소하고 인도 밖으로 추방할지도 모른다는 것이었다. 게다가 경찰이 아쉬람을 습격하리라는 협박으로 인해 잠을 이루지 못하는 날이 많았다. 우리는 오쇼의 집 안에 경보기를 설치하고 보초를 섰다. 경찰은 밤에 두 차례 찾아왔으며 낮에도 여러 차례 왔다. 하지만 그들은 다시는 오쇼의 집에 들어갈 수 없었다.

우리의 산야신 변호사들과 람 제드말라니(Ram Jethmalini)라는 한 명의 용감한 인도인 변호사가 몇 달 동안 법정 투쟁을 한 결과, 경찰의 시비는 서서히 사라졌다. 그리고 빌라스 투페는 코레곤 파크(Koregaon Park)[1]에 들어가지 말라는 명령을 받았다. 뿌나 시장은 오쇼에게 사과를 하고 정부의 철거 반원들이 행동을 개시하지 못하도록 도움을 주었다.

그후 2년 동안 전세계의 인도 대사관들은 오쇼를 만나러 간다고 의심이 되는 사람들에게는 비자를 주지 않았다. 많은 산야신들이 봄베이 공항에서 입국을 제지당했으며 즉각 비행기를 타고 모국으로 돌아가야 했다. 아무 설명도 듣지 못하고 말이다. 그럼에도 불구하고 인도를 방문하는 산야신들의 물결은 점점 더 거세어졌다.

---

1) 오쇼 아쉬람이 있는 행정 구역.

이제 전쟁은 끝난 듯 싶었다. 우리는 오쇼와 더불어 다시 한 번 시작할 수 있었다.

*　　*　　*

오쇼는 장자 홀에 들어올 때와, 강의를 끝내고 나갈 때 우리와 함께 춤을 추었다. 열정적인 음악이 울리는 가운데 나는 에너지가 빗줄기처럼 내 위에 쏟아지는 것을 느꼈다. 그 다음 단계로 무슨 말을 하는지도 모르면서 지베리쉬로 오쇼에게 비명을 지를 때에는 에너지가 불꽃처럼 치솟았다. 그리고 우리가 춤과 더불어 광란의 상태에 들어갈 때, 돌연 정지 명령이 내려졌다. 오쇼의 팔이 허공을 긋고 우리는 얼어붙은 듯 정지했다. 이 정지 상태에서 오쇼는 누군가의 눈을 들여다보곤 했다.

이 기간 동안 나는 뿌나 1기[2]의 에너지 다르샨을 떠올렸다. 오쇼는 1기 때 충만했던 에너지를 다시 충전하고자 많은 일을 하고 있는 것 같았다. 뿌나로 돌아왔을 때, 아쉬람이 얼마나 붕괴되었는가를 보고 나서 나는 암담한 기분이 들었다. 아쉬람에 사는 사람들은 빌딩과 정원을 제대로 돌보지 않고 있었다.

뿌나로 돌아온 이후 처음 몇 달 동안 아쉬람에는 잡다한 사람들이 섞여 있었다. 그들에겐 흔히 산야신의 주변에서 느껴지는 생기와 진동이 없었다. 인도 여행 도중 휴양지인 고아(Goa)에 왔다가 그저 호기심에서 아쉬람에 들른 서양인들도 많았다. 그리고 어리숙한 새로운 산야신들과 쇠약한 늙은 산야신들이 있었다.

나는 그 몇 주일 동안 우리와 함께 춤추는 오쇼의 모습을 관찰했다. 오쇼의 힘과 전체성(totality)은 우리가 응답할 수 있는 한계

---

2) 미국으로 가기 전의 뿌나 시절을 1기, 미국에서 돌아온 후를 2기로 나눈다.

를 벗어나 있었다. 그는 분위기를 쇄신하기 위해 강력한 전기를 충전시키고 있었으며 강의에서는 불과 같은 말을 토해냈다. 그는 다시 시작하고 있었다. 그는 우리와 더불어 처음부터 다시 시작하고 있었던 것이다.

그의 마술이 효력을 발휘하기 시작했다. 세계 곳곳에서 산야신들이 도착하기 시작한 것이다. 그러나 처음 그들은 아주 신중한 자세로 찾아왔다. 지난 몇 년 동안 그들은 오쇼의 강의를 대할 수 없었으며, 많은 산야신들이 세상에 묻혀 살아 가고 있었다. 그들은 자동차, 집, 직장 등을 포기하기가 쉽지 않았을 것이다.

그러나 수백 명의 산야신들은 그 모든 것을 간단하게 포기하고 아쉬람으로 찾아왔다. 2월 말쯤 되자 드디어 아쉬람은 구도의 열기로 부글부글 끓어오르기 시작했다! 그 즈음, 오쇼는 세상의 정황에 대해 느끼는 바를 이야기하기 시작했다.

칼릴 지브란(Kahlil Gibran)의 『예언자:The Messiah』를 강의하면서 오쇼는 이렇게 말했다.

「칼릴 지브란은 자신의 꿈을 실현시키기 위해 어떤 노력도 기울이지 않았다. 그러나 나는 그 꿈을 이루기 위해 노력했으며 많은 고초를 겪었다.

전세계를 돌아다니면서 나는 한 가지 확실한 사실을 발견했다. 그것은 이 인류가 막다른 골목에 와 있다는 것이다. 지금의 인류에 대해 희망을 갖는다는 것은 전혀 불가능하다. 아마 극소수의 사람들만이 구조될 것이다. 나는 그들을 위해 노아의 방주-의식의 방주-를 만들고 있다. 아마 노아의 방주가 준비될 때쯤이면 구조될 사람이 아무도 없을지도 모른다는 사실을 잘 알면서 말이다. 그들은 이미 그들 자신의 길을 가고 있을 것이다『숨은 광채:The Hidden Splendor』.」

오쇼는 『칼날 위를 걷는 명상가: The Razor's Edge』에서 세상의 멸망이 임박했음을 보여주는 다섯 가지 근거를 제시했다.

1. 핵무기
2. 인구 폭발
3. 에이즈(AIDS)
4. 생태계의 파괴
5. 인종, 민족, 종교간의 반목

그는 세상이 파국을 피하려면 이백 명의 깨달은 사람이 필요하다고 말했다.

「그러나 그 이백 명의 사람들을 어디에서 구할 것인가? 그대들 가운데 그런 사람이 태어나야 한다. 그대들이 그 이백 명의 각자(覺者)가 되어야 한다. 그런데 그대들의 성장은 매우 느리다. 그러므로 그대들이 깨닫기 전에 세상이 끝날지도 모른다는 두려움이 항상 존재한다.

그대들은 명상과 각성에 모든 에너지를 쏟아 붓고 있지 않다. 명상은 그대들이 하고 있는 여러 가지 일들 중에서 하나의 부분에 지나지 않는다. 명상은 그대들의 삶에서 가장 우선적으로 선행되지 않는다.

나는 명상이 그대들의 삶에서 가장 중요한 위치를 차지하고, 가장 먼저 선행되기를 바란다. 그리고 내가 명상의 중요성을 강조할 수 있는 단 하나의 방법은, 곧 세상이 끝날 것이라는 사실을 그대의 의식 깊숙이 심어주는 것이다.

……그대들은 어마어마한 책임을 짊어지고 있다. 왜냐하면 이곳을 제외한 세상 어느 곳에도 깨달음과 명상, 사랑과 기쁨을 위해 정진하는 사람들이 없기 때문이다. 우리는 세상이라는 바다 위에 떠 있는 작은 섬이다. 그러나 그것은 중요한 문제가 아니다. 소수의 사람들만 구원될 수 있다면 인류의 모든 유산, 신비가와 깨달은 사

람들이 남긴 모든 유산이 그대들을 통해 살아남을 것이다.」

하지만 오쇼의 말을 액면 그대로 받아들이기는 어려웠다.

사르자노(Sarjano)가 오쇼에게 물었다.

「나는 당신이 우리의 성장을 위한 장치(device)[3]로써 세상을 이용하고 있으며, 세상을 위한 장치로써 우리를 이용하고 있다고 느낍니다. 그런 생각이 들 때마다 나는 속으로 낄낄대고 웃습니다. 이 웃음에 대해 말씀해 주십시오.」

오쇼가 대답했다.

「사르자노, 그대는 그 낄낄대는 웃음을 당장 그만두어야 할 것이다. 내 말은 장치가 아니다. 장치를 이용할 시간이 없다. 그대의 웃음은 단지 합리화일 뿐이다. 그대는 세상의 종말을 믿고 싶어 하지 않는다. 왜냐하면 그대는 변화를 원하지 않기 때문이다. 그대는 내가 이렇게 말하기를 원한다.

"자, 이것은 의도적으로 마련된 장치일 뿐이다. 그러니 마음 편히 쉬어라. 그대의 고정된 삶의 패턴 속에서 마음 편히 지내라."

그러나 나는 거짓말을 할 수 없다. 어떤 것을 장치로 이용할 때 나는 그것이 장치라고 분명히 밝힌다. 그러나 이것은 장치가 아니다. 이것은 그대를 통해 세상을 변화시키거나, 세상을 통해 그대를 변화시키려는 장치가 아니다. 나는 단지 매우 슬픈 사실을 있는 그대로 말하고 있을 뿐이다. 그대의 웃음은 내 말의 충격에서 벗어나려는 노력 외에 아무 것도 아니다.

다른 모든 것에 대해서는 낄낄거리며 웃어라. 하지만 그대의 변형에 대해서 만큼은 그런 웃음을 흘리지 말라. 그런 웃음이 나오는 것은, 그대의 무의식이 '그런 일은 없을 테니 걱정하지 말라.'고 말하면서 그대를 속이고 있기 때문이다.

---

[3] 사실 여부와 관계없이 어떤 목적을 위해 의도적으로 계획된 수단.

……우리는 막다른 골목에 도달했으며 이제는 춤추고 즐기는 것 외에 다른 방도가 없다. 나는 이런 사실이 그대의 존재 깊은 곳까지 파고 들기를 바란다. 그 춤과 즐거움을 현재에 만들기 위해 나는 그대의 미래를 완벽하게 파괴하고 있다. 나는 그대의 마음으로부터 미래를 몰아내고 있는 것이다…….

깨달음은 지금 여기라는 한 지점에 초점을 맞춘 의식 외에 다른 것이 아니다.

……만일 완벽하게 미래를 포기할 수 있다면 지금 즉시 깨달음을 얻을 수 있다. 그리고 지금은 미래라는 관념을 버릴 수 있는 절호의 기회이다. 왜냐하면 미래는 스스로 자멸하고 있기 때문이다. 그러니 조금이라도 '이것은 장치일 뿐이다'라는 생각을 품지 말라. 그런 생각은 그대를 여전히 구시대의 시체로 묶어두려는 마음의 계략이다『숨은 광채 : The Hidden Splendor』.」

이 일련의 강의를 하면서 오쇼는 많은 농담을 했다. 본래 오쇼는 농담하기를 매우 즐겼다. 오쇼와 함께 있을 때 우리는 삶을 심각하게 받아들일 수 없었다. 진지하기는 했지만 심각하지는 않았다. 오쇼는 강의 도중 유령 이야기를 꺼내면서 아난도를 놀려주곤 했다. 오쇼가 강당에 가려면 그녀의 방을 통과해서 가야했는데, 이때는 두 사람이 농담을 주고 받는 좋은 시간이었다. 오쇼는 강의를 끝낸 후, 넋이 빠진 사람들을 뒤로 하고 나와서 장난스런 웃음을 지으며 아난도의 욕실로 기습하곤 했다. 오쇼는 그녀가 욕조에서 자고 있다는 것을 알고 있었다(장자 홀의 강의는 항상 만원이어서 우리는 윤번제로 순서를 정해 장자 홀에 입장했다. 그래서 아난도는 욕실에 베개와 담요까지 갖다 놓고 욕조에 누워 강의를 듣곤 했다).

어느 날 밤, 오쇼는 나를 불러 말했다. 가서 아난도의 방문을 두드리고 천천히 문을 연 다음, 남자 옷을 입은 인형이 앉아있는 휠체어를 밀어넣으라는 것이었다.

　우리에겐 실물 크기의 인형이 하나 있었다. 그것은 아난도의 작품이었는데, 오쇼를 놀려주기 위해 만든 것이었다. 그것은 다리를 꼬고 앉아 신문을 읽고 있는 인형이었다. 아난도는 그 인형을 복도에 내다 두었다. 오쇼가 아침 강의를 하러 지나가다가 보게 하려는 작전이었다. 오쇼는 강의를 위해 하루에 두 번씩 장자 홀로 가는 복도를 지나다녔으며, 복도에는 사람이나 물건이 없도록 항상 세심한 배려가 베풀어지고 있었다. 그런데 아난도는 그 복도에 휠체어에 앉아서 신문을 읽는 인형을 내다놓은 것이다. 나는 오쇼가 놀라는 것을 본 적이 없는데 그 경우도 예외가 아니었다. 오쇼는 놀라기는커녕 빙그레 웃으며 가까이 가서 인형을 자세히 살펴보았다.

　나는 오쇼의 말대로 아난도를 골려주기 위해 갔다. 나는 노크를 하고 천천히 문을 연 다음, 인형이 앉아있는 휠체어를 방으로 밀어넣었다. 아난도는 잠을 자고 있다가 노크 소리에 잠이 깼다. 그녀는 비몽사몽간에 의자에 앉아 방으로 들어오는 남자를 보았다. 그 괴물체는 바깥 불빛에 비쳐서 어슴푸레하게 보였다. 당연히 아난도는 비명을 질렀다. 나의 작전은 대성공이었다.

「그토록 재미있고 어린애 같고 심각하지 않은 것, 그토록 활기에 넘치는 것, 이것이 선(禪)의 태도이다.」

　오쇼의 시중을 드는 동안 나는 거의 말을 하지 않았다. 나는 오쇼에게 들려줄 뉴스 거리나 가십(gossip)이 없었다. 오쇼가 "요즘은 세상이 어떻게 돌아가는가?"하고 물을 때 나는 별로 할 말이 없었다. 왜냐하면 내가 알고 있는 세계란, 나무에 새 잎이 돋아났다거나 조그만 딱새(flycatcher)가 정원에 찾아왔다는 등의 이야기가 전부였기 때문이다.

　그러나 아난도는 세상 돌아가는 이야기에 매우 밝았다. 그녀는 아쉬람 안이나 밖에서 일어나는 일들을 오쇼에게 들려주었다. 어느 날 나는 아난도가 오쇼에게 정치에 대한 이야기를 들려줄 때 옆에 있었는데, 인도의 정치 상황에 대한 그녀의 이해는 정말 대단한 것이었다. 그녀는 정치가와 정당의 이름을 낱낱이 기억하고 있었다. 그녀와 오쇼는 마치 오래된 친구처럼 잡담을 나누곤했다. 나는 아난도와 내가 훌륭한 균형을 이루고 있었다고 생각한다.

비베크는 나와 아난도의 성격을 다 갖고 있었다. 내게 있어서 그녀와 오쇼의 관계는 항상 신비였다. 삼 년 동안 비베크는 여러 번 오쇼를 떠났었다. 그러나 오쇼는 그녀가 돌아올 때마다 변함없이 환영했다. 그리고 자신의 곁에서 시중을 들고 싶은지, 아니면 아무 일도 하지 않고 쉬고 싶은지 그녀 마음대로 선택할 기회를 주었다. 그녀는 아쉬람 안에서 하고 싶은 일은 무엇이든지 할 수 있는 자유를 갖고 있었다. 그것은 오쇼가 그녀를 위해 만든 예외적인 경우였다. 그 예외적인 경우는 비베크를 제외하곤 누구에게도 적용되지 않았다.

예외없는 법칙은 없다. 오쇼에게 똑같은 대접을 받은 사람은 지금까지 한 명도 없다. 만일 두 사람이 똑같은 질문을 한다면 그들은 정반대의 대답을 듣게 될 것이다.

이 기간 동안 우리는 하나의 팀으로써 오쇼를 돌보았다. 오쇼를 돌보는 일은 이제 한 사람의 일이 아니었다. 왜냐하면 오쇼의 건강이 악화되어가고 있었기 때문이다. 오쇼의 주치의인 암리또(Amrito)는 영국인이며 남자였지만, 나하고 아난도와 호흡이 잘 맞았다. 그는 점점 더 여성적이 되어가고 있었다. 하지만 감정에 치우치지 않는 명철한 이성을 갖고 있었다. 나는 그가 오쇼를 대하면서 "노"라고 말하거나 머뭇거리는 것을 본 적이 없다. 오쇼는 그가 매우 겸손한 사람이라고 여러 번에 걸쳐 말했다.

오쇼는 치아에 문제를 일으키기 시작했다. 그래서 그는 3주일에 걸쳐 치료를 받았다. 이 세션(sessions)[4]에는 데바기트 — 그는 치과 간호사인 니트야모(Nityamo)의 도움을 받고 있었다 —, 암리또, 아난도, 그리고 내가 참석했다.

어느 날, 나는 오쇼의 의자 옆 바닥에 앉아 세션에 참석하고 있었다. 그런데 오쇼가 내게 말했다.

「체타나, 중얼거리지 말라. 침묵을 지켜라.」

나는 오쇼의 말이 무슨 뜻인지 몰랐다. 나는 조용히 앉아 있었기 때문이다. 나는 내가 명상을 하고 있는 중이라고 생각했다. 그러나 내게 명상은 낯선 것이었으며, 실제로 명상을 하고 있는 것인지 아니면 상상을 하고 있는 것인지도 확실치 않았다. 지금까지 명상이라고 생각해왔던 것이 사실은 명상이 아니었다는 조그만 징조만 나타나도 나는 '이따위 짓은 집어치우는 게 좋겠어!' 하고 말하며 명상을 시도하는 것조차 그만두곤 했다.

명상에 대한 나의 경험은 그것이 얼마나 예민하고 깨지기 쉬운 상태인가를 보여준다. '이런 짓은 아무 소용도 없어.' 하는 생각이 너무나 쉽게 일어나곤 했다. 나는 오랜 세월 동안 초보 단계에 머물러 있었다.

그래서 나는 명상중이라고 생각했는데도 오쇼가 "체타나, 조용히 하라. 중얼거리지 말라."고 했을 때 나는 어리둥절하고 화가 났다. 오쇼는 나의 마음이 계속 중얼거리며 그를 방해한다고 말하고 있었던 것이다. 그러나 나는 그의 말 뜻을 이해하지 못했다.

이런 일이 일주일 이상 계속되었다. 매일마다 나는 눈을 감고 앉아서 내면 깊은 곳으로 들어가려고 노력했다. 오쇼의 말이 나를 혼란시키지 않는 깊은 지점까지 들어가려고 애썼다. 나는 다른 시간

---

[4] 오쇼는 이를 치료하는 시간까지도 가르침에 이용했다.

에는 아주 평온했다. 그러나 세션이 시작되기만 하면 다시 긴장이 밀려왔다. 나는 화가 나고 마음이 어지러웠다. 어느 날, 오쇼는 그 자리에 있던 다른 사람들에게 이렇게 말했다.

「그대들은 체타나가 나에 대해 얼마나 화가 나 있는지 아는가?」

나는 마음속으로 생각했다.

「오쇼는 왜 꼭 나만 지적하는 것이지? 다른 사람들은 마음을 초월했단 말인가? 그들 모두가 침묵의 경지에 들었단 말인가?」

다른 사람은 모두 명상을 하고 있는데 나만이 그렇지 못하다는 사실, 이것이 나를 화나게 만들었다.

어느 날, 오쇼는 나에게 반대편 자리에 가서 앉으라고 말했다. 그리고 세션이 진행되는 동안 오쇼는 그 동안 내가 앉아왔던 빈 자리를 향해 "조용히 하라. 중얼대지 말라."고 말했다.

세션이 끝난 후, 오쇼는 그를 방해했던 것이 내가 아니었다고 말했다. 그 동안 내가 앉아왔던 자리에 유령(ghost)이 있다는 것이었다. 그는 때때로 영혼이나 유령은 다른 사람의 육체를 이용할 수 있는데, 내가 유령에게 이용당했다고 말했다. 유령은 뭔가 중얼거리기 위해 나를 매개체로 이용하고 있었던 것이다.

오쇼는 이런 말을 덧붙였다.

「하지만 요리사들에게는 그 자리에 유령이 있다고 말하지 말아라.」

(바로 옆에 주방이 있었다.)

「그런 사실을 알면 그들은 겁이 나서 일을 하려 들지 않을 것이다.」

그날 하루, 오쇼는 유령에 대해 이야기했다. 그의 말을 듣고 나니 몇 년 전의 기억이 되살아났다. 나는 그 방의 바로 그 지점에서 뭔가 이상한 느낌에 사로잡히곤 했던 것이다.

유령은 꿈과 마찬가지로 심각하게 받아들일 필요는 없다고 나는 생각한다. 그들은 다만 우리가 이따끔 깨닫게 되는 다른 차원의 세계에 살고 있을 뿐이다.

후에 나의 내면 세계에 대해 깨닫게 되었을 때 — 여전히 탐험되지 않은 영역이 많이 있지만 —, 즉 언제나 명상에 들 수 있게 되었을 때, 그때에 나는 오쇼가 유령의 세계와 에소테릭(esoteric)한 세계에 대해 전혀 강조하지 않은 이유를 이해하게 되었다. 내가 그런 세계에 빠져버릴 수도 있기 때문이다. 그것은 의식의 각성을 이루는 데 도움이 되지 않을 것이다.

하지만 나타나는 경우가 드물 뿐만 아니라 거의 설명할 수도 없는 다른 차원의 세계가 있음은 분명하다. 〈생각〉을 예로 들어보자. 생각은 무엇으로 만들어졌는가? 만일 생각이 물질적인 토대가 없는 것이라면 어떻게 다른 사람의 생각을 읽는 것이 가능하겠는가?

어느 날, 나는 문이 닫혀서 아난도의 욕실에 갇힌 적이 있다. 나는 도움을 청하며 사람들을 불렀다. 내 목소리는 오쇼의 방까지 들릴 턱이 없었다. 그런데 오쇼는 잠에서 깨어 일어났다. 나중에 오쇼는 내게 물었다. 그 시간에 무슨 일이 있었는지, 왜 사람들을 불렀는지에 대해.

오쇼는 우리가 모르는 중에도 우리의 마음속에는 〈생각〉이 존재한다고 말한 적도 있다.

오쇼는 강의를 빠뜨리기 시작했다. 그것은 내가 오쇼와 지낸 이후로 처음있는 일이었다. 그는 관절염 때문에 하루 종일 침대에 누워 있는 것 외엔 아무 것도 할 수 없었다.

오쇼는 자신과 고통을 완전히 분리시킬 수 있었다. 예를 들어, 그는 이빨을 뽑은 날도 전혀 이상없이 두 시간 동안이나 강의를 했다.

한번은 이런 일이 있었다. 오쇼는 아누붓다(Anubuddha)에게 맛사지를 받은 후, 어깨의 관절에 주사 맞을 준비를 했다. 아누붓다와 내가 마룻바닥에 앉아 오쇼와 이야기를 나누는 동안, 의사는 뼈 사이의 지점을 찾아 주사를 놓으려고 시도했다. 그러나 그는 정확한 지점을 찾지 못했다. 그는 수차례 정확한 지점이 아닌 곳을 바늘로 찔렀다. 그런 일이 여러 번 되풀이 되었다. 그 큰 바늘이 들어갈 때마다 아누붓다와 나는 몸이 움찔했지만 오쇼는 태연하게 우리와 이야기를 계속했다. 얼굴 표정 하나 바뀌지 않았으며 호흡의 변화도 없었다. 오쇼는 아누붓다에게 말하기를, 사실 깨달은 사람은 고통에 대해 훨씬 더 민감하지만 그는 고통과 자신을 분리시킬 수 있다고 했다.

1987년 11월, 오쇼는 귀에 병이 생겼다. 보통 사람들의 경우에 그것은 대수로운 병이 아니었다. 하지만 오쇼의 귀를 치료하는 데에는 두 달 반이나 걸렸다. 그것도 전문의에게 계속해서 항생제 주사를 맞고 부분적으로 수술을 한 후에야 병을 치료할 수 있었다. 이 때 이미 의사들은 오쇼가 독극물에 중독되었을지도 모른다는 가능성에 대해 경고하고 있었다.

오쇼의 피, 머리카락, 소변의 샘플이 채취되고, 엑스레이 사진과 그때까지의 진료 기록 모두가 런던으로 보내졌다. 전문가들에게 검사받기 위해서였다. 세밀한 검사 후에 그들은 소견을 밝혔다. 오쇼가 미국 정부에 의해 투옥된 뒤로 나타나는 일련의 증상은 탈륨(thallium)과 같은 중금속에 중독되었을 때에만 나타나는 증상과 정확히 일치한다는 것이었다.

오쇼와 아난도

자, 이제 만 명의 붓다를 축하할 수 있는가?

오쇼는 미국에 간 것이 자신의 일을 파괴했다고 여러 번 말했다. 나는 그의 말이 무슨 말인지 이해할 수 없었다. 그래서 나는 그에게 말하곤 했다.

「아닙니다. 당신은 이제 전세계에 알려졌습니다. 당신은 정치가들의 실체를 폭로했으며 산야신들은 아름답게 성숙했습니다.」

그러나 나는 알지 못했다. 그는 독에 중독되어 죽어가고 있었던 것이다.

다시 뿌나로 돌아온 뒤 삼 년 동안의 시간을 돌이켜보면, 뿌나 1기에 충만했던 높은 에너지를 다시 창조하기 위해 오쇼가 얼마나 많은 일을 했는지 실감할 수 있다.

오쇼가 우루과이에서 행한 강의에서 나는 이렇게 들었다.

「나는 수많은 나의 제자들이 변화하는 모습을 보아왔다. 그들의 변화는 실로 급진적인 것이었다. 그러나 그 변화는 깊은 내면의 층에서 일어나고 있었으며 그들 자신도 그 변화를 눈치채지 못했다. 그들의 마음은 그 변화의 장에 끼어들 수 없었다. 그것은 가슴에서 가슴으로 이어지는 변화였다『심리학을 넘어서 : Beyond Psy-chology』.」

나는 이 말이 사실임을 안다. 나는 오쇼의 주변에 있는 수많은 사람들이 전체적인 변화를 겪는 것을 보아왔다. 때때로 우리는 우리가 얼마나 변화했는가를 깨닫지 못하는 경우가 많다. 왜냐하면 우리[1]는 서로 너무나 밀접한 관계에 있기 때문이다. 마치 매일마다 아이와 함께 지내는 부모가 아이의 성장을 눈치채지 못하는 것처럼 말이다. 그러나 때로는 변화를 인식할 수 있는 거리가 생기기도 한다. 그것은 물질적인 간격이 아니라 명상 중에 생기는 내면의 간격이다. 그 빈 공간 안에서 나는 동료 여행자들 모두의 발에 입맞추고 싶다.

오쇼의 옷을 만드는 재단실에는 가얀, 아르비따, 아쉬시, 산디아, 수니티가 항상 바쁘게 움직였다.

갑옷처럼 튀어나와서 너무나 우습게 보이는 옷이 하나 있었다. 오쇼는 가얀을 불러서 무엇이 잘못되었는지 지적했다. 강의까지는 오분 정도 시간이 남아 있었다. 그래서 나는 오쇼에게 다른 옷을 주었다. 그러나 그는 빙그레 웃으면서 말했다.

「아냐, 나는 이 옷을 입어야겠어. 사람들의 반응을 보고 싶거든.」

이런 경우 나는 오쇼가 그 옷을 입지 못하도록 말려야 했다. 왜냐하면 사람들이 웃을 것이 뻔하기 때문이다. 그러나 오쇼는 그런 것에 개의치 않았다.

오쇼는 손수 옷감을 고르는 것을 좋아했다. 그러나 오쇼가 선택한 옷감으로 옷을 만들어다 드리면 입기를 거부하는 때도 있었다.

---

1) 함께 생활한 산야신 모두를 말한다.

내가 말했다.
「그렇지만 당신이 직접 옷감을 고르지 않았습니까?」
그가 말했다.
「그렇지. 하지만 내가 항상 옷감에 대해 잘 아는 것은 아니야.」
그는 내게 이렇게 말했다.
「가서 축제 의상을 갖고 오너라…… 하루 하루가 축제이니 말이야.」
그후 일주일이 지나면 또 이렇게 말하는 것이었다.
「그대는 왜 이렇게 요란한 옷을 가져 오는가? 나는 수수한 옷이 좋은데…….」
그는 어떤 옷을 좋아할 때에는 어린아이처럼 열광적으로 좋아했다. 그는 즐거운 표정으로 옷을 만지며 이렇게 말했다.
「나는 이 옷이 좋아. 단순하면서도 품위가 있거든.」
그리고 그는 그 옷을 입을 때마다 똑같은 말을 했다. 마치 그 옷을 처음 보는 사람처럼 말이다.

비베크는 태국에서 돌아오자 새로운 출발을 위해 니르바노(Nirvano)로 이름을 바꾸었다. 그녀는 모조 다이아몬드와 금박으로 장식된 시계를 쟁반 가득히 담아서 오쇼에게 가져갔다. 오쇼는 이런 시계들을 매우 좋아해서 그후부터 시계를 선물받고 선물주기를 계속했다. 그래서 우리는 방콕에 가는 사람들에게 시계를 사오라고 부탁하곤 했다. 오쇼가 사람들에게 시계를 선물할 수 있도록 말이다.

오쇼는 선물주기를 매우 좋아했다. 무슨 선물을 주는가는 중요한 문제가 아니었다. 아주 비싼 것이든 사소한 것이든 거기에는 똑같은 사랑이 담겨 있었다. 무엇을 주든 또는 누구에게 주든 아무런 차이도 없었다.

자, 이제 만 명의 붓다를 축하할 수 있는가?

우리는 그를 위해 벽장을 만들고는 거기에 선물을 가득 채웠다. 그는 벽장 문을 열고는 사람들에게 줄 선물을 주의깊게 선택했다.

그는 가끔씩 욕실로 나를 부르곤 했다. 부름을 받고 가보면 그는 욕실의 벽장 앞에 쪼그리고 앉아 있었다. 그는 샴푸, 로션들을 하나씩 꺼내며 "이것은 누구에게 주고, 이것은 누구에게 주고……"라고 말하곤 했다. 때때로 그는 붓다 홀에 나가기 전에 몇 분 동안 선물을 골랐다. 열두 명이나 그 이상의 사람들에게 줄 선물을 고르는 적도 있었다. 그는 사람들에게 주라고 하면서 선물을 내게 맡겼다. 그리고 붓다 홀에서 돌아올 때 그는 사람들에게 선물을 주었는지 묻곤했다![2] 오쇼에게는 모든 것이 '지금' 행해진다. 그에게 지금 여기 외에 다른 시간은 없다.

아난도와 니르바노는 오쇼의 정원에 산책로를 만들기로 결정했다. 오쇼가 몸이 아파 강의에 나가지 못하는 날에도 정원을 걸을 수 있도록 하기 위해서였다. 오쇼는 그들의 결정에 동의했다. 비록 오쇼는 자신이 그 산책로를 몇 번 이상 사용하지 않을 것임을 알고 있는 것 같았지만.

그들은 또한 오쇼를 위해 〈아트 룸(art room)〉을 지을 생각을 했다. 오쇼는 지난 세월 동안 참으로 아름다운 그림을 그려왔다. 하지만 그 당시에는 붓과 잉크 냄새에 알레르기를 일으키고 있었다. 아트 룸은 오쇼의 침실에 이어서 지어졌다. 그리고 그림을 그리는 데 필요한 모든 재료는 냄새가 없는 것으로 준비되었다. 그 방은 연두색과 흰색의 대리석으로 만들어졌다. 아주 작은 방이긴 했지만 오쇼는 그 방을 매우 좋아했으며 〈작은 움막(little hut)〉이라고

---

[2] 순요는 붓다 홀에 들어갈 때 오쇼를 수행하고, 나올 때도 오쇼를 수행해야 했으므로 선물을 나누어 줄 시간이 없었을 것이다. 게다가 선물을 받을 산야신들은 오쇼의 강의를 듣고 있었다.

불렀다. 그는 그 방을 아홉 달 동안 침실로 사용했다. 하지만 그곳에서 그림을 그린 것은 딱 한번 뿐이었다!

어느 날, 오쇼는 자신의 〈작은 움막〉으로 나를 불렀다. 그때는 우기여서 밖에는 비가 세차게 내리고 있었다. 그가 말했다.

「봐라, 여기 하이꾸(Haiku)[3]를 쓰는 방법이 있다.

명상, 지붕 위에 떨어지는 빗방울.

하이꾸는 시가 아니라 그림이야.」
그런 다음 오쇼는 자리에 눕더니 잠이 들었다.

오쇼를 위해 수영장과 최신 기계를 갖춘 운동 연습실을 지을 계획이 세워졌다.

오쇼가 독극물의 중독 현상과 싸우는 9년 동안, 우리는 오쇼가 조금이라도 더 육체 안에 머물 수 있도록 모든 방법을 모색하며 바쁘게 움직였다. 우리는 일본으로부터 독소를 몰아낸다고 소문난 약물을 구해왔으며 특수한 목욕법을 동원했다. 그리고 일본에서 많은 질병에 치료 효과가 있다고 입증된 방사능 벨트까지도.

이탈리아 산골의 연금술사로부터 일본의 저명한 과학자에 이르기까지 전세계의 친구들이 오쇼의 쾌유를 위해 약과 약초를 보내왔다.

그러나 오쇼는 점점 더 약해졌다. 그는 아침 강의를 중단하고 그 시간에 아누붓다와 일본인인 아난다에게 맛사지를 받았다. 하지만 저녁 강의는 계속되었다.

오쇼는 급작스럽게 실신하는 경우가 많아졌다. 이것은 혈관, 특

---

3) 압축된 시구로 운율을 맞추는 일본 시(詩)의 형식.

자, 이제 만 명의 붓다를 축하할 수 있는가? 297

히 심장에 손상을 줄 우려가 컸다. 우리는 오쇼가 곁에 아무도 없을 때 쓰러져서 뼈를 다치지는 않을까 걱정스러웠다. 하지만 우리는 그의 주변을 배회하며 사적인 공간을 침해하고 싶지는 않았다.

오쇼가 깨달음을 얻은 지 삼십오 년째 되는 3월의 축제일, 새로 지붕을 얹어 거대한 선박처럼 보이는 붓다 홀에서 '미스틱 로즈(The Mystic Rose)'[4]가 시작되었다. 미스틱 로즈라는 새로운 명상법은 새로운 인사법을 탄생시켰다. 그 인사법은 〈야후!(Yaa Hoo)〉였다. 오쇼가 붓다 홀에 들어올 때와 나갈 때 우리는 두 팔을 치켜들고 〈야후!〉하고 소리쳤다.

이 인사법은 참으로 그를 즐겁게 만들었다. 나는 매일 밤마다 오쇼 침실의 불을 끄고 물러나기 전에 그에게 담요를 덮어주곤 했는데, 아침에 담요를 치우러 가면 그는 웃음이 가득한 눈으로 나를 보며 말했다.

「체타나, 야후!」

이 '미스틱 로즈' 강의가 진행되는 동안 아쉬람 전체는 선(禪)의 몽둥이로 얻어맞았다. 지금도 그 몽둥이가 내려치는 힘을 느낄 수 있다.

처음 며칠 동안은 청중들 가운데 낄낄대고 웃는 소리와 작은 동요가 감돌았다.

어느 날 밤, 오쇼가 침묵과 '놓음(let go)'에 대한 질문에 대답하고 있을 때였다. 우리는 오쇼와 하나가 되어 더 높은 경지로 올라

---

[4] 1988년 4월 21일, 오쇼는 '미스틱 로즈'라고 불리는 새로운 명상법을 소개했다. 이 명상법은 3주간 진행되는데, 처음 일주일 동안은 웃고, 그 다음 일주일 동안은 운다. 그리고 마지막 일주일 동안은 침묵하며 주시한다. 하루에 세 시간씩 행해진다.
'야후!'는 첫번째 일주일 동안 이유 없는 웃음을 시작하기 전에 외치는 소리이다.

가는 분위기에 빠져 있었다. 거의 숨쉬는 것도 잊을 만큼 오쇼의 강의는 우리를 사로잡았다. 침묵과 오쇼의 목소리가 하늘을 벗어나서까지 뻗어나가는 듯했다. 그때, 돌연 어디선가 히스테리컬한 웃음소리가 터졌다. 오쇼는 강의를 계속했지만 웃음소리는 더 커졌다. 급기야 많은 사람들이 미친 듯이 웃기 시작했다. 오쇼가 강의를 중단하고 말했다.

「지금은 농담하는 시간이 아니다.」

그러나 웃음은 계속되었다. 오쇼는 엄숙한 눈길로 청중을 내려다보았다. 그가 말했다.

「내일 밤은 나를 기다리지 말라!」

오쇼는 자리에서 일어나 합장을 하고는 붓다 홀 밖으로 사라졌다. 나는 오쇼와 함께 차를 타고 방으로 돌아왔다. 충격으로 마음이 어지러웠다. 오쇼에게 사죄하고 싶었다. 분명히 나의 무의식은 다른 사람들과 별 차이가 없었기 때문이다. 하지만 나는 사죄의 말을 입밖으로 내지 못했다. 오쇼는 닐람, 아난도, 암리또를 불러오라고 일렀다. 그들이 왔을 때 오쇼는 이미 침대에 누워 있었다. 오쇼는 침대에 누워 거의 두 시간 가까이 이야기했다. 오쇼는 우리가 그의 말을 귀담아 듣지 않는다면 그가 매일 밤마다 붓다 홀에 나갈 이유가 무엇이냐고 물었다. 그는 엄청난 육체적 고통에 시달리고 있었으며 오로지 우리를 위해 살고 있었다. 그가 매일 밤 붓다 홀에 나가 말하는 것은 순전히 우리를 위해서였다. 그런데 우리가 그의 말을 귀담아 듣지 않는다면…….

방 안은 춥고 어두웠다. 벽면에 조그만 불이 켜져 있을 뿐이었다. 오쇼는 속삭이듯 작은 소리로 말했다. 그래서 닐람, 아난도, 암리또는 오쇼의 곁에 머리를 바짝 갖다대야 했다. 오쇼는 이제 육체를 버리고 떠나겠다고 말했다. 그 말이 나의 머리를 꽝 때렸다. 아무 생각도 떠오르지 않았다. 마침내 닐람이 울음을 터뜨렸다. 아난도는

자, 이제 만 명의 붓다를 축하할 수 있는가?　299

오쇼에게 농담을 시도했다. 하지만 오쇼의 유머 감각은 작동하지 않는 것 같았다. 그것은 매우 위험한 징조였다.

마침내 감정이 밀물듯 솟구쳐 나는 흐느끼기 시작했다.

「안돼요, 당신이 떠나시면 안됩니다. 우리는 아직 준비가 되지 않았어요. 만일 당신이 지금 떠나신다면 저도 당신과 함께 가겠습니다.」

오쇼는 말을 멈추고 베개 위에 머리를 뉘였다. 그리고 나를 물끄러미 쳐다 보았다. 우리 모두는 어깨를 들썩이며 울었다. 마침내 닐람이 말했다.

「오쇼가 주무시도록 우리 모두 나가는 게 좋겠어요.」

이 당시 오쇼는 하룻밤에도 두세 번씩 간식을 먹고 있었다. 그날 밤, 한밤중에 오쇼는 간식을 먹기 위해 나를 불렀다. 그가 침대에 앉아 있는 동안 나는 마룻바닥에 앉아 기다렸다. 그러나 그는 육체를 떠나는 문제에 대해서는 더 이상 아무 말도 하지 않았다. 그는 아무 일도 없었다는 듯 엉뚱한 이야기를 하고 있었다. 그래서 나는 아주 조심스럽게 침묵을 지켰다. 그가 육체를 떠나는 것을 떠올리지 않도록 하려고.

다음날 밤, 오쇼는 강의를 위해 붓다 홀에 나타났다. 전날 밤 그런 일이 있고 난 후, 이제 청중은 단순히 청중이 아니었다. 그들은 명상가의 모임이었다! 오쇼의 말을 듣는 태도가 완전히 달라져 있었다. 그 분위기는 오늘날까지도 살아 있으며 뿌나의 아쉬람에 처음 오는 사람들은 그 분위기에 쉽게 동화된다.

몇 주 후부터 오쇼는 강의 말미에 지버리쉬로 시작되는 명상을 가르치기 시작했다. 붓다 홀에 있는 모든 사람이 마음속에 싸인 쓰레기를 뱉어 내도록 허용되었다. 그 다음에 오쇼는 "스톱, 완전히 얼어붙은 것처럼 정지하라."고 말한다. 그러면 우리는 동상처럼 고요하게 앉는다. 그 다음엔 "쉬어라(let go)"는 오쇼의 말이 이어진다. 그러면 우리는 바닥에 눕는다. 우리가 바닥에 누워있는 동안 오쇼는 부드러운 음성으로 우리를 침묵의 공간으로 인도했다. 그는 언젠가 우리가 영원히 거주하게 될 내면 세계의 맛을 보여 주었다. 그런 다음 그는 우리를 다시 부르며 물었다.

「자, 이제 만 명의 붓다를 축하할 수 있는가?」

* * *

다이아몬드는 세상에서 가장 단단한 물질이다. 오쇼가 나의 '무의식적인 여성적 조건화(unconscious woman's conditioning)'를 망치로 내려칠 때 나는 가장 힘든 시절을 보냈다. 나의 조건화는 다이아몬드처럼 강했기 때문이다. 그 조건화는 너무나 깊어서 그 조건화로부터 나를 분리시키거나, 또는 그것이 내가 아니라는 사실을 알기가 매우 어려웠다.

오쇼만큼 여성에게 개체성을 발현할 수 있는 기회와, 종속 상태에서 해방될 수 있는 자유를 준 사람은 일찍이 없었다. 그의 주변에는 항상 여성이 주도적 역할을 하는 분위기가 형성되어 있었다.

나는 오쇼가 강의에서 여성을 칭송하는 것을 듣는 것이 즐거웠다. 남자 산야신들은 아무래도 이번 생에서는 남자로 태어난 것이 잘못된 것 같다고 투덜거렸다.

여성은 자신이 노예로 취급받는 것을 허용한다. 여성의 깊은 곳에는 여전히 노예 근성이 남아있다. 그러므로 여성적인 세뇌화를 부수는 것은 훨씬 더 어려워진다.

한때, 마니샤는 특별한 대우를 받는 제자들에 대해 물은 적이 있다. 그때, 오쇼는 이렇게 대답했다.

「마니샤, 라오쯔 하우스(오쇼의 집)에 들어가 스승과 개인적인 대화와 일상적인 잡담을 나누는 특별 대우는 중요한 문제가 아니다. 그대는 자신이 무엇을 묻고 있는지 알고 있는가? ……그대는 그대 자신의 질투를 알고 있는가? 그대는 그대 안의 '여성'에 대해 아는가?」

오쇼는 자기를 만나러 오는 사람들은 그들 나름대로 용무가 있기 때문이라고 설명했다. 공동체에 있는 모든 사람이 똑같은 일을 할 수는 없는 일이다. 어떤 사람은 오쇼의 음식을 준비하고 어떤 사람은 그의 비서 역할을 한다. 오쇼는 아난도가 맡은 일은 아난도에게 어울리고, 마니샤가 맡은 일은 마니샤에게 어울린다고 설명했다.

「첫번째 공동체가 파괴된 것은 여성들의 질투 때문이다. 그들은 끊임없이 싸웠다. 두 번째 공동체가 파괴된 것도 여성들의 질투 때문이다. 그리고 이 세 번째 공동체는 마지막 공동체가 될 것이다.[5] 왜냐하면 나는 지쳤기 때문이다. 나는 가끔씩 붓다가 이십 년 동안이나 자신의 공동체에 여성을 받아들이지 않은 것은 잘한 일이었다는 생각이 들 때도 있다. 나는 붓다를 편드는 것은 아니다. 나는 여성과 남성에게 똑같이 깨달음의 기회를 준 최초의 인물이다. 그러나 나는 두 차례나 고초를 겪었으며, 그것은 항상 여성의 질투 때문이었다.

하지만 나는 고집 센 사람이다. 처음의 두 공동체에 쏟아부은 엄청난 노력이 헛수고로 끝난 뒤 나는 이제 세 번째 공동체를 시작했다. 하지만 달라진 점은 없다. 여성은 여전히 주도적인 역할을 담당하고 있다.」

여성은 하나의 상품처럼 취급되어 왔다. 그리고 여성들 자신이 그것을 당연하게 여겼다. 여성은 필요한 존재가 되기를 원한다. 그

---

5) 첫번째 공동체는 뿌나 1기, 두 번째 공동체는 오레곤의 라즈니쉬푸람, 세 번째 공동체는 뿌나 2기를 말한다.

리고 만일 자신이 필요하지 않게 되면 누군가가 그자리를 대신할 것이고, 자신은 쓸모없는 존재가 될 것이라고 생각한다. 오쇼는 말하기를, 필요한 존재가 되기를 원하는 욕망은 스스로 인식하지 못할 만큼 깊이 뿌리 박혀 있다고 했다. 필요한 존재가 되려는 욕망은 자신의 존엄성을 포기하는 일이다. 오쇼는 이렇게 말했다.

「그것은 인간에 대한 모독이다. 홀로 서라. 그대 자신만으로도 충분한 그런 존재가 되라.」

이 말을 할 당시, 오쇼는 저녁 식사를 막 끝내고 있었다. 아난도와 나는 마룻바닥에 앉아 있었으며 오쇼는 식탁에 앉아 있었다. 오쇼를 올려다보니 피곤한 기색이 역력했다. 그는 아무 희망도 없고 대가도 없는 일을 하느라 얼마나 지쳤을까? 그가 나를 도움으로써 무엇을 얻는단 말인가? 아무 것도 없다! 그는 고대의 성자처럼 보였다. 불가능한 임무를 띄고 있는 고대의 성자! 그의 자비는 끝이 없다. 그의 인내와 사랑은 하늘만큼 광막하다. 마침내 나는 눈물을 흘리며 그의 발 아래 머리를 숙였다.

날이 갈수록 오쇼의 건강은 악화되어 갔다. 그는 미국 정부가 그토록 잔인하리라곤 생각하지 못했다고 여러 번 내게 말했다. 그는 이렇게 말했다.

「그들은 왜 나를 바로 죽여버리지 않았을까?」

그는 관절에 극심한 고통을 느끼고 있었다. 특히 어깨와 양팔이 더 심했다. 그는 걸을 때에도 휘청거리고 있었다. 침대에 누워 보내는 시간이 더 많아졌다. 어느 날, 오쇼는 아침 다섯 시에 일어나 목욕을 하고 식사를 한 다음 다시 침실로 돌아가다가 시계를 보고 이렇게 말했다.

「오, 벌써 일곱 시군. 이제 오늘 하루도 끝났어!」

아침 일곱 시에 그는 활동을 마감하는 것이다!

오쇼는 내게 책을 쓰라고 말했다. 그는 『브하그완과 함께 지낸 소중한 날들(My Diamond Days with Bhagwan)』이라는 제목과 함께 〈신 금강경(The New Diamond Sutra)〉라는 부제를 달아주었다. 나는 처음으로 산야신이 되었을 때 그에게 다이아몬드를 선물하겠노라고 편지를 쓴 적이 있다. 그 당시 나는 왜 내가 그런 약속을 했는지 이해할 수 없었다. 나는 다이아몬드를 살 만한 돈이 없었기 때문이다.

그는 어떻게 책을 쓸 것인지에 대해서는 아무런 설명도 하지 않았다. 그후 시간이 많이 지난 후에도 그는 책을 쓰기 시작했는지 물어보지도 않았다.

1988년 8월의 어느 날, 그는 벨을 눌러 나를 불렀다. 그때는 한밤중이었다. 나는 그가 또 천식을 일으켰나 염려하며 급히 달려갔다. 그는 침대에 앉아 있었다. 벽에 붙은 외등이 희미한 빛을 발하고 있을 뿐 방 안은 매우 어두웠다. 차가운 공기와 민트 향기가 졸음을 달아나게 만들었다.

그가 말했다.

「노트를 가져오라. 그대가 쓸 책을 위해 말할 게 있다.」

나는 노트와 펜을 가지고 침대 곁에 바싹 다가 앉았다. 내가 무엇을 쓰는지 그가 볼 수 있도록 하기 위해서였다. 그는 이름을 하나하나 부르며 그 이름을 원으로 쓰라고 말했다. 그는 내가 제대로 썼는지 확인했다. 그리고는 침대에 눕더니 잠이 들었다. 나는 왜 이 이름들을 쓰냐고 묻지 않았다. 나는 그가 부르는 대로 받아 적었고 그것으로 끝이었다. 나는 그에 대해 누구에게도 말하지 않았으며, 항상 그것을 내가 쓸 책을 위한 자료로 생각했다. 그는 열두 명의 사람에 대해 말하면서도 열세 개의 이름을 불렀다. 그것은 매우 흥미있는 일이다. 후에 니르바노의 이름은 여기서 제외되었다. 그 당시에는 알지 못했지만.

암리또   자예쉬
아난도   아비르바바
하시야   니티
체타나   브하그완   니르바노
데이빗   카비샤
닐람   마니샤
데바기트

그로부터 8개월 후, 오쇼는 스물한 명으로 구성된 〈이너 써클(Inner Circle)〉의 명단을 발표했다. 그런데 위에 원으로 씌여진 〈비밀 그룹〉은 어떠한 역할도 부여받지 않았다. 다만 〈비밀 그룹〉으로 남아있을 뿐이다!

오쇼는 날이 갈수록 병세가 악화되어 갔다. 강의를 끝내고 돌아올 때는 안색이 창백해 있었다. 그는 항상 말하기를, 자신이 육체 안에 남아 있는 것은 우리를 가르치기 위해서라고 했다. 강의를 중단하면 그때에는 머지않아 육체를 떠나게 될 징조라는 것이었다. 하지만 그는 강의 중에는 얼마나 강하게 보였던지 병든 사람이라고는 믿을 수 없을 정도였다. 그러나 그것은 강의가 있을 때 뿐이었다. 그는 힘을 축적하고 있다가 강의를 하면서 혼신의 힘을 쏟아부었던 것이다.

그는 선(禪)에 대한 강의를 시작했다. 하지만 강의라기보다는 침묵의 분위기를 준비하고 있었다고 말하는 게 더 적당할 것이다. 그는 강의를 하다가 말고 '이 침묵……'하고 나직이 중얼거리며 말을 멈추곤 했다. 그 침묵은 우리의 관심을 주변에서 들리는 소리에 쏠리게 했다. 대나무 부대끼는 소리, 빗방울 떨어지는 소리, 바람에 굴러가는 낙엽 소리…… 그는 "들어보라……."하며 말을 멈추었다. 그러면 붓다 홀 전체가 침묵에 휩싸이곤 했다.

1988년 12월 11일 오쇼의 생일을 기념하는 축제가 열리기 전, 4일 동안 그는 병석에 누워 있었다. 니르바노와 아난도가 그를 돌보고 있었으며, 나는 방에서 그의 빨래를 하고 있었다. 오쇼가 사는 집에는 죽음과 같은 정적과 어둠이 감돌았다. 나는 그가 아프다는 것은 알고 있었지만 어느 정도인지는 알지 못했다. 그로부터 일주일 동안 오쇼로부터 빨랫감이 나오지 않았다. 그제서야 나는 오쇼가 침대에서 일어날 수 없다는 것을 알았다. 나는 그가 목욕을 할 수도, 옷을 갈아입을 수도 없다는 것을 눈치챘다. 오쇼는 자신의 병세에 대해 사람들이 아는 것을 원치 않았다. 사람들이 알게되면 아쉬람 전체의 분위기가 침체될 것이고 그것은 아무에게도 도움이 되지 않을 것이기 때문이었다. 그렇게 그는 몇 주 동안 거의 죽은 듯이 병석에 누워 지냈다.

마지막 강의

『흐르는 물소리 : The Sound of Running Water』에서 오쇼는 "왜 당신은 자신을 브하그완(Bhagwan)이라고 부릅니까?"라는 질문에 다음과 같이 답했다.

「내 사람들의 의식이 일정한 수준에 도달하면 그때 나는 브하그완이라는 이름을 버릴 것이다.」

1989년 1월 7일, 그는 브하그완이라는 이름을 버리고 단순히 쉬리 라즈니쉬(Shree Rajneesh)가 되었다. 그 해 9월, 그는 라즈니쉬라는 이름마저 버렸다. 그래서 우리는 그를 '오쇼'로 부르기로 했다. 오쇼는 이름이 아니다. 오쇼는 일본에서 선사(禪師)를 가리키는 일반적인 호칭이다.

오쇼는 아난도에게 장자 홀에 새 침실을 만들라고 지시했다. 아난도는 전세계에 주문해 자재를 구했으며 공사가 한창 진행되었다. 오쇼는 아주 세세한 부분까지 지시했다. 오쇼는 난생 처음으로 자신이 원하는 침실을 갖게 될 듯 싶었다. 현재 그가 사용하는 침실은 습기가 많았다. 그리고 대부분의 시간을 침대에 누워지내야 했기 때문에 어두컴컴했다. 그 침실은 마치 동굴 같았다.

　새 침실은 이태리산 하얀 대리석과 진청색 유리판으로 꾸며졌다. 지름 2피트의 크리스탈 샹들리에 불빛이 대리석과 유리벽에 반사되는 새 침실이 모습을 드러내자, 사람들은 침실이 아니라 사원 같다고 생각했다. 그것은 삼매에 들기 위한 사원 같았다. 하지만 우리는 애써 그런 생각을 피하려 했다. 우리는 오쇼가 삼매를 준비하고 있다는 것을 인정하고 싶지 않았다.

　1월 달에 강의를 재개하면서 오쇼는 양초의 불꽃에 대해 이야기했다.

　「양초는 꺼지기 몇 초 전, 그 최후의 순간에 돌연 있는 힘을 다해 힘차게 타오른다.」

　그후 오쇼는 몇 주 동안 병석에 있다가 3월이 되어서야 다시 강의를 시작했다. 강의에서 오쇼는 환생[reincarnation]에 대해 이야기했다.

　「……동양의 모든 종교에는 '자기(self)'가 이 몸에서 저 몸으로, 이 삶에서 저 삶으로 옮겨간다는 환생의 개념이 있다. 그런데 기독교, 모하메드교 등 유태 사상에서 비롯된 종교에는 이 부활의 개념이 보이지 않는다.

　현재는 정신분석 학자들까지도 인간이 전생을 기억할 수 있는 가능성을 인정하고 있다. 환생이라는 개념은 학문적인 지지 기반을 넓혀가고 있다.

　그러나 나는 환생은 그릇된 개념이라는 것을 분명히 말해두고 싶다. 한 인간이 죽어서 전체[whole]의 부분이 된다는 것은 사실이다. 그가 성자이건 죄인이건 그것은 중요한 문제가 아니다. 그가 마음 또는 기억이라고 불리는 어떤 것을 갖는다는 사실에는 아무런 차이도 없다. 과거에는 기억을 '생각의 묶음' 또는 '생각의 물결'로 설명할 만큼 정보가 충분치 않았다. 하지만 이제는 설명하기가 훨씬 더 쉬워졌다.

고타마 붓다는 여러 면에서 자신의 시대를 훨씬 앞서 있었다. 그는 나의 설명에 동의하는 유일한 사람이다. 한데 그는 힌트를 주긴 했어도 결정적인 증거를 제시하지는 못했다. 붓다는 한 인간이 죽을 때 그의 기억—자기[self]가 아니라—은 새로운 자궁 안으로 들어간다고 말했다. 이제 우리는, 한 인간이 죽을 때 사방에 기억들을 남기고 떠날 것이라는 사실을 이해할 수 있다. 만일 그대가 불행한 삶을 살았다면 그대의 불행은 다른 보금자리를 찾게 될 것이다. 그대의 불행은 다른 기억 시스템 안으로 들어갈 것이다. 어쩌면 그대의 불행 모두가 하나의 자궁 안에 들어갈지도 모른다. 그것이 일부의 사람들이 전생을 기억하는 이유이다. 그것은 그들의 과거가 아니다. 그들은 다른 사람의 마음을 상속받은 것이다.

대부분의 사람들은 전생을 기억하지 못한다. 왜냐하면 그들은 한 개인의 기억시스템 전체를 상속받지 못했기 때문이다. 그들은 여기 저기로부터 부분적인 파편을 받아들인다. 그리고 그 파편들은 불행을 창조한다. 지구상에서 죽은 거의 모든 사람들은 불행 속에 죽는다. 기쁨 속에 죽는 사람은 극소수이다. 극소수의 사람들만이 무심(無心)의 상태에서 죽는다. 그들은 뒤에 아무런 흔적도 남기지 않는다. 그들은 자신의 기억 체계를 다른 사람들 안에 남겨놓지 않는다. 그들은 다만 우주 안에서 분해될 뿐이다. 그들에겐 마음이나 기억 체계가 없다. 그들은 이미 명상 안에서 그것들을 분해시켰다. 그것이 깨달은 사람이 다시 태어나지 않는 이유이다.

그러나 깨닫지 못한 사람들은 매번의 삶에서 죽을 때마다 온갖 불행의 패턴을 남겨놓는다. 부(富)가 더 많은 부를 가져오듯이 불행은 더 많은 불행을 초래한다. 만일 그대가 불행하다면 수천 마일 밖에 있는 불행도 그대를 향해 달려 올 것이다. 그대는 안테나처럼 불행의 주파수를 불러들인다. 이것은 라디오 전파처럼 눈에 보이지 않는 현상이다. 라디오 전파는 항상 그대 주변을 지나가고 있지만 그대는 그 소리를 듣지 못한다. 그러나 라디오가 있으면 그대는 즉시 그 전파를 수신할 수 있다.

환생은 없다. 하지만 불행은 환생한다. 수많은 사람들의 상처가 그대 주변을 배회하고 있다. 불행해질 준비가 되어 있는 누군가를 찾으면서 말이다. 그래서 그대가 불행을 맞을 준비가 되어 있으면 그 상처들은 잽싸게 그대에게 달려든다.

물론, 지복(至福)은 어떠한 흔적도 남기지 않는다. 깨달은 사람은 하늘을 나는 새처럼 죽는다. 새는 하늘에 발자국을 남기지 않는다. 새가 지나간 뒤에도 하늘은 여전히 비어 있다. 그것이 붓다로부터 아무런 유산도 상속받을 수 없는 이유이다. 붓다는 아무 것도 남기지 않고 사라진다.

「그대의 욕망과 염원을 경계하라. 그것들은 그대가 알지 못하는 가운데 이미 새로운 탄생의 씨앗을 뿌리고 있다『선의 외침 : The Zen Manifesto』.」

* * *

『선의 외침 : The Zen Manifesto』은 오쇼의 마지막 책이다. 4월 10일의 강의에서 그는 대중을 향해 마지막 말을 남겼다.

「붓다의 마지막 말은 〈삼마사티(sammasati)〉였다. 그대들은 붓다—삼마사티이다. 이것을 명심하라.」

이 마지막 공개 강의에서 오쇼는 매우 이상하게 보였다. 그는 마치 육체와 분리되고 있는 것 같았다. 그는 서 있기 위해 노력을 기울여야 했으며, 걷기도 힘들었다. 강의를 끝내고 차에 탔을 때, 나는 그의 얼굴에서 이상한 표정을 읽었다. 그는 자신이 어디에 있는지도 모르는 사람 같았다.

그러나 이것은 나의 해석일 뿐이다. 나는 그날 밤 그에게 일어난 일을 이해하지 못했다. 차를 타고 집으로 돌아가는 길에 오쇼는 자신에게 이상한 일이 일어났다고 말했다. 하지만 나는 그 말이 무슨 뜻인지 이해할 수 없었다. 그는 그 말을 반복했으며 나만큼이나 얼떨떨한 것 같았다. 하지만 그는 무슨 일이 일어났는지 설명하지 않았다. 며칠 후 오쇼는 말했다. 며칠 전에는 다시 말을 할 수 없을 것으로 생각했다고.

* * *

몇 달 동안 오쇼는 너무 허약해져서 붓다 홀에 나갈 수 없었다. 그는 방 안에서 휴식을 취했다. 그러나 이제 사람들은 오쇼의 현존에 덜 의존할 만큼 성장해 있었다. 몇 년 전만해도 우리는 오쇼가 나타나지 않으면 불안하고 걱정스러웠다. 그러나 이제 우리는 매일마다 오쇼를 볼 수 없는 현실을 받아 들이고 있었다.

처음으로 아쉬람에 창조적인 예술 활동이 도입되었다. 그것은 폭발적인 활동이었다. 아쉬람 곳곳에서 춤, 판토마임, 음악, 연극이 행해졌다. 수많은 사람들이 그림을 그렸다. 그들 대부분은 전에 한번도 그림을 그려본 적이 없는 사람들이었다.

지난번의 두 공동체에서는[1] 우리의 창조성을 발휘할 만한 공간을 갖지 못했었다. 폐허가 되어가는 아쉬람에 도착했을 때…… 그러

---

1) 뿌나 1기와 오레곤의 라즈니쉬푸람.

나 이제는 다르다. 아쉬람을 걷노라면 다른 세상을 걷는 것 같다. 인공 폭포의 물 흐르는 소리, 아름다운 꽃들, 평화로운 분위기, 그리고 침묵…… 이 침묵은 무덤의 정적이 아니다. 수백 명의 사람들이 웃고 즐긴다. 하지만 거기에는 명상의 침묵이 있다. 나는 '왜 사람들이 나를 보고 웃는 것일까?' 하고 생각하며 아쉬람을 걸어간다. 하지만 곧 나는 그들이 나를 보고 웃는 것이 아니라는 것을 깨닫는다―그들은 다만 웃고 있을 뿐이다!

오쇼는 아주 허약해져서 닐람과 함께 아쉬람의 일에 종사할 수 없었다. 그래서 그는 점심과 저녁식사 시간을 이용해 아난도―오쇼는 아난도를 자신의 '일간신문'이라고 불렀다―와 자예쉬하고만 이야기했다. 오쇼는 날마다 자기가 없어도 아쉬람이 잘 돌아가고 있는지 묻는 것을 잊지 않았다. 물론, 아쉬람은 아무 문제없이 잘 운영되고 있었다. 이제 아쉬람에서는 권력 투쟁이나 계급 차별을 찾아볼 수 없었다. 사람들은 열심히 일하고 있었다. 대가를 바래서가 아니라 일 그 자체를 즐기고 있었다. 오쇼는 또 아쉬람에 새로온 사람들이 잘 보호받고 있는지, 그들이 기존의 산야신들과 잘 조화를 이루고 있는지 알고 싶어했다.

오쇼는 자신의 그림과 에어브러쉬(airbrush)를 내게 선물하며 그림을 그리라고 격려했다. 그는 미라(Meera)―아름다운 일본인 여류화가―에게 그림을 배우라고 내게 말했다. 그리고 식사를 하기 위해 내 방을 지나갈 때마다 내 그림을 보기 위해 책상 쪽으로 다가왔다. 책상 위에 그림이 있을 경우 그는 그것을 집어들고 아주 신중하게 들여다 보았다. 때로는 더 자세히 보기 위해 밝은 쪽으로 가져가기도 했다. 나는 이런 그의 감상 태도가 쑥스럽기만 했다. 왜냐하면 나는 훌륭한 그림을 그리지 못했기 때문이다.

우기가 끝날 무렵인 8월, 아쉬람에서 큰 축제가 열렸다. 오쇼가 붓다 홀에 다시 나타난 것이다. 그는 우리와 함께 앉아서 침묵을 지켰다. 이제 우리는 오쇼와 더불어 새로운 국면에 접어든 것 같았다. 오쇼는 아난도를 통해 메시지를 전달했다. 〈소수의 사람들만이 나의 말을 이해한다〉는 내용이었다. 하지만 우리는 절망하지 않았다. 그를 다시 본다는 즐거움이 너무나 강했기 때문이다.

그는 합장을 하고 붓다 홀에 들어왔다. 사람들은 그의 팔짓에 따라 춤을 추었다. 붓다 홀 안에는 기쁨에 넘치는 환호 소리와 음악 소리가 가득했다. 그런 다음 십 분 동안 오쇼는 침묵을 지키며 우리와 함께 앉아 있었다. 그 십분 동안 나는 명상에 잠겼다. 그것은 전같으면 한 시간은 지나야 들 수 있는 명상의 경지였다.

집으로 돌아오는 길에 차 안에서 오쇼가 물었다.

「좋았는가?」

좋았냐고? 그것은 엄청났다! 환상적이었다! 매일 밤마다 오쇼는 천진난만한 얼굴로 이런 질문을 던졌다. 마치 그렇게 폭발적인 분위기를 창조한 사람은 자기가 아니라는 듯이. 오쇼는 자신이 강의를 하지 않고 침묵을 지키기 때문에 섭섭해하는 사람은 없는가 물었다. 나는 우리 모두는 그를 다시 보는 것만으로도 행복하기 그지 없다고 말했다. 그리고 강의가 없어서 섭섭하다고 말하는 사람은 아무도 없다고 전했다.

오쇼는 장자 홀에 새로 마련된 방으로 이사했다. 오쇼는 새 침실에서 지낸 대부분의 시간을 병석에 누워 있었다. 오쇼의 병을 치료하는 데에는 많은 어려움이 뒤따랐다. 왜냐하면 하나의 증상을 치료하기 위해 약을 투여하면 그 약이 다른 문제를 일으켰기 때문이다. 약을 투여할수록 갖가지 문제들이 연쇄적으로 잇따라 일어났다. 그리고 그것은 전보다 더 나쁜 증상을 일으켰다. 그의 몸은 너무나 민감한 균형을 이루고 있었다. 그래서 그의 음식과 약은 그 민감성과 완벽하게 조화를 이루는 것이어야 했다. 아주 작은 변화도 문제를 일으켰다. 오쇼는 자신의 육체에 대해 최선책이 무엇인지 잘 알고 있었다. 그래서 의사가 오쇼의 말에 따라야 하는 경우가 빈번했다. 그는 거의 음식을 먹지 못하는 때가 많았다. 어떤 때는 며칠 동안 물만 마시고 살았다.

오쇼는 새 침실을 '마술적이고 독창적'이라고 말했다. 그러나 그가 새 침실에서 보낸 기간은 2주밖에 되지 않았다. 어느 날, 그는 암리또를 불러서 예전의 방이 그대로 보존되어 있는지 물었다(오쇼는 그 방을 손님을 접대하는 객실로 다시 꾸미라고 말했었다). 암리또가 고개를 끄덕이자 오쇼는 지체없이 침대에서 일어나 새 침실을 나갔다. 그리곤 곧장 예전의 침실로 돌아갔다. 그는 이유를 말하지 않았다. 그리고 아무도 이유를 묻지 않았다.

오쇼는 열 개의 이빨을 뽑았다. 일주일간 휴식을 취한 뒤, 그는 다시 붓다 홀에 나가겠다고 했다. 오쇼는 나를 불러 자기를 수행하라고 했다. 그를 보았을 때, 나는 너무나 놀랐다. 그는 엄청나게 변해 있었다. 그는 전과 다르게 매우 천천히 걸었다. 그럼에도 불구하고 어린애 같았다. 그는 더 가볍고 예민하며 무방비 상태인 것처럼 보였다. 가장 이상한 일은, 그의 깨달음의 경지가 더 깊어진 것처럼 보였다는 것이다! 나는 내 눈에 보이는 대로 말했다. 그러자 오쇼는 조용한 미소로 응답했다.

그 당시, 나는 나의 무의식적인 조건화(conditioning)를 탐구하는 데 전력 투구하고 있었다. 그러나 구체적으로 나의 조건화가 무엇인지 알 수 없었다. 나는 그저 조용하게 앉아서 시간을 보내고 있을 뿐이었다. 좁고 험난한 산길을 홀로 걷는 것처럼 느껴졌다. 무엇이 나의 조건화인지 어떤 단서도 발견할 수 없었다. 그러던 어느 날, 명상중에 돌연 오쇼의 모습을 보았다. 나는 내가 여성으로서 오쇼에게 필요한 존재가 되려는 욕망을 품고 있음을 깨달았다. 나의 말투, 눈빛, 행동거지 하나하나가 오쇼에게 이렇게 말하고 있었다.

「당신은 나를 사랑하나요? 당신은 나를 필요로 하나요?」

나는 큰 충격을 받았다. 오쇼가 예전에 내게 말했던 모든 문제들이 내 안에 있었다. 나는 부끄러웠다. 그 문제들은 항상 내 안에 있었다. 다만 처음으로 그것을 깨달았을 뿐이었다.

나는 스스로에게 물었다.

「왜 이런 욕구가 내 안에 있는 것일까?」

그것은 내가 아직까지 나의 존재와 만난 적이 없기 때문인 것 같았다. 지금도 나는 나의 존재만으로 충분하다는 것을 알지 못한다. 나는 여전히 '여성'을 통해 세상과 연결된다. 나는 나의 존재를 통해 세상과 연결되지 못한다. 나는 나만으로 충분하다는 것을 모른다. 나는 여전히 여성이기 때문이다. 그러나 여성은 필요없다. 존재만으로 충분하다.

그 당시 암리또는 하루 종일 오쇼를 돌보고 있었다. 그리고 나는 오후 여섯 시에 오쇼를 깨우러가곤 했다. 오쇼에게 "일어나세요." 하고 말할 때에는 항상 이상한 느낌이 들었다. 그는 나를 무의식의 잠에서 깨우기 위해 노력하고 있는데, 나는 그에게 "일어나세요." 라고 말하는 것이다. 오쇼는 자리에서 일어나 샤워를 하고 붓다 홀로 가서 일곱 시 사십오 분까지 그곳에 있었다. 그리고 다시 침대로 돌아왔다. 그는 매일 밤마다 제자들과 만나기 위해 하루 종일 에너지를 축적하고 있었다.

그는 붓다 홀의 연단 위에서 매우 천천히 움직였으며 더 이상 우리들과 함께 춤출 수 없었다.

그는 내게 묻곤 했다.

「사람들이 내가 춤추는 모습을 그리워하지는 않을까?」
한번은 내가 이렇게 대답한 적이 있다.
「우리가 항상 스승님께 의존할 수는 없는 일입니다. 우리는 이제 우리 내면에 있는 축제의 근원을 찾아야 합니다.」
사실, 이 말을 하면서 좀 묘한 느낌이 들기는 했다. 너무 냉정하게 들릴 수도 있기 때문이다. 하지만 분명히 옳은 말이었다.
그는 우리가 축제 분위기 속에 즐거워하는 모습을 좋아했다. 그는 우리의 명상에 침묵이 자라나는 것을 보고는 아주 흐뭇해 했다. 그는 사람들이 이제 진정으로 이해하기 시작했다고 말했다.
「침묵이 아주 견고하게 자리를 잡아가고 있다. 거의 손으로 만질 수 있을 정도로.」

그 당시 오쇼는 누군가와 말을 하거나 일을 하는 때가 드물었다. 다만 아난도가 아주 중요한 용건이 있을 때에는 예외였다. 그러나 그것도 십 분을 넘지 않았다.
오쇼는 자예쉬가 만남을 요구하지 않느냐고 물었다. 내가 아니라고 말하자 오쇼는 이렇게 말했다.
「그토록 사랑이 넘치고 감수성이 풍부한 사람들은 얼마나 아름다운가! 그들은 내게 아무 것도 요구하지 않는다!」
이 기간 동안 나는 매우 행복했다. 나는 오쇼가 앞으로도 오랫동안 우리와 함께 있을 것이라고 생각했다. 개인적으로 그를 마지막 보았을 때, 그는 자신이 어떻게 보이냐고 물었다.
「나는 약해 보이지 않지? 그렇지?」
내가 대답했다.
「물론이에요. 당신은 항상 좋아 보여요. 사실, 당신은 너무나 좋아 보여서 사람들은 당신이 병중이라는 것을 믿기 힘들 거예요.」

그런데 다음날 나는 병이 났다. 나는 항상 삼사 개월마다 감기에 걸리곤 했다. 거기엔 뭔가 심리적 이유가 있을 것이라고 추측했지만 왜 그런 현상이 일어나는지는 알 수 없었다. 몇 년 전, 오쇼는 강의 중 나의 질문에 대답하면서 이렇게 말했다.

「때때로 그대들은 내게 아주 가까이 다가올 것이고, 빛으로 가득 찰 것이다. 그것이 지금 체타나에게 일어나고 있는 일이다. 나는 그녀가 가끔씩 내게 아주 가까이 접근하는 것을 본다. 그때, 그녀는 빛으로 가득하다. 그러나 곧 그녀는 어둠을 갈망하기 시작할 것이며, 그때에는 다시 내게서 멀어질 것이다.

이것이 여기 있는 모두에게 일어나고 있는 일이다. 그대들은 나를 향해 다가왔다가 멀어지는 것을 반복한다. 그대들은 시계추와 같다. 때로는 내게 가까이 다가오고 때로는 멀어진다. 그러나 이런 현상이 필요하다. 그대들은 지금 당장은 내게 완전히 흡수되지 못한다. 그대들은 너무나 엄청난 어떤 것, 죽음과 같은 어떤 것에 흡수되는 법을 배워야 한다. 그러기 위해서는 여러 번 내게서 멀어져야 할 것이다『모래알의 지혜 : The Wisdom of the Sands』.」

오쇼가 육체를 떠나기 전 삼 개월 동안 나는 붓다 홀 외에서는 오쇼의 모습을 볼 수 없었다. 붓다 홀에서 벌어지는 우리의 축제를 위해 그를 깨우는 일은 아난도가 맡고 있었다. 그리고 밤낮으로 그를 돌보는 일은 암리또가 맡고 있었다.

니르바노는 자예쉬, 그리고 치텐(Chitten)과 함께 일하고 있었다. 그녀는 일을 위해 매주마다 며칠씩 봄베이를 들락거렸다. 그녀는 그 일이 너무나 즐겁고 재미있다고 말했다. 가끔씩 그녀는 붓다 홀의 저녁 명상 시간에 모습을 나타냈는데, 그때마다 다른 사람들이 무색하게 보일 정도로 강렬하게 축제를 즐겼다. 그리고 어떤 때는 오랫동안 붓다 홀에 모습을 보이지 않았다. 그럴 때, 그녀는 몇 주 동안 심한 우울증에 시달리고 있었던 것이다.

　1989년 12월 9일, 아난도가 나의 세탁실로 찾아와 니르바노의 죽음을 알렸다. 수면제 과다 복용이라는 것이었다.

섹스와 죽음

 오쇼를 〈섹스 구루(The Sex Guru)〉라고 부르는 사람들이 있다. 그것은 이해할 수 없는 일이다. 그들은 오쇼의 책을 한번도 읽지 않았거나, 또는 오쇼가 섹스에 대해 말하는 것을 한번도 들어보지 못한 사람들임에 틀림없다. 흔히 종교 지도자라는 사람들은 섹스를 비난한다. 그러나 오쇼는 섹스를 비난하지 않았다. 그것이 오쇼가 비난받는 단 하나의 이유이다.
 전체적인 삶을 살기 위해 자연적인 에너지를 허용하는 것과 방탕한 삶은 다르다. 거기에는 분명한 차이가 있다. 오쇼는 우리를 깨달음의 길로 인도하기 위해 섹스를 허용한다. 왜냐하면 섹스는 자연스러운 것이기 때문이다.
 오쇼는 항상 초월을 강조한다. 그런데 억눌린 마음은 초월을 향해 나아갈 수 없다. 그러므로 억눌린 에너지의 해방이 선행되어야 한다. 그것은 간단한 이치이다.

 「명상 속에서 그대는 더 고차원적인 의식의 문, 초의식(superconscious)의 문을 열게 될 것이다. 에너지는 항상 활동을 필요로 한다. 에너지는 정체되어 있을 수 없다. 에너지의 흐름을 타고 오는 이 새로운 영역들은 훨씬 더 황홀한 세계를 열어줄 것이다.

그대는 이미 성적인 영역을 경험했다. 생물학적인 측면에서 볼 때 그것은 좋은 일이다. 하지만 동물이나 새들도 그런 경험을 할 수 있다. 거기에 특별하고 독창적인 것은 없다. 그러나 명상이 초의식으로 가는 길을 마련한다면, 그리고 에너지를 이용할 수 있다면, 그 에너지는 자동적으로 새로운 채널을 통해 흐르기 시작할 것이다.

이것이 내가 말하는 '변형(transformation)'의 의미이다『진리의 등불을 전하며 : The Transmission of the Lamp』.」

한 사람의 서양인으로서, 나는 섹스가 사라지면 모든 것이 끝장이라는 생각을 갖고 있었다. 그러나 동양은 전혀 다른 식으로 생각한다고 오쇼는 설명했다.

「서양에서는 섹스의 사라짐은 곧 큰 재앙이다. 그러나 동양에서는 섹스가 사라지는 시기는 곧 즐거움이 열리는 시기로 여겨진다.」

성적 충동이나 긴박감이 사라지면 가벼운 마음으로 성을 즐길 수 있을 것이다. 더 이상 누군가에게 은밀한 성욕을 내뿜을 필요도 없을 것이며, 성을 즐기든 말든 자유롭게 선택할 수 있을 것이다. 언젠가 그런 날이 오리라고 생각한다는 것은 참으로 대단한 일이다.

카트만두에 있을 때, 나는 이런 문제들에 대해 물은 적이 있다. 여기 오쇼의 대답을 전문 그대로 옮겨본다.

「사랑하는 스승님,
저는 몇 주 전부터 섹스와 죽음에 대해 강렬한 느낌이 일어나고 있습니다. 그 이유를 이해하는 것이 꼭 필요할까요?」

오쇼의 대답:

「그대의 마음이 어떻게 움직이고 있는지, 그대 내면의 세계에 무슨 일이 일어나고 있는지 이해하는 것은 항상 필수적인 일이다. 그 현상들을 이해하려는 노력은 그대와 현상들 사이에 거리를 만들어 준다. 그리고 그대 자신과 그 현상들을 동일시하지 않는 주의깊은 의식을 가져다 준다. 이것이 이해의 연금술이다. 그대의 내면에 일어나는 모든 일을 이해하도록 노력하라. 이해하려는 노력 자체 안에서 그대는 그 일들과 분리된다. 그 일들은 대상(object)이 된다.

그대는 대상이 될 수 없다. 그대는 항상 주체(subject)이다. 그대의 주체성(subjectivity)을 대상으로 변화시키는 것은 불가능하다. 이해하려는 노력은 그대의 감정과 그대 사이에 적당한 거리를 창조한다.

그 다음으로 알아야 할 것은, 거리를 두고 관찰함으로써 그대에게 일어나고 있는 일들에 대한 이해가 가능해진다는 것이다. 원인 없이 일어나는 일은 없다. 그리고 때로는 매우 근원적인 일이 일어난다. 예를 들어, 섹스와 죽음의 관계는 가장 근원적인 문제 중의 하나이다. 만일 그대가 이것을 분명하게 이해할 수 있다면, 죽음과 섹스 사이의 거리는 서서히 사라질 것이다. 그리고 거의 하나의 에너지가 될 것이다.

「섹스는 여러 번으로 나누어진 죽음이다. 그리고 죽음은 섹스의 합계이다.」

「섹스와 죽음 양쪽 모두에 작용하는 하나의 에너지가 있다. 섹스는 삶의 시작이며 죽음은 삶의 끝이다. 섹스와 죽음은 하나의 에너지의 양 극단이다. 그러므로 섹스와 죽음은 단절될 수 없다.

섹스와 죽음은 나로 하여금 아프리카에서 발견된 희귀한 거미를 생각나게 한다. 인간에게는 섹스와 죽음 사이에 칠팔십 년의 거리가 있다. 그러나 그 희귀종의 거미에게는 섹스와 죽음 사이의 거리가 없다. 그 수거미는 평생에 단 한번만 섹스를 한다. 수거미가 섹스를 하면서 오르가슴에 도달하는 순간, 암거미는 그를 잡아먹기 시작한다. 그러나 수거미는 황홀경에 빠져 있다. 그는 자신이 먹히고 있다는 사실에 관심이 없다. 그래서 오르가슴이 끝날 때쯤 되면 그의 생명 역시 끝난다.

섹스와 죽음은 그토록 밀접하다…… 하지만 밀접하든 거리가 있든 관계없이 섹스와 죽음은 다른 에너지가 아니다. 그러므로 인간은 섹스와 죽음을 동시에 느낄 수 있다. 그 둘을 한꺼번에 느끼는 것은 좋은 일이다. 그것은 훌륭한 이해이다. 왜냐하면 대부분의 사람들은 섹스와 죽음을 동시에 느낄 수 없기 때문이다. 사람들은 섹스와 죽음을 연결시키지 못한다. 아마 그것은 무의식적인 공포 때문일 것이다. 섹스와 죽음이 연결되면 섹스 자체를 두려워하게 될 것이기 때문이다. 섹스와 죽음을 연결시키는 것은 생물학적 목적이라는 측면에서 본다면 대단히 위험한 일이다. 생물학적 측면에서는 그 둘을 연결시키지 않는 것이 더 낫다.

아직도 몇몇 나라에서는 교수형이 행해지고 있다. 그런데 교수형이 행해질 때마다 아주 이상한 사실이 발견된다. 교수형을 당하는 사람은 거의 예외없이 사정을 한다. 그것은 이상한 일이다. 목이 달아나는 판국에 사정이라니? 하지만 이런 현상은 그의 통제 능력 밖에 있다. 그에게 죽음이 일어나고 있다면, 삶이 떠나고 있다면, 그의 성 에너지 또한 떠나는 것이 자연스러운 일이다. 성은 육체라는 전체적인 현상 중의 한 부분이었다. 이제 성은 그의 몸 안에 남을 필요가 없어졌다.

그대의 질문은 아주 중요하다. 그것은 그대가 죽어가고 있다는 것을 의미하지 않는다. 그것은 단지 그대의 성 에너지가 최고 정점에 도달해 있음을 의미할 뿐이다. 그래서 그대는 섹스와 죽음을 동시에 느끼는 것이다. 만일 성 에너지가 해방된다면 그런 현상은 느껴지지 않을 것이다.

이런 질문을 하는 사람은 누구든지 간에 섹스를 한 지가 매우 오래된 사람임에 틀림없다. 에너지가 축적되어 있다. 그 에너지는 너무나 강렬해서 자동적으로 죽음을 기억나게 한다.

만일 그대가 의식적으로 죽는다면 죽음은 지금까지 그대가 삶에서 느꼈던 어떤 오르가슴보다도 더 큰 오르가슴을 가져다 준다.」

「그런데 여성은 남성보다 더 오래 살고 더 건강하다. 여성은 질병에 대한 저항력도 더 강하다. 여성은 남성처럼 쉽게 미치지도 않으며 쉽게 자살하지도 않는다. 그 이유는 여성의 에너지가 음(陰)에너지(negative energy)이기 때문일 것이다. 양(陽)에너지(positive energy)는 활동하는 힘이며 음에너지는 흡수하는 힘이다.

여성이 더 건강하고 오래 살며 질병에 대한 저항력이 강한 것은 이 음에너지, 즉 흡수하는 힘 때문이다. 만일 월경이라는 생물학적 조건이 없었다면 여성은 훨씬 더 오래 살고 더 건강했을 것이다. 그 때 여성은 진정으로 더 강한 성별이 될 수 있었을 것이다.

그러므로 섹스와 죽음이 동시에 느껴질 때, 그것은 성 에너지가 축적되어 있음을 의미한다. 그리고 음에너지는 더 오래 축적될 수 있다.

나는 자이나교의 승려와 여승들을 관찰해 왔다. 아마 그들은 세상에서 가장 엄격한 금욕주의자일 것이다. 그것은 어리석은 짓이지만 하여튼 그들의 엄격함만은 알아줄 만하다. 여승은 독신을 지키는 데 별 어려움이 없는 것 같다. 하지만 승려들은 엄청난 어려움을 겪는다. 이것은 기독교의 신부이든 다른 종교의 승려이든 별 차이가 없다.

음에너지는 흡수할 양에너지를 조용히 기다리고 있다. 음에너지 자체는 적극적인 활동력이 없다. 이것이 내가 여성간의 동성연애(lesbibnism)를 반대하는 이유이다. 똑같은 두 음에너지가 오르가슴의 정상에 도달하려고 애쓰는 것은 어리석은 짓이다. 여성간의 동성연애는, 두 여성이 오르가슴을 느끼는 체 하거나 아니면 그들이 오르가슴이라고 부르는 것이 크리토리스 오르가슴(clitoral orgasm)에 불과하다는 것을 의미할 뿐이다. 그것은 질 오르가슴(vaginal orgasm)이 아니다. 질 오르가슴과 비교하면 크리토리스 오르가슴은 아무 것도 아니다. 크리토리스 오르가슴은 일종의 전희일 뿐이다. 크리토리스 오르가슴은 질 오르가슴을 발생시키는 데 도움을 준다. 하지만 질 오르가슴 자체를 대신할 수는 없다.

섹스처럼 친숙한 일이 아직도 어둠 속에 남아 있다는 것은 매우 놀라운 일이다. 나는 크리토리스 오르가슴이 전희로서는 엄청난 도움을 준다고 말한다. 그런데 심리학자들은 크리토리스를 이해하는 데 있어서 당황했다. 왜냐하면 크리토리스에는 생물학적 기능이 없기 때문이다. 이런 문제를 피하기 위해 많은 심리학자들이 질 오르가슴을 부정하고, 오로지 크리토리스 오르가슴만이 있다고 주장했다.

남성의 오르가슴은 매우 빨리 온다. 그 짧은 시간 안에 여성의 질 오르가슴을 만들어 내는 것은 불가능하다. 그러나 크리토리스 오르가슴이 단순히 전희로 만들어진다면, 그것은 질 오르가슴이 일어날 수 있는 상황을 만들고 있는 것이다. 질 오르가슴은 이미 시작되고 있다. 크리토리스 오르가슴이 육체 안의 진행 과정에 방아쇠를 당긴 것이다.

그러나 남성들은 크리토리스 오르가슴에 관심이 없다. 왜냐하면 남성의 오르가슴은 오로지 질과의 접촉을 통해서만 일어나기 때문이다. 남성은 자신의 오르가슴에만 관심이 있다. 남성은 섹스가 끝나면 여성에 대해 생각조차 하지 않는다.

여성 간의 동성연애는 여성해방운동의 물결을 타고 폭넓게 확산되고 있다. 왜냐하면 동성연애는 여성에게 크리토리스 오르가슴을 주기 때문이다. 그러나 그것은 또 하나의 어리석음이다. 크리토리스 오르가슴은 전희에 지나지 않는다. 그것은 책의 서문만을 읽는 것과 같다. 계속해서 서문을 읽을 뿐, 막상 본문으로는 들어가지 못한다.

만일 여성이 음에너지를 계속 축적해서 넘칠 만큼 에너지가 쌓인다면, 그때에는 죽음에 대한 생각이 떠오른다. 그런 상태에서 사랑을 나눈다면 진정으로 아름다운 오르가슴이 올 것이다. 그리고 그 오르가슴은 죽음에 대한 통찰력을 선사할 것이다.

만일 무의식적이고 불행한 삶을 살았다면 그대는 죽음이 오기 전에 혼수 상태에 빠지고 말 것이다. 그때에는 죽음의 오르가슴을 경험할 수 없다. 그때에는 죽음이라는 것이 육체라는 수레에만 일어나고 있을 뿐, 그대의 존재는 죽지 않는다는 사실을 깨달을 수 없다.

만일 이 질문이 남성에게서 온 것이라 해도 똑같이 이해되어야 한다. 그러나 남성은 죽음에 대해 생각하기 시작할 만큼 에너지의 정점에 오르는 경우가 드물다. 남성의 에너지는 너무나 다이나믹하고 활동적이다. 그래서 에너지는 정점에 도달하기 전에 방출되고 만다.

지금까지 아무도 여성의 말에 귀기울이지 않았다. 여성이 무엇을 느끼는지, 어떻게 느끼는지 관심을 갖는 사람은 아무도 없었다. 인도의 그림이나 조각상들에서 보듯이, 수세기 동안 남성들은 여성 안에서 일종의 죽음을 느껴왔다. 그러나 이것은 오해이다. 죽음은 여성 안에 있는 것이 아니다. 죽음은 성 에너지 자체 안에 있다.

그러나 남성들은 항상 그런 식으로 투영한다. 남성은 그들의 에너지 자체가 자신을 죽음으로 접근시킨다는 사실을 알지 못한다. 남성의 성 에너지는 죽음을 연상시킬 만큼 정상에 도달하지 못한다. 따라서 남성의 이해는 명확하지 못하다.

여성은 인간의 현상에 대해 많은 지혜를 갖는다. 그런데 기독교는 지혜로운 여성들을 파괴했다. 기독교는 중세에 수천 명의 여성을 화형시켰다. '마녀(witch)'라는 말은 지혜로운 여성을 상징한다. 그런데 그녀들은 너무나 비난받음으로 해서 'witch'라는 단어 자체가 비난의 의미를 띄게 되었다. 그런 일이 없었다면 'witch'라는 단어는 찬사가 되었을 것이다.

여성의 지혜는 남성에 조금도 뒤지지 않는다. 세상에는 지혜로운 여성들이 많다. 그리고 세상에는 지혜로운 여성들만이 통찰력을 발휘할 수 있는 일들이 많다.

만일 섹스와 죽음의 현상을 이해하지 못한다면 그대의 눈에는 인도의 조각상과 그림이 매우 이상하게 보일 것이다. 예를 들어, 시바(Shiva)의 아내인 시바니(Shvani)는 누워있는 시바의 가슴을 밟고 서서 춤을 춘다. 그녀는 한 손에는 칼을 들고 다른 손에는 금방 자른 듯한 머리를 들고 있다. 그리고 그녀의 목에는 인두(人頭)목걸이가 걸려있다. 인두(人頭)마다 피가 뚝뚝 떨어지고 그녀는 미친 듯이 춤을 춘다. 이것은 시바니가 시바를 죽이려 하는 것처럼 보인다. 그녀는 완전히 미치광이 상태에 있고, 시바에게는 희망이 없는 것 같다.

나의 말은 그런 형상과 관련이 깊다. 고대의 동양은 여성의 말에 귀기울일 줄 알았다. 서양처럼 여성을 죽이고 불에 태우는 일은 결코 없었다. 지혜로운 여성의 말은 주의깊게 경청되었으며, 그들의 지혜가 받아들여졌다. 왜냐하면 여성은 남성의 반쪽이기 때문이다. 남성의 지혜는 반쪽에 불과하다. 여성의 지혜가 받아들여지지 않는

한, 인간의 지혜는 완전한 것이 될 수 없다. 인류는 여성들의 경험에 귀기울여야 한다.

여성들은—특히 동양에서는—오르가슴의 경험 안에서 죽음과 매우 가까이 있음을 느껴왔다. 나는 '특히 동양에서는'이라고 말한다. 왜냐하면 고대의 동양, 즉 억압적인 관념이 인간을 분열시키고 정신분열증적인 상태로 만들기 전의 동양에서는 성적인 충동이 정점에 도달하기 전까지 섹스를 하지 않았다.

매일마다 사랑을 나누어야 하는 것은 아니었다. 남성과 여성은 서로가 더 이상 충동을 참을 수 없을 상태에 도달하기까지 기다렸다. 그들은 일주일에 한 번, 또는 한 달에 한 번 사랑을 나누었다. 하지만 그들의 섹스는 엄청난 경험을 안겨 주었다. 그 경험은 매일마다 행해지는 섹스로는 맛볼 수 없는 것이었다.

대부분의 사람들은 그토록 엄청난 경험을 맛볼 수 있을 만큼 충분한 에너지를 갖고 있지 않다. 그런 경험을 얻기 위해서는 통제할 수 없을 정도로 에너지가 진동해야 한다. 그때에는 두 에너지가 하나로 용해되는 경험을 얻을 수 있다. 그것이 진정한 춤이다.

에너지가 최고 정점에 도달했을 때에는 남성 또한 죽음이 자신을 둘러싸고 있음을 느낄 것이다. 죽음이 거기에 있다. 왜냐하면 그것은 모두 하나의 에너지이기 때문이다. 그러나 성 에너지가 방출되면 죽음의 느낌 또한 사라진다.

그대는 가장 낮은 차원에서도 섹스를 할 수 있다. 대부분의 사람들이 그런 차원에서 섹스를 나눈다. 그때, 섹스는 어떤 만족도 주지 않는다. 다만 더 깊은 절망에 빠뜨릴 뿐.

섹스는 가장 높은 차원, 즉 에너지가 정점에 이르렀을 때 행해져야 한다. 그를 위해서는 훈련이 필요하다. 과거의 수행자들은 섹스를 회피하는 훈련을 받아왔다. 그러나 나는 그대의 사랑이 단지 생물학적인 것이 되지 않도록 올바르게 섹스할 수 있는 법을 가르친다. 섹스는 영적인 세계에 도달할 수 있는 엄청난 잠재력을 갖고 있다. 에너지의 정점에서 행해지는 섹스는 그대를 영적인 세계로 인도할 것이다.

그 최고의 정점에서 죽음이 생각나는 이유는 무엇인가? 왜냐하면 그대는 육체와 마음을 잊고 순수 의식(pure consciousness)이 되어 상대방과 융해되기 때문이다. 그것은 죽음과 흡사한 경험이다.

깨어 있는 의식으로 죽음을 맞을 때, 그대는 육체와 마음을 잊고 그저 의식이 된다…… 그리고 돌연 의식은 우주(the whole) 안으로 융해된다. 그 합일은 성적인 오르가슴보다 수천 배는 더 아름답다. 그러나 어쨌든 섹스와 죽음은 분명히 깊이 연관되어 있다. 그들은 하나다. 그러므로 죽음을 이해하려는 사람은 섹스를 이해해야 한다. 또한 섹스를 이해하려는 사람은 죽음을 이해해야 한다.

그런데 지그문트 프로이드(Sigmund Freud)나 칼 구스타프 융(Carl Gustav Jung)의 경우에 보듯이, 섹스를 이해하려 하면서도 죽음을 두려워 한다는 것은 매우 이상한 일이다. 당연히 그들은 섹스를 제대로 이해할 수 없다.

사람들은 아무도 죽음에 대해 생각하려 하지 않는다. 죽음에 대해 말조차 꺼내려 하지 않는다. 만일 그대가 죽음을 주제로 삼아 말한다면 사람들은 그대를 예절을 모르는 사람으로 생각할 것이다. 죽음은 입에 올려서는 안 되는 금기 사항이다. 가능한 한 죽음의 문제는 회피해야 한다. 그러나 죽음의 문제를 무시한다면 삶을 이해할 수 없다. 죽음, 삶, 섹스는 깊이 관련되어 있다. 섹스는 시작이고 죽음은 끝이다. 삶은 그 중간에 있다. 삶은 섹스에서 죽음으로 흐르는 에너지이다. 섹스, 죽음, 삶은 함께 이해되어야 한다.

그러나 아무도 그런 노력을 기울이지 않는다. 어떠한 실험도 행해지지 않는다. 특히 현대 사회에서는 더욱 그렇다. 붓다와 마하비라 전의 동양인들은 섹스와 죽음의 현상을 아주 자세하게 관찰했음에 틀림없다. 그렇지 않다면 시바의 아내가 남편의 가슴 위에서 해골 목걸이를 걸고 춤추는 모습을 묘사할 수 있었겠는가? 또 그녀의 손은 어떤가? 한손에는 방금 자른 것처럼 피가 뚝뚝 떨어지는 인두(人頭)가 들려 있으며 다른 손에는 칼이 들려 있다. 그녀는 완전히 미친 것처럼 보인다.

이것은 가장 깊은 상태의 오르가슴에 대한 회화적인 표현이다. 이것은 여성에 대한 훌륭한 묘사이다. 그런데 남성은 어떤가? 남성은 그저 춤추는 여성의 밑에 누워 있을 뿐이다. 여성은 그의 목을 자를 수 있다. 또는 굳이 목을 자르지 않아도 춤추는 여성의 발에 밟혀 저절로 죽어 버릴지도 모른다. 어쨌든 한 가지 분명한 사실은 죽음이 거기에 있다는 것이다.

서양인들은 섹스에 있어서 남성 상위라는 오로지 한 가지 자세만을 고집해왔다. 아마 그것은 무의식적으로 죽음을 두려워하기 때문일 것이다. 남성들이 남성 상위를 택한 것은, 시바의 가슴 위에서 춤추는 시바니처럼 여성이 광폭해지는 것을 막기 위해서이다.

그리고 여성은 밑에서 움직여서는 안된다고 배워왔다. 왜냐하면 그것은 숙녀답지 못한 행동이기 때문이다. 그것은 창녀나 하는 짓이다. 여성은 거의 죽은 것처럼 가만히 누워 있어야 한다. 그때, 여성은 크리토리스 오르가슴이든 질 오르가슴이든 어떤 오르가슴도 얻지 못할 것이다. 여성은 섹스를 즐기도록 허용되지 않는다. 여성은 처음부터 끝까지 심각해야 한다. 남성만이 움직일 수 있다. 여성은 움직여서는 안 된다.

이것은 내가 보는 바로는 두려움 때문이다. 고대 동양의 기본 체위는 남성 상위가 아니라 여성 상위였다. 사실, 남성 상위는 잔인한 짓이다. 남성은 여성보다 더 크고 무겁다. 그런데 남성은 섬세한 여성의 몸을 마구 짓누르고 있는 것이다. 과학적으로 보면 남성이 많이 움직일 수 없는 여성 상위가 더 옳다. 더 많이 움직일 수 있는 자유를 가진 여성이 기쁨의 비명을 지르고, 남성을 때리고, 물어뜯고, 얼굴을 할퀴고, 그녀가 원하는 대로 할 수 있도록 말이다.

여성은 시바니가 되어야 한다. 칼이 없다 해도 손톱이 있지 않은가? 긴 손톱이! 여성은 그 손톱으로 많은 일을 할 수 있다. 그리고 여성 상위에서는 여성이 남성보다 더 빠르게 움직일 수 있다. 그것은 남녀 둘다에게 오르가슴의 정상을 가져다 줄 것이다. 남성 상위에서는 남성과 여성이 함께 오르가슴의 정상에 오르는 것이 불가능하다. 그러나 남성들은 그런 것에 관심이 없다. 그들은 단지 여성을 이용할 뿐이다.

고대 동양의 지혜는 전혀 다른 태도를 갖는다. 우파니샤드(Upanishads) 시대에는 여성 역시 남성과 똑같이 존중되었다. 남녀간의 불평등이라는 문제는 존재하지 않았다. 여성들은 모든 종교 경전을 읽을 수 있었으며 큰 토론 대회에 참석하는 것도 허용되었다.

그런데 그후 남성들은 여성을 2등급(second grade)으로 깎아내리고 그저 남성의 명령에 따르도록 결정했다. 그것은 지구 최악의 날이었다. 인도의 여성들은 경전을 읽도록 허용되지 않는다. 여성은 삶의 문제에 대해 토론할 수도 없다. 아무도 여성의 경험을 귀담아 듣지 않는다. 여성의 측면은 인간의 반쪽이다. 이 측면을 거부함으로써 남성은 정신분열증적인 상태가 되었다. 이제 우리는 남성과 여성을 하나의 전체로써 동시에 다루어야 한다. 지금이 그 때이다. 여성들의 경험, 여성들의 이해, 여성들의 명상이 하나의 전체(one whole)를 만들 것이다. 그리고 그것은 진정한 인류의 출발점이 될 것이다『길 위의 빛 : Light on The Path』.」

나는 죽음의 문턱에 이르렀던 사람들의 이야기가 실린 과학 논문이나 잡지를 읽은 적이 있다. 수술 도중 일시적으로 심장이 멈추었던 사람들, 또는 사고로 인해 혼수 상태에 빠졌다가 다시 살아난 사람들의 경험담을 읽으면서 나는 깜짝 놀랐다. 왜냐하면 그들의 경험이 내가 명상중에 경험한 바와 정확하게 일치하기 때문이다.

작년도 '헤랄드 트리뷴(Herald Tribune)지'는 육체를 떠나 죽음의 문턱에 이르렀던 사람들의 경험담을 다루었다. 그들 모두가 '터널 끝의 빛'에 대해 이야기하고 있었다. 그들은 터널을 통과해 지나갔으며 엄청난 사랑과 지복을 경험했다는 것이다. 그들 중의 일부 기독교인들은 그 '빛'을 예수로 해석하기도 했다. 나는 명상중에 이와 똑같은 경험을 했다. 비록 그 '빛'이 나를 완전히 집어삼키기 전에 의식을 잃긴 했지만.

오쇼가 『숨은 광채 : The Hidden Splendor』를 강의하고 있을 때, 한 산야신이 이런 경험에 대해 질문했다. 그 산야신은 자신의 경험을 다음과 같이 설명했다.

「커다란 검은 점이 있었습니다. 그리고 그 검은 점 안에는 하얀 점이 있었습니다. 이 하얀 점이 원을 그리듯 빙글빙글 돌면서 점점 가까워졌습니다. 그러나 저는 검은 점이 완전히 사라지기 직전에 눈을 떴습니다.」

오쇼는 이렇게 대답했다.

「그대에게 일어났던 일은 매우 중요한 일이다. 그것은 보기 드문 일이다. 동양에서는 인간의 두 눈 사이에 제 삼의 눈이 있다고 한다. 그 내면의 눈은 보통 때에는 감겨 있다. 그 눈을 뜨기 위해서는 중력의 법칙에 맞서 성 에너지를 위로 끌어올리기 위해 많은 노력을 기울여야 한다. 그래서 그 에너지가 제 삼의 눈에 도달하면, 그 때 내면의 눈이 열린다.」

오쇼는 다음 번에 그런 일이 일어날 때는 눈을 뜨고 있으라고 말했다.

「……그리고 일단 검은 점이 사라지고 있음을 알게 되면……

검은 점은 그대이고 하얀 점은 그대의 의식이다. 검은 점은 그대의 에고이며 하얀 점은 그대의 존재이다. 그러니 존재가 확산되고 에고가 사라지도록 놔두라.

조금 더 용기를 내라. 그것은 죽음처럼 보일 것이다. 왜냐하면 그대는 검은 점과 동일시되어 있는데, 그 검은 점이 사라지고 있기 때문이다. 그대는 하얀 점과 자신을 동일시한 적이 없다. 그래서 뭔가 낯선 미지의 느낌이 그대를 사로잡는 것이다.」

내가 이해하는 바에 의하면, 명상을 통해서는 절대로 해로운 일이 일어나지 않는다. 왜냐하면 명상 속에는 관찰자, 또는 주시자가 존재하기 때문이다. 내가 가끔씩 명상 중에 현기증이 난다고 말했을 때, 오쇼는 이렇게 말했다.

「현기증을 느끼거나 아찔한 그 상태를 넘어서야 한다. 두려워하지 말라. 그 상태 안으로 들어가라. 그 느낌에 자신을 맡겨라. 잠시 동안 그대는 의식을 잃을 것이다. 하지만 그것은 순간일 뿐이다. 그 순간 뒤에는 돌연 밤이 가고 새벽이 열린다『혁명 : The Rebel』.」

가장 큰 신비이자 금기 사항인 죽음에 대해 오쇼는 많은 말을 했다.『라즈니쉬 바이블 : The Rajneesh Bible』에서 오쇼는 이렇게 말했다.

「우리는 태어나는 그 순간부터 삶을 소모하기 시작한다. 왜냐하면 탄생은 곧 죽음의 시작이기 때문이다. 매순간 그대는 더 많이 죽게 될 것이다. 죽음은 칠십 년쯤 지난 어느 날 갑자기 오는 것이 아니다. 죽음은 특정한 날에 일어나는 '사건(event)'이 아니라, 탄생과 더불어 시작되는 '과정(process)'이다. 그 과정에는 칠십 년 정도 걸린다. 그것은 굉장히 느린 과정이다. 어쨌든 죽음은 '과정'이지 '사건'이 아니다. 내가 이 사실을 강조하는 이유는, 그대에게 삶과 죽음은 둘이 아니라는 점을 분명히 알려주려는 것이다.

만일 죽음이 삶의 끝을 알리는 '사건'이라면, 죽음과 삶은 둘이 된다. 그때, 삶과 죽음은 서로 적이 된다.

죽음이 탄생과 더불어 시작되는 과정이라고 말할 때, 나는 삶 또한 탄생과 더불어 시작되는 과정이라고 말하고 있는 것이다. 삶과 죽음은 두 개의 과정이 아니다. 그것은 하나의 과정이다. 그 과정은 탄생과 함께 시작되고 죽음과 함께 끝난다.

삶과 죽음은 새의 두 날개와 같다. 또는 두 다리나 두 팔이다. 삶은 변증법적이다. 이 사실을 이해한다면 그대는 죽음을 완전히 수용할 수 있다. 죽음은 그대에게 반대하지 않는다. 죽음은 그대의 일부이다. 죽음이 없으면 그대는 살 수 없다.

나는 죽음은 허구라고 말한다. 죽음은 없다. 아무 것도 죽지 않는다. 다만 변하는 것이 있을 뿐이다. 만일 깨어 있는 의식을 갖고 있다면 그대는 모든 것을 더 낫게 변화시킬 수 있다. 그것이 진화가 이루어지는 방식이다.」

니르바노의 죽음은 충격적이었다. 그것은 전혀 예기치 못한 돌발 사태였다. 나는 나의 일부가 떨어져 나가는 것 같았다. 그리고 지금부터 더 충만된 삶을 살아야한다는 느낌이 들었다. 그녀의 죽음은 내게 깨달음에 대한 절박감을 심어 주었다. 오쇼가 만일 누군가에게 깨달음을 줄 수 있었다면 그는 당연히 니르바노를 위해 그 일을 했을 것이다. 하지만 오쇼는 길을 가르킬 뿐이다. 우리는 저마다 혼자 길을 가야 한다.

니르바노와 나는 십 년 전부터 오쇼의 발 아래 앉아 가르침을 받았다. 우리는 오쇼의 방에서 함께 명상했다.

이런 일이 생각난다.

어느 날 우리는 오쇼의 방에 있었다. 오쇼는 의자에 앉아 있었으며 우리는 둘다 바닥에 앉아 있었다. 우리는 오쇼의 도움을 받아 명상에 들었다. 몇 분 만에 나는 '폭발'을 경험했다. 나는 찬란한 색깔과 빛 안에서 잠시 정신을 잃었다. 몇 분 후, 오쇼가 말했다.

「좋다, 이젠 돌아오라.」

오쇼는 만면에 웃음을 짓고 있었다. 그는 기대 이상으로 성과가 좋았다고 하면서 이제 우리(니르바노와 나)는 '쌍둥이 — 에너지 쌍둥이'라고 말했다.

니르바노와 나는 12년 동안 매우 가까운 사이였다. 우리는 서로를 사랑했다. 그리고 때로는 오쇼가 말했듯이 '같은 방에 살 수 없는 호적수'였다. 우리는 아주 강한 관계의 끈으로 연결되어 있었다. 오쇼가 세계일주의 끝 무렵 봄베이에 머물고 있을 때, 그녀와 나는 가장 절친한 사이였다. 나는 오쇼의 세탁일을 하고 있었는데, 세탁실은 또한 그녀의 침실이기도 했다. 장소가 비좁아 아주 어려운 상황이었음에도 불구하고 우리는 서로를 사랑했다. 나는 그 사랑을 소중하게 여겼다. 그녀는 영국인 특유의 기질이 있어서 사람들을 대할 때 다소 쌀쌀맞은 편이었다. 그러나 하루 종일 같은 방을 쓰게 되면서 그런 태도는 사라졌다. 나는 그녀의 머리를 만져주는 것을 좋아해서 핀으로 그녀의 머리를 올려주곤 했다. 머리결이 너무 부드러워 항상 흘러내리곤 했지만.

내가 그녀를 마지막으로 본 것은 그녀가 붓다 홀을 나가고 있을 때였다. 그때 나는 출입구에 앉아 있었다. 우리는 서로를 보고 미소 지었다. 그것이 우리의 마지막 작별 인사였다.

그녀가 죽었을 때, 나는 그녀에게 미처 하지 못한 말이 남았다는 느낌은 들지 않았다. 사실, 그녀의 모든 친구들은 그녀와의 관계에서 미진한 부분은 남아 있지 않다는 것을 느꼈다. 그녀는 전체적인 삶을 살았으며, 나는 이미 미진한 부분이 남지 않도록 깨어 있는 의

식으로 모든 사람들을 대해야 한다는 것을 알고 있었다.

나는 친구들을 무의식적으로 대하고 싶지 않다. 왜냐하면 그들을 다시 볼 수 없게 되었을 때, 미처 다하지 못한 말은 치료될 수 없는 상처로 남기 때문이다.

니르바노는 내게 가장 큰 수수께끼였다. 그녀가 살아가는 방식, 존재하는 방식 모두가 나로서는 이해하기 힘들었다. 그녀는 어느 순간 어린아이처럼 천진난만했는가 하면 그 다음 순간에는 칼을 휘두르는 깔리 여신처럼 무시무시했다. 그녀의 죽음은 그녀의 삶만큼이나 수수께끼였다. 나는 그녀가 왜 죽었는지 모른다. 나는 그녀를 알게 된 이후로 줄곧 죽고 싶다는 말을 들어왔다. 그녀는 가끔씩 절망적인 불행의 늪에 빠져 있었다. 하지만 항상 나는 어느 날엔가 그녀가 갑자기 깨달음을 얻을 것이라고 생각했었다.

나는 그녀가 깨달음에 아주 가까이 갔었다고 생각한다. 그녀는 지혜로운 여성이었으며, 오쇼와 잘 조화를 이루고 있었다. 어느 누구도 그녀만큼 오쇼와 조화를 이룰 수 없었다. 그녀는 오쇼가 병들었을 때 직감적으로 무엇이 문제인지 알아 맞춘 적이 여러 번 있었다. 그리고 오쇼 또한 그녀가 자신을 너무나 잘 보살피고 있다고 말하곤 했다. 그녀는 날카롭고 예리한 인식 능력을 지니고 있었으며, 사람들을 파악하는 능력이 뛰어났다. 특히 부정적인 면을 잘 간파했다. 하지만 그녀가 가끔씩 절망적인 우울증에 시달릴 때에는 아무도 그녀를 도울 수 없었다. 그녀는 문을 걸어 잠그고 혼자 고통과 싸우곤 했다.

마지막 몇 년 동안 그녀는 호르몬의 불균형 현상을 나타내고 있었다. 그녀는 치료를 위해 약을 먹었지만 별로 효과가 없었다. 1989년 초, 그녀는 영국의 정신 병원을 찾았다. 그러나 이틀 만에 병원을 나오고 말았다. 그녀의 말에 의하면, 자기보다 의사들이 더 미친 것 같았다는 것이다. 그래서 그녀는 스스로 우울증을 극복해

야함을 깨달았다.

그녀가 죽기 몇 달 전부터 나는 그녀를 만날 수 없었다. 내가 찾아갈 때마다 그녀는 다음에 오라고 말하곤 했다. 그 다음에는 문을 두드려도 대답조차 하지 않았다. 그래서 나는 그녀가 나를 만나길 원치 않는가보다하고 생각했다.

내게는 그녀와 멀리 떨어져 있는 것이 더 나았다. 왜냐하면 나는 그녀의 불행에 아주 민감하게 동화되곤 했기 때문이다. 그녀는 단전, 또는 위장 아래쪽에 참을 수 없는 통증을 느낀다고 말한 적이 여러 번 있었다. 그녀는 몇 년 동안 아침마다 위장에 통증과 구토기를 느끼곤 했다. 그녀와 그런 증상에 대해 이야기를 나눈 다음날이면 나 또한 그녀와 똑같은 통증을 느끼며 잠을 깨곤 했다. 나는 그녀의 통증을 나의 통증으로 느끼고 있었다.

붓다 홀에서 그녀와 마지막으로 함께 앉아있던 때가 생각난다. 우리는 오쇼와 함께 명상하고 있었으며, 나는 그녀의 바로 옆에 앉아 있었다. 그런데 침묵 단계에서 나는 그녀의 내면에서 흘러나오는 소리를 들을 수 있었다. 그 소리는 내가 아주 만족스럽고 평화로운 상태에 잠겨 있을 때 내면에서 들을 수 있는 소리와 똑같았다. 그 경험을 통해 나는 그녀가 존재하는 공간에 대해 어느 정도 이해할 수 있었다. 그래서 나는 불과 일주일 후 그녀가 죽었다는 것을 알았을 때 크게 충격받았다. 왜냐하면 나는 그녀의 내적 공간을 알고 있었으며, 내가 그토록 깊은 우울증의 수렁에 빠질 수 있다고는 생각하지 않았기 때문이다. 그녀는 나와 똑같은 명상적인 느낌을 알고 있었다. 하지만 그녀의 우울증은 너무 심각했다. 누구도 도울 수 없을 정도였다.

나는 오쇼가 그녀를 위해 할 수 있는 일은 다 했다고 생각한다. 오쇼는 그녀가 원하는 모든 것을 주었다. 오쇼는 그녀가 아쉬람에 머물기를 바랐다. 그러나 그녀는 원하는 곳이면 전세계 어디든 갈 수 있는 자유가 있었다. 그녀는 여러 번 영국으로 떠났었다. 하지만 하루나 이틀 후면 다시 돌아오곤 했다.

  1989년 초, 그녀는 새로운 삶을 시작하기 위해 오스트레일리아로 떠났지만 불과 며칠 만에 돌아왔다. 그녀는 스페인, 스위스, 태국 등 여러 곳으로 떠났었지만 그때마다 며칠 안에 돌아오곤 했다. 나는 오쇼가 육체를 떠날 때까지 그녀가 아쉬람에 머물렀더라면, 그것은 그녀에게 획기적인 전환점이 되었을 것이라고 생각한다. 오쇼도 그녀의 죽음이 시기적절하지 않았다고 말한 바 있다.

  니르바노의 시신은 오쇼의 요청에 의해 바로 그날 밤 화장터로 옮겨졌다. 그녀의 친구들만이 화장에 참석했다. 사십 명 남짓한 우리는 심각한 표정으로 그녀의 시신이 도착하기를 기다렸다.

  그녀의 시신을 실은 앰뷸런스가 도착했다. 그녀의 시신이 화장장에 놓였을 때, 나는 합장으로 인사했다. 나의 친구인 아미요(Amiyo)가 니르바노의 시신을 보며 말했다.

  「저 몸은 니르바나가 아냐. 그녀는 이미 떠났어.」

  니르바노의 시신은 화장터의 중간에 있는 화장장에 눕혀졌다. 그리고 그 위에 장작이 쌓였다. 장작은 그녀의 얼굴 부위를 제외하고 지그재그로 쌓였다. 그래서 장작으로 만들어진 '창문'을 통해 그녀의 얼굴을 볼 수 있었다. 그녀의 얼굴은 순백색의 가면 같았다. 입술은 검붉게 부풀어 있었다. 불길의 춤 속에서 그 입술은 속삭이는 것처럼 보였다. 나는 활활 타오르는 불길 주변을 돌았다. 이런 생각이 떠올랐다.

  '이상한 일이야. 난생 처음 보는 화장 장면인데 그것이 니르바노의 시신이라니! 나는 그녀를 통해 죽음과 가장 가까이 마주치는구나.'

나는 오쇼가 니르바노를 얼마나 사랑했는지 진정으로 알지는 못한다. 다만 생각으로만 이해할 뿐이다. 오쇼와 니르바노는 불가사의한 사이였다. 오쇼는 그녀의 기질이나 기분에 전혀 영향받지 않았다. 오쇼는 니르바노가 떠났다가 돌아올 때마다 아무 것도 묻지 않았다. 오쇼는 언제나 그녀를 환영했다.

나는 전생에 대한 경험이 없다. 그럼에도 불구하고, 나는 항상 그들의 관계가 오래 전부터 지속되어 왔다는 느낌을 받았다. 오쇼는 1978년의 강의에서 니르바노가 그녀의 전생(불과 사십 년 전의 일이다)에서 자신의 친구였다고 말한 바 있다. 그녀는 장티푸스에 걸려 죽었는데, 반드시 돌아와 오쇼를 보살피기로 약속했었다는 것이다.

오쇼는 행동에 의해 사람을 판단하지 말라고 했다. 니르바노의 경우에 비추어 보면 이 말은 너무나 분명하게 드러난다. 그녀는 한편으로는 아름다운 영혼의 소유자였으며, 다른 한편으론 매우 종잡을 수 없는 사람이었다. 오쇼는 그녀가 결코 명상하지 않았으며 항상 자신의 일을 방해했다고 말한 바 있다. 그리고 그녀는 오쇼가 누구를 비서로 삼아 일하든지 간에 항상 그 일을 어렵게 만들었다는 것이다. 아마 그녀는 오쇼의 일에 대한 이해가 부족했던 것일까? 오쇼에게는 수많은 제자가 있었다. 그리고 오쇼는 모든 사람을 위해 일했다. 이것은 오쇼의 명상 테크닉을 통해 변화한 사람들을 관찰해 보면 쉽게 알 수 있다.

무조건적인 사랑을 이해하는 것은 쉬운 일이 아니다. 우리가 살고 있는 세상에서, 아무런 대가도 요구하지 않는 사랑을 찾아 보기란 하늘의 별따기이다. 우리는 세상 속에서 소유와 지배로 점철된 사랑만을 본다. 그러나 니르바노에 대한 오쇼의 사랑과 자비는 변함이 없었다. 오쇼는 사랑의 화신이었다. 그의 사랑은 항상 받아들여질 때만을 기다리고 있었다. 때때로 니르바노는 오쇼의 사랑을 받아들일 수 없었다. 이것은 그녀에게 국한된 것이 아니라 우리 모두의 이야기이다.

  삶에는 언제나 깊이를 알 수 없는 신비로 남아있는 것이 많다. 사물의 본성 자체는 이해되지 않는 것처럼 보인다. 지난 몇 년 동안 일어났던 일을 이해하려고 하면 할수록 나는 현재 순간으로 다시 돌아온다. 나의 코를 간지르는 숨결, 내 몸을 통해 움직이는 호흡이 느껴진다. 나는 창문을 통해 나무를 내다본다. 튼튼한 나무들이 서 있다. 산들 바람이 불어와 나뭇잎을 흔들어 놓는다. 물 흐르는 소리, 새들의 노래 소리…… 나는 그 안의 침묵을 들여다 본다.

  진정으로 거기에 있는 것은 무엇인가? 아마 그것은 항상 이해되지 않은 채 남을 것이다.

  오쇼는 이렇게 말했다.

  「삶은 살아야 할 신비이지 해결해야 될 문제가 아니다……」

스승은 영원히 살아있다!

막상 오쇼의 죽음에 대해 쓰려고 하니 그것은 불가능하다는 생각이 든다. 왜냐하면 오쇼는 죽지 않았기 때문이다. 만일 오쇼가 죽었다면 나는 당혹감을 느꼈으리라. 그러나 오쇼가 육체를 떠난 후에도 나는 전혀 당황하지 않았다. 내 말은 오쇼의 영혼이 유령처럼 떠다니는 것을 본다거나, 또는 구름 속에서 그의 목소리를 듣는다는 뜻이 아니다. 절대 그런 뜻이 아니다. 내 말은 그가 육체 안에 있을 때와 마찬가지로 지금도 그를 느낀다는 것이다. 그가 살아 있을 때 그의 주변에서 내가 느낀 에너지는 죽음이 없는 순수한 에너지, 또는 불사의 영혼이었음에 틀림없다. 왜냐하면 나는 그가 육체를 떠난 지금도 똑같은 것을 느끼기 때문이다. 비디오를 통해 그를 보고 그의 책을 읽으면 읽을수록, 그는 육체 안에 있을 때에도 한 사람의 인간으로 존재하지 않았었다는 것을 나는 더 많이 이해하게 된다.

오쇼는 우루과이에서 이렇게 말했다.

「나는 죽을 때만큼이나 지금도 부재(不在)한다. 유일한 차이점이 있다면 지금 나의 부재는 육체가 있지만, 죽었을 때 나의 부재는 육체가 없을 것이라는 점이다.」

자신은 아무도 아니며 단지 부재할 뿐이라고 오쇼는 여러 차례 말한 바 있다. 하지만 나는 그의 말을 이해할 수 없었다. 한때, 나는 그가 의자에 앉아 강의를 하고 있는 도중에 그의 의자가 비어 있는 것을 본 적이 있다. 그의 의자는 텅 비어 있었으며 그의 뒤에 있는 벽을 통해 하늘과 바다가 보였다. 그리고 엄청난 에너지가 그를 통과하며 밀려옴을 느꼈다. 그 에너지는 매우 강력하고 빠른 속도로 움직였다. 그것은 나를 두렵게 만들었다. 왜냐하면 그 에너지 앞에 그는 너무나 취약해 보였기 때문이다. 나는 내가 느낀 바를 써서 그에게 전했다. 나는 두려웠다는 말을 덧붙였다. 그는 나의 편지에 이렇게 답했다.

「그대는 깨달은 사람에게 나타나는 현상을 깊이 들여다 보아야 한다. 깨달은 사람은 존재하는 동시에 존재하지 않는다. 그는 존재와 부재 둘 다이다. 그는 존재한다. 왜냐하면 육체가 있기 때문이다. 동시에 그는 존재하지 않는다. 더 이상 에고가 존재하지 않기 때문이다. "나는 존재한다"고 말할 수 있는 사람이 사라졌다. 형상을 이루는 구조(structure)가 거기에 있지만 내면은 순수한 공간이다. 그 순수한 공간이 바로 그대의 신성(divineness and godliness)이다. 그 순수한 공간은 외부에서 볼 때 하늘과 같다. 하늘은 존재하는 것처럼 보일 뿐 실제로는 존재하지 않는다. 만일 그대가 하늘을 찾아 다닌다면 어디에서도 하늘을 발견하지 못할 것이다. 하늘은 단지 존재하는 것처럼 보일 뿐이다.

깨달은 사람은 하늘과 같다. 그와 합일을 이룬 사람은 그가 존재하지 않음을 알게 될 것이다. 그것은 그대를 두렵게 만들 것이다. 그것이 그대에게 일어났던 일이다. 그때, 그대는 나와 완벽한 조화를 이루었던 것이다.

간혹 그대는 그대 자신을 잊고 나와 완벽한 조화를 이룰 것이다.

그대의 에고를 잊어야만 나와 만날 수 있다. 그 만남 안에서 그대는 의자가 비어 있음을 알게 될 것이다. 그것은 순간적인 경험일지도 모른다. 하지만 그대는 지금까지 본 어떤 것보다도 더 실체에 가까운 어떤 것을 본 것이다. 그대는 빈 대나무의 속을 들여다 보았다. 그리고 빈 대나무를 통해 흘러나오는 불가사의한 음악 소리를 들었다.」

이 강의를 마친 후, 오쇼는 나의 이름을 〈체타나〉에서 〈쁘렘 순요(Prem Shunyo)〉로 바꾸었다. 쁘렘 순요는 《공(호)에 대한 사랑》을 의미한다.

「나의 현존은 더욱 더 부재(不在)가 되어가고 있다.
나는 존재한다. 그리고 존재하지 않는다.
내가 더 많이 사라질수록 나는 그대들에게 더 많은 도움을 줄 수 있다(라즈니쉬 바이블 : The Rajneesh Bible, 1986년 봄베이에서).」

나는 오쇼의 눈 안에서 텅 비어 있는 공(호)을 볼 수 있었다. 하지만 나는 그가 퍼스낼리티(personality)와 에고없이 존재한다는 사실을 받아들일 수 없었다. 왜냐하면 나는 그것이 무엇을 의미하는지 이해하지 못했기 때문이다. 오쇼는 우리의 가장 깊은 신비를 발견할 수 있는 길을 가라고 가르쳤으며, 친절하게 우리를 안내했다. 이제 그가 가르치던 방식을 돌이켜보면 그에게 에고가 없다는 것을 알 수 있다. 불행과 고통을 뛰어넘는 길, 그러면서도 인간의 가슴으로 우리를 인도하는 길, 모든 조직적인 종교에 반대하는 길, 그러면서도 진정으로 종교적인 길, 오쇼는 우리에게 그런 길을 가라고 가르쳤다.

오쇼는 삼십오 년 동안이나 사람들을 도우려고 끊임없이 애썼지만 아무 것도 기대하지 않았다. 나는 그것을 안다. 그는 자신의 지혜를 나누어 주었다. 하지만 그의 말에 귀기울이고 그를 이해하느냐 하는 것은 전적으로 우리에게 달렸다. 그는 자신이 보여 주려고 했던 것을 이해하지 못하는 우리의 무능력에 화내지 않았다. 우리가 계속해서 낡은 습관을 되풀이하는 것에 조바심을 내지도 않았다.

그는 어느 날엔가 우리가 깨달음을 얻을 것이라고 말했다. 왜냐하면 언젠가 그런 일이 일어날 수밖에 없기 때문이라는 것이다. 그는 시기는 중요한 문제가 아니라고 말했다.

「나는 그대들에게 내 존재의 맛을 보여준다. 그리고 그대들도 똑같은 맛을 가질 수 있도록 준비시킨다. 나의 말이 살아남을 것이냐 아니면 죽어버릴 것이냐는 전적으로 그대들에게 달렸다. 나에 관한 한, 나는 그런 문제에 관심이 없다.

이 지구상에 존재하는 동안 나는 그대들 안에 나 자신을 쏟아 붓는다. 그리고 나는 그런 일을 하도록 허락해 준 그대들에게 감사한다. 누가 미래에 신경쓴단 말인가? 내 안에는 미래를 걱정할 사람이 없다. 존재계가 나를 수레로 이용했다면, 존재계는 나 말고도 수레가 될 사람을 얼마든지 발견할 수 있을 것이다. 나는 그것을 절대적으로 확신한다『거짓에서 진리로 : From the False to the Truth, 1985』.」

그는 자신이 수백 년이나 시대를 앞서 있음을 알고 있었다. 그는 어떤 걸출한 인물도(genius) 동시대인에게는 이해될 수 없다고 말했다. 크리슈나무르티가 죽던 날, 그는 이렇게 말했다.

「이제 나는 세상에 홀로 남았다.」

어떻게 기억되기를 바라느냐고 물었을 때, 오쇼는 이렇게 대답했다.

「나는 단지 잊혀지고 용서받기를 원한다. 나를 기억할 필요는 없다. 필요한 것은 그대 자신을 기억하는 것이다. 사람들은 고타마 붓다와 예수 그리스도, 공자, 크리슈나를 기억한다. 그러나 그것은 아무 도움도 되지 않는다. 그러므로 나는 그대들에게 바란다. 나를 완전히 잊으라. 또한 나를 용서하라. 왜냐하면 나를 잊는 것은 어려운 일이 될 것이기 때문이다. 그것이 나를 용서하라고 부탁하는 이유이다. 나는 그대들에게 어려운 문제를 안겨 주었기 때문이다.

나를 잊으라. 그리고 그대 자신을 기억하라『진리의 등불을 전하며 : The Transmission of the Lamp』.」

그는 이름도 없이 세상을 떠났다. 오쇼는 이름이 아니다. 오쇼는 7백여 권에 달하는 자신의 책에 나오는 브하그완 쉬리 라즈니쉬라는 이름을 오쇼로 바꾸라고 말했다. 그러므로 다음 세대는 라즈니쉬라는 사람이 살았는지도 모를 것이다. 오직 오쇼만이 남을 것이다. 그런데 오쇼는 이름이 아니다.

「그대는 이름없는 실체이다. 그것은 좋은 일이다. 왜냐하면 모든 이름은 그대 주변에 울타리를 치기 때문이다. 모든 이름은 그대를 작게 만든다『여기에서 여기로 떠나는 위대한 순례 : The Great Pilgrimage from Here to Here』.」

그는 세상의 모든 다이아몬드와도 비교할 수 없는 값진 유산을 남겼다. 그는 자신의 제자들 안에 가르침을 남기고 떠난 것이다. 그는 인류의 진보를 위해 걸음을 내딛는 수많은 사람들을 키웠다. 죽음은 존재하지 않는다. 우리는 그것을 완전히 깨닫지 못했다 해도 이해할 수는 있다. 오늘날 인류에게 죽음의 문제는 가장 큰 금기(taboo)이고 신비이며 가장 큰 두려움이다. 그런데 오쇼는 우리를 죽음 안으로 밀어넣고 죽음 밖으로 끌어 당겼다. 죽음은 오직 육체에만 일어난다. 이것은 나 자신의 경험이다. 죽음의 비밀, 천국, 죽음 뒤의 삶, 환생 — 이제 그 모든 비밀이 드러났다.

나는 오쇼가 이 세상에서 사라지고 있는 것을 보면서 두려워하고 있었다. 내가 두려움 없이 오쇼의 눈과 마주친 마지막 순간은 니르바노가 죽은 날 밤이었다.

니르바노가 죽은 시간은 우리가 오후 일곱 시 붓다 홀에서 명상에 들어가기 직전이었다. 그날 밤 나는 오쇼의 차가 붓다 홀에 도착하기를 기다리고 있었다. 오쇼가 도착하자 나는 차문을 열어 드렸다. 우리는 여섯 사람이 교대로 그 일을 하고 있었는데, 그날은 마침 내 차례였다. 오쇼는 차에서 걸어 나오면서 나를 뚫어져라 쳐다 보았다. 오쇼는 내가 니르바노의 죽음을 안다는 것을 알고 있었다. 내가 추측하기에, 오쇼는 내 눈을 들여다 보면서 니르바노의 죽음을 제대로 받아 들이고 있는지 알아보고 있었던 것 같다. 나는 오쇼를 보면서 속으로 '네, 오쇼'하고 말한 것을 기억한다. 나는 오쇼가 느끼고 있을 고통을 조금이나마 이해했었다고 생각한다. 하지만 오쇼가 그녀를 얼마나 사랑했었는지 진정으로 알지는 못한다. 다만 그렇게 생각할 뿐이다. 오쇼는 두 달 전부터 우리와 함께 춤추는 것을 그만두고 있었다. 그는 연단 위를 천천히 움직이면서 합장으로 인사했다. 그는 굉장히 천천히 움직였다. 그는 합장을 하고 옆걸음으로 천천히 움직였다. 예전에는 앞줄에 앉은 누군가를 응시하곤 했었는데, 그 당시 그의 눈은 먼 하늘의 별을 바라보듯이 지평선을 향해 있었다.

그는 붓다 홀에 있는 특정한 한 사람에게 눈길을 주는 일이 점점 더 적어지는 것 같았다. 그에게 있어서 제자들은 그가 세상에 닻을 내리고 정박하는 항구였다. 하지만 이제 그는 점점 더 먼 곳으로 사라지고 있는 것 같았다.

　오쇼는 점점 더 약해졌으며 위의 통증이 악화되었다. X-선 사진을 찍어보았지만 아무런 문제도 발견되지 않았다. 통증은 단전을 향해 움직이고 있었는데, 오쇼는 통증이 단전에 이르면 생명이 위험해질 것이라고 말했다. 그는 점점 더 이 세상에서 멀어지는 듯했다.
　그런 오쇼의 모습을 볼 때마다 나는 자신의 무력함에 분노를 느끼며 붓다 홀에서 벌떡 일어나 소리치고 싶었다.
　「스승님, 제발 떠나지 마세요!」
　그러나 그는 떠나고 있었다. 나는 그를 볼 때마다 그의 목소리를 들을 수 있었다.
　「그대는 혼자다……..」
　그 당시 나는 될 수 있으면 오쇼에게서 멀리 떨어져 앉고 싶었다. 그러면 그의 눈 안에 나타나는 무(無)를 봄에 의해 영향받지 않고 그의 존재를 강하게 느낄 수 있었기 때문이다. 앞에 앉으면 그가 사라지고 있는 것을 볼 수 있었기 때문에 진정으로 축제를 즐길 수 없었다. 어느 날 밤, 나는 붓다 홀 뒤쪽에 자리잡았다. 나는 붓다 홀 둘레에 쳐진 모기장에 걸려 넘어질 만큼 열광적으로 춤추었다. 그리고 강렬하게 지베리쉬를 했다. 하지만 이때 한번만을 제외하고는 뒤쪽에 앉을 수 없었다.
　오쇼가 마지막으로 붓다 홀에 나왔을 때, 나는 전혀 축제를 즐길 수 없었다. 나는 오쇼의 의자 바로 앞에 앉아 있었는데, 오쇼는 내 쪽으로 걸어와 바로 내 위에 멈추었다. 그 다음에는 오른쪽으로 돌아서서 천천히 연단 끝으로 갔다. 일순간 불행한 생각이 들었다.
　오쇼가 오른쪽 연단 끝으로 갔을 때 나는 이것이 오쇼를 마지막 보는 것일지도 모른다고 생각했다. 나는 이 불행한 기분을 떨쳐버리는 것이 낫겠다고 생각했다. 그렇지 않으면 남은 인생 동안 이 불행 속에서 벗어날 수 없을 것 같았다. 나는 음악에 맞춰 팔을 흔들며 춤추기 시작했다.

오쇼는 서서히 뒤걸음질치며 연단을 가로질러 움직였다. 다시 그는 내 위에 섰다. 불과 몇 발자국밖에 떨어져 있지 않았다. 우리의 눈은 마주치지 않았다. 하지만 나는 팔을 흔들고 춤추면서 마음속으로 오쇼에게 말하고 있었다.

「그렇게 하세요. 당신은 우리를 위해 오랜 세월 동안 육체 안에 머물려고 애써 왔습니다. 이제 당신이 떠날 때가 되었다면 그렇게 하세요..」

나는 팔을 흔들며 그에게 작별을 고했다.

「당신이 가야만 한다면 기쁜 마음으로 보내 드리겠습니다. 사랑하는 스승님, 잘 가세요.」

그는 연단 뒤로 움직였다. 그리고 붓다 홀을 나가기 직전 오른쪽을 보면서 돌아섰다. 나는 그의 눈에서 미소를 보았다. 그것은 웃음과 미소의 중간쯤 되는 것이었다. 애써서 표현한다면, 그것은 오랫동안 여행하고 돌아온 사람이 먼 곳에서 집을 바라보며 짓는 그런 미소였다. 그것은 자신의 여행이 끝났음을 아는 사람의 미소였다. 나는 지금도 눈을 감으면 그 미소를 볼 수 있다. 하지만 말로 설명하기는 불가능하다. 그 미소는 그의 눈 안에 나타나고 있었으며, 알 듯 모를 듯 입가로 부드럽게 스쳐 지나가고 있었다.

그가 붓다 홀을 나가자, 나는 머리 위로 두 팔을 들어올려 합장했다. 그렇게 오쇼는 떠났다.

그날 밤, 친구와 저녁을 먹고 있는데 그녀가 말했다. 오늘로써 오쇼를 보는 게 마지막인 것 같다고. 하지만 나는 그것을 인정할 수 없었다. 나 역시 그것을 알고 있었지만 그녀의 말을 부정하고 싶었다.
 라피아를 보았을 때 그가 말했다.
「오쇼는 어때? 나는 두려워.」
 내가 말했다.
「나 역시 그래.」
 다음날, 나는 극도로 혼란스러웠다. 나는 오쇼가 죽어가고 있다고 생각했지만 그것을 현실로 인정하기가 힘들었다. 오쇼가 죽으면 나도 죽을 것이라고 생각해 왔기 때문이었다. 오쇼가 없는 삶은 상상할 수도 없었다.
 그날 밤, 우리는 오쇼가 그의 방에서 안전하게 머물고 있으니 걱정하지 말고 명상하라는 전갈을 받았다. 오쇼는 자기가 없어도 제자들이 깊은 침묵에 도달하게 되면 그때 육체를 떠날 것이라고 말한 적이 있었다. 하지만 그날 밤 나는 그런 말을 전혀 생각하지 못하고 있었다.
 오쇼가 육체를 떠나기 마지막 이틀 동안, 나는 붓다 홀에 끝까지 남아 명상의 전과정에 참석할 수 없었다. 비디오 강의가 진행되는 동안 나는 붓다 홀을 뛰쳐나와야 했다. 나는 어머니의 자궁 같은 세탁실로 가서 혼자 앉아 있었다.

 다음날, 오후 아난도의 사무실에 앉아 있는데 마니샤가 들어왔다. 그녀가 울면서 말했다.
「오쇼가 돌아가시고 있는 것 같아요.」
 우리는 인도인 의사가 오쇼의 집을 떠나고 있는 것을 보았다. 오쇼는 중병이 없는 한 외부에서 의사를 부르는 일이 결코 없었으므로 이것은 뭔가 심각한 일이 일어나고 있다는 징조였다.
 나는 저녁 일곱 시의 명상에 참가할 준비를 하기 위해 방으로 돌아왔다. 나의 도반이며 연인인 마르코(Marco)가 찾아왔다. 그전

같으면 우리는 저녁 명상에 들어가기 전 함께 춤추고 웃었을 것이다. 하지만 그날 밤은 유령처럼 우두커니 서 있기만 했다. 뭔가 무서운 일이 일어날 것 같았다.

마르코가 말했다.

「당신 눈빛이 심상치 않은데 무슨 일이 있어?」

나는 아직 확실치는 않지만 오쇼에게 무슨 일이 있는 것 같다고 말했다.

잠시 후, 마니샤가 와서 말했다. 오쇼가 육체를 떠났다는 것이었다. 그녀는 울음을 터뜨리며 말했다.

「너무 화가 나요! 그들이 이겼어요(그들은 미국 정부를 말한다)」

내가 말했다.

「아냐! 이제 우리는 알게 될 거예요. 그들은 오쇼를 죽일 수 없다는 것을!」

그녀가 방을 나가자, 나는 오쇼를 부르며 침대에 몸을 던졌다.

「오쇼, 이것은 시작일 뿐예요. 나는 알아요, 이게 시작이라는 것을!」

그렇게 뚜렷한 의식의 순간이 지나자 충격이 덮쳐왔다. 나는 천천히 계단을 오르락 내리락 했다. 어디로 가야할지, 무엇을 어떻게 해야할지 갈피를 잡을 수 없었다. 이젠 아쉬람에 있는 모든 사람들이 오쇼의 죽음을 알고 있었다. 여기 저기서 울음 소리가 들렸다.

나는 묵타를 만났다. 그녀는 들것 위에 뿌릴 장미를 꺾으러 나갈 참이었다. 나는 그녀를 거들어 아름다운 꽃을 골랐다. 뭔가 해야만 좋을 것 같았다.

몇 년 동안 오쇼의 운전사를 맡고 있는 아베쉬(Avesh)가 문간에 서 있었다. 그는 그날 밤도 변함없이 오쇼를 붓다 홀로 태우고 갈 수 있는지 알아보기 위해 기다리고 있었던 것이다. 그는 두려움이 가득한 얼굴로 무슨 일이냐고 물었다. 그는 아무 소식도 듣지 못한 상태였다. 나는 그를 끌어당기며 조용히 포옹했다. 하지만 아무 말도 할 수 없었다. 몇 분 후, 나는 그에게 아무 말도 할 수 없다고 말했다. 그러자 그는 나를 뚫어지게 쳐다보더니 말했다.

「오쇼가 떠났어요?」

그러더니 그는 바닥에 쓰러지며 울음을 터뜨렸다. 나는 더 이상 그의 모습을 보고 있기가 힘들어 자리를 떴다. 그날 밤, 우리들 각자는 저마다 깊은 '홀로 있음(aloneness)' 안에 있는 것 같았다. 산야신이라면 누구든지 오쇼와 독특하고 친밀한 관계를 맺는다. 그 관계는 누구도 침해할 수 없다.

복도에서 아난도를 만났다. 그녀는 표정이 밝아 보였다. 그녀는 나를 오쇼의 방으로 데리고 들어갔다. 오쇼는 침대에 누워 있었다. 나는 무릎을 꿇고 엎드려 절하며 〈나의 스승님〉하고 속삭였다. 오쇼에 대한 감사의 마음이 가득 밀려왔다.

나는 오쇼를 붓다 홀로 옮기는 일행에 참석했다. 오쇼는 장미꽃으로 덮힌 들것에 실려 연단 위에 놓여졌다. 오쇼는 자신이 좋아하는 옷을 입고, 일본인 구도자가 선물한 진주가 박힌 모자를 쓰고 있었다.

일만 명의 붓다가 축제를 벌였다.

우리는 오쇼를 화장터로 옮겼다. 뿌나의 혼잡한 거리를 통해 긴 행렬이 이어졌다. 밤이었지만 수많은 사람들이 모여 있었다. 밀라레빠와 음악가들은 밤새도록 음악을 연주했다.

나는 눈을 감고 있다가 까마귀의 울음 소리를 들었다. 그 울음 소리는 새벽을 여는 소리 같았다. 나는 깜짝 놀랐다.

「아니, 내가 그렇게 오랫동안 눈을 감고 있었단 말인가?」

그러나 눈을 떠 보니 아직도 한밤중이었다.

몸 전체가 쑤시고 아팠다. 스승이 육체를 떠날 때 내게 일어나리라고 상상했던 일은 전혀 일어나지 않았다. 나에 관한 한, 오쇼의 죽음은 나의 실체를 아는 계기가 되었다.

다음날 아침, 나는 아쉬람이 텅텅 비어있을지도 모른다고 생각하면서 잠자리에서 일어났다. 하지만 밖으로 나가보니 아쉬람은 산야신들로 만원이었다. 붓다 홀에서는 명상이 행해지고 있었다. 사람들은 길거리를 청소하고 있었으며, 식당에는 아침이 준비되고 있었다. 벅찬 감동이 밀려왔다. 이것은 오쇼의 꿈이 성취될 것이라는 확신을 안겨 주었다.

오쇼가 육체를 떠날 당시 그자리에는 암리또와 자예쉬가 지켜보고 있었다. 다음은 암리또가 붓다 홀에서 발표한 내용이다.

《그대들도 알다시피 지난 며칠 동안 오쇼의 육체는 눈에 띄게 약해져 갔다. 그대들이 몰랐을런지도 모르지만 그분의 육체는 그 동안 상당한 고통을 받아왔다. 18일 밤에 이르러서는 다리의 고통이 너무 심해 붓다 홀에 나오실 수도 없었다. 그분의 육체는 매순간 분명히 고통을 겪고 있었다.

어제 아침에는 맥박이 약하고 약간 불규칙한 것이 감지되었다. 내가 돌아가시는 것 같다고 말하자 그분은 고개를 끄덕이셨다. 심장 전문의를 불러 심장을 소생시켜볼 수 있을까하고 여쭈었더니 그분은 이렇게 말씀하셨다.

"아니야. 그냥 나를 가도록 내버려 둬. 시간은 존재계가 결정하는 것이니까……."

화장실에 가시는 것을 도와 드리는데 그분이 말씀하셨다.

"여기는 이 목욕 매트와 똑같은 카펫으로 바닥 전체를 깔지 그래."

그리고는 의자까지 걸어가겠다고 하셨다. 그분은 의자에 앉으셔서 방안에 있는 물건 몇 가지를 정리하셨다.

「이것은 누구에게 가야할까?」

그분은 작은 스테레오를 가리키면서 말씀하셨다.

"니루빠가 이 오디오를 좋아할까?"

니루빠는 여러 해 동안 그분의 방을 청소해 온 사람이다.

그분은 방 주위를 자세히 돌아보시면서 물건 하나하나에 지시를 내리셨다.

그분은 "저것은 밖으로 내놓지." 하시면서 최근 들어 잡음을 많이 내고 있는 습기 제거기를 가리키셨다.

"그리고 에어컨 하나는 항상 켜 놓도록 해."하고 말씀하셨다. 믿을 수가 없었다. 그분은 아주 간단하게, 아주 실제적으로, 그리고 정확하게 모든 것을 보고 계셨다. 그분은 마치 주말 여행을 떠나는 것처럼 편안하신 상태였다. 그분의 사마디(Samadhi)를 어떻게 해야할까 여쭈었더니 "장자 홀 침대 밑에 내 재를 안치하고, 그곳에 사람들이 와서 명상할 수 있도록 하라."고 말씀하셨다.

"이 방은 어떻게 할까요?"하고 여쭈었더니 "사마디에 이 방이 어울릴까?"하고 물으셨다. 나는 "아닙니다. 장자 홀이 아름답습니다."하고 말했다. 우리는 그분이 현재 거처하고 계신 침실을 그대로 두고 싶다고 말했다. 그러자 오쇼는 "그러면 더 좋게 만들지." 하시면서 방을 대리석으로 만드는 것이 좋겠다고 말씀하셨다.

내가 물었다.

"그런데 축연(celebration)은 어떻게 해야 하겠습니까?"

그분이 답하셨다.

"10분 동안 나를 붓다 홀에 데려갔다가 화장터로 보내도록 하라. 그런데 내 몸을 내가기 전에 모자와 양말은 신겨야 돼."

미국에서 감금된 이후, 오쇼의 육체는 파괴되어 가고 있었다. 그분은 탈륨에 중독되고 방사능에 노출되었는데, 이런 사실은 의학 전문가들에 의해 나중에야 밝혀졌다. 그들은 아무 증거도 남기지 않는 방법으로 오쇼에게 해를 가했다. 그분은 "내 이 고장난 육체는 미국 정부 내에 있는 보수파 기독교인들의 짓이다."라고 말씀하셨다. 그분은 고통에 대해 말씀하시지 않았으나 "이 육체를 지니고 사는 것은 지옥과 같았다."고 말씀하셨다.

그분은 누우셔서 다시 휴식을 취했다. 나는 밖으로 나가 자예쉬에게 오쇼가 육체를 떠나고 계시다고 알렸다. 오쇼가 다시 부르셨을 때, 밖에 자예쉬가 와 있다고 말씀드렸더니 그를 들어오라고 하셨다.

우리가 침대 위에 앉자, 그분은 마지막 말씀을 남기셨다.

"절대로 나를 과거형으로 말하지 말라. 이곳에서의 나의 현존은 더 이상 육체라는 고통스런 짐을 지지 않고 더욱 더 크게 배가될 것이다. 나의 사람들은 나를 더욱 더 강하게 느끼게 될 것이며, 내가 떠난 후 당장 그것을 알게 될 것이다. 이 점을 그들에게 상기시켜라."

나는 그분의 손을 잡고 있다가 울음을 터뜨렸다. 그분은 엄격한 눈빛으로 나를 바라보시며 말씀하셨다.

"아냐, 그러는 게 아니야."

내가 즉시 울음을 그치자 그분은 아름답게 미소지으셨다.

그리고 오쇼는 자예쉬에게 자신의 일이 계속 확대되기를 원한다고 말씀하셨다. 그분은 "이제 나는 육체를 떠나지만 더 많은 사람들이 이곳에 찾아 올 것이다."하고 말씀하셨다. 더 많은 사람들이 관심을 갖게 될 것이며, 그분의 일은 우리가 상상할 수 없을 정도로 확대될 것이라고 말씀하셨다. 육체라는 짐이 없다면 자신의 일이 번창하는 데 도움이 될 것이라고 그분은 분명히 확신하고 계셨다.

그 다음에 그분은 이렇게 말씀하셨다.

"내 꿈을 그대들에게 맡기노라."

그런 다음, 그분은 자예쉬가 귀를 가까이 갖다대야할 정도로 나직하게 말씀하셨다.

"그리고 명심하라. 아난도가 나의 메신저(messenger)이다."

그런 다음 그분은 잠시 멈추시더니 다시 말을 이었다.

"아니, 아난도는 내 매개체[medium]가 될 것이다."

그때 자예쉬가 한쪽으로 움직였다. 오쇼는 내게 물으셨다.

"매개체라는 말이 맞는 단어일까?"

나는 앞의 말을 듣지 못했기 때문에 무슨 말인지 이해할 수 없었다.

"미팅(meeting)입니까?"

"아니, 아난도 말이야. 그녀가 내 매개체가 될 것이다."

그분은 다시 조용하게 자리에 누우셨다. 내가 오쇼의 맥을 짚어보는 동안 자예쉬도 함께 앉아 있었다. 서서히 맥박이 사라져가고 있었다. 거의 맥박을 느낄 수 없게 되었을 때, 내가 말했다.

"스승님, 이제 마지막인 것 같습니다."

그분은 부드럽게 고개를 끄덕이시고는 마지막으로 눈을 감으셨다.》

* * *

오쇼는 자기가 보통 사람일 뿐이라고 말했다. 자기같은 보통 사람이 깨달을 수 있다면 우리 또한 깨달을 수 있다는 것이다.

우루과이에서 『진리의 등불을 전하며 : The Transmission of the Lamp』를 강의하고 있을 때, 오쇼는 시체로부터 방사되는 에너지에 대한 질문을 받고 이렇게 대답했다.

「인도에서는 오로지 성자들만이 화장되지 않는다. 모든 사람이 화장되지만 성자들은 예외이다. 그들의 육체는 몇 년, 또는 몇백 년

동안 에너지를 방사할 수 있도록 특별한 무덤에 안치된다.
그러나 보통 사람의 육체는 즉시 화장된다. 가능한 한 빨리.」

오쇼는 자신을 즉시 화장하라고 요구했다. 그는 성자로 추앙받는 것을 원하지 않았다. 그는 그저 보통 사람으로 화장되기를 원했다.

나는 스승을 필요로 했다. 그리고 지금도 여전히 오쇼는 나의 스승이다. 하지만 이제 나는 그를 필요로 하지 않는다. 나는 그를 통해 더 이상 누군가의 안내를 받을 필요가 없는 때가 왔다는 것을 알았다. 삶은 너무나 충만하고 풍요롭다. 깨달음에 관한 생각조차 필요없을 정도로. 왜냐하면 깨달음은 실제로 일어나기 전까지는 관념에 지나지 않기 때문이다.
나는 영원의 바다를 건너 메아리처럼 들려오는 신비주의자의 음성을 듣는다.
「나는 그대에게 다이아몬드처럼 빛나는 세계를 주었다. 자, 이제 그 안으로 들어가라!」

오쇼에 대하여

오쇼의 가르침은 어떠한 틀로도 규정하기 힘들 만큼 다양한 주제를 다루고 있다. 그의 강의는 삶의 의미를 묻는 개인적인 문제에서부터 현대사회가 안고 있는 시급한 정치·사회적인 문제에 이르기까지 거의 모든 주제를 망라한다. 오쇼의 책은 그가 직접 저술한 것이 아니라, 다양한 국적의 청중들에게 들려준 즉흥적인 강의들을 오디오와 비디오로 기록하여 책으로 펴낸 것이다. 그는 자신의 강의에 대해 이렇게 말했다. "내가 무슨 말을 하건 그 말은 지금 이 시대의 당신들을 위한 것일 뿐만 아니라 다가오는 미래 세대를 위한 말이기도 하다."

런던의 『선데이 타임스Sunday Times』는 20세기를 빛낸 천 명의 위인들 중 한 사람으로 오쇼를 선정했으며, 미국의 작가 탐 로빈스(Tom Robbins)는 오쇼를 '예수 이후로 가장 위험한 인물'로 평가하기도 했다. 인도의 『선데이 미드데이Sunday Mid-Day』는 인도의 운명을 바꾼 열 명의 인물을 선정했는데, 그중에는 간디, 네루, 붓다 등의 인물과 더불어 오쇼가 포함되어 있었다.

오쇼는 자신의 일에 대해 새로운 인간이 탄생하도록 기반을 닦는 것이라고 했으며, 이 새로운 인간을 '조르바 붓다(Zorba the Buddha)'로 부르곤 했다. 조르바 붓다란 니코스 카잔차키스의 소설 속 주인공인 그리스인 조르바처럼 세속의 즐거움을 누리는 동시에, 붓다와 같은 내면의 평화를 겸비한 존재를 일컫는다. 오쇼의 가르침에 일관되게 흐르는 정신은, 과거로부터 계승되어온 시대를 초월한 지혜와 오늘날의 과학문명이 지닌 궁극적인 가능성을 한데 아울러 통합하는 것이다.

또한 오쇼는 점점 가속화되는 현대인들의 생활환경에 맞는 명상법을 도입하여 인간의 내면을 변화시키는 데 혁명적인 공헌을 했다. 그의 독창적인 '역동 명상법'들은 심신에 쌓인 스트레스를 풀어줌으로써 일상생활 속에서 더 수월하게 평화와 고요함을 경험할 수 있게 해준다.

아래의 두 책을 참고하여 오쇼의 생애에 대해 더 자세하게 알아볼 수 있다.
- 『Autobiography of a Spiritually Incorrect Mystic』
- 『Glimpses of a Golden Childhood』

오쇼 국제 명상 리조트
Osho International Meditation Resort | www.osho.com/meditationresort

위치
인도 뭄바이(Mumbai)에서 남동쪽으로 160킬로 떨어진 뿌네(Pune)에 위치하고 있는 오쇼 국제 명상 리조트는 휴가를 즐기기에 매우 적합한 곳으로, 우람한 나무들이 주거지역을 둘러싸며 40에이커에 달하는 아름다운 정원을 형성하고 있습니다.

특징
매년 100개국이 넘는 나라로부터 수많은 방문객들이 오쇼 국제 명상 리조트를 찾아오고 있습니다. 이 독창적인 명상 리조트는 축제를 즐기듯 즐거운 분위기 속에서 더 평온하며 더 깨어있는 창조적인 방식으로, 새로운 삶의 길을 경험할 수 있는 기회를 제공합니다. 몇 시간의 단기 프로그램에서부터 해를 넘기는 장기 프로그램에 이르기까지, 선택의 폭이 매우 다양합니다. 아무것도 하지 않고 그저 휴식을 취하는 것도 오쇼 국제 명상 리조트에서 제공하는 프로그램 중의 하나입니다.

모든 프로그램은 '조르바 붓다(Zorba the Buddha)' 라는 오쇼의 비전에 바탕을 두고 있습니다. 조르바 붓다는 날마다의 일상생활에 창조적으로 임하며 침묵과 명상 속에서 고요하게 휴식하는 새로운 유형의 인간을 뜻합니다.

명상 프로그램
활동적인 명상, 정적인 명상, 전통적인 명상법, 혁신적인 방편들, 오쇼의 역동 명상법에 이르기까지 각 개인에 맞는 명상 프로그램이 하루 종일 진행됩니다. 이 명상 프로그램들은 세계에서 가장 큰 규모의 명상홀인 '오쇼 오디토리엄(Osho Auditorium)' 에서 진행됩니다.

멀티버시티 Multiversity
오쇼 멀티버시티가 제공하는 다양한 종류의 개인 세션, 수련 코스와 그룹 워크숍은 창조적인 예술, 건강 요법, 인간관계 개선, 개인의 변형, 작업 명상, 비의적인 학문과 선(禪)적인 접근방식이 도입되었고, 프로그램의 범위 또한 스포츠와 레크리에이션 등을 망라하고 있습니다. 이처럼 다양한 프로그램들은 명상과 결합되어 성공적인 효과를 내고 있는데, 이것은 오쇼 멀티버시티가 인간을 여러 부분들의 조합으로 보는 것에서 그치지 않고, 그를 훨씬 뛰어넘는 존재로 인식하는 명상적 이해에 기반하기 때문입니다.

바쇼 스파 Basho Spa
고품격의 바쇼 스파에는 울창한 나무와 열대식물에 둘러싸인 야외 수영장, 독창적 스타일의 넉넉한 자꾸지(Jacuzzi), 사우나, 테니스장을 비롯한 여러 체육 시설 등이 아름답게 배치되어 있습니다.

먹거리
리조트 내의 여러 식당에서는 서양식, 아시아식, 인도식 채식 요리가 제공되며, 대부분의 식재료는 명상 리조트의 방문객을 위해 유기농법으로 생산된 것들입니다. 빵과 케이크 역시 리조트 내에서 자체적으로 만들고 있습니다.

야간 행사
야간에도 다양한 종류의 행사가 벌어집니다. 그중 최고로 꼽히는 댄스파티를 비롯해 별빛 아래서 행해지는 보름날 명상 프로그램, 각양각색의 쇼와 음악 공연, 그리고 여러 가지 명상법들이 진행됩니다. 이 밖에도 플라자 카페(Plaza Cafe)에서 친구들을 만나 즐기거나, 정적에 잠긴 아름다운 정원을 산책하는 것도 좋습니다.

편의 시설
리조트 내에는 은행, 여행사, 피시방이 준비되어 있습니다. 기본적인 생필품은 갤러리아(Galleria)에서 구입이 가능하며, 멀티미디어 갤러리(Multimedia Gallery)에서는 오쇼의 미디어 저작물을 구입할 수 있습니다. 그 밖에 더욱 다양한 쇼핑을 즐기고 싶은 분들은 뿌네 시내에서 인도의 전통 상품을 비롯한 다국적 브랜드의 여러 가지 물건들을 구입할 수 있습니다.

숙박 시설
리조트 내에서는 오쇼 게스트하우스(Osho Guesthouse)의 품격 있는 객실을 이용할 수 있습니다. 더 오랜 기간의 체류를 원하는 방문객은 '리빙 인(Living In)' 이라는 패키지 프로그램을 이용하거나, 리조트 밖에 있는 다양한 종류의 호텔과 아파트를 이용할 수도 있습니다.

더 많은 정보를 보시려면 아래의 웹사이트를 참고하시기 바랍니다.

www.OSHO.com

오쇼 닷컴에서 제공하는 내용

인터넷 매거진, 오쇼 서적, 오디오와 비디오, 영어와 힌디어로 된 오쇼 저작물들, 오쇼 명상법에 대한 정보, 오쇼 멀티버시티의 프로그램 스케줄, 오쇼 국제 명상 리조트에 관한 정보

관련 웹사이트

http://OSHO.com/resort
http://OSHO.com/magazine
http://OSHO.com/shop
http://www.youtube.com/OSHO
http://www.oshobytes.blogspot.com
http://www.Twitter.com/OSHOtimes
http://www.facebook.com/pages/OSHO.International
http://www.flickr.com/photos/oshointernational

아래의 주소를 통해 오쇼 국제 재단에 접촉할 수 있습니다.
www.osho.com/oshointernational
oshointernational@oshointernational.com